REVUE SÉNÉGALAISE DE DROIT

N° 40 - JANVIER 2025

Directeur de publication

Pr Isaac Yankhoba NDIAYE

REVUE SÉNÉGALAISE DE DROIT

N° 40 - JANVIER 2025

L'Harmattan Sénégal

10 VDN, Sicap Amitié 3, Lotissement Cité Police, DAKAR

Direction@senharmattan.com
librairie@senlibrairie.com

ISBN : 978-2-336-52557-0
EAN : 9782336525570

Membres institutionnels

Ordre des avocats
Chambre des notaires
Ordre national des experts du Sénégal (ONES)
Ordre des huissiers
Ordre National des experts comptables et comptables agréés du Sénégal (ONECCAS)
Ordre des Commissaires-priseurs
Cour Suprême
Cour des Comptes
Médiature de la République
Comité Sénégalais des Droits de l'Homme

Bureau de l'ASERJ

- **Président** : Pr. Isaac Yankhoba NDIAYE
- **Vice-Président** : Me Mahmoudou Aly TOURE, Notaire
- **Secrétaire Général** : Me Corneille BADJI, Avocat
- **Secrétaire Général Adjoint** : M. Isma Daddis SAGNA, Expert maritime
- **Trésorier Général** : Pdt. Ibou SARR, Magistrat
- **Trésorier Adjoint** : Pr. Cheikh Abdou Wakhab NDIAYE

ASSOCIATION SENEGALAISE D'ETUDES
ET DE RECHERCHES JURIDIQUES

Sommaire

Doctrine

Non-rétroactivité des lois et juge constitutionnel en Afrique francophone subsaharienne

Mamadou DIANGAR
Docteur en droit public
Université Cheikh Anta Diop (UCAD) de Dakar

Résumé : Dans les États à l'étude, le juge constitutionnel s'est saisi de la non-rétroactivité des lois consacré dans les constitutions. Il l'érige en principe constitutionnel s'imposant au législateur en ce qui concerne le droit pénal substantiel. Dans les autres domaines, il le considère comme un principe général du droit tout en encadrant le pouvoir d'adoption de lois rétroactives. Sur l'œuvre du constituant, le juge éprouve des difficultés à l'appliquer avec parfois des décisions ayant engendré des tensions politiques.

Mots-clés : Constitution-Effet immédiat-Disposition transitoire-Juge constitutionnel-Loi constitutionnelle-Loi fiscale-Loi pénale-Non-rétroactivité-Rétroactivité-Sanction administrative-Situation juridique.

La remarque de Nicaise Médé selon laquelle « la préoccupation du comment appliquer la loi dans le temps traverse toutes les branches du droit, toutes les disciplines juridiques »[1], met en relief l'immersion des solutions classiques au conflit de lois dans le temps dans le droit constitutionnel.

La vocation première d'une constitution étant de protéger en substituant la règle à l'arbitraire[2], le constituant, dans les pays africains francophones, a procédé à un encadrement du pouvoir normatif du législateur à décider de l'applicabilité d'une nouvelle loi. L'expertise constitutionnaliste africaine « si alerte et prolifique[3] », a pu se saisir de l'usage de la non-rétroactivité des lois par le juge constitutionnel sur

---

[1] N. Médé, « Observations sous Décision DCC 05-135 du 28 octobre 2005, *Tidjani Fallilou* », *Les grandes décisions de la Cour constitutionnelle du Bénin*, Édition mise à jour le 30 juin 2018, Ed. L'Harmattan Sénégal, 2020, p. 521.

[2] Ph. Ardent, « Le temps dans les constitutions écrites », in *La République, Mélanges en l'honneur de Pierre Avril*, Paris, Montchrestien, 2001, p. 505.

[3] B. Ba, « Le préambule de la Constitution et le juge constitutionnel en Afrique », p. 1, disponible en ligne sur : https://www.afrilex.u-bordeaux4.fr, consulté le 20 juillet 2023.

des questions d'ordre politique ou social[4]. La présente réflexion s'intéresse à son traitement juridictionnel en Afrique francophone. Elle a pour champ d'étude le Burkina Faso, le Bénin, le Cameroun, la Côte d'Ivoire, le Niger et le Sénégal. Il s'agit de pays dans lesquels le principe de la non-rétroactivité des lois présente non seulement une ambivalence dans sa réception par les ordres juridiques nationaux, mais aussi des difficultés d'application par le juge constitutionnel.

D'après le *Lexique des termes juridiques*, la non-rétroactivité désigne un « principe en vertu duquel une norme juridique nouvelle ne peut remettre en cause les situations anciennes nées de l'application de la règle antérieure »[5]. En droit public interne, elle peut être envisagée selon qu'elle porte sur les actes administratifs ou sur les lois. La non-rétroactivité des actes administratifs, ayant longtemps existé à l'état latent[6], a été expressément énoncée par le Conseil d'État français dans la première moitié du 20ème siècle[7]. Doté d'une valeur infra-législative et supra-décrétale[8], ledit principe, s'impose à tout acte administratif,

---

[4] E.-H. Mbodj sur « La recevabilité de la candidature de Me Abdoulaye Wade pour un troisième mandat : faux débat ou vrai-casse-tête constitutionnel »,], disponible sur : www.elhadjmbodji.org, consulté le 23 mars 2023 ; A. Loada sur « La limitation des mandats présidentiels en Afrique francophone », *Afrilex,* n° 03/2003, p. 139 ; C.-A. Fopa Tapon, « Le principe constitutionnel de la non-rétroactivité des lois : radioscopie d'un principe « méprisé » par le législateur camerounais », disponible sur : https://www.afrilex.u-bordeaux4.fr, Dernière consultation, le 15 janvier 2025 ; N. Médé, « Observations sous Décision DCC 05-135 du 28 octobre 2005, *Tidjani Fallilou*, préc., p. 359 ; O. Loada, « Observation sous CC, Décision n° 2005-07/CC/EPF sur les recours…demandant l'annulation de la candidature de M. Blaise Compaoré, Avis et Décisions commentées de la justice constitutionnelle burkinabè, 2009, p. 81 ; E.-H. Mbodj, « La mise à mort du rabat d'arrêt ? Observations s/c Conseil Constitutionnel du 23 juin 1993, *EDJA*, n° 23, oct.-nov.-déc. 1994, p. 76.

[5] R. Guillien et J. Vincent sous la Direction de S. Guinchard et G. Montagnier, *Lexique des termes juridiques*, 15ème éd., Dalloz, 2005, p. 422.

[6] V. CE, 10 mai 1889, *Pierrard Catillon et autres*, *Rec.*, 555 ; CE, 27 janvier 1893, *Laruelle*, *Rec.*, 93).

[7] V. CE, 13 mars 1925, *Rodière*, *Rec.*, 267. À noter que la non-rétroactivité des actes administratifs a été alternativement formulée comme *«* principe en vertu duquel les actes les règlements ne disposent que pour l'avenir *»* (Voir CE, 28 février 1947, *Ville de Lisieux*, *Rec.*, 83 ; S.1947, 3, p. 60 ; CE, 23 juillet 1947, *Brossette*, *Rec.*, 332 ; CE, 25 juin 1948, *Société du journal « L'aurore »*,) ou comme *« principe de la non-rétroactivité des décisions administratives »* (Voir CE, 16 juillet 1948, *Société de filature et tissage de Madagascar*, *Rec.*, 334), avant d'être qualifiée expressément de principe général du droit (Voir CE, 31 janvier 1951, *« Gillou »*, *Rec.*, 53).

[8] R. Chapus, « De la soumission au droit des règlements autonomes », *D.* 1960, *chr.*, p. 119 ; « De la valeur juridique des principes généraux du droit et des autres règles jurisprudentielles en droit administratif », *D.* 1966, *chr.*, p. 99.

sous réserve de quelques limitations[9]. En revanche, il « n'oblige [...] pas les autorités investies d'un pouvoir législatif qui peuvent y déroger »[10]. Ces dernières sont plutôt soumises à la non-rétroactivité des lois. Celle-ci renvoie au « fait pour la loi de régir les situations postérieures à son entrée en vigueur et les effets futurs des situations en cours, mais de ne pas remettre en cause les situations terminées et les effets déjà réalisés de situations encore en cours »[11]. Selon Léon Duguit, « on s'accorde à formuler cette règle en disant que les lois ne peuvent s'appliquer au passé, mais seulement pour l'avenir, que le législateur ne peut légiférer que pour l'avenir et non pour le passé »[12]. Pour Augustin Loada, « la non-rétroactivité signifie qu'une loi est sans application aux situations juridiques dont les effets ont été immédiatement consommés sous l'empire de l'ancienne loi »[13]. En clair, la non-rétroactivité des lois pose une interdiction principielle au législateur à se saisir de situations juridiques aux effets déjà constitués. Elle s'oppose à ce que la loi nouvelle puisse régir les conditions de validité et les effets épuisés d'une situation juridique. Il s'agit donc d'un principe qui vise à garantir ce qui s'est passé sous une loi précédente, qui demeurera sous l'empire de cette loi.

Ce principe a reçu une double consécration constitutionnelle dans l'essentiel des États sous examen. Il s'agit d'une part du préambule

---

[9] L'interdiction de la rétroactivité des actes administratifs supporte quelques exceptions parmi lesquelles l'autorisation de la rétroactivité de l'acte administratif par la loi, la rétroactivité des mesures destinées à combler une lacune textuelle, la rétroactivité des mesures applicables à un ensembles de faits indivisibles, la rétroactivité des actes issus de l'application d'un texte précédent, la possibilité de retrait des actes administratifs, l'existence de circonstances exceptionnelles justifiant la rétroactivité.

[10] J. Petit, *Les conflits de lois dans le temps en droit public interne*, Lgdj, 2002, p. 40.

[11] R. Cabrillac, (Dir.), *Dictionnaire du vocabulaire juridique*, 2ème éd., LexisNexis Litec, 2004, p. 268.

[12] L. Duguit, « La non-rétroactivité des lois et l'interprétation des lois », *Revue de Droit Public*, 1910, p. 764.

[13] A. Loada, « Observation sous CC, Décision n° 2005-07/CC/EPF sur les recours ... demandant l'annulation de la candidature de M. Blaise Compaoré », préc , p. 82.

auquel le constituant[14] et le juge[15] ont délivré « un certificat de normativité »[16]. En effet, c'est à la faveur de l'excroissance de l'objet constitutionnel aux droits et libertés des citoyens[17] que le principe de la non-rétroactivité des lois a fait son irruption dans les Chartes fondamentales. Dans la majorité des États à l'étude, les Constitutions renferment de « vertueuses formulations enchâssées dans le préambule [...] »[18] qui le font apparaître. Le principe qui y est transcrit, penchant de la légalité criminelle[19], trouve sa source dans la Déclaration des Droit de l'Homme et du Citoyen de 1789, qui, par la suite, a été repris par la Déclaration Universelle des Droits de l'Homme de 1948, le Pacte International relatif aux Droits Civils et Politiques de 1966 et la Charte Africaine des Droits de l'Homme et des Peuples de 1981, tous visés par la plupart des préambules. Au Cameroun, en revanche, c'est la formule

---

[14] V. par exemple, Préambule de la Constitution du Sénégal du 22 janvier 2001, modifiée ; Préambule de la Constitution du Bénin du 11 décembre 1990, modifiée ; Préambule de la Constitution du Niger du 25 novembre 2011, modifiée ; Préambule de la Constitution de Côte d'Ivoire du 8 novembre 2016, modifiée ; article 65 de la loi constitutionnelle 06/96 du 18 janvier 1996 portant Constitution du Cameroun.

[15] V. Cour const. du Gabon, Décision N° 001-CC du 28 février 1992, disponible sur : www.accpuf.org/gabon/cour-constitutionnelle, consulté le 13 janvier 2023 ; Cour const. du Niger, Arrêt 2002-010/CC du 18 janvier 2002, disponible sur : https://www.cour-constitutionnelle-niger.org, consulté le 13 janvier 2023 ; Voir Cons. const. du Sénégal, Décision n° 11-C-93 du 23 juin 1993, *à propos du rabat d'arrêt* ; Décision n° 3-C-93 du 16 décembre 1993, *à propos du Traité de l'OHADA*, disponible en ligne sur : https:///www.conseilconstitutionnel.sn, consulté le 13 janvier 2023 ; Cour const. du Bénin, Décision DCC 06-074 du 8 juillet 2006, *Président de la République*, *Rec.*, 2006, p. 365.

[16] D.-E. Adouki, « Contribution à l'étude de l'autorité des décisions du juge constitutionnel en Afrique », *Revue française de Droit Constitutionnel,* n° 95, 2013/3, p. 620.

[17] À la Constitution « ensemble de règles écrites ou coutumières qui déterminent la forme de l'État, la dévolution et l'exercice du pouvoir », s'ajoutera vers le XVIIIème siècle la Constitution qui « intègre des dispositions substantielles relatives à la protection des droits fondamentaux qui fixent les buts de l'activité de l'État et prédéterminent partiellement le contenu des normes », Ph. Ardent, B. Mathieu, *Droit Constitutionnel et institutions politiques*, 26ème éd., Lgdj, 2014, p. 54) ; B.-R. Guimdo Dongmo, « La constitutionnalisation des droits et libertés dans les États d'Afrique noir francophone », disponible sur : https://www.afrilex.u-bordeaux4.fr, consulté le 26 août 2023.

[18] B. Ba, « Le préambule de la Constitution et le juge constitutionnel en Afrique », préc., p. 1.

[19] B. Niang, « Le principe de la légalité de la répression au Sénégal », pp. 1-2, disponible sur :
https://www.afrilex.u-bordeaux4.fr, consulté le 18 mai 2023.

de l'article 2 du Code civil qui est directement repris dans le « texte introductif à la Constitution »[20]. Il s'agit d'autre part du corpus constitutionnel. La non-rétroactivité des lois y est inscrite dans « l'arsenal des règles composant la sûreté qui est la forme la plus avancée de protection des libertés individuelles »[21]. C'est dans le Titre dédié aux droits et libertés fondamentaux et aux devoirs des citoyens que les constituants consacrent, dans des formules quasi-identiques, que nul ne peut être poursuivi, arrêté, inculpé ou jugé et puni qu'en vertu d'une loi entrée en vigueur avant le fait punissable[22].

Par cet ancrage dans les Chartes fondamentales, le principe de la non-rétroactivité des lois constitue une norme de référence sur laquelle le juge constitutionnel s'appuie dans son office. L'ayant élevé au rang de dignité constitutionnelle[23], il s'en sert, en tant que principe à valeur constitutionnelle[24], pour apprécier la constitutionnalité des lois[25]. Au-delà, la juridiction constitutionnelle tranche des conflits de lois dans le temps « lorsque l'application d'une loi nouvelle risque de remettre en

[20] J.-F. Wandji K., « La déclaration française des Droits de l'Homme et du Citoyen du 26 Août 1789 et l'État en Afrique », *Revue Française de Droit Constitutionnel*, n° 99, 2014/3, p. e28.

[21] E-H. Mbodj, « La mise à mort du rabat d'arrêt ? Observations s/c Conseil constitutionnel du 23 juin 1993 », préc p. 80.

[22] V. article 16 de la loi n° 90-32 du 11 décembre 1990, modifiée, portant Constitution de la République du Bénin ; article 5, alinéa 2 de la loi du 2 juin 1995 portant Constitution de la IVème République du Burkina Faso ; article 21 de la loi du 8 novembre 2016 portant Constitution de la République de Côte d'Ivoire ; article 18 de la loi du 25 novembre 2011 portant VIIe Constitution de la République du Niger ; article 9 de la loi n° 2001-03 du 22 janvier 2001, modifiée, portant Constitution de la République du Sénégal.

[23] N. Akacha, « Les techniques de participation du juge constitutionnel à la fonction constituante », in Rafaâ Ben Achour (dir.), *Le droit constitutionnel normatif. Développements récents*, Actes du Colloque de Tunis des 1er et 2 février 2008, Bruxelles, Bruylant, 2009, p. 138 ; J. Rivéro, « Les "principes fondamentaux reconnus par les lois de la République" : une nouvelle catégorie constitutionnelle », préc., p. 266.

[24] E.-H.-O. Diop, « Les principes à valeur constitutionnelle : Réflexion sur le pouvoir normatif du juge constitutionnel dans les États africains », *Annales Africaines, Nouvelle série*, Volume 1, Avril 2021, p. 50.

[25] V. pour la Côte d'Ivoire, Cons. const., Décision n° CI-2017-308/11-04/CC/SG du 11 avril 2017,], disponible sur : https://www.conseilconstitutionnel.ci ; pour le Sénégal, Cons. const., Décision n° 11/C/93 du 23 juin 1993 sur le rabat d'arrêt, *Recueil des Décisions du Conseil constitutionnel*, janvier 1993-mars 2019, Conseil constitutionnel, février 2020, pp. 64-69 ; pour le Togo Décision n° C-001/09 du 9 avril 2009, disponible sur : https://courconstitutionnelle.tg. Dernière consultation, le 15 janvier 2025.

cause les situations légalement acquises »[26]. Cela n'est pas sans difficultés à son égard si l'on sait qu'à l'exception du Cameroun comme la Norvège en Europe[27], la non-rétroactivité des lois n'est pas érigée en principe général pour s'imposer en toute situation au législateur[28]. Il est donc du ressort du juge de déterminer son intensité juridique et de la mettre en application afin d'en assurer le respect.

C'est dans ce sillage que la réflexion est orientée autour de la teneur du principe de la non-rétroactivité des lois au regard de la jurisprudence constitutionnelle en Afrique francophone subsaharienne. Elle a suscité la problématique suivante : quelle est l'attitude du juge constitutionnel face au principe de la non-rétroactivité des lois ? Autrement dit, quel traitement réserve-t-il à la non-rétroactivité des lois en Afrique francophone subsaharienne ?

Ladite réflexion emporte deux intérêts majeurs. Des auteurs comme El Hadj Mbodj et Augustin Loada s'accordent à noter que le juge constitutionnel réserve une place limitée au principe constitutionnel de non-rétroactivité des lois. Ils soutiennent que celui-ci ne l'a pas érigé en principe général, au contraire il « l'a rigoureusement recadré »[29] au point qu'il n'a de valeur constitutionnelle qu'en matière pénale[30]. Cette position doctrinale pourrait être nuancée au regard de la Charte fondamentale du Cameroun qui milite en faveur d'un principe général à valeur constitutionnelle. L'éclosion d'une jurisprudence constitutionnelle camerounaise permettrait de connaître l'interprétation

---

[26] P.-O. Sakho, « La protection des situations légalement acquises : l'apport du Conseil constitutionnel du Sénégal », in *La sécurité juridique*, 8ème congrès de l'ACCF, pp, 101-110.

[27] V. article 97 de la Constitution de la Norvège du 17 mai 1814, modifiée, qui dispose : *« Aucune loi ne peut avoir d'effet rétroactif »*, disponible sur : https://mjp.univ-perp.fr/constit/no2010.htm, consulté le 25 mars 2023.

[28] V. article 18 de la loi du 25 novembre 2011 portant VIIe Constitution de la République du Niger ; article 16 de la loi n° 90-32 du 11 décembre 1990 portant Constitution de la République du Bénin, modifiée ; article 7, alinéa 1 de la loi du 8 novembre 2016 portant IIIe Constitution de la République de Côte d'Ivoire, modifiée ; article 9, alinéa 2 et article 13, alinéa 3 de la loi du 11 décembre 2010, portant Constitution de la République de Madagascar, modifiée ; article 9, alinéa 2 de la loi n° 2001-03 du 22 janvier 2001 portant Constitution de la République du Sénégal, modifiée.

[29] E.-H. Mbodj, « De la recevabilité de la candidature de Me Wade pour un troisième mandat : faux débat politique ou vrai casse-tête constitutionnel ? » préc., p. 8.

[30] E.-H. Mbodj, « La mise à mort du rabat d'arrêt ? Observations s/c Conseil constitutionnel du 23 juin 1993 », *préc*, p. 80 ; A. Loada, « La limitation des mandats présidentiels en Afrique francophone » préc., p. 158.

que le juge ferait de la formule générale et impérative qui ressort directement du préambule de la Constitution. L'appliquera-t-il de façon absolue ? Le cas échéant, va-t-il l'assortir de dérogations ? Par ailleurs, la réflexion révèle que les solutions aux conflits de lois dans le temps ont été parfois « utilisées, instrumentalisées à des fins politiques[31] ». Les juges constitutionnels burkinabè et sénégalais, par exemple, avaient pu valider respectivement les candidatures contestées de Blaise Compaoré[32] et de Me Abdoulaye Wade[33], plongeant ainsi le Burkina Faso dans une crise insurrectionnelle en octobre 2014 et le Sénégal dans des troubles pré-électoraux violents en février 2012. Lesdites décisions sont à inscrire dans celles qui peuvent « précipiter une crise politique ou être source de tensions politiques ou sociales »[34]. Au Bénin, la Cour Constitutionnelle n'a pas manqué de faire rétroagir des lois constitutionnelles sans dispositions transitoires. Ce qui lui a permis de satisfaire des fins personnelles, en faisant profiter à des membres d'institutions de la République d'avantages et d'indemnités au détriment du trésor public[35].

---

[31] M. Fau-Nougaret, « Une leçon burkinabè : éléments de réflexion de juridique sur l'insurrection des 30 et 31 octobre 2014 », Constitutions, 2015, p. 222.
[32] V. Cons. const., Décision n° 2005-07/CC/EPF sur les recours … demandant l'annulation de la candidature de M. Blaise Compaoré » préc., p. 86.
[33] V. Conseil const., Décision sur les affaires N° 3 à 10/E/12 et 12 à 14/E/12 du 29 janvier 2012, disponible sur : https://conseilconstitutionnel.sn, consulté le 20 mai 2023.
[34] B. Kanté et H. Kwasi Prempeh, « Les autres attributions des juridictions compétentes en matière de contrôle de constitutionnalité », in *Les juridictions constitutionnelles en Afrique de l'Ouest. Analyse comparée*, Institute for Democracy and Electoral Assistance International, 2016, p. 111.
[35] V. Cour const. du Bénin, Décision DCC 14-94 du 23 mai 1994, *Frédéric Houndéton, Atita Akato Paul et consorts*, *Rec.* 1994, p. 47 ; Cour const. du Bénin, Décision DCC 02-069 du 19 juin 2002, *Bruno O. Ahonlonsou, Pierre E. Ehoumi, Alfred Elegbei*, *Rec.* 2002, p. 288

La méthodologie employée repose sur le dépouillement de la jurisprudence à partir des publications manuscrites[36] et électroniques[37] dédiées et qui nous sont accessibles. Il s'est agi de rechercher, de rassembler et d'analyser les décisions rendues en la matière par les juridictions constitutionnelles des États étudiés. Aussi, le travail a consisté à recueillir les supports documentaires (textes, ouvrages, articles) éclairant la question de la non-rétroactivité des lois. Si la moisson est quantitativement limitée avec environ une dizaine de décisions de justice, elle est qualitativement importante au regard du traitement jurisprudentiel et doctrinal sur la question. Enfin, l'approche comparative est utilisée dans l'analyse du sujet. Elle concerne non seulement les États de l'échantillonnage entre eux, mais aussi avec des pays européens afin de mieux appréhender la réception et l'application de la non-rétroactivité des lois.

À l'analyse, le juge constitutionnel n'a pas manqué de déterminer l'étendue de la force obligatoire suprême de la non-rétroactivité des lois. Excepté le Cameroun, il a su nettement indiquer que la valeur constitutionnelle dudit principe se limite à un noyau dur, la matière pénale, et n'a laissé présager aucune extension possible. De même, il a su de façon habile assujettir le législateur à l'interdiction constitutionnelle de rétroactivité des lois, en ne posant pas une prohibition totale et complète. En revanche, devant l'œuvre du constituant, le juge s'est montré catégorique à ne pas le soumettre à la non-rétroactivité, non sans se heurter à des difficultés en appliquant l'effet immédiat ou la rétroactivité à l'égard des lois constitutionnelles. Ces considérations laissent apparaître un recadrage du champ du

---

[36] Pour le Bénin : N. Médé , *Les grandes décisions de la Cour constitutionnelle du Bénin*, Saarbrücken, Editions Universitaires Européennes, 2012, 456 p. ; du même auteur, *Les grandes décisions de la Cour constitutionnelle du Bénin*, op. cit. ;, 644 p ; pour le Burkina Faso : A. Loada, *Avis et décisions commentés de la justice constitutionnelle burkinabé de 1960 à 2007*, Ouagadougou, Centre pour la Gouvernance Démocratique, 2009, 140 p. ; pour la Côte d'Ivoire : F. Mélédjé Djédjro, *Les grands arrêts de la jurisprudence constitutionnelle ivoirienne*, Centre National de Documentation Juridique, Abidjan, 2012, 671 p. ; pour le Sénégal : I.-M. Fall (dir.), *Les décisions et avis du Conseil constitutionnel du Sénégal*, Dakar, CREDILA, 2008, 565 p. ; Conseil constitutionnel, *Recueil des Décisions du Conseil constitutionnel*, janvier 1993-mars 2019, février 2020.

[37] Pour le Bénin : https://courconstitutionnelle.bj ; pour le Burkina Faso : https://www.conseil-constitutionnel.gov.bf ; pour la République du Congo : https://cour-constitutionnelle.cg ; pour la Côte d'Ivoire : http://www.conseil-constitutionnel.ci ; pour le Niger : https://www.cour-constitutionnelle-niger.org ; pour le Sénégal : https://conseilconstitutionnel.sn.

principe (I) et une contingence dans son application à l'endroit des autorités normatives (II).

I – Un recadrage du champ de la non-rétroactivité des lois

Le cas du Cameroun où la non-rétroactivité des lois constitutionnellement consacrée « s'étend bien au-delà [d'un] noyau pour s'ériger en principe tout à fait général »[38], ne s'est pas dupliqué dans les autres États d'Afrique subsaharienne à l'étude. Le juge y a fait remonter d'un cran dans la hiérarchie des normes juridiques ledit principe en l'érigeant en principe constitutionnel, mais sans consacrer un principe général à valeur constitutionnelle. Il a plutôt procédé au recentrage (A) et à la fermeture (B) de son domaine.

A – Un domaine recentré

Les constituants des États concernés ont opté pour l'approche par matière[39] à partir de laquelle le juge constitutionnel censure les lois rétroactives. Celui-ci a favorablement accueilli et consolidé cette volonté textuelle à circonscrire la non-rétroactivité aux seules lois pénales[40]. En lieu et place d'une interprétation extensive, il a plutôt procédé au renforcement de l'ancrage du principe constitutionnel de

---

[38] E. Smith, « Le principe de la non-rétroactivité des lois », Norvège. *In : Annuaire international de justice constitutionnelle, 6-1990, 1992. La hiérarchie des normes constitutionnelles et sa fonction dans la protection des droits fondamentaux*, p. 402, disponible sur : https://www.persee.fr/doc/aijc_0995-3817_1992_num_6_1990_1146, consulté le 25 mars 2023.

[39] L'approche allemande consiste, pour une matière précise, à séparer son « noyau dur » et sa « zone périphérique ». À travers cette approche, une loi qui touche rétroactivement le « noyau dur » de la matière sera censurée par le juge constitutionnel, alors qu'elle serait admise si la rétroactivité concerne la « zone périphérique ». Cette approche se focalise beaucoup plus sur la partie de la matière affectée par la rétroactivité qu'à la matière elle-même. Elle se distingue de l'autre approche, celle par matière, adoptée par la majorité des États dont les pays africains francophones.

[40] V. article 18 de la loi du 25 novembre 2011 portant VIIe Constitution de la République du Niger ; article 16 de la loi n° 90-32 du 11 décembre 1990 portant Constitution de la République du Bénin, modifiée ; article 7, alinéa 1 de la loi du 8 novembre 2016 portant IIIe Constitution de la République de Côte d'Ivoire, modifiée ; article 9, alinéa 2 et article 13, alinéa 3 de la loi du 11 décembre 2010, portant Constitution de la République de Madagascar, modifiée ; article 9, alinéa 2 de la loi n° 2001-03 du 22 janvier 2001 portant Constitution de la République du Sénégal, modifiée.

non-rétroactivité des lois dans le droit pénal de fond (1) en élaguant les lois pénales non substantielles de son champ (2).

1 – L'ancrage du principe dans les lois pénales substantielles

Dans sa jurisprudence, les juridictions constitutionnelles dans les États étudiés adoptent une posture péremptoire dans la détermination du champ d'application du principe constitutionnel de non-rétroactivité des lois. Les quelques décisions y afférentes en sont fortement édifiantes. Au Sénégal, le Conseil constitutionnel considère dans sa décision sur le rabat d'arrêt en date du 23 juin 1993 que « la règle de la non-rétroactivité des lois n'a de valeur constitutionnelle qu'en matière pénale, conformément aux articles 6 de la Constitution, 8 de la DDHC de 1789 et 11.2 de la DUDH de 1948 […] »[41]. En Côte d'Ivoire, à travers sa décision du 11 avril 2017 relative à l'exception d'inconstitutionnalité de l'annexe fiscale de la loi de finances rectificatives de 2015, le Conseil constitutionnel affirme que « le principe de la non-rétroactivité des lois n'a valeur constitutionnelle qu'en matière pénale, ainsi qu'il résulte de l'article 7 de la Constitution […] »[42]. Au Bénin, la Cour constitutionnelle retient « que si la nouvelle loi ne rétroagit pas, ce principe ne s'impose au législateur qu'en matière pénale […] » [43]. En substance, l'emploi de l'adverbe de négation par la juridiction constitutionnelle indique clairement que l'élévation de la non-rétroactivité des lois au rang de dignité constitutionnelle concerne uniquement la matière criminelle. Ce qui revient à retenir qu'elle est un principe qui n'a de valeur constitutionnelle que pour les lois pénales[44].

---

[41] V. Cons. const., Décision N° 11/C/93 du 23 juin 1993 sur le rabat d'arrêt, disponible sur : https://conseilconstitutionnel.sn, consulté le 7 août 2023.

[42] V. Cons. const., Décision N° CI-2017-308/11-04/CC/SG, préc.

[43] V. Cour Const. du Bénin, Décision DCC 18 – 146 du 17 juillet 2018 relative au recours contre le ministère de la Fonction publique, du travail et des Affaires sociales dans le cadre de l'organisation du concours de recrutement des APE au profit du ministère de l'économie et des Finances, *Recueil des Décisions et Avis de la Cour Constitutionnelle du Bénin*, 2018, Volume 2, p. 816.

[44] A. Loada, « La limitation des mandats présidentiels en Afrique francophone », *Revue électronique Afrilex*, n° 03/2003, p. 158 ; E.-H. Mbodj, « De la recevabilité de la candidature de Me Wade pour un troisième mandat : faux débat politique ou vrai casse-tête constitutionnel ? », préc ; A. Ndiaye, « Observations sous Décision n° 11/93 – Affaire n° 2/C/93 du 23 juin 1993, Rabat d'arrêt, *Les décisions et avis du Conseil constitutionnel du Sénégal*, CREDILA, 2008, p. 94.

Il faut relever que dans la matière pénale elle-même, le voile de l'interdiction constitutionnelle de rétroactivité ne couvre pas toutes les lois. Le juge ne l'étale qu'aux seules lois pénales de fond notamment les plus sévères, c'est-à-dire celles créant une infraction nouvelle ou élevant la peine applicable à une infraction. Au-delà, la non-rétroactivité des lois reste un principe général du droit qui ne saurait l'emporter sur la loi. Ainsi, le législateur peut « la rationaliser, restreindre sa portée ou même la supprimer purement et simplement »[45]. Aux yeux du juge constitutionnel, c'est le droit pénal de fond ou substantiel qui appelle une vigilance particulière ; il ne doit pas recevoir application à une période antérieure à son entrée en vigueur. La formule impérative employée concerne ainsi les règles de fond[46] et fait de la non-rétroactivité des lois « une norme obligatoire s'imposant dans le domaine pénal »[47]. C'est d'ailleurs ce que le Conseil constitutionnel français a rappelé en affirmant que « s'il est du pouvoir du législateur de fixer les règles d'entrée en vigueur des dispositions qu'il édicte, il lui appartient toutefois de ne pas porter atteinte au principe de valeur constitutionnelle de non-rétroactivité de la loi pénale plus sévère »[48]. Le législateur est donc limité pour le passé par les cas de rétroactivités interdites, notamment les lois qui remettent en cause les situations juridiques déjà constituées[49]. De la sorte, conformément au système pyramidal de l'ordre juridique tel que théorisé par Hans Kelsen[50], les justiciables peuvent porter au prétoire de la juridiction constitutionnelle le non-respect de l'interdiction constitutionnelle de rétroactivité des

---

[45] E.-H. Mbodj, « La mise à mort du rabat d'arrêt ? Observations s/c Conseil constitutionnel du 23 juin 1993 », préc., p. 80.

[46] P.-O. Sakho, « La protection des situations légalement acquises : l'apport du Conseil sénégalais », préc .

[47] E. Smith, « Le principe de la non-rétroactivité des lois », Norvège. *In : Annuaire international de justice constitutionnelle, 6-1990, 1992. La hiérarchie des normes constitutionnelles et sa fonction dans la protection des droits fondamentaux*, p. 402, disponible sur : https://www.persee.fr/doc/aijc_0995-3817_1992_num_6_1990_1146,, consulté le 25 mars 2023.

[48] V. Cons. const., Décision n° 96-387 DC du 21 janvier 1997, disponible sur : https://www.conseil-constitutionnel.fr/decision/1997/96387DC.htm, consulté le 19 mai 2023.

[49] Th.-S. Renoux, « Le principe de non-rétroactivité des lois », France. In : *Annuaire international de justice constitutionnelle, 6-1990, 1992. La hiérarchie des normes constitutionnelles et sa fonction dans la protection des droits fondamentaux*, p. 362, disponible sur : https://www.persee.fr/doc/aijc_0995-3817_1992_num_6_1990_1146, consulté le 25 mars 2023.

[50] H. Kelsen, *Théorie générale des normes*, Paris, Ed. Puf, 1996, p. 345.

lois. À ce titre, ils inciteraient le juge à assurer, au-delà de sa mission de régulation constitutionnelle du régime politique, la protection des droits et libertés fondamentaux inscrits dans la constitution en faveur des citoyens[51]. Ledit principe trouve alors refuge auprès de la juridiction constitutionnelle, qui « en fait un instrument de contrôle de l'activité du législateur »[52]. Néanmoins, celle-ci le limite aux seules lois répressives rétroactives. Ce qui justifie, dans les jurisprudences précitées, qu'elle n'a pas suivi les requérants au motif que les dispositions législatives contestées ne concernaient pas le domaine pénal répressif[53].

Il faut relever qu'au Cameroun, l'interdiction de faire rétroagir les lois, quoique « suffisamment impérative pour s'imposer au législateur »[54], présente peu d'intérêt pour les justiciables. En effet, le modèle de justice constitutionnelle, une saisine « élitiste » pour le contrôle *a priori*[55] et un contrôle *a posteriori* non encore institué[56], ne met pas à leur disposition des voies de droit pour pouvoir soulever l'inconstitutionnalité de dispositions législatives rétroactives[57]. À titre

---

[51] E.-H. Mbodj, « La mise à mort du rabat d'arrêt ? Observations s/c Conseil constitutionnel du 23 juin 1993, préc

[52] « Droit pénal et droit constitutionnel », Janvier 2007, p. 10 – Source : Services du Conseil constitutionnel, [en ligne], disponible sur : https://www.conseil-constitutionnel.fr, consulté le 19 mai 2023.

[53] V. Cons. const. du Sénégal, Décision n° 11/C/93 du 23 juin 1993 sur le rabat d'arrêt, *préc.* ; Cons. const. de la Côte d'Ivoire, Décision n° CI-2017-308/11-04/CC/SG préc. ; Cour Const. du Bénin, Décision DCC 18 – 146 du 17 juillet 2018 relative au recours contre le ministère de la Fonction publique, du travail et des Affaires sociales dans le cadre de l'organisation du concours de recrutement des APE au profit du ministère de l'économie et des Finances, *préc.*

[54] C.-A. Fopa Tapon, « Le principe constitutionnel de la non-rétroactivité des lois : radioscopie d'une principe "méprisé" par le législateur camerounais »,préc.

[55] V. article 47 (3) de la réforme constitutionnelle du 18 janvier 1996 ; D.-J. Zambo Zambo, « Protection des droits fondamentaux et droit à la *jurisdictio* constitutionnelle au Cameroun : continuité et rupture », *Revue des droits l'homme*, n° 15, 2019, disponible sur : https://doi.org/10.4000/revdh.5847, consulté le 3 octobre 2023.

[56] Y.-G. Djeya Kandom, « Le modèle camerounais de justice constitutionnelle à l'aune de la protection des fondamentaux. Réflexion à partir de la réforme constitutionnelle du 23 juillet 2008 en France », *Constitutions*, 2019, p. 358.

[57] D.-B. Coulibaley, « Le citoyen et le procès constitutionnel dans quelques États francophones de l'Afrique de l'ouest », Actes du 9ème Congrès triennal de l'ACCF, *Le juge constitutionnel et les droits de l'homme*, Dakar, mai 2022, disponible sur : https://accf-francophonie.org, consulté le 28 mai 2023 ; J. Owana, « L'exemple du Conseil constitutionnel du Cameroun », Actes du 9ème Congrès triennal de l'ACCF, *Le juge constitutionnel et les droits de l'homme*, Dakar, mai 2022, [en ligne], disponible sur : https://accf-francophonie.org, consulté le 28 mai 2023.

illustratif, l'affaire Société des Grands Travaux de l'Est du 28 octobre 1970 dans laquelle la juridiction administrative déclarait ceci à propos de la contestation de la constitutionnalité d'une imposition : « qu'à supposer même que le principe de non-rétroactivité des lois soit une règle constitutionnelle, en l'absence d'un contrôle de constitutionnalité des lois par voie d'exception, il n'appartient pas à la Chambre administrative de la Cour fédérale de justice de l'annuler, ni même d'écarter l'application »[58]. De même, relativement à l'inconstitutionnalité d'une ordonnance du 28 septembre 1972 ayant alourdi les peines de vol aggravé, et indiqué que ses dispositions étaient rétroactives, la Cour d'appel de Garoua décidait que « la juridiction répressive n'est pas au Cameroun juge de l'inconstitutionnalité des lois »[59]. Ces décisions témoignent d'un déni de contrôle *a posteriori* de constitutionnalité des lois pénales rétroactives. Il en découle une absence réelle de protection juridictionnelle du principe constitutionnel de non-rétroactivité des lois.

S'il est établi que les lois pénales sont frappées d'interdiction constitutionnelle de rétroactivité, il est à noter que le juge y soustrait celles non substantielles.

2 – L'élagage des lois pénales non substantielles

Le principe constitutionnel de non-rétroactivité ne couvre pas toutes les lois pénales. Celles dites non substantielles y échappent. Autrement appelées lois pénales de forme et de procédure, celles-ci constituent des lois qui ne déterminent pas des infractions ou des peines, qui n'aménagent pas ou n'organisent pas des sanctions ayant le caractère de punition. Selon Thierry S. Renoux, il s'agit de lois « ayant pour but d'assurer une meilleure administration de la justice[60] ». En d'autres termes, les lois pénales non substantielles comportent des mesures qui ne sont pas constitutives de sanctions, mais qui règlent des questions d'organisation judiciaire de compétence et de procédure.

L'office du juge constitutionnel montre à suffisance qu'elles ne rentrent pas dans le périmètre du principe constitutionnel de non-

[58] V. CA/CS, arrêt n° 4, 28 octobre 1970, SCGTE, *Recueil Mbouyom*, Tome 1, p. 118, cité par D.-J. Zambo Zambo, « Protection des droits fondamentaux et droit à la *jurisdictio* constitutionnelle au Cameroun : continuité et rupture », préc.

[59] V. CA de Garou, 5 mai 1973, *R.D.C.* n° 6, 1974, p. 135, cité par D.-J. Zambo Zambo, « Protection des droits fondamentaux et droit à la *jurisdictio* constitutionnelle au Cameroun : continuité et rupture », préc.

[60] Th.-S. Renoux, « Le principe de non-rétroactivité des lois », préc., p. 368.

rétroactivité des lois. Par deux décisions majeures, la Cour constitutionnelle du Niger a décidé de ne pas déclarer inconstitutionnelles des lois pénales qui se sont saisies de situations juridiques antérieures à leur mise en vigueur pour violation du principe de la non-rétroactivité. Dans son arrêt du 17 février 2003 relative au recours en inconstitutionnalité contre la loi organique portant Code de justice militaire, elle retient ceci : « Considérant que la loi soumise au contrôle de la Cour est une loi de forme qui règle des questions d'organisation judiciaire de compétence et de procédure ; qu'elle est donc d'application immédiate ; qu'en édictant que les procédures en cours devant les juridictions de droit commun à la date d'entrée en vigueur de la présente loi seront déférés de plein droit au tribunal militaire devenu compétent en vertu de la présente loi ; les actes, formalités et décisions intervenus antérieurement demeureront valables ; […] »[61]. Plus tard en 2018, la Cour confirme sa position dans la décision du 9 juillet 2018. Elle réaffirme que : « Considérant que la loi n° 2015-02 du 13 janvier 2015 portant création du pôle judiciaire en matière économique et financière, en ne déterminant pas les infractions et les peines, n'est pas une loi pénale de fond mais une loi de forme qui s'applique immédiatement même au jugement de faits commis avant sa promulgation ; […] »[62]. En substance, le juge constitutionnel extrait les lois pénales non substantielles du champ de la non-rétroactivité des lois. Il ne s'impose pas au législateur en dehors de la matière pénale répressive. Ainsi, l'interdiction constitutionnelle qui pèse sur les lois pénales d'incrimination plus sévères ne lie guère le législateur lorsqu'il adopte des lois pénales de forme et de procédure. De par son œuvre, le juge imprime une portée limitée au principe constitutionnel de non-rétroactivité des lois. Il ne s'oppose pas à ce que les lois pénales non substantielles se saisissent de situations juridiques passées et non encore définitives.

Par ailleurs, le juge constitutionnel affirme que les lois pénales de forme et de procédure relèvent plutôt du principe de l'effet immédiat de la loi[63]. Elles « s'appliquent immédiatement même pour juger des infractions commises antérieurement »[64]. À ce titre, elles peuvent

---

[61] V. Cour const., Arrêt n° 2003-005/CC/MC du 17 février 2003, [disponible sur : https://www.cour-constitutionnelle-niger.org, consulté le 8 février 2023.

[62] V. Cour const., Arrêt n° 08/CC/MC du 9 juillet 2018, disponible sur : https://www.cour-constitutionnelle-niger.org, consulté le 8 février 2023.

[63] *Ibidem.*

[64] Th.-S. Renoux, « Le principe de non-rétroactivité des lois », préc., p. 368.

prendre en compte des situations juridiques nées antérieurement à leur entrée en vigueur mais qui poursuivent leurs effets sous leur emprise. Ainsi, à la différence des lois pénales substantielles, celles de forme et de procédure se saisissent du passé qui se prolonge et ne peuvent à ce titre être considérées comme contraires à la Constitution. L'on en déduit alors que si les lois pénales d'incrimination plus sévères rétroactives se trouvent inconstitutionnelles, celles qui ne déterminent pas des infractions ou des peines et qui prennent en compte les effets en cours de situations juridiques nées sous l'empire de la loi ancienne ne le sont nullement. C'est à ce titre que la Cour constitutionnelle nigérienne a décidé dans les affaires précédemment citées que « le code de justice militaire a respecté le principe de non-rétroactivité de la loi pénale » et que la loi du 13 janvier 2015 portant création du pôle judiciaire en matière économique et financière « ne viole pas les dispositions de l'article 18 de la constitution ». En clair, les dispositions législatives incriminées qui se saisissaient d'effets de situations juridiques antérieures à leur entrée en vigueur et non encore définitives ne doivent pas être considérées comme ayant rétroagi, au contraire elles s'appliquent immédiatement. C'est donc à ce principe que les lois pénales de forme et de procédure sont assujetties et non à celui de la non-rétroactivité de la loi.

La jurisprudence constitutionnelle exploitée élague de l'œuvre normative du législateur assujetti à l'interdiction constitutionnelle de rétroactivité des lois les mesures pénales de forme et de procédure. Elle renseigne également de la posture du juge à ne pas élargir l'application du principe constitutionnel de non-rétroactivité des lois au-delà du domaine pénal.

B – Un champ fermé

La jurisprudence explorée ne présage pas un élargissement du champ du principe constitutionnel de non-rétroactivité des lois. Le juge retient clairement que la force obligatoire dudit principe ne saurait s'étendre au-delà des lois pénales. Sa jurisprudence actuelle révèle une non prise en compte des sanctions administratives d'une part (1) et une exclusion expresse des lois fiscales (2).

1– La non prise en compte des sanctions administratives

La jurisprudence constitutionnelle des pays à l'étude est très illustrative du confinement du principe constitutionnel de non-rétroactivité des lois à la matière pénale. En effet, le juge sénégalais affirme qu'« […] en tout autre domaine, [la non-rétroactivité des lois] est un principe général du droit auquel le législateur peut déroger »[65]. Cette décision est l'expression d'une volonté manifeste à ne pas étendre le domaine couvert par ledit principe. El Hadji Mbodj souligne à ce propos que le juge « l'a rigoureusement recadré »[66], et ceci fondamentalement dans le domaine pénal. Ainsi, pour les lois autres que pénales, le législateur peut certainement décider, sans violer une règle constitutionnelle écrite, qu'elles auront un effet rétroactif[67].

Il s'agit là en Afrique noire francophone d'un recadrage jurisprudentiel qui contraste avec l'extension jurisprudentielle notée ailleurs. En France, par exemple, le juge constitutionnel a procédé à une extension des matières couvertes par ledit principe. Il a en effet retenu que « le principe de non-rétroactivité [formulé par l'article 8 de la DDHC de 1789] ne concerne pas seulement les peines appliquées par les juridictions répressives, mais s'étend nécessairement à toute sanction ayant le caractère d'une punition même si le législateur a cru devoir laisser le soin de la prononcer à une autorité de nature non judiciaire »[68] ou « […] même si le législateur a laissé le soin de la prononcer à une autorité de nature non judiciaire »[69]. À partir de cette ouverture, le principe constitutionnel de non-rétroactivité des lois pénales couvre désormais les sanctions fiscales[70] et les sanctions administratives[71]. Frank Moderne note à ce titre que « le Conseil constitutionnel français a assimilé au droit pénal le droit administratif répressif, alors que ni la Constitution, ni la Déclaration des droits de l'homme et du citoyen n'en disent rien »[72]. Il a dès lors procédé, de son propre chef, à l'élargissement du champ d'application du principe la

---

[65] V. CC, Décision N° 11/C/93 du 23 juin 1993 sur le rabat d'arrêt, [en ligne], disponible sur : https://conseilconstitutionnel.sn, consulté le 8 février 2023.

[66] E-H. Mbodj, « De la recevabilité de la candidature de Me Wade pour un troisième mandat : faux débat politique ou vrai casse-tête constitutionnel ? », préc.

[67] L. Duguit, *« La non-rétroactivité des lois et l'interprétation des lois »*, préc., p. 765.

[68] V. C. const., Décision n° 82-155 DC, 30 décembre 1982, *Lois de finances rectificatives pour 1982*, *Rec.* p. 88.

[69] V. C. const., Décision n° 89-248 DC, 17 janvier 1989, *Loi relative à la liberté de communication*, *Rec.* p. 18.

[70] V. C. const., Décision n° 97-390 DC, 19 novembre 1997, *Loi organique relative à la fiscalité applicable en Polynésie française*, *Rec.* p. 254.

[71] V. C. onst., Décision n° 88-248 DC, 17 janvier 1988, *Loi relative à la liberté de communication*, *Rec.* p. 18.

[72] F. Moderne. Rapport de synthèse, *op. cit.*, p. 441.

non-rétroactivité de la loi, allant parfois même jusqu'à le désigner comme « principe de non-rétroactivité des peines et sanctions »[73]. En Afrique francophone, la Haute Cour Constitutionnelle malgache s'est fait sienne cette jurisprudence française particulièrement protectrice des citoyens. À l'occasion d'un contrôle de conformité à la Constitution de l'ordonnance n° 2019-09 modifiant et complétant certaines dispositions de la loi modifiée n° 99-012 du 19 août 1999 portant Code minier, elle considère que « les principes constitutionnels en matière répressive s'appliquent à toute sanction ayant le caractère d'une punition, même si le législateur a cru devoir laisser le soin de la prononcer à une autorité de nature non judiciaire ; […] »[74]. Ces extensions jurisprudentielles du champ de la non-rétroactivité des lois traduisent un renforcement du statut du principe[75]. Ce dernier trouve une application non seulement dans la matière pénale au sens strict, mais à chaque fois qu'une loi édicte une sanction à l'encontre d'un comportement jugé par elle fautif[76].

Le contraste est saisissant entre cette œuvre constructive et la position jurisprudentielle relevée dans les États sous examen. L'interprétation stricte de la Charte fondamentale ne profite guère à tous les justiciables. En effet, ceux qui sont exposés au pouvoir de répression de l'administration, par exemple, ne sont pas protégés contre les lois rétroactives. En effet, de nombreuses et récentes lois ont considérablement accru les pouvoirs de sanction accordés aux autorités administratives leur permettant de suspendre, d'interdire certaines activités, de prononcer des sanctions pécuniaires, de retirer des agréments[77] *etc*. Ainsi, le pouvoir de répression que le législateur peut confier à une autorité administrative « présente une double nature : il existe des sanctions et des punitions »[78]. Une autorité administrative peut à ce titre être dépositaire d'un pouvoir répressif et infliger des

---

[73] V. C. const., Décision n° 97-390 DC du 19 novembre 1997, préc.

[74] V. Décision n°15-HCC/D3 du 9 juillet 2019 concernant l'ordonnance n°2019-09 modifiant et complétant certaines dispositions de la loi modifiée n°99-012 du 19 août 1999 portant Code minier, [en ligne], disponible sur : http://www.hcc.gov.mg, consulté le 12 mars 2022.

[75] J. Petit, *Les conflits de lois dans le temps en droit public interne*, *op. cit.*, p. 29.

[76] G. Éveillard, *Les dispositions transitoires en droit public français*, Dalloz, 2007, p. 604.

[77] Y. Zégouzo, « Les sanctions administratives : actualités et perspectives », *Actualité Juridique Droit Administratif*, n° Hors-série, 2001, p. 1.

[78] M. Degoffe, « L'ambigüité de la sanction administrative », *Actualité Juridique Droit Administratif*, 2001, p. 27.

sanctions administratives[79]. Dès lors, les individus qui sont exposés à de telles punitions devraient au moins bénéficier des garanties accordées à ceux qui font l'objet de sanctions pénales par le législateur. C'est d'ailleurs ce souci qui a amené le Conseil constitutionnel français à admettre le principe de la non-rétroactivité de la loi à « toute sanction ayant le caractère d'une punition ». La finalité dans cette interprétation constructive de la constitution tient à la préoccupation de ne pas prononcer une condamnation à l'encontre d'un administré sans qu'elle ne soit connue à l'avance. La peine encourue par les individus passibles de sanctions administratives ayant le caractère de punition doit être prévue. Les juridictions constitutionnelles des pays à l'étude devraient s'inscrire dans cette mouvance et exiger que le pouvoir de punition conféré aux autorités administratives respecte le principe constitutionnel en matière répressive. C'est cela qui permettra de garantir la sécurité juridique à tout justiciable qui est exposé à une punition, quelle que soit l'autorité habilitée à la prononcer.

Au-delà des sanctions administratives, la jurisprudence analysée révèle également une exclusion des lois fiscales dans le champ du principe constitutionnel de non-rétroactivité.

2 – L'exclusion des lois fiscales

La loi fiscale, c'est-à-dire celle qui « décide que certains biens ou certaines personnes seront dans des conditions déterminées soumis à l'impôt » [80] ou celle qui « regroupe toutes les lois qui interviennent dans la détermination des règles d'assiette et des modalités de recouvrement des impositions de toutes natures »[81], est exclue du champ du principe constitutionnel de non-rétroactivité des lois. En effet, le Conseil constitutionnel ivoirien considère, de façon ciblée, dans sa décision du 11 avril 2017 « que le principe de non-rétroactivité des lois n'a donc pas de valeur constitutionnelle en matière fiscale, précisément dans le domaine des bénéfices industriels et commerciaux caractérisé par la « rétrospectivité » ; que le législateur peut, si l'intérêt ou l'ordre public le commande, faire rétroagir une loi de finances à une situation

---

[79] A. Gadji, « À propos des sanctions administratives en droit public économique », *in Varias au tour du droit public, Mélanges en l'honneur du professeur Koffi Ahadzi-Nonou*, Presse Universitaire Juridique de Poitiers, décembre 2019, p. 702.

[80] L. Trotabas, *Précis de science et de législation financières*, 4ème éd., Paris, Dalloz, 1935, p. 235.

[81] C.-M. Mboumba, *Les impositions de toutes natures : contribution à l'étude de la théorie de l'impôt,* Lyon, Thèse mult., 2009, p. 39.

antérieure à son entrée en vigueur, sauf à apporter la preuve que les dispositions légales en cause contrarient les principes constitutionnels [...] »[82]. En substance, il en ressort qu'une loi fiscale peut modifier les modalités de taxation d'une assiette dont le fait générateur est antérieur à sa publication[83].

Ce faisant, les contribuables se trouvent dans ce qu'on peut appeler une « insécurité fiscale »[84]. Celle-ci « provient, quant à elle, des changements constants qui contribuent non seulement à déboussoler le contribuable, mais aussi à complexifier le système fiscal plutôt qu'à le simplifier ou à le rendre efficace »[85]. En effet, parler de sécurité juridique en matière fiscale suppose non seulement que la législation fiscale soit constante, mais encore et surtout que la règle du jeu ne soit pas modifiée rétroactivement[86]. Selon Frédéric Douet, « en matière fiscale, la sécurité juridique consiste donc à garantir aux contribuables le montant des impositions mises à leurs charges de telle manière que chacun d'entre eux puisse prévoir et compter sur ce résultat »[87]. Autrement dit, la norme fiscale doit être prévisible de sorte que « les contribuables doivent être informés de façon certaine et sans équivoque des conséquences fiscales que pourraient entraîner leurs actions »[88]. Or, ceci n'est pas le cas avec la rétroactivité de la loi fiscale.

Prise dans ses deux dimensions[89], la rétroactivité fiscale peut avoir des effets pervers sur les contribuables. La première acception qu'est la

---

[82] V. Cons. const., Décision n° CI-2017-308/11-04/CC/SG du 11 avril 2017 préc.

[83] F. Adam, O. Ferrand, R. Rioux, *Finances publiques,* 4ème éd., Dalloz, 2018, p. 456.

[84] R. Ossa, *Réformes fiscales et développement en Afrique subsaharienne*, Saint-Denis, Edilivre Aparis, 2012, p. 18, cité par P. Théoua-N'Dri, « Perceptions africaines et conception de l'impôt », *in Les finances publiques entre globalisation et dynamiques locales*, *Mélanges en l'honneur de Diarra Éloi et Yonaba Salifou*, Dakar, L'Harmattan Sénégal, 2021, p. 341.

[85] P. Théoua-N'Dri, « Perceptions africaines et conception de l'impôt », préc., p. 342.

[86] J. Turot, « Les lois fiscales rétroactives », *Revue de Jurisprudence et des Fiscales*, octobre 1990, p. 11.

[87] F. Douet, Contribution à l'étude de la sécurité juridique en droit fiscal interne français, Lgdj, Paris 1997, p. 11.

[88] N. Gilles, « Relations entre l'administrations fiscale et les contribuables. – Amélioration des relations. – Renforcement de la sécurité juridique », Fascicule 216-30, 1er avril 2012, disponible sur : http://www.lexis360.fr, consulté le 20 juillet 2021.

[89] Il est retenu qu'en matière fiscale, la rétroactivité de la norme prend deux aspects relativement différents : l'application des lois de finances à l'année en cours pour l'impôt sur le revenu et l'impôt sur les sociétés ; les mesures de validation votées chaque année par le Parlement (Voir Conseil des impôts, *Relations entre les contribuables et l'administration fiscale*, XXème Rapport au Président de la

rétroactivité naturelle de la loi fiscale, autrement appelée « la petite rétroactivité fiscale » ou « la rétrospectivité de la loi de finances »[90], tient à ce que les dispositions de la loi de finances s'appliquent aux revenus ou aux bénéfices perçus antérieurement à sa promulgation. Ce qui renvoie à une application rétroactive de la loi de finances à l'exercice budgétaire précédent. En effet, la date d'entrée en vigueur de la loi de finances de l'année vise non pas les revenus réalisés à partir du 1er janvier de l'année qui suit, mais plutôt les déclarations d'impôts sur les revenus et impôts sur les sociétés à déposer à partir du 1er janvier. Le contribuable se trouve alors gêné de ne pas connaitre précisément à quel taux exact ses opérations seront taxées puisqu'il ignore le traitement fiscal réservé à une opération au moment où celle-ci est effectuée. Dès lors qu'il sera taxé d'office[91], l'application de la nouvelle loi de finances lui sera défavorable du moment où elle provoque une remise en cause des effets juridiques déjà créés sous l'empire de la loi ancienne. La deuxième acception de la rétroactivité fiscale est « la grande rétroactivité fiscale » et est constituée des lois de validation et des lois interprétatives. Les lois de validation sont des dispositions par lesquelles le législateur valide pour le passé des impositions qui, si leur légalité venait à être contestée devant les juges, feraient l'objet d'une décision de décharge, soit du fait de leur absence de base juridique, soit en raison des irrégularités ayant affecté la procédure d'imposition[92]. Quant aux lois interprétatives, elles consacrent avec rétroactivité l'interprétation d'une disposition fiscale en faveur de l'administration afin de contrecarrer, pour l'avenir mais aussi pour le passé, les effets d'une solution retenue par le juge. Elles permettent ainsi à l'administration de couper court à toute vague de réclamations ou de remboursements d'une part, et d'entreprendre de nouveaux

---

République, disponible sur : http://www.vie-publique.fr/rapport/25697-les-relations-entre-les-contribuables-et-ladministration-fisaclae-20em, consulté le 20 juillet 2023, p. 70).

[90] La différence entre les concepts de rétroactivité et de rétrospectivité réside dans l'effet juridique de la nouvelle norme : dans la rétrospectivité, « l'application de la loi nouvelle ne provoque pas une remise en cause des effets juridiques déjà créés sous l'empire de la loi ancienne, ce qui la distingue de la rétroactivité » (voir Héron Jacques, *Principes du droit transitoire*, Paris, Dalloz, Collection philosophie et théorie générale du droit,1996).

[91] V. CE, 4 mars 1987, *RJF*, 5/87, n° 591.

[92] L. Philip, *Droit fiscal constitutionnel, Évolution d'une jurisprudence*, Éd. Economica, 2014, p. 49.

redressements dans les limites de la prescription d'autre part[93]. Il s'agit là de lois faussement interprétatives puisqu'une loi interprétative est celle qui vient seulement pour préciser et expliquer le sens obscur et contesté d'un texte déjà existant. Or, dans les lois de validation comme dans les lois interprétatives, l'on constate une remise en cause des effets juridiques créés par une loi fiscale ancienne. Ce qui constitue une grave perturbation de la situation juridique des contribuables.

C'est à ce titre que l'on retrouve dans la décision précitée du conseil constitutionnel ivoirien un encadrement constitutif d'une limitation de la rétroactivité de la loi fiscale. D'un point de vue positif, le juge affirme que l'effet rétroactif de la loi fiscale doit être commandé par l'intérêt public. Quoique non explicité par le juge, ladite limitation peut être considérée comme renvoyant à un intérêt général suffisant devant justifier l'édiction d'une disposition fiscale rétroactive. D'un point de vue négatif, il considère la loi fiscale rétroactive ne doit pas remettre en cause les principes constitutionnels ou ne doit pas « priver de garanties légales des exigences constitutionnelles[94] ». La jurisprudence constitutionnelle française aide à mieux éclairer cette réserve lorsque le juge considère par exemple que l'effet rétroactif de la loi fiscale ne peut porter atteinte aux droits des contribuables « qui bénéficient d'une prescription légalement acquise à la date d'entrée en vigueur de la loi »[95] . Ainsi, si aucun principe constitutionnel ne s'oppose à ce qu'une disposition fiscale ait un caractère rétroactif, celle-ci serait irrégulière si elle ne se conforme pas à ces exigences jurisprudentielles. La rétroactivité des lois fiscales est donc admise sous réserve.

En définitive, le principe constitutionnel de non-rétroactivité des lois s'érige en principe général au Cameroun et ne concerne que les lois pénales de fond dans les autres États étudiés. Dans tous les cas, il est destiné à empêcher l'effet rétroactif des lois même si son application est particulièrement contingente.

---

[93] *Ibidem*.

[94] V. Cons. const., Décision n° 95-369 DC du 28 décembre 1995, Loi de finances pour 1996, disponible sur : https://www.conseil-constitutionnel.fr/decision/1995/95369DC.htm ; Cons. const., Décision n° 98-404 DC du 18 décembre 1998, Loi de financement de la sécurité sociale pour 1999, disponible sur : https://www.conseil-constitutionnel.fr/decision/1998/98404DC.htm, consulté le 28 mai 2023.

[95] V. Cons. const., Décision n° 91-298 DC du 24 juillet 1991, Loi portant diverses dispositions d'ordre économique et financier, disponible sur : https://www.conseil-constitutionnel.fr/decision/1991/91298DC.htm, consulté le 28 mai 2023.

II – Une contingence dans l'application de la non-rétroactivité des lois

L'application jurisprudentielle du principe constitutionnel de non-rétroactivité des lois varie en fonction de l'autorité détentrice du pouvoir normatif. Le juge a su l'aménager à l'égard du législateur de sorte qu'il ne soit pas censé barrer le chemin à toute volonté législative. À ce choix habile à l'égard des lois, le juge se heurte à des difficultés à l'appliquer aux lois constitutionnelles. Le principe fait ainsi l'objet d'une application souple à l'égard des lois (A) et d'une application laborieuse à l'égard des lois constitutionnelles (B).

1 – Une application souple à l'égard des lois

Le principe constitutionnel de non-rétroactivité des lois n'est pas d'application absolue sur l'œuvre normatif du législateur. Il existe des situations juridiques pour lesquelles la rétroactivité est tolérable. Le juge constitutionnel admet ainsi l'effet rétroactif de certains textes législatifs, concernant même la matière pénale **(1).** Toutefois, pour éviter un usage abusif ou attentatoire de la volonté législative rétroactive, il l'a assortie de conditions destinées à préserver les principes et valeurs constitutionnels **(2).**

1 – L'admission d'effets rétroactifs des lois

Sachant que le système juridique est vivant et que le législateur peut toujours modifier les textes antérieurs ou les abroger, en leur substituant, le cas échéant, d'autres dispositions[96], les situations juridiques résultant des lois ne sont pas définitivement établies. Dans le cadre de la mise en œuvre de ce pouvoir normatif, celui-ci peut adopter des lois rétroactives sans pour autant violer la Constitution. Il existe en effet des situations où « certaines rétroactivités peuvent être non seulement souhaitables et légitimes, mais indispensables à la réalisation des objectifs de la loi[97] ».

---

[96] V. Cons. const., Décision n° 86-220 DC du 22 décembre 1986, disponible sur : https://www.conseil-constitutionnel.fr/decision/1986/86220DC.htm, consulté le 28 mai 2023.

[97] G. Éveillard, *Les dispositions transitoires en droit public français*, *op. cit.*, p. 15 ; un auteur montrant le caractère indispensable de la rétroactivité indique que « sans lois rétroactives, nous n'aurions pas aboli en France l'esclavage, ni les lois féodaux » ; en ce sens, Th.-S. Renoux, « Le principe de non-rétroactivité des lois », préc., p. 357.

Pour les lois répressives, la jurisprudence constitutionnelle des États sous examen a admis l'effet rétroactif des lois pénales plus douces ou moins sévères, autrement appelée la rétroactivité *in mitius*. Il s'agit de lois qui adoucissent de quelque façon la répression ou même la suppriment et que l'on qualifie souvent de « lois libérales », et qui s'opposent aux lois répressives nouvelles, à savoir celles qui, d'une manière ou d'une autre, aggravent la répression des comportements considérés comme socialement inacceptables[98]. Ce premier correctif fondamental[99] à l'interdiction constitutionnelle de rétroactivité de la loi pénale tient au principe de la nécessité des peines tiré de l'article 8 de la Déclaration de 1789. Ce dernier suppose que la suppression ou l'adoucissement d'une incrimination par la loi rend les peines antérieures non nécessaires et en pareil cas cet adoucissement ou cette suppression doit bénéficier au délinquant qui n'a pas été définitivement condamné[100]. En substance, la nouvelle loi pénale moins sévère ayant apporté un progrès à la législation pénale, il s'avère utile de ne plus appliquer « une peine reconnue inutile ou excessive[101] ». Léon Duguit écrit à ce propos qu'« il est de toute évidence que, si le législateur a reconnu comme inutile ou excessive la peine prononcée par la loi ancienne, il est impossible d'appliquer encore cette loi ancienne »[102].

On se retrouve là dans « les situations pour lesquelles la rétroactivité est non seulement tolérée, mais aussi souhaitable [...] »[103]. En effet, l'on considère que la nouvelle loi pénale plus douce présente un caractère favorable à l'égard de ses destinataires et se conjugue avec

---

[98] R. Gassin, « Les lois répressives nouvelles devant le conseil constitutionnel », in *Renouveau du droit constitutionnel, Mélanges en l'honneur de Louis Favoreu,* Paris, Dalloz, 2007, pp. 1553-1554.

[99] L'assouplissement de l'exigence constitutionnelle de non-rétroactivité des lois pénales de fond à travers les lois pénales plus douces « puise ses racines dans la philosophie humaniste », révèle « une volonté clémente du législateur » et offre « une solution d'équité juridique » exigeant qu'on n'applique plus une peine non nécessaire à un délinquant.

[100] I. Moumouni, « Le principe de la rétroactivité des lois pénales plus douces : une rupture de l'égalité devant la loi entre les délinquants ? », *Revue internationale de droit pénal*, 2012/1 Vol. 83, p. 176, disponible sur : https://www.cairn.info/revue-internationale-de-droit-penal-2012-1-page-173.htmm, p. 176.

[101] G. Mathieu, « L'application de la loi pénale dans le temps », *Revue de Science Criminelle*, 1995, p. 257.

[102] L. Duguit, « La non-rétroactivité et l'interprétation des lois », préc., p. 767.

[103] F. Moderne. Rapport de synthèse, *préc.* p. 447.

l'intérêt général[104], mais aussi « elle ne fait tort à personne »[105]. Ce faisant, le législateur qui ferait appliquer une nouvelle loi pénale moins sévère à des infractions commises antérieurement à son entrée en vigueur ne commettrait pas une violation de la Constitution. Les juges constitutionnels des États à l'étude ont, de façon allusive, adhéré à cette rétroactivité *in mitius*. Le juge burkinabè, dans une démarche pédagogique, a, après avoir posé le principe de la non-rétroactivité des lois, soulevé ses exceptions parmi lesquelles il énumère les lois pénales plus douces[106]. De son côté, le Conseil constitutionnel du Sénégal a retenu que « *[...]* s'il appartient au législateur, sous réserve de l'application immédiate de la loi pénale plus douce, de déterminer la date d'entrée en vigueur d'une loi, le pouvoir qui lui est ainsi conféré n'est pas sans limite[107] ». En déterminant ainsi les pouvoirs du législateur en termes de fixation de la date d'entrée en vigueur des lois, il exclut les lois pénales moins sévères de sa liberté d'appréciation. Ce dernier, « lorsqu'il édicte des mesures pénales plus douces, n'a pas le choix d'opportunité. Il doit, au regard des exigences constitutionnelles, obligatoirement appliquer la loi pénale moins sévère, même à des situations ou à des faits commis antérieurement mais qui n'ont pas encore été définitivement jugés[108] ». Le législateur ne peut donc reporter la date d'entrée en vigueur de la loi pénale plus douce. Son refus de l'appliquer immédiatement et de la faire rétroagir l'exposerait à une censure du juge constitutionnel.

En matière de lois non répressives, le juge constitutionnel admet également la rétroactivité. D'abord, il ressort de l'office du juge la possibilité de rétroactivité découlant de la loi elle-même ; on parle de lois expressément rétroactives. Pour les juridictions constitutionnelles des États considérés, une loi peut toujours prévoir elle-même sa propre rétroactivité[109]. Autrement dit, il précise que la loi nouvelle va

---

[104] G. Éveillard, *Les dispositions transitoires en droit public français*, op. cit , p. 670.
[105] J. Héron, *Principes du droit transitoire*, Dalloz, Philosophie et théorie général du droit, p. 66.
[106] V. Cons. const., Décision n° 2005-07/CC/EFP sur les recours demandant l'annulation de la candidature de Monsieur Blaise Compaoré, *préc.*
[107] V. Cons. const., Décision n° 11/C/93/ du 23 juin 1993 sur le rabat d'arrêt, *préc.*
[108] Th.-S. Renoux, « Le principe de non-rétroactivité des lois », préc., p. 370.
[109] V. Cons. const. du Burkina Faso, Décision n° 2005-07/CC/EFP sur les recours demandant l'annulation de la candidature de Monsieur Blaise Compaoré *préc.* ; Cons. const. du Sénégal, Décision N° 11/C/93 du 23 juin 1993 sur le rabat d'arrêt, *préc.*, Cour const. du Bénin, Décision DCC 02-069 du 19 janvier 2002, *Bruno O. Ahonlonsou et autres*, *Rec.* 2002, p. 288 ; Cour const. du Bénin, Décision DCC 03-

s'appliquer aux conditions de formation de situations juridiques déjà légalement constituées ou aux conditions d'extinction de situations juridiques déjà légalement éteintes ou aux effets révolus d'une situation juridique en cours. Ensuite, il y a les lois interprétatives auxquelles le juge constitutionnel burkinabè fait référence en listant la catégorie des lois qui « sont rétroactives par nature sans que le législateur le précise expressément »[110]. La prise en compte des lois interprétatives parmi les lois rétroactives rappelle les propos de Portalis qui affirmait dans son discours préliminaire devant le Conseil d'État que : « En général les lois n'ont point d'effet rétroactif. Le principe est incontestable. Nous avons pourtant limité ce principe aux lois nouvelles, nous ne l'avons point étendu à celles qui ne font que rappeler ou expliquer les anciennes lois »[111]. La rétroactivité ainsi permise tient au fait que la loi interprétative fait corps avec la loi interprétée ; il s'agit d'une loi qui précise la signification d'une loi antérieure sans en modifier le contenu[112]. Enfin, c'est le cas des lois procédurales. Le Conseil constitutionnel du Sénégal a confirmé leur possible rétroactivité dans le litige qui opposait la multinationale AIR AFRIQUE à 05 de ses agents licenciés[113]. Selon le juge, le législateur est en droit de donner un caractère rétroactif à une loi de procédure[114], mais à la condition que ladite loi ne porte pas une atteinte aux principes fondamentaux inscrits dans la Constitution destinés à protéger la stabilité et la sécurité juridique de situations nées des décisions de justice. Donc, une loi de procédure qui ne méconnaît pas ces verrous juridiques ne saurait être considérée comme non conforme à la Constitution.

L'admission de la rétroactivité des lois est loin d'être une tolérance incontrôlée. Le juge constitutionnel la surveille méticuleusement en dressant des barrières infranchissables.

---

128 du 21 août 2003, *Degboe Bernard, Ourou Boun Nbouro Sé, Bawa Alassane et Ilougbade Marcelin*, *Rec.* 2003, p. 519.

[110] V. Cons. const., Décision N° 2005-07/CC/EPF sur les recours demandant l'annulation de la candidature de Monsieur Blaise Compaoré, *préc.*

[111] Portalis, *Discours préliminaire du premier projet de Code civil (1801)*, Bordeaux, Éditions Confluences, 2004, Collection, Voix de la Cité, p. 27, [en ligne], disponible sur : http://classiques.ucaq.ca/, consulté le 18 mars 2022.

[112] Th.-S. Renoux, « Le principe de non-rétroactivité des lois », préc., p. 369.

[113] V. Cons. const., Décision n° 11/C/93 du 23 juin 1993 sur le rabat d'arrêt, préc.

[114] V. Considérant 7 de la Décision n° 11/C/93 du 23 juin 1993 sur le rabat d'arrêt, préc.

2 – L'encadrement de la rétroactivité des lois

Dans son office, le juge constitutionnel a resserré les conditions d'exercice du pouvoir du législateur à édicter des lois rétroactives. En effet, par souci de protection des droits garantis par la constitution, il fixe des garanties légales en présence desquelles l'adoption d'une loi nouvelle ne saurait produire des effets affectant les situations juridiques existantes. Selon le Conseil constitutionnel du Sénégal « la modification, l'abrogation d'une loi comme la rétroactivité d'une loi nouvelle ne peuvent remettre en cause des situations existantes que dans le respect des droits et libertés de valeurs constitutionnelles ; qu'en effet, s'il appartient au législateur, sous réserve de l'application immédiate de la loi pénale plus douce, de déterminer la date d'entrée en vigueur d'une loi, le pouvoir qui lui est ainsi conféré n'est pas sans limites[115] ». Pour son homologue ivoirien « le législateur peut, si l'intérêt général ou l'ordre public le commande, faire rétroagir une loi de finances à une situation antérieure à son entrée en vigueur, sauf à rapporter la preuve que les dispositions légales en cause contrarient les principes constitutionnels, [...] »[116]. À travers ces décisions, le juge « s'évertue [...] à préserver la sécurité juridique »[117] en encadrant la liberté du législateur de prévoir la rétroactivité des lois.

Il en ressort que « la rétroactivité ne serait admise que dans la mesure où un droit fondamental ne se trouverait pas en cause où elle serait justifiée par des considérations d'intérêt général »[118]. Ainsi, la remarque de Nicaise Médé selon laquelle le droit constitutionnel français « retient d'une manière générale le critère du but d'intérêt général suffisant dans le respect des principes et droits de valeur constitutionnelle »[119] est transposable au droit constitutionnel applicable dans les États francophones d'Afrique subsaharienne. Le législateur qui fait usage de son pouvoir normatif de modification des textes antérieurs « ne saurait priver de garanties légales des exigences

---

[115] V. Cons. const., Décision N° 11/C/93 du 23 juin 1993, sur le rabat d'arrêt, *préc.*

[116] V. Cons. const., Décision n° CI-2017-308/11-04/CC/SG préc.

[117] C.-Mb. Ndiaye, « L'application de la loi nouvelle dans le temps : la jurisprudence du conseil constitutionnel du Sénégal », p. 4, disponible sur : https://ceracle.com/lapplication-de-la-loi-nouvelle-dans-le-temps-la-jurisprudence-du-conseil-constitutionnel-du-senegal-par-cheikh-mbacke-ndiaye/, consulté le 26 août 2023.

[118] F. Moderne. Rapport de synthèse, *préc.* p. 446.

[119] N. Médé, « Observations sous Décision DCC 05-135 du 28 octobre 2005 »,préc ., p. 665.

constitutionnelles »[120]. La conditionnalité ainsi posée s'analyse en une sorte de garde-fou au pouvoir législatif à adopter des lois rétroactives[121]. Elle protège les situations juridiques définitives et les attentes légitimes des citoyens.

Le juge constitutionnel peut alors censurer une loi non pas parce qu'elle est rétroactive, mais parce qu'elle ne respecte pas les « verrous juridiques qui entourent le principe de non-rétroactivité des lois, notamment la prise en compte des droits garantis par la constitution »[122]. Le juge sénégalais en a décidé relativement à la loi n° 92-25 du 30 mai 1992 relative à la Cour de cassation qui faisait rétroagir la procédure de rabat d'arrêt. Il déclara inconstitutionnelle la disposition de l'article 32, alinéa 2 de ladite loi qui prévoyait la procédure contestée, non pas parce qu'elle est rétroactive, mais parce qu'elle n'était pas « justifiée par la sauvegarde de l'intérêt général ou de l'ordre public »[123]. Il en résulte que la rétroactivité admise « ne peut être constitutionnelle que si la remise en cause des situations existantes à laquelle elle procède intervient dans le cadre du respect des droits et libertés qui sont de valeur constitutionnelle »[124]. Or, dans le cas d'espèce, la rétroactivité ne prenait nullement en compte les droits fondamentaux inscrits dans la constitution et les déclarations auxquelles elle renvoie, notamment le respect de la chose jugée, l'indépendance du pouvoir judiciaire et l'égalité des citoyens devant la loi et la justice. Pour le juge, le législateur ne peut adopter de dispositions rétroactives que dans le cas d'un intérêt public primordial et en veillant à ne pas porter une atteinte grave aux attentes fondées légitimement par les acteurs juridiques sur la stabilité de la situation juridique existante[125].

---

[120] V. Cons. const. français, Décision, n° 96-375 DC du 9 avril 1996, disponible sur : https://www.conseil-constitutionnel.fr/decision/1996/96375DC.htm ; Décision n° 2019-612 QPC du 15 novembre 2019, disponible sur : https://www.conseil-constitutionnel.fr/decision/2019/2019812QPC.htm, consulté le 28 mai 2023.

[121] J. Massot, « Les juges et les validations législatives : un chœur à cinq voix non sans dissonances », in *Mélanges en l'honneur du President Bruno Genevois*, *Le dialogue des juges*, Dalloz, 2009, p. 709.

[122] E.-H. Mbodj, « La mise à mort du rabat d'arrêt ? Observation s/c Conseil constitutionnel du 23 juin 1993 », préc., p. 79.

[123] V. Cons. const. Décision n° 11/C/93 du 23 juin 1993, préc.

[124] E.-H. Mbodj, « La mise à mort du rabat d'arrêt ? Observation s/c Conseil constitutionnel du 23 juin 1993 », *préc.*, p. 81.

[125] J.-M. Woehrling, « L'obligation d'édicter des mesures transitoires comme instrument de la protection des situations juridiques constituées (à propos de la sécurité juridique) », *Revue de Droit Public*, 2007, n° 1, p. 290 ; C.-Mb. Ndiaye, *La*

Si le juge constitutionnel dans les États à l'étude a eu le mérite d'admettre et de bien surveiller la rétroactivité de la loi, il éprouve, en revanche, toutes les difficultés, dans l'application du principe constitutionnel de non-rétroactivité aux lois constitutionnelles.

B – Une application laborieuse à l'égard des lois constitutionnelles

La Constitution, « […] courte ou longue, stable ou souvent amendée ou remplacée, elle varie fortement dans le temps et l'espace »[126]. Pour le juge cette œuvre du constituant n'est pas soumise à l'exigence constitutionnelle de non-rétroactivité des lois comme le sont les autorités réglementaire et législative aux principes de la « non-rétroactivité des actes administratifs » et de la « non-rétroactivité de la loi ». Il applique plutôt aux lois constitutionnelles le principe de l'effet immédiat mais de façon biaisée (1) et admet non sans critique leur rétroactivité (2).

1 – L'application biaisée de l'effet immédiat

Les lois constitutionnelles rentrent dans « La plus grande partie des normes nouvelles [qui] sont, à défaut de dispositions expresses dérogatoires, d'application immédiate, c'est-à-dire qu'elles s'appliquent aux situations de fait et de droit en cours au moment de leur entrée en vigueur »[127]. C'est parce que, souligne El Hadj Mbodj, le principe de la non-rétroactivité « paraît inapproprié pour la constitution »[128]. Pour l'auteur, « en appliquant le principe de la non-rétroactivité de la loi à la constitution, on piétine le principe de la hiérarchie des normes si cher à Hans Kelsen »[129]. En effet, pris dans sa dimension ambivalente, ledit principe ne s'impose en aucun cas au pouvoir constituant. En tant que principe général du droit, elle ne saurait régir la constitution qui lui est supérieure dans la pyramide des normes juridiques. En tant que principe à valeur constitutionnelle, la non-rétroactivité des lois s'impose tout au

---

protection juridictionnelle de l'ordre constitutionnel au Sénégal, UCAD, Thèse mult., 2016, pp. 174-175.

126 D. Truchet, *Le droit public*, 3e Ed mise à jour, , QUE-SAIS-JE ?, Puf, p. 78.

127 J.-M. Woehrling, « L'obligation d'édicter des mesures transitoires comme instrument de protection des situations juridiques constituées », préc., p. 285 et s.

128 E.-H. Mbodj, « De la recevabilité de la candidature de Me Wade pour un troisième mandat : faux débat politique ou vrai-tête constitutionnel ? », préc.

129 *Idem.*

plus au législateur, en fonction de l'objet en cause, qu'au constituant. Ce dernier, considéré comme « souverain[130] » dans l'accomplissement de sa mission normative, est hors de portée de toute sanction pour cause d'application rétroactive d'une modification, d'une abrogation ou d'un complément de dispositions constitutionnelles.

Dans son travail normatif, le constituant est plutôt soumis au principe de l'effet immédiat. Les constituants affirment dans les dispositions finales des Chartes fondamentales cet effet pour l'avenir en disposant que « La présente constitution entre en vigueur dès sa promulgation [...] »[131]. L'œuvre du juge constitutionnel n'en dit pas moins. En effet, l'interprète authentique de la loi fondamentale milite en faveur d'une prise d'effet immédiat des lois constitutionnelles à partir de leur mise en vigueur. Il a dégagé dans quelques décisions des considérants qui s'inclinent toutes vers l'effet immédiat de la loi[132], tel que le souligne Paul Roubier en affirmant que « [...] le plus ordinairement les lois constitutionnelles recevront effet immédiat, sans autre difficulté »[133]. Ainsi, « lorsqu'elle est mise en place, la norme constitutionnelle [...] entre en vigueur avec effet immédiat et ne saurait, du moins en principe, revêtir un effet rétroactif »[134]. En clair, pour paraphraser Philipe Ardent « les constitutions s'écrivent au futur, elles

---

[130] V. Cons. const. du Sénégal, Décision n° 1/C/2018 du 9 mai 2018, *Recueil des décisions du Conseil constitutionnel*, janvier 1999-mars 2019, Dakar, février 2020, p. 614.

[131] V. article 184 de la loi du 8 novembre 2016 portant Constitution de la République de Côte d'Ivoire ; article 246 de la loi 25 octobre 2015 portant Constitution de la République du Congo ; article 183 de la loi du 25 novembre 2010 portant Constitution du Niger.

[132] V. Cour constitutionnelle du Bénin, Décision DCC 95-039 du 25 septembre 1995, *Salami Moumouni*, *Rec.* 1995, p. 191 ; Décision DCC 02-144 du 23 décembre 2002, *PR, Vieyra-Soglo H. Rosine*, *Rec.* 2022, p. 582 ; Conseil constitutionnel du Sénégal, Décision n° 3 à 10/E/12 et 12 à 14/E/12 du 29 janvier 2012, *préc.* ; Conseil Constitutionnel de Côte d'Ivoire, Décision n° CI-2020-EP-009/14-09/CC/SG, *préc.* ; Conseil constitutionnel du Burkina Faso, Décision n° 2005-07/CC/EPF *préc.* ; Cour Const., RDC, R. Const. 126, 21 novembre 2015, Requête en interprétation de l'article 110 de la Constitution du 18 février 2006 telle que modifiée par la loi n° 2011/002 du 20 janvier 2011 portant révision de certains articles de la Constitution de la RDC, disponible sur : https://cour-constitutionnelle.cd, consulté le 20 février 2023.

[133] P. Roubier, *Le droit transitoire*, Dalloz, 2008, p. 12.

[134] S. Ferrari, « De l'art du trompe l'œil : l'abrogation implicite de la loi par la constitution au service d'un continuum constitutionnel », *Revue Française de Droit Comparé*, 2010, n° 83, p. 498.

disposent pour le futur »[135]. L'œuvre normative du constituant déploie donc ses effets *ad futurum*. C'est en cela que la position du juge constitutionnel sénégalais se basant sur la non-rétroactivité pour déclarer recevable la candidature du Président Wade en 2012 s'avère discutable. En effet, en s'appuyant sur la disposition transitoire de l'article 104 de la Constitution qui disposait que « Le Président de la République en fonction poursuit son mandat jusqu'à son terme »[136] pour exclure du décompte du nombre de mandat effectué par le Président Wade celui de 2000 à 2007, son raisonnement manque de cohérence. Car, si la disposition transitoire de l'article 104 avait entendu placer le mandat hors du champ d'application de la Constitution de 2001, elle n'aurait pas précisé que toutes les autres dispositions s'appliquent au Président. En clair, si l'alinéa 1 de l'article 104 « s'approprie le septennat hérité de la constitution du 7 mars 1963 en l'habilitant à exercer un mandat plus long que le mandat constitutionnellement prévu [...] »[137], le second alinéa faisait une application immédiate de toutes les autres dispositions de la constitution au Président en exercice dont « [...] l'article 27 qui a bloqué à deux le nombre de mandats du Président de la République »[138]. Donc pour le nombre de renouvellement, le juge devait appliquer le principe de l'effet immédiat[139] à la place de la non-rétroactivité.

La juridiction constitutionnelle burkinabè qui a fait usage du principe de l'effet immédiat n'a pas manqué d'en faire une « application étriquée »[140]. En effet, lors de l'élection présidentielle de 2005 au Burkina Faso, le garant constitutionnel de la régularité du scrutin a été saisi par un groupe de candidats pour se prononcer sur l'éligibilité du président sortant. Sur la question de savoir si la réforme

---

135 Ph. Ardant, « Le temps dans les constitutions écrites », in *La République*, *Mélanges en l'honneur de Pierre Avril*, Paris, Montchrestien, 2001, p. 503.

136 V. article 104, alinéa 1 de la Constitution du 22 janvier 2001 de la république du Sénégal, modifiée.

137 E.-H. Mbodj, « De la recevabilité de la candidature de Me Abdoulaye Wade pour un troisième mandat : faux débat politique ou vrai casse-tête constitutionnel ? », *préc.*

138 *Idem.*

139 M. Samb, « De l'art de (mal) juger. Propos d'un juriste privatiste sur la décision du Conseil Constitutionnel du 29 janvier 2012 », [en ligne], disponible sur : www.elhadjmbodji.org, consulté le 9 août 2023.

140 A. Loada, « Observation sous CC, Décision N° 2005-07/CC/EPF sur les recours ... demandant l'annulation de la candidature de M. Blaise Compaoré », Avis et décisions commentés de la justice constitutionnelle burkinabè, 2009, p. 86.

constitutionnelle du 11 avril 2000[141] s'appliquait à la situation juridique antérieurement née à son entrée en vigueur, il répondit par la négation. Pour en décider, il donna ce contenu à l'effet immédiat : « Considérant qu'en réalité, l'effet immédiat ou l'effet pour l'avenir signifie tout simplement que la loi nouvelle s'applique seulement aux faits juridiques et à leurs effets juridiques qui sont nés après son entrée en vigueur, à l'exception de ceux qui sont nés sous l'empire d'une loi ancienne dont résultent des droit acquis »[142] . Ce considérant révèle une lecture réductrice du principe de l'effet immédiat. Le juge n'a pas tiré toutes les conséquences liées à son application car le principe de l'effet immédiat saisit à la fois le présent et l'avenir. Donc, la juridiction constitutionnelle a ramé à contre-courant et « grâce à un tour de passe-passe juridique »[143] elle n'a pas appliqué la nouvelle réforme au président sortant. Le juge constitutionnel sénégalais a abondé dans le même sens lorsqu'il considère dans sa décision n° 1/C/2016 du 12 février 2016 que « […] que le mandat en cours au moment de l'entrée en vigueur de la loi de révision, par essence intangible, est hors de portée de la loi nouvelle »[144]. Il fait ainsi entorse au principe de l'effet immédiat, puisque, sans le soutien de disposition transitoire, le mandat en cours au moment de la mise en vigueur de la loi de révision devrait être saisi par la loi nouvelle. Cela d'autant plus qu'aucune disposition expresse de la loi de révision ne l'a écarté de son champ d'application.

De par ces positions, les juridictions constitutionnelles du Burkina Faso et du Sénégal se sont mises à dos la distinction bien connue des droits d'origine légale et des droits d'origine contractuelle[145]. En effet, le statut de Président de la République est non une manifestation individuelle de volonté, mais une situation légale, une situation de droit objectif. Ainsi, à travers son élection, le Président de la République bénéficie d'un statut constitutionnel qui ne saurait être à l'abri de toute

[141] Ladite réforme procédait à une réduction de la durée du mandat de 07 ans indéfiniment renouvelable à 5 ans renouvelable une seule fois.

[142] V. Cons. const. du Burkina Faso, Décision N° 2005-07/CC/EPF, *préc.*

[143] M. Fau-Nougaret, « Une leçon burkinabè : éléments de réflexion juridique sur l'insurrection des 30 et 31 octobre 2014 (1ère partie) », préc., p. 222.

[144] V. Conseil Constitutionnel du Sénégal, Décision N° 1/C/2016 du 12 février 2016, Conseil Constitutionnel du Sénégal, *Recueil des Décisions*, janvier 1993 - mars 2019, pp. 469 et s.

[145] V. L. Duguit, *L'État, le droit objectif et la loi positive*, Paris, Albert Fontemoing,1901, p. 24 et s. ; p. 586 et s. ; *Traité de droit constitutionnel*, II, § 21 ; V., § 16, 26 ; G. Jèze, *Les principes généraux du droit administratif*, 2e éd., M. Giard & E. Brière, 1914, p. 10 et s.

modification. Léon Duguit soutient à ce propos que la loi nouvelle « s'applique [...] aux situations légales existant au moment de sa promulgation »[146]. Gaston Jèze l'explicite davantage en affirmant que « si la situation légale est essentiellement modifiable par la loi, c'est parce que c'est la loi qui l'a organisée : ceux qui bénéficient de ces situations ne peuvent pas exiger que la loi reste immuable »[147]. À partir donc de la théorie générale établie en droit public distinguant les situations individuelles ou subjectives des situations légales ou objectives, le statut de Président de la République ne confère aucun droit au maintien de la réglementation ancienne et doit être immédiatement soumis à la loi constitutionnelle le modifiant, sauf disposition transitoire. Le constituant peut alors modifier ce statut à tout moment sans que celui qu'il régit puisse exciper d'un droit acquis à ce que sa situation individuelle demeure inchangée. Ainsi, il ne s'agit point d'une rétroactivité, mais de l'application immédiate d'une loi constitutionnelle nouvelle non assortie de dispositions transitoires.

C'est donc à tort que le juge constitutionnel considère que la norme constitutionnelle nouvelle ne se saisit pas des effets en cours d'une situation juridique née sous l'empire d'une loi ancienne. À cette conception restrictive de l'effet immédiat, s'ajoute également une admission discutable de la rétroactivité des lois constitutionnelles par lui.

2 – L'admission discutable de la rétroactivité

Les lois constitutionnelles peuvent être tournées vers le passé. Dans sa décision de 2005, le Conseil constitutionnel burkinabè fait savoir que « pour que la loi du 11 avril 2000 puisse prendre en compte les deux septennats, il aurait fallu que le législateur ait expressément prévu cette éventualité, ce qui ne fut pas le cas »[148]. De son côté, le juge constitutionnel sénégalais, faisant état de l'application immédiate de la Constitution du 22 janvier 2001considère « [...] néanmoins, que le constituant peut en décider autrement »[149]. En République Démocratique du Congo, la Cour constitutionnelle soutient dans sa décision du 21 novembre 2015 « qu'en ce qui concerne la constitution,

---

[146] L. Duguit, « La non-rétroactivité et l'interprétation des lois », préc., p. 768.
[147] G. Jèze, *Les principes généraux du droit administratif*, *op. cit.*, p. 10 et s.
[148] V. Conseil const., Décision n° 2005-07/CC/EPF, préc.
[149] V. Conseil const., Décision sur les affaires n° 3 à 10/E/12 et 12 à 14/E/12 du 29 janvier 2012, préc.

cette rétroactivité ne se présume pas, le texte constitutionnel lui-même doit la prévoir de manière expresse »[150]. Ces jurisprudences expriment *expressis verbis* la rétroactivité de loi constitutionnelle, mais à la condition que le constituant prévoit une ou des dispositions transitoires[151] qui la consacrent formellement.

La Cour constitutionnelle béninoise a pris le contre-pied de ses homologues en consacrant la rétroactivité implicite dans des affaires d'« intérêt constitutionnel douteux »[152]. En effet, après avoir admis que la rétroactivité d'une loi doit être prévue expressément, elle considère ensuite « qu'elle peut aussi l'être implicitement »[153]. Cette position ne manque pas d'étonner car étant difficile à ranger dans l'une ou l'autre des écoles d'interprétation. La théorie positiviste est ici inutilisable dès lors qu'il n'y a pas lieu pour le juge de partir du caractère clair ou obscur de la norme ; les lois en question n'ayant nulle part fait état de la rétroactivité. La théorie réaliste quant à elle est inopérante puisque la volonté du juge n'a pas été de rechercher l'intention de l'auteur de la

---

[150] V. Cour const., R. Const. 126, 21 novembre 2015, préc.

[151] Les dispositions transitoires désignent *« un ensemble de règles énoncées dans une loi nouvelle particulière qui déterminent de manière temporaire, pour une période intermédiaire, les modalités du passage du régime de la loi ancienne à la loi nouvelle en établissant pour cette période, un régime original, distinct et temporaire »* (L. Pech, « Les dispositions transitoires en droit constitutionnel », *RRJ*, 1999, p. 1407). Sous l'angle du droit constitutionnel, les dispositions transitoires visent à régler la succession entre deux systèmes de règles constitutionnelles avec pour objectif d'éviter la superposition de deux constitutions (v. à ce propos M. Ondoa, « La Constitution duale : Recherches sur les dispositions constitutionnelles transitoires au Cameroun », *Revue Africaine des Sciences Juridiques*, Vol. 1, 2000, no 2, p. 20-56 ; M. Zaki, « Petites Constitutions et droit transitoire en Afrique », *Revue de droit public*, n* 6, 2012 ; É. Boshab, « Les dispositions constitutionnelles transitoires relatives à la Cour constitutionnelle de la RDC », *Fédéralisme*, vol. 7, 2007, n* 1, disponible sur : https://popus.uliege.be ; D.-J. Zambo-Zambo, « Constitution et droit transitoire au Cameroun : Contribution à l'étude de la constitutionnalisation du droit camerounais », *Revue Internationale de Droit Comparé*, Volume 68, n° 3, 2016, pp. 775-807 ; P. Zibi, « Le droit transitoire constitutionnel en République centrafricaine, *Revue française de Droit Constitutionnel*, 2020/1 n° 121, pp. 43-67 ; P : Roubier, *Le droit transitoire, op. cit.*, ; G. Éveillard, *Les dispositions transitoires en droit public français*, *op. cit.*

[152] N. Médé, *Les grandes décisions de la Cour constitutionnelle du Bénin*, *op. cit.*, p. 368.

[153] V. Cour const., Décision DCC 14-94 du 23 mai 1994, *Frédéric Houndéton, Atita Akato Paul et consorts*, *Rec.* 1994, p. 47 ; Cour const. du Bénin, Décision DCC 02-069 du 19 juin 2002, *Bruno O. Ahonlonsou, Pierre E. Ehoumi, Alfred Elegbei*, *Rec.* 2002, p. 288 ; Cour const. du Bénin, Décision DCC 03-128 du 21 août 2003, *Degboe Bernard, Ourou Boun Nbouro Sé, Bawa Alassane et Ilougbade Marcelin*, préc , p. 519.

norme ou de rechercher la finalité de la règle ou son but social. Enfin, la méthode syllogistique utilisée par le juge ne convainc pas. Car considérer « que dans le cas d'espèce, la loi invoquée a une portée générale en ce qu'elle concerne tous les membres de la Cour constitutionnelle, quelle que soit la mandature considérée ; [...] »[154] reviendrait à faire de la rétroactivité le principe pour les lois constitutionnelles. La portée générale de la loi ne peut point constituer une implication nécessaire pouvant justifier la rétroactivité. Au Canada où l'on retrouve des traces de la rétroactivité implicite ou par « necessary implication »[155], l'intention du législateur doit être clairement exprimée pour que le juge y donne effet[156]. Celui-ci la recherche, soit de l'ensemble des dispositions de la loi, soit de la matière sur laquelle porte la loi, soit des circonstances de son adoption[157]. Patrice Garant en tire comme conclusion que le juge « dans la plupart des cas, justifiera l'application rétroactive par le fait qu'elle améliore la situation ou le sort d'une catégorie de citoyens ou d'administrés ; dans d'autres cas, il semble qu'il se fonde sur des impératifs d'intérêt général »[158]. De telles considérations ne se retrouvent guère dans le raisonnement du juge constitutionnel béninois. Pour Nicaise Médé, ces formulations sont « [...] orientées vers une fin : le rappel de salaires des personnes concernées »[159] .

Si la rétroactivité des lois constitutionnelles est admise, « il n'en demeure pas moins qu'[elle] se pose différemment selon qu'on est en face d'une nouvelle constitution ou d'une simple révision

---

[154] V. Cour const., Décision DCC 02-069 du 19 juin 2002, *Bruno O. Ahonlonsou, Pierre E. Ehoumi, Alfred Elegbei, préc.*

[155] P. Garant, « Le principe de non-rétroactivité des lois », Canada. In: *Annuaire international de justice constitutionnelle, 6-1990, 1992. La hiérarchie des normes constitutionnelles et sa fonction dans la protection des droits fondamentaux*, p. 344, disponible sur : https://www.persee.fr/doc/aijc_0995-3817_1992_num_6_1990_1139, consulté le 15 mars 2023.

[156] V. *Cité d'Edmonton c/. Nothwestern Utilities*, (1961), *R.C.S.* 392 *; R c/. Richardson and Adams, (1948), R.C.S. 57; City of St. John c/. New Brunswick Power,* (1925) *R.C.S.* 554, jurisprudences citées par P. Garant, « Le principe de non-rétroactivité des lois », , préc., p. 344.

[157] V. *Upper Canada College c/. Smith,* (1921)*, R.C.S.* 413, 419*,* citée par P. Garant, « Le principe de non-rétroactivité des lois », préc.

[158] P. Garant, « Le principe de non-rétroactivité des lois », préc.

[159] N. Médé, *Les grandes décisions de la Cour constitutionnelle du Bénin*, *op. cit.*, p. 368.

constitutionnelle »[160] . En effet, lorsqu'il est question d'une révision de la constitution, rien ne s'oppose à ce que le constituant dérivé puisse décider de la rétroactivité de certaines des dispositions nouvelles. C'est dire que la loi de révision vaut pour l'avenir « à moins qu'une stipulation expresse du constituant dérivé n'autorise la prise en compte des situations juridiques antérieures »[161] . Pour Mathieu Disant, l'application immédiate des révisions constitutionnelles « ne les autorise pas, sauf cas de rétroactivité expressément assumée, à régir des situations juridiques d'ores et déjà constituées »[162] . Au fond, la rétroactivité consentie en matière de révision constitutionnelle « n'est pas de principe et ne peut donc résulter que de dispositions transitoires expresses »[163] . En revanche, lorsqu'il est question d'une nouvelle constitution, la rétroactivité n'est pas envisageable. Il est en effet établi qu'une nouvelle constitution est antagonique à l'ordre constitutionnel renversé[164]. Elle ne peut alors que reprendre certaines de ses dispositions en se les appropriant, sans jamais recevoir une application rétroactive[165]. Au demeurant, la nouvelle constitution, par l'aide de dispositions transitoires, peut assurer un certain continuum du système normatif et, le cas échéant, des institutions antérieures[166].

Dans sa jurisprudence, le juge constitutionnel béninois a fait un usage problématique de la rétroactivité de dispositions constitutionnelles. En effet, pour faire bénéficier au Président de la Cour suprême le mandat de cinq (05) ans prévu par la nouvelle Constitution du 11 décembre 1990 alors qu'il a été nommé en octobre 1990 pour un mandat de trois (03) ans sur la base de la loi n° 90-012 du 1er juin 1990, modifiant l'ordonnance du 26 avril 1966, il s'est appuyé

---

160 E.-H. Mbodj, « De la recevabilité de la candidature de Me Abdoulaye Wade pour un troisième mandat : faux débat politique ou vrai casse-tête constitutionnel ? », préc.

161 *Ibid.*

162 M. Disant, « L'appréhension du temps par la jurisprudence du Conseil constitutionnel. À propos du changement de circonstances », préc , p. 24.

163 G. Éveillard, *Les dispositions transitoires en droit public français*, *op. cit.*, p. 7.

164 *Ibid.* ; E.-H. Mbodj, « De la recevabilité de la candidature de Me Abdoulaye Wade pour un troisième mandat : faux débat politique ou vrai casse-tête constitutionnel ? » préc.

165 V. Cons. const., Décision sur les affaires n° 3 à 10/E/12 et 12 à 14/E/12 du 29 janvier 2012 préc. ; v. Cons. const., Décision n° CI-2020-EP-009/14-09/CC/SG du 14 septembre 2020 portant publication de la liste définitive des candidats à l'élection du président de la République du 31 octobre 2020, disponible sur : http://www.conseil-constitutionnel.ci, consulté le 7 août 2023.

166 E.-H. Mbodj, « De la recevabilité de la candidature de Me Abdoulaye Wade pour un troisième mandat : faux débat politique ou vrai casse-tête constitutionnel ? », préc.

sur la disposition transitoire de l'article 158 de la nouvelle Constitution. Ledit article dispose que « la législation en vigueur au Bénin jusqu'à la mise en place de nouvelles institutions reste applicable, sauf intervention de nouveaux textes en ce qu'elle n'a rien de contraire à la présente constitution ». Considérant ainsi que la loi contredit la charte fondamentale, la Cour décide que la constitution s'impose et s'applique rétroactivement[167]. Or, en la matière, elle devait simplement convoquer le principe de l'effet immédiat pour appliquer au Président de la Cour suprême le mandat de cinq (05) ans issu de la nouvelle Constitution.

Au total, s'il est constant que le constituant peut, par le biais de dispositions transitoires, décider autrement de l'effet immédiat de la constitution, il est à retenir que le juge en a maladroitement fait application.

....

Le juge constitutionnel dans les États sous examen s'est bien saisi des solutions classiques aux conflits de lois dans le temps, notamment le principe de la non-rétroactivité des lois. Ayant reçu une valeur constitutionnelle du fait de sa reprise dans les Chartes fondamentales, il revenait à ce juge, dans l'accomplissement de sa mission de régulation constitutionnelle du régime politique et de protection des droits et libertés fondamentaux des citoyens[168], de déterminer son étendue.

Sur ce plan, il a su ne pas l'ériger en principe général à valeur constitutionnelle, d'où son ambivalence[169]. Pris dans sa dimension constitutionnelle, le juge l'a encadré à l'intérieur et en dehors de la matière pénale. Il limite le champ du principe constitutionnel de non-rétroactivité des lois à la matière pénale elle-même, mais aussi au droit pénal de fond. Ainsi, la non prise en compte par lui du droit pénal répressif dans son entier n'est pas sans susciter des inquiétudes au regard de la nécessaire protection des droits et libertés inscrits dans les constitutions en faveur des citoyens. Les administrés qui sont sous le coup de sanctions administratives ou qui soumis aux lois fiscales méritent de bénéficier de la prévisibilité et de la stabilité de l'ordre

---

[167] V. Cour Cons., Décision DCC 14-94 du 23 mai 1994, *Frédéric Houndéton, Atita Akato Paul et consorst*, *Rec.* 1994, p. 47.

[168] *Idem.*

[169] E.-H. Mbodj, « La mise à mort du rabat d'arrêt ? Observation s/c Conseil constitutionnel du 23 juin 1993 », préc., p. 80.

juridique[170]. Il serait donc judicieux, à l'image du travail du juge constitutionnel français et malgache, d'étendre le champ du principe à toutes les dispositions qui aménagent ou organisent des sanctions « ayant le caractère de punition »[171].

Relativement à l'application du principe aux autorités normatives, l'attitude du juge constitutionnel se révèle non univoque. Il se révèle plus flexible à l'égard du législateur en ayant réussi à le ménager avec habileté dans sa soumission audit principe. Il lui reconnait le pouvoir d'édicter des lois rétroactives, non sans encadrer les conditions d'exercice de cette faculté[172]. Ceci a le mérite d'éviter qu'il le « méprise » dans des situations où la rétroactivité est permise ou constitue une nécessité. Cependant, le juge fait un usage moins opératoire de l'exigence constitutionnelle de non-rétroactivité des lois à l'égard de l'œuvre du constituant. Il se perd souvent dans son exercice d'application du principe aux lois constitutionnelles. S'il a clairement extirpé celles-ci de la soumission à la non-rétroactivité, son usage à leur égard de l'effet immédiat et de la rétroactivité n'est pas sans difficultés, occasionnant parfois des tensions politiques[173]. C'est dire la réalité complexe qui s'impose à lui en tant qu'organe chargé de s'occuper de l'interprétation et de la mise en œuvre du principe constitutionnel de non-rétroactivité des lois.

Finalement, une meilleure appropriation et un bon usage par le juge constitutionnel des solutions classiques aux conflits de lois dans le temps le conforteront dans ses fonctions de régulation du jeu politique et de garant des droits fondamentaux[174].

---

[170] J.-M. Woehrling, « L'obligation d'édicter des mesures transitoires comme instrument de la protection des situations juridiques constituées », *RDP*, n° 1, 2007, p. 285.

[171] V. C. const., Décision n° 82-155 DC, 30 décembre 1982, *Lois de finances rectificatives pour 1982*, *Rec.* p. 88 ; v. Décision n° 15-HCC/D3 du 9 juillet 2019 concernant l'ordonnance n° 2019-09 modifiant et complétant certaines dispositions de la loi modifiée n° 99-012 du 19 août 1999 portant Code minier, préc.

[172] J. Petit, *Les conflits de lois dans le temps en droit public français*, *op. cit.*, p. 58.

[173] V. Cons. const., Décision n° 2005-07/CC/EPF préc.,

[174] I.-M. Fall, « La réforme constitutionnelle de 2016. Un hommage à l'œuvre du Professeur Kanté », in *Mélanges en l'honneur de Babacar Kanté, Actualité du droit public et la science politique en Afrique*, 2017, p. 160.

La différenciation territoriale dans le droit de la décentralisation des États d'Afrique noire francophone

Jean Mermoz BIKORO
Agrégé de droit public
Maître de Conférences à l'Université de Yaoundé II (Cameroun)

Résumé : Depuis plus de trois décennies, la réforme de l'État en Afrique noire francophone se traduit, en matière de décentralisation, par une accommodation progressive de l'unité et l'indivisibilité de la République. Une accommodation qui est consécutive au caractère plural des sociétés africaines et qui s'appuie sur la spécificité de certaines entités locales. Est ainsi révolue, l'époque où les législations procédaient à l'uniformisation de l'organisation territoriale, de plus en plus, la différenciation territoriale est prise en compte. Çà et là, le dispositif normatif qui régit la décentralisation fait allusion aux Collectivités territoriales décentralisées au statut particulier. Seulement, l'aménagement de la différenciation reste incomplet. La tendance qui prévaut jusqu'ici est celle de la valorisation de la territorialisation de la norme au détriment du pouvoir normatif local.

Mots-clés : Différenciation-Territoire-Décentralisation-Collectivités Territoriales à statut particulier-Pouvoir normatif.

Parce que la norme cohabite avec l'exception[1] et que l'universalisme s'accommode du particularisme[2], l'histoire de l'organisation décentralisée du territoire en Afrique est fondamentalement celle de

[1] La théorie du droit s'accorde sur le fait que la norme et l'exception se tiennent entre-elles. La première fait référence à ce qui est normal et surtout à ce qui est revêtu de l'obligatoriété, la seconde en revanche déroge à la première et permet de mettre en perspective, le rapport que le droit entretient avec la réalité. Cela se traduit en matière de décentralisation par la prise en compte de la diversité de situations dans lesquelles se trouvent les populations locales et les territoires dans lesquelles elles vivent. Sur la norme et l'exception, lire utilement : J-C. Le Coustumer, « La norme et l'exception. Réflexions sur les rapports du droit avec la réalité », *Cahiers de la Recherche sur les Droits Fondamentaux*, n° 6, 2007, p.17.

[2] S. Pierré-Caps, « Le droit constitutionnel entre universalisme et particularisme », *in*, *Démocratie et liberté : tension, dialogue, confrontation, mélanges en l'honneur de Slobodan Milacic*, Bruxelles, Ed. Bruylant, 2008, pp. 205-218.

l'uniformisation et de la différenciation[3]. Dès l'époque coloniale, la métropole française avait déjà mis en place dans les colonies, les communes de plein exercice et de moyen exercice en s'appuyant sur les spécificités des localités concernées[4]. Certes, il ne s'agissait pas d'un processus décentralisateur[5], mais on pouvait déjà y percevoir, une volonté d'aménager l'indivisibilité de la République de manière souple. Depuis le début des années 1990, période au cours de laquelle les États se sont engagés dans le processus de démocratisation aussi bien sur le plan politique qu'administratif[6], la décentralisation est devenue un véritable enjeu de pouvoir[7] marqué par une prise en compte certaine de la différenciation territoriale.

Considérée comme un facteur d'efficacité de l'action publique locale et de responsabilisation des élus[8], la différenciation territoriale fait quasiment l'objet d'une généralisation par les différentes législations qui régissent la décentralisation dans les États d'Afrique noire francophone. Dans le sens littéral, ce vocable fait référence à l'action de différencier des êtres ou des choses ou de les rendre différents[9]. Il y a là, une volonté de prendre en compte l'hétérogénéité des situations dans lesquelles se trouvent les destinataires de la différenciation[10].

---

[3] J.-M. Pontier, « La notion de différenciation territoriale », *in*, Roselyne Allemand et Nadine Dantonel-Cor (dir.), *La différenciation territoriale. L'adaptation du droit à la diversité des territoires : réalités et perspectives*, Paris, Ed. L'Harmattan, 2023, p. 17.

[4] Lire dans ce sens, la loi n° 55-1489 du 18 novembre 1955 relative à la réorganisation municipale en Afrique occidentale française, en Afrique équatoriale française, au Togo, au Cameroun et à Madagascar.

[5] Il ne s'agissait pas d'un processus décentralisateur parce que les entités en question n'étaient pas des États, mais des colonies dont l'administration était assurée par la métropole. Ce qui est surtout saisissant, c'est l'application radicale de la centralisation par la France à travers la politique de l'administration directe. Une politique qui consistait pour celle-ci à administrer directement le territoire en excluant la population indigène de la gestion des affaires locales. Lire utilement : R.-G. Nlep, *L'administration publique camerounaise. Contribution à l'étude des systèmes africains d'administration publique*, Paris, Ed. Lgdj, 1986, p. 109.

[6] A. Cabanis et M.-L. Martin, « Décentralisation et pouvoirs locaux dans les constitutions d'Afrique francophone », *Politeia*, n° 6, 2004, p. 77.

[7] G.-M. Pekassa Ndam, « La classification des communes au Cameroun », *Revue Africaine des Sciences Juridiques*, Vol.6, n° 1, 2009, p. 230.

[8] R. Allemand, « Propos introductif », in Roselyne Allemand et Nadine Dantonel-Cor (dir.), *La différenciation territoriale. L'adaptation du droit à la diversité des territoires*, *op. cit.*, p. 13.

[9] *Dictionnaire Le Robert*, 1996, p. 423.

[10] Cette volonté est perceptible dans le discours du président français Emmanuel Macron à l'issue du grand débat national le 25 avril 2019. Dans son allocution, ce

Cette démarche ne s'éloigne pas du sens que lui confère le droit en général et le droit de la décentralisation en particulier. On appréhende généralement la différenciation territoriale dans le sens de la prise en compte du territoire comme critère de distinction pour fonder une différence de traitement juridique[11]. En d'autres termes, il y a différenciation territoriale lorsque la législation s'appuie sur le critère spatial pour aménager un traitement différencié des entités locales[12]. Partant de cette clarification, il est important de souligner que cette expression présente deux variantes. La première a trait à la territorialisation de la norme, c'est-à-dire, à l'application des normes différenciées sur l'ensemble du territoire national, ce qui conduit à opposer le régime spécial au régime général[13]. Ce critère se vérifie dans les États sous étude avec une forte tendance à l'érection des Collectivités territoriales décentralisées à statut spécial. La seconde variante est relative à la territorialisation du pouvoir normatif local. Globalement, elle se traduit par le fait d'accorder aux autorités locales, la possibilité d'édicter des normes propres à leur territoire[14]. C'est à ce niveau que l'on qualifie et quantifie le degré d'enracinement du pouvoir normatif des entités locales. Ces deux variantes seront prises en compte en ce qu'elles contribuent à établir une ligne de démarcation entre la différenciation, la discrimination[15] et la recomposition territoriale[16].

---

dernier met en avant l'urgence d' : « un geste de décentralisation extrêmement claire et avec celui-ci un principe : la différenciation territoriale (...) pour répondre aux défis de nos outre-mer, qui sont très spécifiques, pour répondre aux défis de l'insalurité et la montagne que connait la Corse (...) on doit différencier, adapter nos règles notre organisation, trouver plus de liberté ».

[11] J.-M. Pontier, « La notion de différenciation territoriale », préc., p. 18.

[12] Il s'agit ni plus ni moins, d'une dérogation au principe d'égalité entre Collectivités territoriales décentralisées qui postule l'idée d'un traitement homogène des entités en question.

[13] V. De Briant, « Le droit à la différenciation territoriale : entre totems et tabous », *Actualité Juridique Collectivités Territoriales*, 2008, p. 233.

[14] B. Morej, « La différenciation territoriale, émergence sans bruit d'un nouveau paradigme », *Revue du Droit Public*, n° 4, 2022, p.1055.

[15] La discrimination territoriale désigne le caractère différencie des politiques publiques sur un territoire donné. Concrètement, cela consiste au moyen d'avantages financiers et fiscaux, à réaliser une égalité de développement entre différents territoires ; v. M. Saoudi, « La discrimination positive territoriale : de la dérogation à l'institutionnalisation », *Droit et Ville*, 2008, p.244.

[16] On parle de recomposition territoriale pour faire allusion à une politique de restructuration ou de réorganisation du territoire de l'État consistant à identifier les communautés humaines, à reconnaître leur territoire et à les doter d'institutions leur permettant de résoudre leurs besoins collectifs. Le redécoupage du territoire constitue

Elles sont surtout mobilisées dans la mesure où elles contribuent à mettre la focale sur le droit de la décentralisation dans les États objet de la présente réflexion.

La décentralisation sujette à une pluridisciplinarité[17], il faut souligner que la présente étude a pour ambition de l'aborder exclusivement sous l'angle juridique. En tout état de cause, il s'agira de mobiliser l'ensemble des règles juridiques qui la régissent dans le cadre spatial abordé. C'est le lieu d'indiquer qu'à l'époque contemporaine, on assiste à une diversification des sources du droit de la décentralisation, car en dehors du droit national, elle fait désormais l'objet d'un encadrement international et communautaire[18] ce qui ne dénature pas son contenu. En effet, de cette notion, on pourrait *a priori* se hasarder à avancer que « tout a déjà été dit et l'on vient trop tard », tant sa typologie[19], ses conditions de mise en œuvre ou d'effectivité[20] et sa finalité[21] sont suffisamment étudiées.

---

en la matière, une parfaire illustration de la recomposition territoriale. Lire utilement : J.-L. Guigou, « La recomposition des territoires », *Pouvoirs*, n° 89, 1999, p. 147 ; M. Vanier, « Recomposition du territoire : la voie française », *L'information Géographique*, n° 2, vol.66, 2002, p. 99.

[17] La pluridisciplinarité est consécutive au fait que la décentralisation est étudiée dans plusieurs champs scientifiques. Autant elle peut être analysée sous le prisme juridique, autant on note une récurrence des analyses économique, sociologique et politologique de la décentralisation. C'est dire qu'il s'agit d'une politique publique qui ne relève pas du ressort exclusif des études juridiques.

[18] En ce sens, E. Sohouenou, « Les chartes régionales de l'autonomie locale : vers un droit international de la décentralisation ? », *Pouvoirs Locaux*, n° 105, 2015, pp. 7-12.

[19] On distingue généralement la décentralisation territoriale et la décentralisation technique. Dans le premier cas, il s'agit pour l'administration de transférer un pouvoir administratif à des entités dont la compétence a un ancrage local. La seconde modalité en revanche consiste à attribuer à des personnes publiques sous la bannière d'établissements publics, une compétence spécifique ; en ce sens, D. Sy, *Droit administratif*, 2e éd. Dakar, Ed. L'Harmattan, 2014, p. 171.

[20] Relativement aux conditions, elles sont au nombre de trois à savoir, l'octroi de la personnalité juridique à l'entité à décentraliser, la libre administration des collectivités territoriales décentralisées par des organes élus ; et la reconnaissance d'intérêts propres aux collectivités en question, v. B. Plessix, *Droit administratif général*, 4e éd. Paris, Ed. LexisNexis, 2022, p. 304.

[21] De manière générale, la finalité ultime de la décentralisation consiste à améliorer le cadre de vie des populations locales. Cette finalité est déclinée de manière détaillée par certains textes régissant la décentralisation dans les États d'Afrique noire francophone. Au Cameroun, l'article 5 alinéa de la loi n° 2019/024 du 24 décembre 2019 portant Code des Collectivités territoriales énonce que la décentralisation : « constitue l'axe fondamental de promotion du développement, de la démocratie et de

Les auteurs qui conceptualisent la décentralisation mettent en avant le fait qu'elle repose sur le transfert de compétences et de ressources et sur l'autonomie des Collectivités territoriales décentralisées. Pour Charles Eisenmann, la « décentralisation administrative consiste à donner à des autorités à compétence locale des pouvoirs d'action, donc d'abord de décision, indépendante des autorités centrales »[22]. Dans la même logique, pour Roger Bonnard la décentralisation désigne « un mode d'organisation de l'administration locale dans laquelle la direction locale de certains services publics est assurée non plus par les représentants locaux du pouvoir central, mais par des autorités administratives locales qui sont des organes des directions ayant une certaine autonomie vis-à-vis du pouvoir central »[23]. Si ces deux définitions mettent en perspective, les critères majeurs d'une politique décentralisatrice à savoir le transfert de compétence et l'indépendance des élus locaux, elles minorent néanmoins un élément important et non négligeable, la tutelle en l'occurrence. C'est pourquoi tout en retenant le transfert de compétence et l'autonomie locale comme éléments de définition, on va appréhender la décentralisation comme un système d'organisation administrative dans lequel le pouvoir central transfère des compétences et des ressources à des entités locales autonomes tout en conservant le pouvoir de tutelle[24].

Le choix des États d'Afrique noire francophone n'est pas fantaisiste. Il est guidé à la fois par la communauté linguistique et par la convergence des modèles ou des options juridiques des États en question[25]. Dans le premier cas, il faut souligner que pour l'essentiel, il

---

la bonne gouvernance au niveau local ». Dans la doctrine, C. Roïg, « Théorie et réalité de la décentralisation », *Revue Française de Science Politique*, n° 3, 1966, p. 446.

[22] C. Eisenmann, *Cours de droit administratif*, Paris, Ed. lgdj , 1982, p. 278.

[23] R. Bonnard, *Précis de droit administratif*, 4e éd. Paris, Ed. Lgdj, 1943, p. 315.

[24] B. Faure, *Droit des collectivités territoriales*, 6e éd. Paris, Ed. Dalloz, 2021, p. 6.

[25] La convergence des modèles juridiques traduit l'idée de proximité ou de ressemblance perceptible en Afrique noire francophone aussi bien en ce qui concerne les options que pour ce qui est des développements juridiques. En matière de décentralisation, c'est quasiment au début des années 1990 que cette politique publique a fait l'objet de constitutionnalisation. Le point commun entre différents États étant, l'emprise de l'État sur les Collectivités territoriales décentralisées. Voir : S. Balde, *La convergence des modèles constitutionnels. Étude des cas en Afrique subsaharienne*, Paris, Ed. Publibook, 2011, 536 p. ; v. A. Cabanis et M. L. Martin, « Un espace d'isomorphisme constitutionnel : l'Afrique francophone », in *Mouvement du droit public, Mélanges en l'honneur de Franck Moderne*, Paris, Ed. Dalloz, 2005, pp. 343-357.

est question des États ayant subi l'influence coloniale française[26] ou belge[27] ou ayant été confiés à la France dans le cadre d'un titre international en termes de tutelle ou de mandat[28]. Ils ont donc tous en commun l'usage de la langue française ce qui facilite l'analyse du dispositif normatif régissant la décentralisation et consacrant la différenciation territoriale. La seconde raison quant à elle, a trait à la convergence des politiques juridiques desdits États. De cette convergence, on note un grand rapprochement dans le contenu des réformes comme on peut le voir avec la généralisation de la décentralisation à l'issue des opérations constituantes du début des années 1990.

Il est important de souligner que ce qui caractérise la différenciation territoriale, c'est son antériorité historique. En effet, dans le contexte français plus précisément dès l'ancien régime, les législations prenaient déjà en compte la diversité de l'organisation administrative et excluaient l'uniformité territoriale[29]. Cette orientation sera néanmoins reléguée à une place secondaire lors de la révolution du fait du triomphe du principe de l'indivisibilité[30]. Seulement, même à cette époque, certaines agglomérations seront dotées d'un statut spécial à l'instar de la ville de Paris, en raison de sa qualité de siège des institutions[31]. Cette conception va résister au temps et graduellement s'affiner grâce au constituant qui va accorder un statut spécial à la Corse[32] et aux territoires d'outre-mer[33]. En ce sens, le Conseil constitutionnel français va affirmer que : « toute autre Collectivité est créée par la loi (...) ne fait pas obstacle à ce que le législateur crée une nouvelle catégorie de

[26] Sans être exhaustif, on peut citer : le Bénin, le Burkina Faso, la Centrafrique, le Congo, le Gabon, la Guinée, Le Mali, Le Niger, Le Sénégal, le Tchad.

[27] Il en est ainsi de la RDC et du Burundi.

[28] Il s'agit respectivement du Cameroun et du Togo.

[29] J.-M. Pontier, « La notion de différenciation territoriale », préc., p. 26.

[30] P. Jan, *Institutions administratives*, 4e éd., Ed. LexisNexis, 2011, p. 54.

[31] Il faut dire que la question du traitement de la capitale française a vite posé problème aux révolutionnaires. C'est la raison pour laquelle la loi du 28 pluviôse an XIII lui a conféré un statut spécial de manière à la démarquer des autres entités locales.

[32] Lire utilement la loi constitutionnelle du 28 mars 2003 sur le statut de la Corse.

[33] Il faut d'ailleurs préciser que dès 1958, le texte constitutionnel a pris l'option de la différenciation territoriale en distinguant les Départements d'outre-mer (article 73) et les territoires d'outre-mer (article 74).

Collectivité territoriale, même ne comprenant qu'une unité et la dote d'un statut spécifique »[34].

Dans les États d'Afrique noire francophone, la décentralisation est certes d'apparition récente du fait de la prévalence des politiques centralisatrices durant les trois premières décennies après les indépendances[35], mais l'analyse de ses prémisses révèle une prise en compte de la différenciation dès l'époque coloniale. Ainsi que, cela a été souligné, la France, dans le cadre de l'administration directe[36] avait mis en place des communes dans les colonies. Seulement, en fonction de l'immensité du territoire, la densité de la population et le caractère stratégique des localités, elle a opté pour une différenciation entre les communes de plein exercice et les communes de moyen exercice[37]. La Grande-Bretagne quant à elle va appliquer la politique de l'administration indirecte[38] en mettant en place des *Locals authorities* non sans prendre en compte leurs spécificités[39].

À l'indépendance, les différentes législations régissant l'organisation communale vont commencer à se référer aux communes

---

[34] Décision n° 91-290 DC. Dans la même logique, le Conseil d'État va rendre de nombreuses décisions en rapport avec la différenciation territoriale. Dans un arrêt du 13 décembre 2007, il va considérer que le droit élaboré sans autre précision et ayant pour destinataires, les Collectivités territoriales décentralisées est inapplicable à la Nouvelle-Calédonie compte tenu de son statut dérogatoire ; en ce sens, CE, Sect. 13 décembre 2006, *Genelle, Revue Française de Droit Administratif*, 2007, 18, Concl. S. Verclytte.

[35] R.-G. Nlep, *L'administration publique camerounaise. Contribution à l'étude des systèmes africains d'administration publique*, *op. cit.*, p. 109.

[36] Encore appelée « *direct rule* », l'administration directe désigne le gouvernement de la colonie par les institutions coloniales. Elle s'accommode plus avec la centralisation en ce que dans le système d'administration, les populations indigènes étaient mises à l'écart en faveur de la métropole. C'est ce modèle qui a été mis en œuvre par la France dans ses colonies. Lire dans ce sens : F. Guillaume, « Les administrations coloniales », *Le Monde colonial*, 2015, pp. 126-144.

[37] Il existe d'ailleurs dans certains États, à l'instar du Cameroun, des décisions rendues par la juridiction administrative d'alors, censurant le pouvoir normatif des Communes ; v. CCA, arrêt n° 661 du 25 octobre 1957, *Bidzanga Joseph contre Commune de Yaoundé*.

[38] L'administration indirecte désigne un système d'organisation administrative qui consiste à intégrer ou associer la population indigène dans la gestion des affaires locales. Il s'agit du modèle mis en œuvre par la Grande-Bretagne dans ses colonies à travers la mise en place des *Local Authorities* ; v. F. Guillaume, « Les administrations coloniales », préc., pp. 126-144.

[39] J. Owona, *La décentralisation camerounaise*, Paris, Ed. L'Harmattan, 2011, p. 17.

à régime spécial[40] et c'est cette démarche qui sera généralisée et modernisée par le dispositif normatif régissant la décentralisation dans les États sous étude. Il s'en suit que l'idée d'une décentralisation au cas par cas n'est pas récente et constitue une préoccupation quasi permanente. Seulement, avec l'exaltation de la décentralisation, il n'est pas malvenu de questionner son appropriation et sa matérialisation. C'est dans cette perspective que l'on peut formuler l'interrogation suivante : comment le droit de la décentralisation aménage-t-il la différenciation territoriale dans les États d'Afrique noire francophone ? Cette interrogation revêt un double intérêt théorique. Dans un premier temps, elle permet de mettre en perspective l'accommodation de l'indivisibilité de la République par la prise en compte de la différenciation territoriale dans les États d'Afrique noire francophone[41]. Dans un second temps, elle conduit à l'analyse de la conception de la différenciation territoriale dans les États sous étude. Partant de la mobilisation des textes et de l'exploitation de la jurisprudence, il sied de souligner que dans les États visés par l'étude, le droit de la décentralisation aménage la différenciation territoriale de manière déficiente. Cela se traduit d'une part, par la valorisation de la territorialisation de la norme (I) et d'autre part, à travers la minoration de la territorialisation du pouvoir normatif local (II).

I – La valorisation de la territorialisation de la norme

La territorialisation de la norme en matière de décentralisation fait référence à l'attribution d'un statut spécial à certaines Collectivités territoriales décentralisées[42] par la législation. Autrement dit, en la matière, c'est la norme qui est porteuse de différenciation. C'est la

---

[40] G.-M. Pekassa Ndam, « La classification des communes au Cameroun », préc., p. 241.

[41] C'est le lieu de souligner qu'au moment de leur accession à l'indépendance, les États sous étude ont opté pour l'indivisibilité de la République calquée sur le modèle français si bien que ce principe est devenu l'un des éléments fondateurs de l'État en Afrique. Seulement, compte tenu du fait que les sociétés africaines sont essentiellement plurales, il a fallu procéder avec l'écoulement du temps à des accommodations d'où la prise en compte de la différenciation territoriale. Lire dans ce sens : L. Donfack Sockeng, *Le droit des minorités et des peuples autochtones au Cameroun*, Nantes, Thèse mult., 2001, p. 214.

[42] O. Dupéron, « La différenciation des statuts législatifs des collectivités territoriales : choix de la plasticité de l'organisation décentralisée de la République », in, Roselyne Allemand et Nadine Dantonel-Cor (dir.), *La différenciation territoriale. L'adaptation du droit à la diversité des territoires : réalités et perspectives*, *op. cit.* p. 64.

démarche qui prévaut dans les États sous étude et qui se traduit par l'option pour la différenciation institutionnelle (A) et matérielle (B).

A – L'option pour la différenciation institutionnelle

L'analyse du dispositif normatif régissant la décentralisation dans les États sous étude est révélatrice de la priorisation de la différenciation institutionnelle. Cela se traduit par la formalisation de la différenciation des Collectivités territoriales (1) et par la diversification du schéma institutionnel (2).

1 – La formalisation de la différenciation des Collectivités territoriales

Concernant la formalisation de la différenciation des Collectivités territoriales, il se dégage le constat d'un déphasage entre le traitement constitutionnel de cette différenciation et son aménagement législatif. Concrètement, il y'a comme une désinvolture du constituant sur la question consistant à laisser au législateur, le soin de conférer un statut spécial aux entités décentralisées[43]. Cela s'explique par un mutisme constitutionnel lequel est tantôt intégral, tantôt partiel. Dans le premier cas, le silence des textes constitutionnels est total[44]. Ceux-ci se contentent simplement d'évoquer les Collectivités territoriales décentralisées de manière générique sans les envisager au cas par cas. On peut le voir à la lecture de la Constitution burkinabé qui dispose que « Le Burkina Faso est organisé en Collectivités territoriales »[45]. Dans la même logique, le texte constitutionnel béninois du 11 décembre 1990 modifié énonce que « Les Collectivités territoriales de la République sont créées par la loi »[46]. Dans cette première catégorie, les lois fondamentales optent purement et simplement pour l'uniformité des entités locales. Aucune disposition ne permet d'envisager la constitutionnalisation de la différenciation territoriale dans le traitement des sujets de la décentralisation.

Dans le second cas, et c'est la catégorie minoritaire, sans identifier les Collectivités à statut particulier, la Constitution attribue

[43] P.-H. Assiene Ngon, « Les collectivités à statut spécial dans les Constitutions unitaires d'Afrique noire francophone », *Revue Africaine du Droit Public*, n° 20, 2021, p. 170.
[44] C. Monembou, « Le silence et le Droit public », *in* H. Akérékoro (dir.), *Les silences de la Constitution béninoise du 11 décembre 1990*, Cotonou, Cedep, 2018, p. 2.
[45] Article 143 de la Constitution du 02 juin 1991 modifiée.
[46] Article 150 de la Constitution du 11 décembre 1990 modifiée.

expressément le soin de le faire au législateur. On peut le voir à la lecture de l'article 62 alinéa 1 de la Constitution camerounaise telle que modifiée le 18 janvier 1996 qui dispose que « le régime général ci-dessus s'applique à toutes les régions » ; alinéa 2 : « sans préjudice des dispositions prévues au présent titre, la loi peut tenir compte des spécificités de certaines régions dans leur organisation et leur fonctionnement ». Autrement dit, si le texte constitutionnel fixe le régime général des Collectivités territoriales décentralisées, il revient au législateur d'aménager le régime spécial dans le cadre de la différenciation territoriale[47].

Il est surprenant de voir le constituant traiter avec autant de désinvolture, la question de la différenciation territoriale. À titre de rappel, les réformes constitutionnelles du début des années 1990 interviennent au moment où les États africains sont plongés dans une crise de grande envergure[48]. À la fin des années 1980, une grave crise économique survient dans les États d'Afrique noire francophone. Cette crise est la conséquence d'un ensemble de considérations à la fois géopolitiques, internationales et économiques. La crise due aux « chocs pétroliers » a lourdement frappé les États africains particulièrement, ceux d'Afrique noire francophone[49], et eut une incidence sur les conditions de vie des citoyens, entraînant des revendications dont certaines avaient une coloration identitaire[50]. L'urgence de changer de politique publique se posait et les textes constitutionnels ont opté pour la constitutionnalisation de la décentralisation. Seulement, ceux-ci n'ont pas pris en compte la différence de situations dans laquelle se trouve la population et surtout l'hétérogénéité des territoires[51] ce qui

---

[47] La différenciation est néanmoins prise en compte par le juge administratif qui dans certaines décisions admet l'émergence du pouvoir local en général, et celui des Collectivités au statut dérogatoire en particulier. On peut évoquer dans le contexte sénégalais, CS/CA, arrêt n° 0006 du 27 janvier 2000, *le maire de la commune de Dangana/État du Sénégal*. On peut aussi citer au Bénin, l'arrêt n° 28/CA du 14 mars 2012, *Prosper S. Houeto, Aristide Houeto/Maire de la commune de Porto-Novo*.

[48] M. Guitian, « Ajustement structurel et conditionnalité », *Revue d'Économie Financière*, 1984, hors-série, p. 345.

[49] A.-G. Bessala, *Ajustement structurel et droit budgétaire camerounais : contribution à l'étude des droits budgétaires des États africains sous ajustement structurel*, Yaoundé II, Thèse mult., 2015, p.12.

[50] J.-R. Keudjeu De Keudjeu, *Recherches sur l'autonomie des collectivités territoriales décentralisées au Cameroun*, Douala, Thèse mult., 2012, p. 33.

[51] Cette démarche est surprenante dans la mesure où certaines Constitutions font allusion au caractère de la société et aux spécificités locales. Seulement, cela ne s'accompagne pas de la prise en compte de la différenciation territoriale ; v.

peut justifier la récurrence des conflits politiques liés à la forme de l'État.

Bien plus, le mutisme constitutionnel est regrettable dans la mesure où il affaiblit le principe de la différenciation territoriale. Dans une perspective comparatiste, ce qui est constant dans les États européens, c'est la pratique qui consiste à assujettir les collectivités à statut spécial à un régime juridique singulier prévu par la Constitution[52]. Cela offre l'avantage de les placer sous la protection du juge constitutionnel et de les mettre à l'abri des assauts du législateur[53], or dans le contexte africain, visiblement, c'est le législateur qui pose les bases de la différenciation des entités locales. Si cela est compréhensible compte tenu du fait que la décentralisation a une nature administrative dans les États en question, il faut dire que cela expose les entités au statut spécial aux abus du parlement qui à l'épreuve du fait majoritaire peut aisément diluer la différenciation et les assujettir à un régime général.

Dans la plupart des cas, c'est la loi qui a posé les bases de la différenciation territoriale dans les États sous étude. En la matière, il convient de distinguer la démarche générique et celle qui est spécifique. Pour ce qui est de l'aménagement générique, le dispositif normatif régissant la décentralisation en Côte-d'Ivoire dispose que : « certaines Collectivités peuvent jouir d'un statut particulier dans les conditions fixées par la loi »[54]. Autrement dit, le législateur, après avoir fixé le statut général des entités locales, laisse une possibilité à l'aménagement des statuts particuliers par des législations ultérieures. Cette démarche est dite générique dans la mesure où le texte législatif n'identifie pas clairement les Collectivités qui disposent d'un statut particulier. Il faut plutôt se référer à un autre texte pour avoir une idée de celles-ci.

Concernant l'aménagement spécifique, il se traduit par l'identification législative des Collectivités territoriales décentralisées à

L. Sindjoun, « L'imagination constitutionnelle de la Nation », *in* Stanislas Meloné, Adolphe Minkoa Shé, Luc Sindjoun (dir.), *la réforme du 18 janvier 1996 au Cameroun. Aspects juridiques et politiques*, Fondation Friedrich Ebert, AFSP, GRAP, 1996, p. 81.

[52] J.-M. Pontier, « L'État et la cohésion des territoires », *Actualité Juridique Droit Administratif*, 2019, p. 1439.

[53] F.-O. Essimi, « Contribution à l'étude de la collectivité à statut spécial : cas des régions du Nord-ouest et du sud-ouest du Cameroun », in, Patrick Edgard Abane Engolo (dir.), *La décentralisation, Représentation, financement et évolutions récentes*, Paris, Ed. L'Harmattan, 2022, p. 358.

[54] Article 12 de la loi ivoirienne n° 2012-1128 du 13 décembre 2012 portant organisation des Collectivités territoriales.

statut spécial. À titre illustratif, au Cameroun, la loi de 2019 énonce que « Un statut spécial est reconnu aux régions du Nord-Ouest et du Sud-ouest conformément aux dispositions de l'article 62 de la Constitution »[55]. Dans la même logique au Niger, la loi prévoit que « la commune urbaine dont l'agglomération principale a une population au moins égale à cent mille (100000) habitants peut être érigée en commune à statut particulier »[56]. Dans le même état d'esprit, la législation béninoise dispose que « les grandes agglomérations urbaines disposent d'un statut particulier conformément à la présente loi » ; article 2 : « peuvent accéder à ce statut particulier, les communes qui remplissent les trois critères ci-après : 1-avoir une population de cent mille (100000) habitants au moins ; 2- s'étendre de façon continue sur une distance de dix (10) kilomètres au moins ; 3- disposer des ressources budgétaires suffisantes pour faire face aux dépenses de fonctionnement et d'investissement »[57]. Il ressort de ces dispositions législatives, une certitude, celle de la prise en compte effective de la différenciation territoriale. Les législations ne se contentent plus d'évoquer les Collectivités locales de manière générique, elles les envisagent au cas par cas en attribuant à certaines, un statut particulier.

L'on note aussi une inclination à la clarification des critères conduisant à l'attribution du statut spécial. Toutefois, la forte tendance consiste à faire de la densité de la population et de l'immensité du territoire, les principaux critères de la différenciation des entités décentralisées. Si cette démarche est compréhensible, elle est loin d'être satisfaisante[58]. En effet, dans les États où la différenciation est prise en compte au-delà de l'aspect démographique et géographique, le critère qui conduit au statut spécial est d'ordre historique ou sociologique[59]. Dans les sociétés plurales comme celles des États sous étude, les revendications identitaires sont si récurrentes qu'à défaut de fléchir face

---

[55] Lire utilement, l'article 327 de la loi portant Code des Collectivités Territoriales Décentralisées au Cameroun.

[56] Article 2 de l'ordonnance n° 2010-55 du 17 septembre 2010 portant des communes à statut particulier au Niger.

[57] Article 1 de la loi n° 98-005 du 15 janvier 1999 portant organisation des communes à statut particulier au Bénin.

[58] G.-M. Pekassa Ndam, « La classification des communes au Cameroun », préc., p. 245.

[59] J. Sihnle, « La différenciation des collectivités dans une perspective de droit comparé », in, Roselyne Allemand et Nadine Dantonel-Cor (dir.), *La différenciation territoriale. L'adaptation du droit à la diversité des territoires : réalités et perspectives*, *op. cit.*, p. 88.

aux velléités de sécessionnisme[60], il est de bon aloi d'attribuer à certaines localités, un statut particulier. C'est sans doute la logique qui a conduit le législateur camerounais à attribuer aux régions du Nord-ouest et du Sud-ouest un statut spécial compte tenu de la crise qui prévaut depuis presque une décennie. Toujours est-il que si la détermination des critères est lacunaire, la volonté de traiter les collectivités au cas par cas est palpable comme en témoigne aussi, la différenciation des institutions locales.

2 – La différenciation du schéma institutionnel

La constitutionnalisation de la décentralisation dans les États sous étude a considérablement bouleversé le dispositif institutionnel[61]. On est en effet passé de la monopolisation du pouvoir administratif par l'administration d'État à l'émergence des Collectivités territoriales décentralisées[62]. Ce qui est surtout saisissant, c'est le fait que cette constitutionnalisation est allée de pair avec la prévision ou l'aménagement des institutions locales[63] dont l'existence avant le début des années 1990 était inenvisageable. Cependant, à partir du moment où la différenciation territoriale a été prise en compte, le schéma institutionnel a connu des variations. Le principe est celui de l'uniformité de l'administration[64]. En revanche, l'exception a trait à un dispositif institutionnel dérogatoire. À l'analyse, la démarche des législations varie selon que celles-ci se confinent à un schéma

---

[60] Les velléités sécessionnistes sont plurielles dans les États africains. Sans être exhaustif, on peut évoquer entre autres, le conflit de la Casamance au Sénégal, le problème touareg au Mali et au Niger. Depuis 2016, on assiste à une crise de sécession de grande envergure au Cameroun. Celle-ci porte sur la revendication des citoyens anglophones de se détacher de l'État du Cameroun en créant une République d'Ambazonie. Sur les crises identitaires, v. G. Rossatanga-Rignault, « Identités et démocratie en Afrique. Entre hypocrisie et faits têtus », *Afrique Contemporaine*, n° 242, 2017, p. 66.

[61] C. Nach Mback, *Démocratisation et décentralisation, Genèse et dynamique comparées des processus de décentralisation en Afrique Subsaharienne*, Paris, Ed. Karthala-PDM, 2003, p. 35.

[62] R. Ngando Sandje, « Le statut des régions anglophones du Cameroun : chronique d'une exigence de l'Assemblée générale des Nations Unies », *Civitas Europa*, n°44, vol.1, 2020, p. 3.

[63] J.-T. Hond, « États des lieux de la décentralisation territoriale au Cameroun », *in* Magloire Ondoa (dir.) *L'administration publique camerounaise à l'heure des réformes*, Paris, Ed. L'Harmattan, 2010, p. 94.

[64] P.-H. Assiene Ngon, « Les collectivités à statut spécial dans les Constitutions unitaires d'Afrique noire francophone », préc., p. 173.

organisationnel qui se rapproche des collectivités locales de droit commun ou selon qu'elles aménagent un schéma dérogatoire.

Concernant le régime de droit commun, il consiste pour certains textes à évoquer un schéma organisationnel quasi identique à celui des Collectivités locales de droit commun. Mais, dans ce cas précis, il y a quelques traits de différenciation. Autrement dit, il est question des cas dans lesquels, la différenciation du schéma institutionnel est de faible importance[65]. À titre illustratif, la législation béninoise énonce que « le nombre d'adjoints au maire correspond au nombre d'arrondissements augmenté de trois »[66]. Dans la même logique, on peut lire dans le texte du Niger que « la commune à statut particulier dispose de deux organes : un (1) organe délibérant : le Conseil municipal « Conseil de ville » ; un (1) organe exécutif : le maire, président du Conseil de ville »[67] et que « le Conseil de ville est composé de membres élus et de membres de droit. Les membres élus ont la qualité et portent le titre de conseillers municipaux. Les membres de droit sont les représentants du commandement traditionnel et les députés non élus au conseil »[68]. Le point commun entre ces dispositions législatives est qu'elles retiennent un schéma organisationnel commun à toutes les communes. Cependant, celles ayant un statut spécial se démarquent davantage par le nombre d'organes dont elles disposent et non par la spécificité des organes en question. C'est à juste titre que l'on peut considérer que dans ces cas précis, la prise en compte de la différenciation du schéma institutionnel est partielle et non totale. Cette démarche est critiquable dans la mesure où l'identité du schéma institutionnel quoique partielle ne permet pas à la Collectivité concernée de faire face aux réalités qui sont les siennes[69]. Il y a risque d'une crise de représentation et de performance tributaire de la non-adaptation des institutions aux préoccupations et réalités locales.

---

[65] P.-l. Frier et J. Petit, *Précis de droit administratif*, 10e éd., Paris, Ed. Lgdj, 2016, p. 182.

[66] Article 11 de la loi n° 98-005 du 15 janvier 1999 portant organisation des communes à statut particulier au Bénin.

[67] Article 5 de l'ordonnance n° 2010-55 du 17 septembre 2010 portant des communes à statut particulier au Niger.

[68] Article 5 de l'ordonnance n° 2010-55 du 17 septembre 2010 portant des communes à statut particulier au Niger.

[69] R. Pasquier, « Les régions dans la réforme territoriale : vers un fédéralisme à la française ? », in *mélanges en l'honneur de Gérard Marcou*, Paris, IRJS éditions, 2017, p. 330.

En la matière, la législation camerounaise se démarque considérablement. En effet, le législateur de 2019 ne s'est pas contenté d'attribuer aux régions du Nord-ouest et du Sud-ouest un statut spécial. Il les a dotés d'institutions spécifiques. En effet, après avoir évoqué la différenciation territoriale, la loi en question énonce que « le statut spécial visé à l'alinéa 1 ci-dessus se traduit, au plan de la décentralisation, par des spécificités dans l'organisation et le fonctionnement de ces deux régions »[70]. Autrement dit, la principale conséquence du statut spécial est l'aménagement d'un schéma organisationnel dérogatoire et spécifique. Il ne s'agit donc pas d'une différenciation vide de sens. D'ailleurs, contrairement aux autres régions, celles du Nord-ouest et du Sud-ouest disposent d'une Assemblée régionale et d'un conseil exécutif[71]. À bien y regarder, il s'agit d'une organisation qui se rapproche de celle de l'État ou du pouvoir central[72]. Ainsi, l'Assemblée régionale qui correspond à l'organe délibérant ressemble davantage à une Assemblée parlementaire en ce qu'elle est bicamérale. C'est du moins ce qui ressort de l'article 332 alinéa 2 de la loi portant Code général des Collectivités territoriales décentralisées qui dispose que l'Assemblée régionale « comprends deux chambres *: la house of divisional representatives ; la house of chiefs* » ;

Dans la même logique, le Conseil exécutif tel qu'il est aménagé se rapproche davantage du gouvernement régional[73]. Il est présidé par le président du Conseil qui a la casquette de Premier ministre régional et dirige une équipe composée des commissaires qui visiblement se rapprochent des ministres dans un gouvernement classique. Il est important de préciser qu'un tel dispositif institutionnel est absent dans les autres régions qui ont deux principaux organes à savoir, le Conseil régional et le président dudit Conseil[74]. La législation camerounaise

---

[70] Article 327 alinéa 2 de la loi n° 2019/024 du 24 décembre 2019 portant Code des Collectivités territoriales décentralisées.

[71] On peut se référer à l'article 330 de la législation camerounaise qui dispose que « les organes des régions du Nord-ouest et du Sud-ouest sont l'Assemblée régionale et le Conseil exécutif ».

[72] F.-O. Essimi, « Contribution à l'étude de la collectivité à statut spécial : cas des régions du Nord-ouest et du sud-ouest du Cameroun », préc., p. 360.

[73] Y. Tanguy, « La motion de défiance dans le statut de la Corse : vers une mise en jeu de la responsabilité des exécutifs devant les Assemblées locales », La *Revue Administrative*, 1992, pp.121-125.

[74] L'article 57 alinéa de la Constitution du 18 janvier 1996 modifiée dispose que : « Les organes de la région sont : le Conseil régional et le président du Conseil régional

accentue la différenciation en prévoyant dans les régions à statut spécial, une autorité administrative indépendante. On peut en effet lire dans la loi de 2019 qu'il « est institué auprès des régions du Nord-ouest et du Sud-ouest un public indépendent conciliator »[75] dont la fonction est « d'examiner et régler à l'amiable les litiges opposant les usagers à l'administration régionale et communale ; de défendre et protéger les droits et libertés dans le cadre des relations entre les citoyens et les régions ou communes de la région »[76].

La démarche du législateur camerounais consistant à envisager des institutions atypiques est compréhensible. En partant du postulat selon lequel les institutions sont créées et adaptées en fonction des besoins, de l'histoire et des réalités propres aux entités locales, il est pertinent que le schéma institutionnel soit variable[77]. La spécificité des institutions répond à un besoin de représentation de la diversité sociale et des particularités propres à chaque Collectivité locale[78]. Elle obéit aussi à une logique de recherche d'efficacité de l'action locale de sorte qu'un statut dérogatoire non pourvu d'institutions atypiques est de nature à vider la différenciation territoriale de sa substance. En revanche, la prévision d'institutions qui sont tributaires de l'hétérogénéité des situations a pour vocation à donner un sens à la différenciation institutionnelle et matérielle.

B – L'option pour la différenciation matérielle

La différenciation sous l'angle matériel a trait au transfert et à l'exercice des compétences locales. La version africaine de la différenciation se traduit par l'extension du champ de compétences des Collectivités à statut spécial (1) laquelle tranche avec l'absence de spécification du contenu de leur libre administration (2).

(…) ». Une disposition qui est reprise par l'article 274 de la loi n° 2019/024 du 24 décembre 2019 portant Code des Collectivités territoriales décentralisées.

[75] Article 367 alinéa 1 de la loi n° 2019/024 du 24 décembre 2019 portant Code des Collectivités territoriales décentralisées.

[76] Article 367 alinéa 3 de la loi n° 2019/024 du 24 décembre 2019 portant Code des Collectivités territoriales décentralisées.

[77] J. Sohnle, « La différenciation des Collectivités territoriales dans une perspective de droit comparé », préc., p. 91.

[78] O. Dupéron, « La différenciation des statuts législatifs des collectivités territoriales : choix de la plasticité de l'organisation décentralisée de la République », préc., p. 70.

1 – L'extension du champ de compétence des Collectivités à statut spécial

La doctrine s'accorde sur le fait que l'effectivité de la décentralisation est tributaire non seulement de la disposition des ressources par les Collectivités territoriales[79], mais également et fondamentalement, de l'exercice par celles-ci des compétences qui leur sont transférées[80]. C'est que, au-delà du caractère performatif du langage constitutionnel[81], l'objectivation de la forme unitaire et décentralisée de l'État[82] serait enrayée dans sa concrétisation si une attention particulière n'était pas accordée à la planification, la coordination et surtout, à la concrétisation de l'exercice des compétences. Toute désorganisation ou manque de cohérence en ce domaine transparait d'ailleurs comme un risque pour le développement harmonieux des Collectivités Territoriales Décentralisées et, à une échelle plus grande, pour l'unité de l'État[83]. En optant ainsi pour la différenciation territoriale, les législations des États sous étude mettent un accent particulier sur les compétences qui sont transférées aux Collectivités ayant un statut particulier. En la matière, deux démarches cumulatives sont perceptibles à savoir, la reconduction des compétences habituelles et la prévision des compétences inhabituelles.

Les compétences habituelles sont celles qui sont ordinairement attribuées aux Collectivités territoriales décentralisées. Elles le sont aussi bien en ce qui concerne les entités assujetties au régime de droit commun que pour celles ayant un statut dérogatoire. Autrement dit, ce sont celles qui sont traditionnellement dévolues aux pouvoirs publics locaux dans le cadre de la décentralisation administrative. L'analyse du dispositif normatif régissant les Collectivités à statut particulier révèle une prise en compte des compétences habituelles. On peut le voir à l'analyse de la législation béninoise qui dispose que « outre les

---

79 N. Mede, « L'autonomie retenue : étude sur le principe de libre administration des collectivités territoriales en Afrique de l'Ouest francophone », *Revue Juridique et Politique des États francophones*, Vol. 62, n° 2, pp. 190.

80 J.-P. Pastorel, « Collectivité territoriale et clause générale de compétence », *Revue du Droit Public,* 2007, p. 51.

81 F. Larroque, *La performativité du langage constitutionnel*, Montpellier, Thèse mult., 2016, 627 p.

82 Il est notamment énoncé à l'article 1 alinéa 2 de la Constitution du 18 janvier 1996 que « la République du Cameroun est un État unitaire décentralisé ».

83 R. Ngando Sandje, *État et Nation dans le constitutionnalisme africain. Étude thématique*, Dijon, Thèse mult., 2013, p. 15.

compétences prévues par la loi portant organisation des communes en République du Bénin, les communes à statut particulier exercent les compétences spécifiques (…) »[84]. Dans la même logique, la législation camerounaise énonce que, « outre celles dévolues aux régions par la présente loi, les régions du Nord-ouest et du Sud-ouest exercent les compétences (…) »[85].

Il peut paraître surprenant de voir les législations reconduire les compétences habituelles alors même qu'elles consacrent la différenciation territoriale. À l'analyse, la reconduction des compétences habituelles est compréhensible. Il ne faut pas perdre de vue le fait que les Collectivités à statut particulier ne se démarquent pas de celles de droit commun de manière catégorique[86]. Au-delà des éléments qui les distinguent, elles vivent parfois des réalités identiques, sont confrontées aux mêmes difficultés et les défis qu'elles sont appelées à relever sont similaires tout comme les objectifs à atteindre[87]. C'est donc sur la base de cette identité des défis, difficultés et réalités que les textes qui les régissent optent pour la reconduction des compétences habituelles de manière à leur permettre de répondre aisément et favorablement aux attentes de la population[88]. Il en ressort que les domaines dans lesquels les Collectivités de droit commun se déploient sont aussi ceux dans lesquelles celles qui obéissent à la différenciation territoriale se meuvent. En tout état de cause, l'option majoritaire est celle de la généralisation du cadre matériel de déploiement desdites Collectivités sans que ne soit forcément prise en compte, la situation particulière de quelques-unes[89]. L'uniformité est ainsi valorisée, du moins en partie.

Les compétences additionnelles sont inhabituelles et spécifiques aux Collectivités à régime spécial. Autrement dit, elles sont inexistantes dans les États où la différenciation territoriale n'est pas prise en compte. En vertu de leur spécificité et des réalités qui sont les leurs, les textes

---

[84] Article 18 de la loi n° 98-005 du 15 janvier 1999 portant organisation des communes à statut particulier au Bénin.

[85] Article 328 alinéa 1 de la loi portant Code des Collectivités Territoriales Décentralisées au Cameroun.

[86] J.-M. Pontier, « La notion de différenciation territoriale », préc., p. 19.

[87] O. Dupéron, « La différenciation des statuts législatifs des collectivités territoriales : choix de la plasticité de l'organisation décentralisée de la République », préc., p. 65.

[88] F.-O. Essimi, « Contribution à l'étude de la collectivité à statut spécial : cas des régions du Nord-ouest et du sud-ouest du Cameroun », préc., p. 360.

[89] P.-H. Assiene Ngon, « Les collectivités à statut spécial dans les Constitutions unitaires d'Afrique noire francophone », préc., p. 173.

leur attribuent parfois des compétences qui répondent à la logique d'adaptation aux réalités locales[90]. En la matière, concernant les communes à statut spécial, la loi béninoise énonce que : « (...) les communes à statut particulier exercent les compétences spécifiques ci-après : En matière d'enseignement et de formation professionnelles : la commune a la charge de la construction, des réparations et de l'équipement des établissements publics d'enseignement secondaire et des centres publics de formation professionnelle de niveau communal (...) en matière de transport et de circulation, la commune élabore son plan de circulation urbaine, organise les transports urbains collectifs (...) »[91]. Il s'agit visiblement de compétences qui ne sont pas attribuées aux communes ordinaires, mais qui sont tributaires de la spécificité des communes à régime spécial. Dans le même ordre d'idées et concernant les régions, la législation camerounaise énonce que « (...) les régions du Nord-ouest et du Sud-ouest exercent les compétences suivantes : la participation à l'élaboration des politiques publiques nationales relatives au sous-système éducatif anglophone ; la création et la gestion des missions régionales de développement ; la participation à l'élaboration du statut de la chefferie traditionnelle »[92]. Elle ajoute que « elles peuvent être associées à la gestion des services publics implantés dans leurs territoires respectifs »[93].

L'allusion aux compétences additionnelles donne tout son sens à la différenciation territoriale. En effet, dès lors que certaines Collectivités ont un statut dérogatoire, il est normal qu'elles se déploient dans des domaines qui ne relèvent pas traditionnellement du périmètre d'intervention des pouvoirs publics locaux[94]. L'objectif est d'adapter le

---

[90] J. Caillosse, *Les « mises en scène » juridiques de la décentralisation. Sur la question du territoire en droit public français*, Paris, Ed. Lgdj, 2009, p. 175.

[91] Article 18 de la loi n° 98-005 du 15 janvier 1999 portant organisation des communes à statut particulier au Bénin.

[92] Article 328 alinéa 1 de la loi portant Code des Collectivités Territoriales Décentralisées au Cameroun.

[93] Article 328 alinéa 3 de la loi portant Code des Collectivités Territoriales Décentralisées au Cameroun.

[94] C'est à juste titre qu'Alexis De Tocqueville souligne que « chacun est le meilleur juge de ce qui n'a rapport qu'à lui-même, et le plus en état de pourvoir à ses besoins particuliers. La commune est donc chargée de veiller à ses intérêts spéciaux ». Lire utilement : A. De Tocqueville, *De la démocratie en Amérique,* Tome I, Ch.VI, 1835, http://bibliothèque.uquebec, consulté le 25 mars 2024, p. 74.

transfert de compétence aux réalités locales[95]. Ainsi, au regard de la situation géographique, du particularisme de la population, du critère démographique ou de la situation stratégique des collectivités concernées, l'option est prise en faveur des compétences spécifiques.

Les législations sont certes peu prolixes au sujet des compétences locales[96], mais elles n'hésitent pas à prescrire aux Collectivités territoriales décentralisées de prendre en compte, le bien être du citoyen conformément aux réalités auxquelles celui-ci est confronté[97]. C'est dire que cette prescription allie l'unité et la diversité dans l'aménagement des compétences locales[98]. C'est le lieu de rappeler une fois de plus que les sociétés africaines sont plurales et la question de la construction de la Nation se pose avec acuité comme en témoigne la récurrence des mouvements sécessionnistes et irrédentistes dans les États sous étude. Cette dimension plurale fait que l'unité et l'indivisibilité ne peuvent plus être appréhendées de manière rigoureuse. Une appréhension beaucoup plus souple est perceptible et consiste dans le cadre du transfert de compétence, à conférer aux Collectivités à statut spécial des moyens juridiques d'intervention adaptés à leurs réalités. Il est vrai que ce qui est regrettable, c'est la non-spécification du contenu de leur libre administration.

---

[95] J. Caillosse, « Remarques sur le traitement constitutionnel du local », in P.-Y. Chicot, R. Etien et P. Teissenrenc (dir.), *L'influence des régimes juridiques des collectivités territoriales d'outre-mer sur l'évolution de l'État français*, Paris, Ed. Cujas, 2013, p. 30.

[96] La plupart des textes constitutionnels africains renvoient au législateur le soin de définir le champ de compétence des Collectivités territoriales décentralisées. À titre d'illustration, l'article 56 de la Constitution camerounaise du 18 janvier 1996 modifiée dispose que « l'État transfère aux régions, dans les conditions fixées par la loi, les compétences dans les matières nécessaires à leur développement économique, social, sanitaire, éducatif, culturel et sportif ».

[97] C'est à juste titre que dans un avis, le Conseil d'État français considère que les compétences transférées aux Collectivités territoriales décentralisées ne peuvent pas toujours être identiques. Elles sont tributaires de leurs spécificités. Lire dans ce sens : CE, avis du 7 décembre 2017.

[98] J. Caillosse, « La décentralisation comme déclinaison française du Grand Récit de l'unité territoriale de l'État », *in*, M. Doat et Rios Rodriguez (dir.), *L'unité de l'État dans un système juridique pluriel*, Paris, Mare & Martin, 2020, p. 15.

2 – La non-spécification du contenu de la libre administration des Collectivités à statut spécial

Les législations des États d'Afrique noire francophone ont procédé à la consécration de la séparation verticale des pouvoirs en consacrant la libre administration des Collectivités territoriales décentralisées. À titre de rappel, la séparation verticale des pouvoirs peut être analysée au sens de la distinction entre le pouvoir administratif central et le pouvoir local[99] ce qui conduit à envisager la répartition des compétences entre l'État et les collectivités infraétatiques. L'élément qui concrétise cette séparation, c'est la libre administration qui permet aux entités locales de se mouvoir sans devoir s'en référer au pouvoir central. En réalité, les textes expriment à travers la consécration de ce principe, leur volonté de renforcer le pouvoir de décision et d'action des autorités locales[100]. On peut interpréter la prise en compte de ce principe, comme la volonté d'émanciper les collectivités territoriales en leur accordant un pouvoir de décision et une liberté d'action de grande importance.

Seulement, en rapport avec la présente étude, il est important de souligner que le dispositif normatif qui régit la décentralisation dans les États d'Afrique noire francophone n'a pas spécifié le contenu de la libre administration des Collectivités dotées d'un statut particulier. Elle consacre ce principe de manière générique en faisant allusion à toutes les entités locales. En la matière, la démarche est variable en fonction des États, car certains textes renvoient au législateur le soin de donner un contenu à ce principe[101]. En revanche, d'autres textes constitutionnels affirment de manière expresse que les entités locales s'administrent librement. Il en est ainsi de la Constitution camerounaise qui dispose que « les Collectivités territoriales décentralisées (…) s'administrent librement par des conseils élus »[102]. Dans le texte constitutionnel guinéen, il est aussi clairement indiqué que « les

---

[99] La séparation verticale du pouvoir fait référence à la forme de l'État. Généralement, on fait recours à cette expression pour analyser les relations entre le pouvoir central et les collectivités infra étatiques. Lire utilement : L. Favoreu et al. *Droit constitutionnel*, 17e éd. Paris, Ed. Dalloz, 2015, p. 449.

[100] A. Roux, « Le principe constitutionnel de la libre administration des collectivités territoriales », *Revue Française de Droit Administratif*, n° 8, 1992, p. 438. Lire aussi : A. Cabanis et M.-L. Martin, « Décentralisation et pouvoirs locaux dans les constitutions d'Afrique francophone », préc., p. 77.

[101] Cf. l'article 172 de la constitution ivoirienne du 08 novembre 2016. On peut aussi évoquer l'article 164 de la Constitution nigérienne du 25 novembre 2010.

[102] Article 55 alinéa 2 de la Constitution.

collectivités territoriales s'administrent librement par des organes élus »[103]. Une disposition qui est aussi perceptible dans d'autres lois fondamentales[104]. Le point commun entre ces différents textes constitutionnels est qu'ils consacrent de manière générique la libre administration sans que ne soit pris en compte, le cas des Collectivités à statut spécial.

Bien que la formalisation soit générique, l'on ne saurait ignorer qu'elle marque une avancée dans la constitutionnalisation de la décentralisation. Principe à valeur constitutionnelle,[105] la libre administration des Collectivités territoriales décentralisées a pour vocation de faciliter le renforcement ou l'enracinement de la décentralisation. Certes son contenu n'est pas aisé à appréhender ainsi que le souligne Michel Troper qui affirme qu'il s'agit d'un « terme vague et vide (privé de référence) dont la fonction est de transposer au niveau administratif l'idéologie politique de la démocratie représentative »[106]. Cependant, on peut essayer de lui donner un contenu afin d'analyser sa portée dans un système décentralisateur. Le rapport du Conseil d'État français de l'année 1993 indique que « s'administrer librement, c'est conduire ses affaires sans être soumis à des contraintes excessives, et sans interférer avec les pouvoirs législatif, gouvernemental et judiciaire, diverses catégories d'opérations et prendre dans les mêmes conditions, diverses catégories d'actes (...) qui peuvent faire l'objet d'un encadrement par la loi, et d'un contrôle par le juge administratif »[107]. De cette définition se dégage l'idée de liberté d'action et de décision des entités décentralisées.

Il est important de souligner que la libre administration va de pair avec l'existence des libertés locales lesquelles doivent être protégées contre tout empiètement[108]. On peut en effet affirmer que « décentraliser ce n'est pas seulement choisir librement ses dirigeants,

---

[103] Article 136 de la constitution du 07 mai 2010.

[104] Sans être exhaustif, on peut se référer à l'article 209 de la Constitution congolaise du 06 novembre 2015, l'article 172 de la Constitution ivoirienne du 08 novembre 2016 modifiée, ou encore, l'article 141 de la Constitution togolaise du 27 septembre 1992 modifiée.

[105] V. Conseil constitutionnel français du 23 mai 1979, n° 79-104 DC.

[106] M. Troper, « Libre administration et théorie générale du droit », *in La libre administration des collectivités territoriales décentralisées*, Paris, Ed. Economica, 1980, p. 62.

[107] Rapport du Conseil d'État intitulé « Décentralisation et ordre juridique », 1993.

[108] C. Bacoyannis, *Le principe constitutionnel de libre administration des Collectivités territoriales*, Aix-En-Provence, Thèse mult., 1989, p. 100.

c'est aussi répartir les compétences, conférer aux élus des pouvoirs de décision et d'action, leur attribuer des ressources supplémentaires à la mesure de leurs attributions ».[109] Cette affirmation permet de mieux comprendre la signification et la portée de la libre administration reconnue aux collectivités territoriales décentralisées. En effet, pour que la décentralisation soit effective, il faut non seulement que les autorités locales soient autonomes vis-à-vis des autorités centrales, mais également que celles-ci se déploient en toute liberté et sans empiètement du pouvoir central[110]. Ainsi, pour Charles Eisenmann, « la décentralisation exige que l'indépendance (...) des organes locaux à l'égard des organes centraux soit assurée ».[111] C'est la raison pour laquelle la libre administration est reconnue aux collectivités territoriales décentralisées, un principe qui est présenté par la doctrine comme le fondement même de la décentralisation.[112]

L'évolution est notable si l'on s'appuie sur l'histoire politique et administrative des États d'Afrique noire francophone. Avant le début des années 1990 c'est-à-dire durant les trois premières décennies après les indépendances, la vie politique et administrative était monopolisée par le pouvoir central incarné par le président de la République. À cette époque, l'essor du présidentialisme[113] a eu une incidence sur la condition des autres pouvoirs publics y compris, les pouvoirs locaux. Il y'avait en quelque sorte, l'essor des politiques centralisatrices à cette période. L'essentiel du pouvoir d'État reposait entre les mains de l'institution présidentielle laquelle était considérée comme l'alpha et

---

[109] R. Elang Tchounbia, *Décentraliser et démocratiser. La gouvernance locale*, Yaoundé, Ed. PUCAC, 2004, p. 13.

[110] C'est en s'appuyant sur la libre administration que le juge administratif congolais a affirmé la liberté contractuelle de l'institution communale. Lire utilement : CS/CA 8 décembre 2005, *Joachim Bimangou c/. Ville de Brazzaville.*

[111] C. Eisenmann , *Cours de droit administratif*, op. cit. p. 273.

[112] J.-C. Eko'o Akouafane, *La décentralisation administrative au Cameroun*, Paris, Ed. L'Harmattan, 2009, p. 89.

[113] Durant les trois premières décennies du constitutionnalisme africain, l'essor du présidentialisme se traduit par la prépondérance du Président de la République sur l'ensemble du paysage institutionnel et politique camerounais. Ce dernier ne rencontrait aucun contre-pouvoir à sa toute-puissance et se présentait à la fois comme le père de la Nation et comme un « *démiurge* » ; v. J. Gicquel, « Le présidentialisme négro-africain : le cas du Cameroun », in, *Le pouvoir Mélanges offerts à Georges Burdeau,* Paris, Ed. Lgdj, 1977, pp. 701-725 ; v. J. P. Kombila, *La problématique constitutionnelle dans les régimes politiques des États d'Afrique francophone,* Paris II, Thèse mult., 1982, p. 111.

l'oméga du paysage politique et institutionnel[114] et était au centre de tout[115] y compris sur le plan administratif. Il était donc illusoire d'envisager l'existence d'entités locales s'administrant librement puisque le pouvoir central détenait à titre exclusif, les compétences locales. On ne peut ne pas considérer qu'un pas a été franchi avec la consécration de la libre administration[116].

Seulement, on peut regretter le fait que les législations ne spécifient pas le contenu de la liberté d'action des Collectivités à statut spécial. À la lecture de la loi camerounaise portant Code général des Collectivités territoriales décentralisées, on peut en effet lire que « les régions du Nord-ouest et du Sud-ouest s'administrent librement par des organes élus, dans les conditions fixées par la loi »[117]. Loin d'être singulière, cette illustration atteste de ce que la conception africaine de la différenciation territoriale ne s'étend pas à l'accentuation de la liberté locale[118]. Autant les Collectivités à statut spécial ont des compétences assez étendues, autant elles n'ont pas une marge de manœuvre différente de celle de droit commun. Pourtant, dans une perspective comparative, c'est aussi à l'aune de l'amplification de la liberté locale que s'apprécie le degré d'enracinement de la différenciation territoriale. Il y'a donc extension du champ de compétences et formalisation générique de la libre administration. On peut ainsi considérer que le droit de la décentralisation dans les États d'Afrique noire francophone a effectivement valorisé la différenciation de la norme dans le

---

[114] M. Nguélé Abada, « Ruptures et continuités constitutionnelles en République du Cameroun : Réflexion à propos de la réforme constitutionnelle du 18 janvier 1996 », *Revue Africaine de Droit International et Comparé*, 1998, pp. 308-321 ; v. F. Bakounda-Mpele, « Repenser le Président africain », *VIIe Congrès français de Droit Constitutionnel*, 25, 26 et 27 septembre 2008, p. 2.

[115] G. Conac, « Portrait du chef d'État », *Pouvoirs*, n° 25, 1985, p. 121.

[116] Il faut néanmoins indiquer au regard de la jurisprudence administrative que cette libre administrative n'exclue pas le contrôle du juge. Il arrive très souvent que ce dernier rappelle ses limites en censurant les actes des autorités décentralisées. Il en ainsi du juge administratif camerounais, CS/AP arrêt n° 18 du 27 mai 2010, *Kitimbi Pierre contre communauté urbaine de Yaoundé*. Dans le contexte tchadien, on peut faire allusion au jugement du 25 novembre 2019, *Guetingat et 256 autres contre le maire de la ville de Ndjamena*.

[117] Article 329 de la loi n° 2019/024 du 24 décembre 2019 portant Code des Collectivités territoriales décentralisées.

[118] G.-M. Pekassa Ndam, « La stratégie camerounaise de la décentralisation (1996-2011) : les réformes du territoire entre droit et pouvoirs », in Fondation Paul Ango Ela (coord.), *Les politiques de la décentralisation au Cameroun. Jeux, enjeux et perspectives*, Paris, Ed. L'Harmattan, 2013, p. 97.

traitement des Collectivités territoriales, en revanche, il minore la différenciation du pouvoir normatif local.

II – La minoration de la territorialisation du pouvoir normatif local

Il y a minoration dans l'hypothèse où les législations n'attribuent pas aux Collectivités à statut spécial un pouvoir normatif particulier. En effet, le droit de la décentralisation dans les États d'Afrique noire francophone ne valorise pas assez le pouvoir normatif local y compris en ce qui concerne l'aménagement de la différenciation territoriale. Ce qui est constant, c'est la négation dudit pouvoir de manière intégrale (A) et l'admission d'un pouvoir qui est partiel (B).

A – La négation du pouvoir normatif local intégral

Le pouvoir normatif intégral est celui qui consiste pour les entités locales à statut particulier à édicter des actes législatifs et à disposer d'un pouvoir réglementaire autonome[119]. Il s'agit de l'un des critères d'appréciation de la différenciation territoriale. Malheureusement, dans les États d'Afrique noire francophone, c'est l'inverse qui est observable. Il se dégage, le double constat de l'exclusion de la fonction législative (1), et surtout, la négation d'un pouvoir règlementaire initial ou autonome en faveur des Collectivités territoriales au statut particulier (2).

2 – La négation de la fonction législative aux Collectivités à statut spécial

Dans le Droit de la décentralisation des États sous étude, les Collectivités territoriales, prises dans leur globalité, disposent d'un pouvoir normatif qui leur est reconnu par la législation et qui leur permet d'édicter des actes à portée générale et impersonnelle. Cependant, il faut dire qu'un tel pouvoir présente un intérêt limité[120]. Comparativement à la fonction normative des institutions étatiques, celle des entités locales est de faible importance. Il en est ainsi parce que principalement, elles n'ont pas le pouvoir d'édicter des actes

---

[119] A. Zarca, « Égalité et territorialisation du pouvoir normatif », *Civitas Europa*, n° 35, 2015, p. 55.
[120] J.-M. Pontier, « La notion de différenciation territoriale », préc., p. 21.

législatifs[121]. Concrètement, au-delà de la monopolisation de la fonction législative par le Parlement, il y a absence de prise en compte de l'expérimentation normative.

L'idée de monopolisation de la fonction législative par le parlement n'est pas vide de sens. Certes, les textes constitutionnels consacrent la législation déléguée qui permet au président de la République de prendre des ordonnances ayant valeur législative sous certaines conditions et attribuent au peuple le pouvoir d'adoption des lois, mais à titre principal, la fonction législative incombe à l'institution parlementaire. La Constitution sénégalaise est assez explicite au sujet du monopole parlementaire de la fonction législative lorsqu'elle énonce que « l'Assemblée nationale détient le pouvoir législatif. Elle vote seule la loi *(...)* »[122]. Sans retenir la même formulation, le texte constitutionnel camerounais quant à lui dispose que « la loi est votée par le parlement »[123]. Cette disposition que l'on retrouve dans d'autres textes constitutionnels[124] exclut les pouvoirs publics locaux de la fonction d'édiction des actes législatifs et fait du parlement, le principal auteur de la loi dans l'État[125].

À bien y regarder, cette monopolisation participe d'une tendance contemporaine et est vérifiable même en dehors des États d'Afrique noire francophone. C'est que, lorsqu'on analyse les missions du parlement dans le constitutionnalisme contemporain, la première fonction qui est mise en perspective est la fonction législative. Cela est consécutif au fait que « la principale activité du parlement est toujours de faire la loi »[126]. Aussi, les « Assemblées consacrent en moyenne plus

[121] C. Roïg, « Théorie et réalité de la décentralisation », *Revue Française de Science Politique*, n° 3, 1966, p. 446.
[122] Article 67 de la Constitution de 2001 modifiée.
[123] Article 26 alinéa 1 de la Constitution du 18 janvier 1996 modifiée.
[124] Sans être exhaustif, lire utilement : l'article 26 alinéa 1 de la Constitution camerounaise du 18 janvier 1996 modifiée, l'article 84 de la Constitution burkinabé du 02 juin 1991 modifiée, l'article107 de la Constitution congolaise du 06 novembre 2015 ou encore, l'article 85 de la Constitution ivoirienne du 08 novembre 2016 modifiée.
[125] Certes, il n'y'a aucune anomalie à ce que le parlement soit l'auteur principal de la loi, mais dans un contexte de valorisation de la différenciation territoriale, la démarche peut consister à attribuer aux Collectivités au statut spécial à édicter des actes législatifs dont le champ d'application serait restreint à la sphère locale.
[126] P. Avril, J. Gicquel et J.-E. Gicquel, *Droit parlementaire*, 5 e éd, Paris, Ed. Dalloz, 2015, p. 188.

de deux tiers de leurs séances publiques aux débats législatifs »[127]. En tout état de cause, il est impossible d'analyser le travail parlementaire sans se référer à la fonction législative. Dans presque tous les États, c'est le parlement qui édicte la loi et il partage rarement cette prérogative avec les Collectivités territoriales sauf en contexte de régionalisation. Aussi, des expressions telles que parlement législateur[128] ou législateur parlementaire[129] sont des pléonasmes qui servent à valoriser l'importance de l'activité législative du parlement dans l'État contemporain.

Cependant, on peut se demander si l'attribution d'un statut spécial à certaines entités locales ne rime pas avec attribution de prérogatives toutes aussi spéciales ? La situation particulière de certains sujets de la décentralisation ne justifie-t-elle pas que les autorités décentralisées puissent édicter des lois pour faire face aux réalités locales ? La réponse à ces questions est nuancée. Dans un premier temps, on pourrait répondre par la négative en s'appuyant sur le fait que les législations ont opté pour une décentralisation administrative et non pour une décentralisation politique[130]. En tout état de cause, les compétences qui ont été transférées par l'État aux Collectivités territoriales ont une nature exclusivement administrative. Toutefois, dans un second temps, il faut dire que les particularismes locaux peuvent justifier et nécessitent que les autorités locales aient un pouvoir normatif étendu leur permettant d'édicter des actes législatifs. Cela offre l'avantage de leur permettre de produire des normes prenant en compte leurs réalités et leurs spécificités.

[127] G. Drago, « Le périmètre de la loi », *in Renouveau du droit constitutionnel, Mélanges en l'honneur de Louis Favoreu*, Paris, Ed. Dalloz, 2007, pp. 661-672.

[128] P. Avril, « Le parlement législateur », *Revue Française de Science Politique*, n° 1, 1981, pp. 15-31.

[129] M. Couderc, « La législateur parlementaire : pour en finir avec un pléonasme », *Pouvoirs*, n° 64, 1993, pp. 49-62.

[130] Suivant la pensée de Maurice Hauriou « la décentralisation politique supposerait briser dans le pays l'unité du droit. Les circonscriptions locales, qui seraient des provinces ou des États secondaires, se feraient une législation spéciale, l'État deviendrait fédéral. La décentralisation administrative respecte l'unité de la loi, les Assemblées décentralisées n'ont point de pouvoir législatif, elles n'ont que des pouvoirs administratifs », in *Précis de droit administratif et de droit public*, Paris, Ed. Sirey, 12e éd., 1932, p. 85.

À l'analyse, les États sous étude ont encore une conception radicale et rigoureuse de l'indivisibilité de la République[131]. C'est le lieu de rappeler que l'indivisibilité de la République est un principe qui repose sur trois piliers : le territoire, la souveraineté, le peuple et induit deux conséquences à savoir d'une part que seules les autorités nationales exercent un pouvoir normatif initial[132]. D'autre part, il induit une identité législative dans l'État de sorte qu'une règle édictée par les autorités centrales est réputée d'application directe au sein des collectivités infra étatique et celles-ci n'ont pas le pouvoir d'édicter les règles de même nature[133]. À bien y regarder, les contours du pouvoir normatif local sont déterminés par une conception centraliste de l'État qui cohabite difficilement avec la libre administration des entités locales.

Bien évidemment, cette monopolisation de la fonction législative par les Assemblées parlementaires a une incidence sur l'autonomie locale. Si l'on s'appuie sur le strict plan financier, on s'aperçoit qu'en matière fiscale, les Collectivités territoriales n'ont pas le pouvoir de créer l'impôt étant entendu que les questions fiscales ressortissent du domaine de la loi[134]. En conséquence, les entités en question sont tenues de gérer les impôts qui leur sont transférés par la loi[135]. Un pouvoir de création leur aurait pourtant permis de densifier leurs ressources financières et d'être financièrement autonomes[136]. Logiquement, la différenciation territoriale aurait pu être pertinente avec l'extension de

---

[131] M.-H. Fabre, « L'unité et l'indivisibilité de la République, réalité ? Fiction ? », *Revue du Droit Public*, 1982, p. 614.

[132] A. Kontchou Kouomegni, « Idéologie et institutions politiques : impact de l'idée de l'unité nationale sur les institutions politiques de l'État camerounais », in, Pierre François Gonidec (dir.), *Dynamiques et finalités des droits africains*, Paris, Ed. Economica, 1980, p. 442.

[133] A. Roux, « L'indivisibilité de la République », in, Bertrand Mathieu, Michel Verpeaux (dir.), *La République en droit français*, Coll. Droit public positif, 1996, p. 97.

[134] E. Besson, *L'encadrement constitutionnel de l'autonomie financière des Collectivités infra-Étatique. Recherche en Droit comparé*, Aix-En-Provence, Thèse mult., 2009, p. 53.

[135] L. Ngono Tsimi, « Les mutations de l'organisation administrative déconcentrée au Cameroun », *in* David Abouem À Tchoyi et René Claude Mbaffou (dir.), *50 ans de réforme de l'État au Cameroun*, Paris, Ed. L'Harmattan, 2013, p. 261.

[136] J. Kankeu, « L'autonomie des collectivités territoriales décentralisées : quelle autonomie ? », *Juridis périodique*, n° 85, 2011, p. 93.

la fonction normative des Collectivités à statut particulier[137]. Malheureusement, non seulement la fonction législative est monopolisée par le parlement, mais l'expérimentation normative n'a pas également été prise en compte.

Par définition, l'expérimentation normative désigne une méthode visant à tester une norme sur un échantillon réduit de personnes pour en mesurer les effets avant sa généralisation[138]. Concrètement, du fait de ce procédé, la possibilité est reconnue aux Collectivités territoriales, de déroger à certaines lois ou certains règlements à titre expérimental en édictant des règles de même nature[139]. C'est en France que cette possibilité a été reconnue aux Collectivités territoriales à l'issue de la révision de 2003. Le 4e alinéa de l'article 72 dispose que les Collectivités territoriales ou leurs groupements peuvent, lorsque selon les cas, la loi ou le règlement l'a prévu « déroger à titre expérimental et pour un objet à durée limitée, aux dispositions législatives ou règlementaires qui régissent l'exercice de leurs compétences ».

En rapport avec la présente étude, l'expérimentation présente un triple avantage dans le cadre de la différenciation territoriale. Tout d'abord, elle facilite l'adhésion de la population locale aux politiques mises en œuvre par les autorités décentralisées en vertu de leur spécificité[140]. Ensuite, elle offre l'avantage de booster la performance en ce que des bilans sont faits dans le but de corriger les projets locaux. Enfin, elle permet de s'assurer que les règles édictées sont adaptées aux réalités locales[141]. Ce triple avantage justifie sa pertinence quoique jusqu'ici elle soit ignorée par les législations africaines tout comme est minoré, le pouvoir règlementaire initial.

---

137 P. Loïc, « L'autonomie financière des collectivités territoriales », *Cahiers du Conseil constitutionnel*, n° 12, 2002, p. 14.

138 S. Brondel, « Les expérimentations non limitées dans le temps sont inconstitutionnelles », *L'Actualité Juridique Droit Administratif*, n° 26, 2009, p.1399.

139 J. M. Bricault, « De l'expérimentation territoriale récente d'un droit de dérogation reconnu au préfet », in, Roselyne Allemand et Nadine Dantonel-Cor (dir.), *La différenciation territoriale. L'adaptation du droit à la diversité des territoires : réalités et perspectives*, *op. cit.*, p. 212.

140 S. Regourd, « *De la décentralisation dans ses rapports avec la démocratie : genèse d'une problématique* », *Revue du Droit Public*, 1990, pp. 961-987.

141 M. Piron, *Rapport sur le projet de loi organique relative à l'expérimentation par les Collectivités territoriales*, Assemblée nationale, n° 955, 18 juin 2003, p. 7.

2 – La négation du pouvoir réglementaire initial aux Collectivités à statut spécial

Dans les États où le traitement des Collectivités territoriales prend en compte leurs spécificités, la différenciation s'opère généralement par le biais du pouvoir règlementaire[142]. En effet, la démarche qui est généralement retenue est celle de l'accentuation du pouvoir règlementaire des entités à statut spécial de manière à leur permettre d'adapter les normes qu'elles édictent aux réalités locales[143]. La principale figure de cette accentuation est sans doute, l'attribution en leur faveur du pouvoir règlementaire initial. Il s'agit d'un pouvoir sans lequel, la différenciation perdrait sons sens et la ligne de démarcation entre les Collectivités de droit commun et celles au statut dérogatoire serait de faible importance[144]. Pourtant, dans les États sous étude, la différenciation par le pouvoir règlementaire n'a pas été prise en compte. Le pouvoir règlementaire des entités à statut spécial est identique à celui des Collectivités de droit commun. Il se dégage plutôt, le constat de l'exclusion du pouvoir règlementaire initial. Une exclusion qui est tantôt totale, tantôt partielle.

Il y a exclusion totale du pouvoir règlementaire initial dans l'hypothèse où les différentes législations n'attribuent pas un pouvoir règlementaire initial ou autonome aux Collectivités territoriales. À l'analyse des Constitutions des États d'Afrique noire francophone, ledit pouvoir incombe au président de la République et au Premier ministre[145]. Autrement dit, ce sont ces autorités qui détiennent le pouvoir d'adopter des mesures valables en toutes matières autres que celles du domaine de la loi sur tout le territoire[146]. Elles interviennent surtout sans aucune autre forme d'habilitation étant entendu qu'elles tirent cette prérogative de la Constitution. En revanche, les Collectivités

---

[142] C. Vintzel, « La différenciation et le pouvoir règlementaire local », in, Roselyne Allemand et Nadine Dantonel-Cor (dir.), *La différenciation territoriale. L'adaptation du droit à la diversité des territoires : réalités et perspectives*, *op. cit.*, p. 17.

[143] B. Faure, *Droit des collectivités territoriales, op. cit.* p. 355.

[144] Lire dans ce sens, *3 mai 2018, Avis sur un projet de loi constitutionnelle pour une démocratie plus représentative, responsable et efficace,* n° 394658.

[145] Sur le partage du pouvoir règlementaire autonome entre le président de la République et le Premier ministre lire utilement : les articles 8 alinéa 8 et 12 alinéa 3 de la Constitution camerounaise ; articles 43 et 57 de la Constitution sénégalaise ; articles 8 paragraphe 4 et 29 de la Constitution gabonaise.

[146] A. Van Lang, *Dictionnaire de droit administratif*, 8e éd., Paris, Ed. Sirey, 2021, p. 418.

territoriales édictent les actes règlementaires essentiellement et exclusivement dans le cadre d'une habilitation législative. On peut le voir à la lecture de la Constitution gabonaise qui dispose que « les collectivités locales (...) s'administrent par des conseils élus dans les conditions prévues par la loi, notamment en ce qui concerne les compétences et leurs ressources »[147]. Dans la même logique, la loi fondamentale sénégalaise dispose en son article 102 que « les collectivités locales s'administrent librement par des Assemblées élues. Leur organisation, leur composition et leur fonctionnement sont déterminés par la loi »[148].

Deux commentaires découlent de ces dispositions constitutionnelles. Le premier a trait à l'exclusion du pouvoir règlementaire autonome en faveur des autorités décentralisées. Si on peut s'attendre à ce que la libre administration rime avec libre règlementation[149], les législations des États sous étude ont opté pour un pouvoir règlementaire résiduel[150]. À bien y regarder, l'édiction des actes règlementaires en matière de décentralisation est tributaire du périmètre d'intervention fixé ou délimité par le législateur[151]. Il n'existe aucune possibilité de son extension en dehors du cadre législatif préalablement défini. Si une telle orientation est compréhensible dans la préservation de l'unité et de l'indivisibilité de l'État, elle est tout de même dangereuse. *Primo*, parce que ce qui est commun aux États sous étude, c'est le fait que le législateur n'agit pas toujours pour laisser la place au pouvoir règlementaire local[152]. La tendance est plutôt celle de la restriction du champ dudit pouvoir. *Secundo*, on peut redouter le fait que l'État regagne par l'exercice du pouvoir règlementaire autonome, une large influence sur la mise en œuvre ou l'exercice des compétences transférées aux Collectivités territoriales. En prenant appui sur les trois

---

[147] Article 112 de la Constitution de 1992 modifiée.

[148] On retrouve une disposition analogue à l'article 55 alinéa 2 de la Constitution camerounaise du 18 janvier 1996 modifiée.

[149] J.-M. Pontier, « La notion de différenciation territoriale », préc., p. 22.

[150] Cela a d'ailleurs été confirmé par le juge administratif dans une décision censurant les actes édictés par le maire de la commune de Brazzaville. Voir dans ce sens : CS/CA du 19 décembre 2013, *Joseph Mampuya et Bah Bocar c/ville de Brazzaville*.

[151] J.-L. Bœuf, « Le pouvoir règlementaire des régions françaises. Passé, présent, avenir », *Pouvoirs locaux*, n° 86, III, 2010, p. 71.

[152] M. Houser, « Recherches sur le concept de recentralisation », *Revue de la Recherche Juridique*, n° 2, 2011, p. 754. On peut aussi se référer à : J.-F. Kerléo, « Concept de recentralisation et réformes territoriales en Europe et au-delà », *Revue Internationale de Droit Comparé*, n° 3, 2015, pp.795-821.

dernières décennies de mise en œuvre de la décentralisation, on pourrait valablement affirmer que « les détenteurs du pouvoir règlementaire national édictent trop de règles détaillées, il semblerait logique de considérer qu'il ne reste quasiment rien, en pratique, au pouvoir règlementaire local »[153].

Le second commentaire a trait à la différenciation par le pouvoir règlementaire. Il n'est pas exagéré d'affirmer à la lecture du dispositif normatif régissant la décentralisation que la différenciation n'a pas eu lieu. Cette affirmation découle du fait que les législations ne spécifient pas le pouvoir règlementaire des Collectivités à statut particulier[154]. Celles-ci disposent d'un pouvoir qui ne se démarque pas de celui des entités de droit commun. Le domaine matériel des actes susceptibles d'être édictés est le même tout comme les limites dudit pouvoir. Autant les Collectivités ordinaires ne disposent pas d'un pouvoir initial, autant ledit pouvoir est refusé à celles ayant un statut dérogatoire. Or, un tel pouvoir aurait pu leur permettre d'avoir une liberté d'action dans l'édiction des actes règlementaires[155]. Il ne faut pas perdre de vue le fait qu'on est en présence des Collectivités dont les réalités n'ont rien à voir avec les autres, dans certains cas, on est dans des régions où les revendications sécessionnistes sont récurrentes et où les autorités locales ont besoin de jouer un rôle majeur à l'échelle locale[156]. En tout état de cause, elles ont besoin de se doter d'une réglementation qui s'adapte à leurs réalités. Ne pas leur reconnaître un pouvoir règlementaire autonome ou initial, c'est en faire, des Collectivités de droit commun, insusceptible d'adapter la législation nationale, et surtout, insusceptibles de prendre des initiatives locales[157]. C'est cette tendance qui prévaut dans les États sous étude excepté le cas de la République Démocratique du Congo.

En République Démocratique du Congo, la Constitution attribue en ce qui concerne certaines matières, le pouvoir règlementaire autonome

---

[153] J.-M. Pontier, « La notion de différenciation territoriale », préc., p. 22.

[154] P.-H. Assiene Ngon, « Les collectivités à statut spécial dans les Constitutions unitaires d'Afrique noire francophone », préc., p. 173.

[155] C. Monembou, « Les paradoxes de la décentralisation camerounaise : de la décentralisation à la recentralisation », *Revue Africaine de Droit et de Science Politique*, n° 1, Vol.1, 2013, p. 169.

[156] B.-R. Guimdo Dongmo, « L'emprise de l'État sur l'exécutif communal au Cameroun. Regard sur la dynamique des rapports entre l'administration d'État et l'administration communale au Cameroun », *Lex Lata,* n° 021, 1995, p. 9.

[157] G. Chavrier, *Le pouvoir normatif local : enjeux et débats*, Paris, Ed. Lgdj., coll. « Systèmes », 2011, pp. 16-24.

aux Collectivités territoriales prises dans leur globalité. C'est ce qui conduit à envisager l'exclusion partielle du pouvoir règlementaire initial On peut en effet lire que « Sans préjudice des autres dispositions de la présente Constitution, les matières suivantes sont de la compétence exclusive des provinces : 1. le plan d'aménagement de la province ; 2. la coopération interprovinciale ; 3. la fonction publique provinciale et locale ; 4. l'application des normes régissant l'état civil ; 5. les finances publiques provinciales ; 6. la dette publique provinciale (…) »[158]. À l'analyse, la loi fondamentale attribue aux pouvoirs publics locaux, le pouvoir d'édicter des actes règlementaires en l'absence de toute habilitation législative. Cette option offre l'avantage de mettre les entités locales à l'abri de l'expansionnisme du pouvoir central consistant à restreindre le périmètre d'intervention des institutions locales. D'ailleurs, l'idée de la monopolisation des compétences ainsi transférées est envisagée par le texte constitutionnel qui énonce que « Une Assemblée provinciale ne peut légiférer sur les matières de la compétence exclusive du pouvoir central. Réciproquement, l'Assemblée nationale et le Sénat ne peuvent légiférer sur les matières de la compétence exclusive d'une province (…) »[159]. Étant entendu que ces dispositions sus évoquées font allusion aux Collectivités territoriales dans leur globalité, on peut conclure qu'il n'y a certes pas différenciation du pouvoir règlementaire, mais ledit pouvoir est renforcé. Cependant, cet exemple ne devrait pas masquer l'exclusion du pouvoir règlementaire intégral et l'admission d'un pouvoir règlementaire résiduel.

B – L'admission d'un pouvoir normatif local résiduel

L'idée de minoration de la différenciation du pouvoir normatif est davantage perceptible à l'analyse du pouvoir règlementaire des Collectivités à statut spécial. Alors que sous d'autres cieux, elles sont dotées d'un pouvoir règlementaire assez étendu[160], les législations africaines leur ont attribué une capacité à produire des actes règlementaires qui ne se démarquent pas de ceux des autres entités locales. L'évocation d'un pouvoir normatif résiduel met ainsi en perspective sa précarisation nonobstant l'option pour la différenciation

[158] Article 204 de la Constitution du 18 février 2006 modifiée.
[159] Article 205 de la Constitution du 18 février 2006 modifiée.
[160] S. Boussetta, « Le pouvoir règlementaire des Collectivités territoriales », *Civitas Europa*, n° 15, 2005, p. 32.

territoriale. Cela se traduit par la subordination du pouvoir réglementaire (1) et la rigidification du contrôle auquel celui-ci est assujetti (2).

1 -La subordination du pouvoir règlementaire des Collectivités à statut spécial

Dans le langage courant, la subordination induit une relation asymétrique de dépendance et marque le degré d'infériorité et de supériorité des choses les unes à l'égard des autres[161]. Ce sont ces deux dimensions qui sont prises en compte dans le cadre de l'étude du pouvoir règlementaire local et qui traduisent son caractère résiduel dans le droit de la décentralisation des États sous étude. Du fait de la minoration du pouvoir normatif local dans le traitement de la différenciation territoriale, les législations des États d'Afrique noire francophone ont subordonné le pouvoir règlementaire des Collectivités à statut dérogatoire au même titre que les autres. Globalement, ce dernier est dit subordonné pour deux principales raisons. La première raison a trait à son conditionnement par l'habilitation législative. La seconde est relative à subsidiarisation[162]. Si ces deux aspects sont perceptibles en ce qui concerne les entités locales de droit commun, il faut dire que la situation n'est pas différente concernant celles dotées d'un statut particulier. Ce qui conforte l'idée selon laquelle la différenciation territoriale ne concerne que l'aspect institutionnel et minore celui relatif au pouvoir normatif.

Concernant la subordination à l'habilitation, il faut souligner que l'édiction des actes règlementaires par les autorités décentralisées est tributaire de la volonté législative[163]. Elle n'existe que par une délégation de compétence que le pouvoir législatif opère et que le pouvoir central accepte de laisser au profit des Collectivités territoriales prises dans leur globalité[164]. La portée de l'habilitation est non négligeable. Il faut dès lors relever que d'un point de vue finaliste, la norme d'habilitation confère aux autorités publiques, le pouvoir de

---

[161] *Dictionnaire Le Robert,* op. cit., p. 1364.

[162] M.-L. Treguier, « Flux et reflux de la décentralisation », *Revue Française de Droit Administratif,* 1994, p. 710.

[163] B. Faure, *Droit des Collectivités locales,* op. cit., p. 519.

[164] P. E. Abane Engolo , « La spécificité des cadres de l'action administrative en Afrique », in Magloire Ondoa et Patrick Edgard Abane Engolo (dir.), *Les transformations contemporaines du droit public en Afrique*, Paris, Ed. L'Harmattan, 2018, p. 48.

créer des normes juridiques à caractère général[165]. Si la Constitution est le fondement des compétences dévolues aux autorités constituées[166], en matière de décentralisation, c'est la loi qui joue ce rôle. Il en est ainsi parce que les textes constitutionnels lui ont attribué la prérogative de déterminer les modalités d'administration des Collectivités locales y compris celles bénéficiant d'un traitement dérogatoire. Aussi, ce sont les textes législatifs qui habilitent les autorités décentralisées à produire des normes à l'échelle locale[167]. À titre illustratif, la loi sénégalaise régissant les Collectivités territoriales dispose qu'« Aucune collectivité locale ne peut délibérer en dehors de ses réunions légales ni sur un objet étranger à ses compétences, sous peine de se voir appliquer les sanctions administratives et pénales prévues aux articles 27, 94 et 201 du présent code »[168]. Elle ajoute que « La détermination des compétences des régions, des communes et des communautés rurales relève de la loi *(...)* »[169]. Cette disposition qui est perceptible dans les législations des autres États met en perspective, l'habilitation législative du pouvoir règlementaire local. Un pouvoir dont le périmètre est déterminé par le législateur et qui est à la fois limité et subordonné au pouvoir règlementaire national.

On se serait néanmoins attendu à ce que la différenciation soit prise en compte en ce qui concerne la subordination du pouvoir réglementaire local à l'habilitation législative. La nécessité d'adapter les mesures règlementaires aux réalités locales peut justifier le fait que soit octroyé aux Collectivités à statut spécial, un pouvoir règlementaire partiellement ou entièrement détaché de l'habilitation législative. Cela offre l'avantage de leur permettre de se déployer et de mieux adapter les normes règlementaires aux réalités locales. En l'état actuel, on peut se demander si les législations ont réellement posé les bases de la différenciation surtout qu'au-delà de l'habilitation, la subsidiarisation

---

[165] H. Kelsen, *Théorie pure du droit*, 2e éd. Paris, Ed. Dalloz, 1962, p. 224.

[166] F.-L. Owona Ndouguessa, « Les normes d'habilitation dans les Constitutions des États d'Afrique noire francophone », *Revue Africaine du Droit Public*, n° 24, vol. X, 2021, p. 227.

[167] Cette affirmation est confortée par la jurisprudence administrative de certains États sous étude. Sans être exhaustif, on peut évoquer au Cameroun, CS/CA jugement n° 153 du 15 juin 2011, *Dame veuve Fokoua née Meide Augustine contre commune urbaine de Dschang* ; au Bénin, il est possible de faire allusion à l'arrêt n° 08/CA du 17 février 2014, *Mbaye Jacques Diop/maire de la commune de Rufisque.*

[168] Article 4 de la loi portant Code des Collectivités locales.

[169] Article 5 de la loi portant Code des Collectivités locales.

de l'exercice des compétences fragilise aussi le pouvoir règlementaire local.

Dans le droit de la décentralisation des États sous étude, la subordination du pouvoir règlementaire local est renforcée par le principe de subsidiarité. À titre de rappel, en droit de la décentralisation, ce principe consiste à confier l'exercice d'une compétence à l'organe qui est le plus apte à l'exercer[170]. Schématiquement, cela consiste pour l'État à transférer les compétences aux Collectivités locales tout en conservant la possibilité de les exercer dans l'hypothèse où les Collectivités en question seraient défaillantes[171]. Il s'agit en réalité d'un principe qui est posé par toutes les législations. Pour s'en convaincre, la loi camerounaise portant code des Collectivités Territoriales Décentralisées dispose en effet que « le transfert et la répartition des compétences (...) obéissent aux principes de subsidiarité et de complémentarité »[172]. Cette disposition qui est perceptible dans d'autres législations[173] ouvre une brèche à la recentralisation administrative. Cela est consécutif au fait que les Collectivités locales ayant des lacunes managériales et des moyens inconsistants, le risque est que l'État demeure l'institution à même d'exercer les compétences transférées[174]. On peut ainsi se retrouver dans un schéma où toutes les compétences transférées sont encore exercées par les services de l'État et non par les Collectivités territoriales décentralisées à statut spécial. C'est dire qu'avec le principe de subsidiarité, il y a de fortes chances que le pouvoir règlementaire local soit supplanté par celui des autorités centrales. Le retour en force de l'État[175] malgré la consécration de la

---

[170] G.-C. Mbongo Otango Otango, « L'applicabilité du principe de subsidiarité en droit africain de la décentralisation (cas du Gabon, du Cameroun et du Burkina Faso) », *Revue Togolaise des Sciences Juridiques*, n°0000, Janvier/juin 2011, p. 316.

[171] Y. Gaudemet, « Lire propos sur la subsidiarité spécialement en Europe », in *Mélanges en l'honneur de Paul Amselek,* Bruxelles, Ed. Bruylant, 2005, p. 315.

[172] Article 20 alinéa 1 de la loi n° 2019/029 du 29 décembre 2019 portant code des collectivités territoriales décentralisées.

[173] Lire utilement l'article 28 de la loi organique n° 15/96 du 06 juin 1996 relative à la décentralisation au Gabon qui dispose que « la création, l'organisation, le fonctionnement et les compétences des collectivités locales sont soumis aux principes (...) de subsidiarité ».

[174] C. Monembou, « Le pouvoir règlementaire des collectivités locales dans les États d'Afrique noire francophone (les cas du Cameroun, du Gabon et du Sénégal) », op. cit. p. 106.

[175] J.-M. Pontier, « La subsidiarité en droit administratif », *Revue du Droit Public*, 1986, p. 1533.

décentralisation fait qu'en ce qui concerne les compétences locales, ce sont les actes règlementaires nationaux qui sont prépondérants.

Il faut néanmoins souligner que certaines législations attribuent aux Collectivités à statut spécial, le pouvoir d'émettre des avis sur des politiques nationales. Il en est ainsi de la loi camerounaise de 2019 qui énonce que la *House of Chiefs* « émet un avis conforme sur les questions suivantes : le statut de la chefferie traditionnelle ; la gestion et la conservation des sites, monuments et vestiges historiques ; l'organisation des manifestations culturelles et traditionnelles dans la région ; la collecte et la traduction des éléments de la tradition orale »[176]. Dans la même logique au Niger, on peut en effet lire que « Le Conseil d'arrondissement (…) donne son avis sur toutes les questions qui concernent, en tout ou en partie, le ressort territorial de l'arrondissement communal et toutes les fois que cet avis est requis par la législation ou la réglementation en vigueur ou par le conseil de ville »[177]. Si le texte du Niger est peu explicite au sujet de la nature des avis, celui du Cameroun évoque expressément, les avis conformes. Il y a là, une volonté de valorisation de la fonction consultative des Collectivités territoriales à statut spécial. Une volonté qui est néanmoins diluée par la précarisation du pouvoir règlementaire et tempérée par la rigidification de la tutelle sur les Collectivités objets d'étude.

2 – La rigidification du contrôle du pouvoir règlementaire local

Il est communément admis que la décentralisation prend tout son sens avec l'institution de la tutelle de l'État sur les Collectivités territoriales décentralisées. Il est, en effet, impossible d'envisager un processus décentralisateur sans attribution à l'institution étatique d'un pouvoir de contrôle[178]. C'est sans doute la raison pour laquelle les législations des États d'Afrique noire francophone font allusion à ce procédé de contrôle[179]. D'un point de vue théorique, il faut souligner

[176] Article 337 alinéa 2 de la loi n° 2019/024 du 24 décembre 2019 portant Code des Collectivités territoriales décentralisées.

[177] Article 28 de l'ordonnance n° 2010-55 du 17 septembre 2010 portant des communes à statut particulier au Niger.

[178] J. Barthélemy, « Les tendances de la législation sur l'organisation administrative depuis un quart de siècle », *Revue de Droit Public*, 1909, p. 150-151.

[179] À titre illustratif, l'article 9 de la loi portant code des Collectivités territoriales décentralisées Niger : « Les collectivités territoriales exercent leurs compétences sous

que celle-ci apparaît comme un complément indispensable à l'autonomie accordée aux personnes morales de droit public autres que l'État[180]. Elle vise ainsi à assurer que les entités dotées de cette autonomie ne l'exercent pas en contrariété avec les principes fondamentaux de l'État[181] à l'instar de l'indivisibilité de la République. S'agissant de la décentralisation territoriale, le contrôle de tutelle vise entre autres, à préserver le caractère unitaire de l'État, à maintenir une cohésion, une synchronie dans l'action mise en œuvre par les collectivités locales. Mais lorsque cette tutelle synonyme de droit de regard de l'État est anormalement renforcée, elle devient « une arme donnée au pouvoir central à l'encontre des autorités décentralisées »[182].

Le problème que pose l'aménagement de la différenciation territoriale dans les États d'Afrique noire francophone est celui de la conservation du sens classique du contrôle de l'État[183]. En d'autres termes, la tutelle ne varie pas selon que l'on est en présence d'une Collectivité ordinaire ou au statut particulier. Les différentes législations ont consacré la tutelle sans prendre en compte la différence de situation des entités locales. On n'est donc pas en présence d'un contrôle au cas par cas. Tout se passe comme si la différenciation ne passait pas aussi par les rapports entre l'État et ses collectivités infraétatiques. Il en ressort que le contrôle du pouvoir règlementaire est identique. Il est renforcé et amoindri la marge de manœuvre des Collectivités au statut dérogatoire.

L'arsenal législatif des États sous étude relatif à la décentralisation, plutôt que d'opter pour une grande marge de liberté au profit des Collectivités territoriales au statut dérogatoire renforce plutôt le

---

le contrôle de l'État, dans le respect des lois et règlements ainsi que des conventions et accords internationaux régulièrement ratifiés ».

180 M. Joyau, *De l'autonomie des collectivités territoriales françaises. Essai sur la liberté du pouvoir normatif local*, Paris, Ed. Lgdj, Bibliothèque de Droit public, tome 198, 1998, p. 1.

181 C. Nanako, *La libre administration des Collectivités territoriales au Bénin et au Niger*, Abomey-Calavie, Thèse mult., 2016, p. 118.

182 R. Maspetiol et P. Laroque, *La tutelle administrative*, Ed. Sirey, 1930, cité G. Dupuis et M.-J. Guedon, *Droit administratif*, Paris, Ed. Armand Colin, 1992, p. 206.

183 P.-H. Assiene Ngon, « Les collectivités à statut spécial dans les Constitutions unitaires d'Afrique noire francophone », *op. cit.*, p. 181.

contrôle du pouvoir central[184]. À bien y regarder, le contrôle au niveau central est dual[185] et lourd[186]. Tel qu'il est aménagé, il laisse très peu de marge de manœuvre aux autorités locales. Pour s'en convaincre, il convient d'analyser les pouvoirs disciplinaires de la tutelle sur les autorités décentralisées. Globalement, la tutelle centrale a la possibilité de révoquer les autorités décentralisées. Quasiment toutes les législations sont éloquentes au sujet de la révocation des élus locaux par les autorités de tutelle[187]. À titre illustratif, dans le contexte camerounais, le président de la République a le pouvoir soit de suspendre, soit alors, de dissoudre ou de destituer les instances régionales[188] y compris celles des régions à statut spécial du Nord-ouest et du Sud-ouest.

Cependant, il se dégage le constat de la variabilité de l'organe habilité à sanctionner les élus locaux. En fonction des États, ce pouvoir est attribué tantôt au président de la République, tantôt au ministre en charge de la décentralisation, des sanctions dont la teneur est tributaire de l'autorité qui l'inflige. Il y a ainsi variabilité d'options entre les États. En revanche, ce qui est constant, c'est la liberté de l'autorité de tutelle dans l'exercice de son pouvoir disciplinaire à l'endroit des autorités locales[189]. La seule formalité que certains textes imposent est la

---

[184] H. Akerekoro, « L'encadrement juridique du pouvoir règlementaire de l'administration en Afrique francophone », *Revue Béninoise de Sciences Juridiques et Administratives*, n° 32, 2014, p. 18.

[185] L. Ngono Tsimi, « Les mutations de l'organisation administrative déconcentrée au Cameroun », in David Abouem A Tchoyi et René Claude Mbaffou (dir.), *50 ans de réforme de l'État au Cameroun*, Paris, Ed. L'Harmattan, 2013, p. 261.

[186] P. Legendre, « La royauté du droit administratif. Recherches sur les fondements traditionnels de l'État centriste en France », *in, Trésor historique de l'État en France*, Paris, Ed. Fayard, 1992, p. 578.

[187] H. Koumegne Noubissi, *Décentralisation et centralisation au Cameroun. La répartition des compétences entre l'État et les Collectivités locales*, Paris, Ed. L'Harmattan, 2013, p. 190.

[188] Cf. les articles 59 et 60 de la Constitution camerounaise du 18 janvier 1996 modifiée.

[189] Il n'existe en principe pas de contraintes en direction de l'autorité de tutelle dans la mise en œuvre de son pouvoir disciplinaire. Celle-ci est en effet, juge de l'opportunité de la mobilisation dudit pouvoir. C'est en toute liberté qu'elle apprécie les faits générateurs des sanctions et le contenu des mesures disciplinaires à mettre en œuvre. La consultation de certains organes est certes prévue, mais, la souplesse des avis émis renforce la marge de manœuvre de l'autorité de tutelle. V. N. Médé, « L'autonomie retenue : étude sur le principe de libre administration des collectivités territoriales en Afrique de l'Ouest francophone », *Revue Juridique et politique des*

consultation du juge constitutionnel ou de la Cour Suprême sans indiquer la nature des avis[190]. À bien y regarder, il s'agit des avis consultatifs dans la mesure où le désaccord de l'organe consulté n'a aucun impact sur la volonté de l'autorité de tutelle de mettre fin au mandat local[191]. Il y'a dès lors un risque de dévoiement des mesures disciplinaires[192] qui pourraient bon gré mal gré, être érigée en instrument de « politique politicienne »[193] pour régler les antagonismes politiques entre autorités centrales et autorités locales rivales. Ce qui est surtout redoutable c'est la possibilité offerte à l'autorité de tutelle, soit de mettre en place la délégation spéciale[194], soit alors de déclencher la substitution d'office. Rien ne rassure sur l'achèvement du mandat par les autorités élues avec une tutelle aussi rigide.

La tutelle locale est aussi assez lourde sur les Collectivités territoriales décentralisées prises dans leur globalité et celles au statut spécial en particulier. Il s'agit d'une tutelle de proximité exercée par le représentant de l'État auprès des Collectivités en question et qui présente deux variantes selon qu'elle s'exerce *a priori* ou *a posteriori*[195]. La tutelle *a priori* constitue une condition *sine qua none* à l'entrée en vigueur des actes locaux dans la mesure où la non-approbation desdits actes suspend ou annule leur exécution[196]. Au rang des actes locaux visés, on peut citer : les budgets initiaux, annexes, les

---

États francophones, vol. 62, n° 2, pp. 188-208 ; v. aussi C. Nanako, *La libre administration des collectivités territoriales au Bénin et au Niger*, *op. cit.*, p. 140.

[190] Lire dans ce sens, les articles 59 et 60 de la Constitution camerounaise du 18 janvier 1996 modifiée.

[191] M.-G. Pekassa Ndam, « La cessation anticipée de fonctions des organes municipaux au Cameroun », in, Maurice Kamto, Stéphane Ndoumbe Bille et Brusil Miranda Metou (dir.), *Regards sur le droit public en Afrique, Mélanges en l'honneur du doyen Joseph Marie Bipoun Woum*, Paris, Ed. L'Harmattan, 2016, pp. 297-324.

[192] X. Barella, « Le contrôle de légalité des actes des Collectivités territoriales : entre nécessité et controverses », *in*, S. Regourd, J. Carles et D. Guignard, *La décentralisation 30 ans après*, Toulouse, Ed. Presses de l'Université de Toulouse 1 Capitole, 2013, p. 109.

[193] J.-A. Njock, « La décentralisation territoriale au Cameroun », *Revue Africaine de Droit et de Science Politique*, n° 9, 2012, p. 253.

[194] J.-M. Bikoro, « La délégation spéciale dans le droit de la décentralisation des États d'Afrique noire francophone », *Revue Burkinabé de Droit*, n° 62, 2021, p. 125.

[195] C. Monembou, « Le pouvoir règlementaire des collectivités locales dans les États d'Afrique noire francophone (les cas du Cameroun, du Gabon et du Sénégal) » préc., p. 104.

[196] I.-M. Fall, « Le contrôle de légalité des actes des Collectivités locales au Sénégal », *Afrilex*, 2006, p. 6.

comptes hors budget, les autorisations spéciales de dépense, les emprunts et des garanties de prise de participation[197]. Ce qui est notable à la lecture des législations, c'est l'extension de la liste des actes soumis à l'approbation de la tutelle. On peut même sans extrapoler avoir le sentiment que tous les actes importants doivent nécessairement être autorisés par le représentant de l'État. Dans un réel contexte décentralisateur, à défaut de disparaître, le contrôle *a priori* devrait perdre du terrain et avoir un champ matériel quantitativement faible pour permettre aux entités locales de se mouvoir en toute liberté.

La tutelle *a posteriori* quant à elle permet au représentant de l'État, par le biais du déféré administratif[198] d'obtenir l'annulation des actes des collectivités locales. Ce déféré est une innovation des nouvelles lois relatives à la décentralisation[199]. D'après les législations en question, l'autorité de tutelle a la possibilité de déférer auprès de la juridiction administrative compétente, les actes qu'il estime entachés d'illégalité dans un délai d'un mois à compter de leur réception[200]. Même si « dans la pratique, le déféré n'entraine pas systématiquement l'annulation de l'acte incriminé, le juge étant naturellement souverain en la matière »[201], il faut relever que « la simple menace d'un déféré suffit souvent à conduire à son retrait par la collectivité »[202]. On peut ainsi redouter un recours systématique et abusif au déféré, car, il est de nature à restreindre la libre administration des Collectivités territoriales au

---

[197] Cf. l'article 76 de la loi camerounaise n° 2019/024 du 24 décembre 2019 portant Code des Collectivités territoriales décentralisées, l'article70 de la loi guinéenne du 26 mars 2006 portant Code des Collectivités locales, l'article 336 de la loi sénégalaise n° 96-06 du 22 mars 1996 portant Code des Collectivités locales, ou encore les articles 140 et 141 de la loi ivoirienne n° 2012-1128 du 13 décembre 2012 portant organisation des Collectivités territoriales.

[198] H. Akerekoro, « L'effectivité du contrôle juridictionnel des pouvoirs locaux en Afrique : essai d'analyse comparée » in, Patrick Edgard Abane Engolo (dir.), *La décentralisation, Représentation, financement et évolutions récentes*, Paris, Ed. L'Harmattan, 2022, p. 305.

[199] A. Cabanis et M.-L. Martin, « Décentralisation et pouvoirs locaux dans les constitutions d'Afrique francophone », préc., p. 77.

[200] Cf. les articles 242 et 243 de la loi organique gabonaise n° 15/96 du 6 juin 1996 relative à la décentralisation, les articles 337 et 338 de la loi sénégalaise n° 96-06 du 22 mars 1996 portant Code des Collectivités locales, ou encore, les articles 78 et 79 de la loi camerounaise n° 2019/024 du 24 décembre 2019 portant Code des Collectivités territoriales décentralisées.

[201] J.-B. Auby et *al.*, *Droit des collectivités locales*, 4e éd. Ed. Puf, Paris, 2008, p. 324.

[202] J. Kankeu, « L'autonomie des collectivités territoriales décentralisées : quelle autonomie ? », *Juridis Périodique*, n° 85 janvier-février-mars 2011, p. 93.

statut particulier. Il suit de ce qui précède que le pouvoir règlementaire local est fortement précarisé à la fois par sa subordination, mais davantage par la rigidité du contrôle auquel il est assujetti.

……….

En définitive, l'analyse de la législation des États d'Afrique noire francophone autorise à formuler le postulat d'une appropriation déficiente de la différenciation territoriale. La volonté de mettre en place une décentralisation au cas par cas est certes perceptible, à bien y regarder, elle est partiellement concrétisée. Si la différenciation de la norme est valorisée, il faut dire que celle du pouvoir normatif local est minorée voire, banalisée. Non seulement le pouvoir règlementaire des Collectivités à statut spécial est précarisé, mais également, il ne se démarque pas de celui des entités de droit commun. Tout se passe comme si la différenciation ne s'opérait pas à partir du pouvoir normatif, or il s'agit là du principal critère permettant aux autorités décentralisées d'adapter les normes aux réalités locales. À bien y regarder, cet aménagement incomplet de la différenciation territoriale traduit la forte propension à la recentralisation et surtout, la méfiance du pouvoir central face aux Collectivités disposant d'une liberté d'action de forte amplitude. On peut ainsi comprendre pourquoi la consécration de ce principe n'a pas réussi à mettre fin à certaines revendications puisque visiblement, l'uniformité prime encore sur la diversité.

Le principe d'égalité et l'attribution du droit d'exercice de la puissance paternelle en droit privé sénégalais

Abdou Yade SARR
Docteur en droit privé
Université Cheikh Anta Diop (UCAD) de Dakar

Résumé **:** En droit privé sénégalais, le code de la famille a institué la puissance paternelle pour le gouvernement de la personne du mineur. La détermination du parent titulaire du droit d'exercice de cette puissance n'a pas été faite en conformité avec le principe d'égalité. Cette dernière se justifierait pourtant par la filiation d'origine. À cause de la vision patriarcale du droit sénégalais des personnes et de la famille, le père du mineur est considéré comme le principal titulaire du droit d'exercice de la puissance paternelle. La mère ne peut l'être qu'exceptionnellement. De la sorte, cette attribution entre en conflit avec la Constitution et certaines Conventions internationales. Également, dans la détermination du titulaire du droit d'exercice de la puissance paternelle, la fonction parentale de la mère, l'intérêt de l'enfant et la parenté conjointe ont été malheureusement méconnus. De telles insuffisances justifient une réforme du code de la famille.

Mots clés **:** Puissance paternelle-Principe d'égalité–Filiation-Mineur-Parents

L'égalité est actuellement une préoccupation qui embrasse toutes les matières du droit. Elle est un principe fondamental à valeur constitutionnelle[1]. La Constitution sénégalaise assure l'égalité devant la loi de tous les citoyens et particulièrement celle entre les hommes et les femmes[2]. Le préambule de ladite Constitution se réfère expressément à des instruments internationaux[3] qui ont consacré le principe d'égalité en droit des personnes et de la famille. Dans cette branche du droit, le

[1] Constitution du Sénégal, article premier.
[2] Constitution du Sénégal, article 7, alinéa 4.
[3] En guise d'exemple nous pouvons citer la Convention sur l'élimination de toutes les formes de discrimination à l'égard des femmes (CEDEF) qui a été adoptée le 18 décembre 1979 par l'Assemblée générale des Nations unies. Elle est entrée en vigueur le 3 septembre 1981. Le Sénégal l'a signée le 29 juillet 1980 et la ratifiée le 5 février 1985 ; la Convention internationale des droits de l'enfant (CIDE) qui a été adoptée le 20 novembre 1989 et ratifiée par le Sénégal le 31 juillet 1990.

principe d'égalité[4] a acquis une autorité[5] du fait de la fondamentalisation de la matière[6]. Aujourd'hui, l'égalité constitue un principe fondamental qui innerve de plus en plus les législations familiales[7].

Appliquée à la famille, l'égalité peut s'observer à plusieurs niveaux : égalité entre les conjoints, égalité entre les filiations, égalité entre les parents. Cette égalité parentale vis-à-vis des enfants mineurs retiendra notre attention.

Certaines revendications remettent souvent au goût du jour la question de cette égalité[8]. Ces doléances rencontrent parfois des

---

[4] Actuellement, le droit de la famille est, semble-t-il, envahi par une approche particulière de l'égalité. Celle-ci permet de confondre « égalité » et « égalitarisme » (en ce sens, A.-A. Diouf, « l'article 571 du code de la famille, les successions musulmanes et le système juridique sénégalais », *Nouvelles annales africaines,* 2013, p. 248). Le droit de la famille béninois est souvent cité en exemple. La cour constitutionnelle de ce pays a été invitée à se prononcer sur la constitutionnalité du code des personnes et de la famille. Par une décision rendue le 23 décembre 2002, le juge béninois a imposé le retrait de la polygamie dans ledit code parce que contraire au principe d'égalité entre l'homme et la femme. Il a utilisé le truchement du principe de non-discrimination pour confondre l'égalité à l'égalitarisme. Ainsi, pour la Cour béninoise, l'acceptation par le code de la polygamie de l'homme (polygynie) et non de celle de la femme (polyandrie) constitue une rupture d'égalité ; en ce sens v. S. Bolle, « Le code des personnes et de la famille devant la Cour constitutionnelle du Benin, La décision DCC 02-144 du 23 décembre 2002 », *Afrilex*, n° 4, pp. 315-342 https://afrilex.u-bordeaux.fr/2004/12/28/le-code-des-personnes-et-de-la-famille-devant-la-cour-constitutionnelle-du-benin-la-decision-dcc-02-144/.

[5] S. Ondze, « L'égalité entre l'homme et la femme dans le mariage en droit de la famille des États de l'Afrique noire francophone : une problématique toujours d'actualité au Congo et au Mali ? *Revue ivoirienne des sciences juridiques et politiques*, n° 4, Presses universitaires de Bouaké, septembre 2016, p. 137.

[6] En ce sens, A.-I. Maiga, « L'égalité en droit malien de la famille » *Annales africaines, Nouvelle série*, Revue de la faculté des sciences juridiques et politiques de l'UCAD, Numéro Spécial, janvier 2020, p. 140 ; F. Chénedé, « Brèves remarques sur la fondamentalisation du droit de la famille », *Revue de Droit d'Assas*, n° 11, octobre 2015, pp. 41.

[7] D. Lekebe-Omouali, « Les réformes du droit de la famille dans les États d'Afrique noire francophone : tendances maliennes », *Annales africaines, Nouvelle série*, Revue de la Faculté des sciences juridiques et politique de l'Université Cheikh Anta Diop de Dakar, vol. 1, n° 6, avril 2017, p. 342.

[8] La quête de l'égalité parentale ne va pas actuellement dans le même sens que l'on se trouve au Sénégal ou en France par exemple. Dans ce dernier pays, la puissance paternelle a cédé le pas à l'autorité parentale depuis 1970. Actuellement en France, l'égalité parentale se redessine à travers un équilibre des rôles parentaux à l'égard des enfants à bas âge. Ceci est consacré par exemple avec l'évolution des congés parentaux avec l'augmentation récente du congé paternel à 28 jours. Cette réforme

résistances d'ordre social ou religieux alors même que les évidences biologiques et juridiques les justifient.

En droit sénégalais des personnes et de la famille, l'égalité parentale semble être sacrifiée sur l'autel du patriarcat. En effet, ce dernier constitue le socle sur lequel le Code de la famille est construit[9]. Bien qu'il existe des dispositions constitutionnelles et conventionnelles consacrant le principe d'égalité, il peut être constaté de la part du codificateur du droit sénégalais de la famille une réticence à tirer toutes les conséquences de ce principe. Une lecture de certaines dispositions du Code de la famille[10] permet de constater une rupture d'égalité dans les rapports entre les conjoints ou dans les rapports entre les parents vis-à-vis de leurs enfants. Les droits et obligations des parents sur la personne du mineur sont organisés par la puissance paternelle.

Le Code sénégalais de la famille ne s'est pas attardé sur une définition de la puissance paternelle[11]. Toutefois, celle-ci pourrait être

---

peut être interprétée comme une recherche à plus d'égalité parentale à l'égard du bébé ou une simple organisation de la différenciation des places parentales à l'égard de celui-ci ; en ce sens, G. Neyrand, « L'égalité parentale est-elle une utopie ? », *in* M. Dugnat, N. Collomb, et Fr. Poinso (dir.), *Temps et rythmes en périnatalité*, Ères, 2022, p. 173).

[9] A.-A. Diouf, « L'institution familiale, le discours juridique et l'ordre social : une critique du dogme patriarcal », *in Par le droit immobilier et au-delà, Mélanges en l'honneur de Daniel Tomasin*, Dalloz, 2022, p. 631.

[10] Il s'agit, entre autres dispositions du Code de la famille, de l'article 152 sur la puissance maritale ; de l'article 153 sur le choix de la résidence de ménage par le mari ; de l'article 277 sur l'exercice de la puissance paternelle par le père ; de l'article 375 relatif aux charges du ménage, de l'article 637 sur le privilège de masculinité dans le partage successoral de droit musulman, etc.

[11] En consacrant la puissance paternelle, le Code sénégalais de la famille s'est limité à recopier le code civil français. En effet, le Titre IX du code civil de 1804 était consacré à la puissance paternelle. Son article 373 disposait que, « le père seul exerce cette autorité durant le mariage ». C'est à peu près la même expression qui est consacrée à l'article 277 du code de la famille. D'un point de vue anthropologique, la puissance paternelle, semble-t-il, n'est pas une tradition sénégalaise ; la tante paternelle, l'oncle maternel et la mère ont toujours eu leur mot à dire dans l'éducation de l'enfant. Le concept de « puissance paternelle » provient du droit musulman et du code civil français. Plusieurs travaux ont eu à montrer que c'est la famille matriarcale qui représente la tradition négro-africaine ; en ce sens, C.-A. Diop, *L'unité culturelle de l'Afrique noire. Domaines du patriarcat et du matriarcat dans l'antiquité classique*, 2e édition, Présence Africaine, 1982 ; F.-K. Camara et S.-S.-M. Kanji, *L'union matrimoniale dans la tradition des peuples noirs*, L'Harmattan, 2000 ; A. Diouf, *La gens de Droit maternel ou la famille matriarcale*, L'Harmattan Sénégal, 2016 ; A. Sow Sidibé, « L'évolution de l'autorité dans les familles sénégalaises », *Afrique juridique et politique*, 2003, n° 1, pp. 132-133. Par ailleurs, certains auteurs

comprise comme l'ensemble des droits et pouvoirs détenus par un parent pour gouverner la personne de son enfant mineur non émancipé en vue de le protéger, de l'éduquer et de l'entretenir.

Bien que la question de l'égalité parentale en matière de gouvernement de la personne du mineur soit soulevée par certains mouvements féministes[12] et politiques[13], elle n'a pas pour l'instant reçue une réponse pertinente en droit sénégalais des personnes et de la famille. Plus d'un demi-siècle après l'entrée en vigueur du code de la famille, la posture du législateur sénégalais est restée statique sur la question relative à la puissance paternelle. Celle-ci est organisée par les articles 277 et suivants. Selon les alinéas 1 et 2 de l'article 277 du Code de la famille, « la puissance paternelle sur les enfants légitimes appartient conjointement au père et à la mère.

Durant le mariage, elle est exercée par le père en qualité de chef de famille ».

À la lecture de cette disposition, le législateur fait une distinction entre l'appartenance et l'exercice de la puissance paternelle. Autrement

---

ont eu a montré l'importance du *pater familias* dans l'Afrique noire traditionnelle ; v. G.-A. Kouassigan, « Culture, famille et développement », *Revue sénégalaise de droit*, n° 21, juin 1977, p. 105. Selon cet auteur, il a été découvert dans l'Afrique noire, une famille du type gentilice décadent et une famille du type féodal. Dans la première conception, la forte personnalité du *pater gentis* ou du *pater familias* domine sur les autres membres de la famille. Ces derniers ne peuvent pas prétendre à une autonomie. Dans ce type de famille, l'autorité du père (*pater familias*) joue un rôle d'entonnoir dans la mesure où toutes les affaires familiales passent par l'autorité du *pater familias*. Dans la seconde conception, les pouvoirs du chef de famille passeraient en grande partie au père autour duquel graviteraient les enfants, les femmes, parfois les enfants mariés, les serviteurs.

[12] Il peut être cité en exemple le « Collectif Autorité Parentale Partagée : *Sunu yité* ». Ce collectif avait, dans une lettre ouverte adressée au Premier ministre Amadou Ba de l'ancien régime, demandé la révision des textes relatifs à la puissance paternelle afin de garantir une protection efficace des droits et des intérêts des enfants et des mères au Sénégal ; en ce sens, D. Mané, « Autorité parentale, la lettre ouverte du Collectif au Premier ministre Amadou Ba », https://senego.com/autorite-parentale-la-lettre-ouverte-du-collectif-au-premier-ministre-amadou-ba_1667771.html (article de presse mis en ligne le 1er mars 2024 et consulté le 07 mai 2024).

[13] La question du passage de la puissance paternelle à l'autorité parentale a été agitée lors de la dernière campagne de la présidentielle sénégalaise. Cela était un argument de campagne pour certains candidats. Il résulte également des conclusions des assises de la justice tenues du 28 mai au 4 juin 2024 sous la houlette du Président de la République Monsieur Bassirou Diomaye Diakhar Faye, certaines recommandations allant dans le sens de la révision du code de la famille. Lors des débats, la question relative à la consécration de l'autorité parentale a été soulevée.

dit, il existe une dissociation entre le droit de jouir de la puissance paternelle et le droit à l'exercice de celle-ci. Si le droit de jouir est attribué aux père et mère conformément au principe d'égalité parentale, tel n'est pas le cas pour le droit d'exercice de la puissance paternelle qui n'appartient durant le mariage qu'au père, en principe. L'interrogation des règles d'attribution de la puissance paternelle permet de voir que la mère n'exerce celle-ci qu'à titre exceptionnel. Il en est ainsi, et sauf décision contraire du juge du tribunal d'instance statuant en chambre du conseil, en cas de déchéance totale ou partielle du père des droits de puissance paternelle ; dans le cas où le père n'a plus la qualité de chef de famille faute de pouvoir manifester sa volonté en raison de son incapacité, son absence, son éloignement ou pour toute autre cause ; en cas de condamnation du père pour abandon de famille et en cas de délégation de puissance paternelle à la mère. (…) »[14].

Pourtant, l'idée de filiation d'origine devrait pouvoir justifier l'égalité des parents entraînant un exercice conjoint de tous les droits, devoirs et pouvoirs parentaux à l'égard des enfants mineurs non émancipés. Par-dessus le compte, les réalités sociales sénégalaises démontrent l'importance du rôle parental de la mère vis-à-vis des enfants[15]. Étant ainsi plus présentes auprès de leurs enfants mineurs, les mères ne devraient pas être dépouillées de leurs droits d'avoir une certaine autorité juridique pour le gouvernement de la personne de leur enfant mineur. Il peut être noté un déphasage entre l'attribution du droit d'exercer la puissance paternelle par le père en principe et la véritable fonction parentale de la mère[16]. Ainsi, le rôle de la mère, en tant que « gardienne naturelle des enfants[17] », ne devrait pas être négligé.

[14] Code de la famille, article 277 alinéa 3.

[15] V. M. Ndiaye, « Comment déterminer l'intérêt de l'enfant ? L'exemple de la justice familiale à Dakar », *in* Yazid Ben Hounet et Catherine Therrien (dir.), *Les Parentalités en Afrique musulmane. Repenser la famille à partir de l'intérêt de l'enfant et des transformations sociales,* Rabat, Centre Jacques-Berque, 2021, pp. 45 ; M. Ndiaye, « Au croisement des inégalités de genre et de classe : les défis de la justice familiale au Sénégal », *Droit et société*, vol. 1, n° 95, 2017, p. 60 ; J. Barou, « Les mères courage », *L'école des parents*, n° 623, avril-mai-juin, 2017, p. 56 ; Y. Ben Hounet et C. Therrien, « Conclusion », *in* Yazid Ben Hounet et Catherine Therrien (dir.), *Les Parentalités en Afrique musulmane. Repenser la famille à partir de l'intérêt de l'enfant et des transformations sociales, op. cit.*, p. 205.

[16] M. Ndiaye, « Au croisement des inégalités de genre et de classe : les défis de la justice familiale au Sénégal », préc., p. 61.

[17] *Ibid.*, p. 60.

Pour ce faire, n'est-il pas plus pertinent que la titularité du droit d'exercice de la puissance paternelle soit attribuée en adéquation avec l'idée d'égalité justifiée par la filiation légitime et l'ordre juridique sénégalais ?

Effectivement, le droit d'exercice de la puissance paternelle doit être organisé en contemplation du principe d'égalité qu'encourage la filiation légitime, le rôle parental de la mère dans la société et l'ordre juridique sénégalais.

La problématique de la titularité du droit d'exercice de la puissance paternelle pourrait se poser avec plus de pertinence en droit sénégalais dans un contexte où dans plusieurs systèmes juridiques la conception patriarcale voire phallocratique de l'organisation de l'autorité des parents sur leurs enfants mineurs est dépassée. Aujourd'hui, l'égalité parentale à l'égard des enfants est garantie par les grands textes internationaux en droit des personnes et de la famille[18] notamment, par les deux conventions internationales[19] relatives à la protection de la femme et des enfants intégrées dans le bloc de constitutionnalité de l'ordre juridique sénégalais.

Quoi qu'il en soit, l'idée de filiation d'origine constitue un fondement que le code de la famille ne devrait pas ignorer pour que les attributs liés au gouvernement de la personne de l'enfant mineur soient exercés conjointement par ses deux parents conformément au principe d'égalité parentale. Ce paradigme de la filiation d'origine approuvant une égalité parentale est pourtant présent en droit positif sénégalais. Il est souvent utilisé par le législateur en droit privé sénégalais pour instaurer une égalité entre les parents vis-à-vis de leurs enfants.

La puissance paternelle, en tant que droits et obligations des parents sur les enfants mineurs, est une institution fondamentale en droit des personnes et de la famille. Elle interpelle la problématique de la nature des rapports entre les parents vis-à-vis de leurs enfants. Il s'agit d'un rapport inégalitaire au profit du père. En droit privé sénégalais, ce rapport nécessite une relecture. Celle-ci peut ne pas être certes facile car l'adoption d'une législation familiale au Sénégal pose

---

[18] Ph. Malaurie et H. Fulchiron, *Droit de la famille*, Defrénois, 4ème édition, 2011, n° 1523, p. 602.

[19] Nous faisons référence à la Convention sur l'élimination de toutes les formes de discrimination à l'égard des femmes (CEDEF) et à la Convention internationale des droits de l'enfant (CIDE).

anciennement[20] et présentement[21] des « enjeux chargés de passion et des affrontements idéologiques exacerbées par des prises de positions radicales[22] ». Pourtant, la Constitution et les conventions internationales relatives à la protection des enfants et de la femme exigent une certaine égalité entre les parents vis à vis de leurs enfants mineurs. De ce fait, la méconnaissance de l'égalité des pères et mères dans l'attribution du droit d'exercice de la puissance paternelle par l'article 277 du Code de la famille montre avec acuité l'incohérence entre cette disposition et certaines données de l'ordre social sénégalais mais surtout une disharmonie avec certaines dispositions qui lui sont hiérarchiquement supérieures. Ainsi, cette contrariété entre le principe d'égalité et l'attribution du droit d'exercice de la puissance paternelle (I) ne se justifie pas et mérite d'être corrigée (II).

---

[20] C'est un Décret du 12 avril 1961 qui a créé la commission de codification du droit des personnes et de la famille et du droit des obligations. La partie générale du Code des obligations civiles et commerciales a été rédigée, votée et promulguée en l'espace de 2 ans c'est-à-dire en 1963 alors que le Code de la famille n'a été voté que 11 ans après, c'est-à-dire en 1972. Pour l'élaboration du code de la famille, une commission était chargée de constater la diversité des coutumes et des droits au moyen de questionnaires élaborés par ses soins : 79 coutumes seront recensées. Puis, un comité des « options », composé de députés, de magistrats, de cadis et de représentants des autorités judiciaires, coutumières et religieuses (au total 32 membres, tous des hommes dont quatre français), est créé, le 23 décembre 1965, pour inventorier les informations récoltées. Ses conclusions devaient nourrir les réflexions du Comité de rédaction du code de la famille, désigné par arrêté en juillet 1966. Après examen de la Cour suprême en juillet 1967, le projet a été soumis à l'Assemblée nationale en mai 1972. Le Code de la famille a finalement été adopté au titre de la loi n° 72-61 du 12 juin 1972 et entré en vigueur le 1er janvier 1973.

[21] Le comité islamique pour la réforme du Code de la famille au Sénégal (CIRCOFS) a proposé en 2002 un code de statut personnel destiné à régir le statut personnel et familial des musulmans. Mise à part cette controverse intellectuelle, le Code de la famille fait partie des normes les plus ineffectives au Sénégal. Des Sénégalais ignorent, volontairement ou involontairement, le texte au profit de leurs coutumes ou religions. Il en est ainsi de la répudiation qui, malgré son interdiction, est très pratiquée par les Sénégalais. D'un autre côté, des associations féminines luttent pour une réforme du Code de la famille en vue d'attribuer plus de droits à la femme sénégalaise conformément à certaines conventions internationales ratifiées par le Sénégal.

[22] A. Cissé, « Regard sur le projet de code de statut personnel islamique : contribution au débat sur l'avenir de la famille sénégalaise », *Revue sénégalaise de la faculté de droit de l'Université de Toulouse*, n° 4, 2005, p. 9.

I – La contrariété entre le principe d'égalité et l'attribution du droit d'exercice de la puissance paternelle

L'attribution du droit d'exercice de la puissance paternelle n'est pas faite en conformité avec le principe d'égalité. La détermination du titulaire du droit d'exercice de la puissance paternelle constitue un écran (B) à l'égalité parentale qui est pourtant un effet intrinsèque de la filiation d'origine[23] (A).

A – L'égalité parentale, un effet intrinsèque de la filiation

La filiation d'origine est le lien qui rattache juridiquement et biologiquement un enfant à ses père et mère. L'égalité parentale comme effet de la filiation peut avoir des illustrations à l'intérieur (1) et en dehors (2) du code de la famille.

1 – L'égalité parentale comme effet de la filiation dans le code de la famille

Dans le code de la famille, certaines dispositions révèlent une certaine égalité des parents à l'égard de leurs enfants. L'idée de filiation semble être le fondement de telles dispositions. Cette référence à la filiation pour la consécration d'une égalité parentale se trouve en filigrane des règles qui organisent l'appartenance de la puissance paternelle, les effets patrimoniaux du mariage, le divorce et la succession.

L'alinéa premier de l'article 277 du code de la famille fait appartenir conjointement la puissance paternelle au père et à la mère de l'enfant mineur. Ainsi, cette appartenance conjointe se justifie par la filiation

---

[23] À travers le Code sénégalais de la famille, deux types de filiation d'origine apparaissent principalement (il existe la filiation incestueuse que nous trouvons particulière). Il s'agit de la filiation légitime et de la filiation naturelle. Le Code ne les définit pas *per se*. Il le fait indirectement à travers la qualité de l'enfant. Ainsi, selon l'article 219 du Code de la famille « celui dont la filiation est régulièrement établie à l'égard d'un père et d'une mère mariée ou réputée mariée au moment de sa conception a la qualité d'enfant légitime.
Est enfant naturel celui dont la filiation est régulièrement établie à l'égard de son père ou de sa mère, sans que sa conception puisse se placer pendant une période où ses parents étaient mariés entre eux » ; en ce sens, N.-C.-M. Ndiaye, *Le statut juridique de l'enfant né hors mariage*, UCAD, Thèse mult., 2013, p. 17. Dans le cadre de cette étude, nous nous focaliserons exclusivement sur l'attribution de la puissance paternelle à l'égard des enfants légitimes.

légitime. Cette appartenance est une évidence et traduit une certaine égalité parentale qui se reflète également à travers les effets du mariage. Relativement à ces derniers, le Code de la famille fait prévaloir l'égalité parentale dans les rapports parents-enfants. Celle-ci se justifie par l'idée de filiation d'origine comme semble l'affirmer l'alinéa 2 de l'article 155 du Code de la famille. Selon cette disposition, « les époux contractent ensemble, par leur mariage, l'obligation de nourrir, entretenir, élever et éduquer leurs enfants ». De ce fait, les parents devraient avoir les mêmes droits et devoirs pour le gouvernement de la personne de leurs enfants mineurs issus de leur mariage. La filiation légitime entraine par voie de conséquence la naissance des mêmes droits et obligations des parents envers leurs enfants. Cette idée est traduite en doctrine par l'expression « obligation parentale d'entretien et d'éducation »[24]. Même si l'alinéa 2 de l'article 155 est relatif aux effets du mariage, cette solidarité parentale se perçoit pertinemment comme un effet du lien de filiation[25].

L'alinéa 2 de l'article 155 du Code de la famille justifie le précepte qui commande à tout parent d'élever la personne qui est issue de ses œuvres[26]. L'obligation d'entretien constitue l'une des pièces fondamentales du statut parental[27] et doit incomber solidairement au père et à la mère. Par ce fait, l'obligation parentale d'entretien « repose sur la responsabilité que les parents doivent assumer envers les enfants qu'ils ont mis au monde »[28] et trouve dans le lien de filiation son seul fondement. Ainsi, la protection de l'enfant mineur est ancrée dans la filiation[29]. Elle est une charge naturelle des parents induite de la procréation[30]. Cette filiation est tellement rigide que la séparation des parents ne permet pas la rupture. C'est la continuité de la filiation qui

---

[24] F. Laroche-Gisserot, *Les droits de l'enfant*, Dalloz, 2e édition, 2003, p. 53.

[25] D. Fenouillet, *Droit de la famille*, Dalloz, collection « cours Dalloz », 2019, n° 595 ; F. Derrida, « L'obligation d'entretien pour les parents d'élever leurs enfants », Alger, Thèse mult., 1952 ; Ph. Malaurie et H. Fulchiron, *op. cit.*, n° 1780.

[26] Ch. Eoche-Duval, « Le droit d'un enfant à être nourri, entretenu et élevé par sa mère et par son père est-il un principe à valeur constitutionnelle ? », *Recueil Dalloz* 2013, p. 788.

[27] G. Cornu, *La famille*, Montchrestien, 9e éd, 2006, n° 104.

[28] D. Benouaih et L. Fiterman, « L'évolution de l'obligation parentale d'entretien dans la famille moderne », *Gaz. Pal.*, du dimanche 7 au jeudi 11 mai 2000, p. 2.

[29] F. Terre, Ch. Goldie-Genicon et D. Fenouillet, *Droit civil, La famille*, 9e édition, Dalloz, 2018, n° 376, p. 346.

[30] Ph. Malaurie et L. Aynès, *Droit civil, tome III, La Famille*, Paris, Cujas, 1998, p. 501.

explique qu'en cas de divorce ou de séparation de corps, le droit de garde est déterminé par le juge sans discrimination de sexe.

Les parents prétendent ainsi à une égalité parfaite de leurs droits et obligations relativement à leurs enfants communs. En cas de divorce, la garde peut être attribuée par le juge à la mère ou au père. Après le choix d'un parent, l'autre a un droit de regard. Celui-ci justifie le droit de visite du parent non-gardien. Lorsqu'il y a séparation, c'est la filiation qui est le fondement du droit de chaque parent sur l'enfant mais c'est l'intérêt de ce dernier qui constitue le critère d'attribution[31]. Concernant la prise en charge des enfants à l'issue des séparations conjugales, le Code de la famille ne se positionne pas *a priori* en faveur d'un parent et affiche de ce fait une neutralité. Cette position du Code est pourtant critiquée par certaines associations féministes pour qui la stricte égalité entre les parents établie par la loi en matière de garde priverait la mère de son droit de gardienne prioritaire[32]. Toutefois, il est à remarquer que la jurisprudence en matière de divorce semble avoir un parti pris pour les mères qui obtiendraient plus facilement la garde des enfants[33].

La filiation explique l'égalité parentale pendant que l'enfant est en vie. Celle-ci persiste également au décès de l'enfant. Ainsi, en ce qui concerne la succession de ce dernier, les parents disposent du même droit à l'égard de leur défunt enfant. Il existe une égalité en cas de succession par les parents de l'actif de leurs enfants. Une égalité qui s'explique par la filiation légitime[34]. Ainsi, lorsqu'il n'existe pas de descendants légitimes, la succession est dévolue pour moitié aux père

[31] Code de la famille, article 278, « le jugement prononçant ou constatant le divorce ou la séparation de corps statue sur la garde de chacun des enfants qui, pour son plus grand avantage, sera confié à l'un ou l'autre des parents ou, s'il est nécessaire, à une tierce personne. Le gardien de l'enfant exerce les différents droits attachés à la puissance paternelle sur la personne et sur les biens de l'enfant. Le tribunal fixe les conditions dans lesquelles le parent privé de la garde pourra exercer un droit de visite. Quelle que soit la personne à laquelle les enfants sont confiés, les père et mère contribuent à l'entretien et à l'éducation de l'enfant dans la mesure de leurs ressources ».

[32] M. Ndiaye, « Comment déterminer l'intérêt de l'enfant ? L'exemple de la justice familiale à Dakar », préc., p. 45

[33] En ce sens, M. Ndiaye, « Au croisement des inégalités de genre et de classe : les défis de la justice familiale au Sénégal », préc., p. 57.

[34] Dans cette analyse, la filiation naturelle doit être exclue car en ce qui concerne la succession *ab intestat* de droit musulman, il existe une discrimination basée sur la nature de la filiation ; en ce sens, A.-A. Diouf, « L'article 571 du code de la famille, les successions musulmanes et le système juridique sénégalais », préc., p. 249.

et mère légitimes[35] du défunt dans le cadre de la succession *ab intestat* de droit commun.

Le paradigme de l'égalité parentale ayant comme fondement la filiation apparaît également en dehors du code de la famille.

2 – L'égalité parentale comme effet de la filiation en dehors du Code de la famille

En dehors du Code de la famille, le paradigme de l'égalité parentale induite de la filiation semble avoir un soubassement constitutionnel. Ainsi, l'article 20 de la Constitution sénégalaise considère que « les parents ont le droit naturel et le devoir d'élever leurs enfants ». Par conséquent, cette disposition instaure une neutralité de genre relativement aux droits et devoirs des parents vis-à-vis des enfants. Le droit d'un enfant à être élevé par sa mère et par son père acquiert une valeur constitutionnelle. Cette disposition constitutionnalise, à la fois, un droit parental et un droit de l'enfant. Conséquemment, la charte fondamentale permet à tout parent de se prévaloir de son droit d'élever son enfant. Également, l'enfant doit pouvoir solliciter que sa personne soit gouvernée en même temps par ses père et mère.

Cette fondamentalisation du droit à être élevé par ses deux parents est une avancée remarquable par rapport au droit français. Dans l'ordre juridique français, certains auteurs se sont même interrogés sur l'existence d'une protection de l'enfant par la Constitution française[36] du fait de l'absence de toute référence constitutionnelle à l'obligation pour les parents d'élever leurs enfants. Compte tenu de l'importance de ce droit, il a été défendu l'existence d'un méta-principe du droit français pouvant être le soubassement de la protection constitutionnelle du droit de l'enfant à être nourri, entretenu et élevé par sa mère et par son père[37].

Au-delà de la Constitution, le modèle de la filiation a été utilisé par certains textes législatifs pour instaurer une égalité des parents vis-à-vis de leurs enfants. En effet, ce prétexte a permis au législateur sénégalais de faire état d'évolution en corrigeant certaines discriminations. Il en est ainsi en matière de sécurité sociale, fiscale et d'acquisition de la nationalité sénégalaise.

---

[35] Lorsque le défunt est un enfant naturel, ses père et mère sont des successibles de façon égalitaire si la filiation a été juridiquement établie à leur égard.

[36] En ce sens, Ch. Eoche-Duval, « Le droit d'un enfant à être nourri, entretenu et élevé (…) », préc., p.786.

[37] V. Ch. Eoche-Duval, « Le droit d'un enfant à être nourri, entretenu et élevé (…) », préc., p.787

D'abord, en matière de sécurité sociale, la référence à la filiation a permis au législateur sénégalais de supprimer une discrimination qui existait entre le père et la mère. Auparavant, la filiation d'origine n'expliquait pas en droit de la sécurité sociale le fait pour une mère qui travaille comme fonctionnaire, agent non-fonctionnaire ou salariée dans le privé de pouvoir prendre en charge son enfant mineur. Cette situation était le reflet de la fixation discriminatoire du droit d'exercice de la puissance paternelle. Reconnaissant l'inégalité parentale et pour parvenir à une égalité de genre proclamée par la Constitution sénégalaise par l'interdiction de toute discrimination sexuelle, salariale et fiscale[38], le législateur sénégalais a opéré une vaste réforme en modifiant le Décret n° 75-895 du 14 août 1975 portant organisation des institutions de prévoyance maladie d'entreprise ou interentreprises et rendant obligatoire la création desdites institutions[39], le Décret n° 72-215 du 07 mars 1972 relatif à la Sécurité sociale des fonctionnaires[40] et le Décret n° 74-347 du 12 avril 1974 portant régime spécial applicable aux agents non fonctionnaires de l'État[41]. L'état initial de ces trois textes excluait la possibilité pour la femme salariée de prendre en charge son enfant. Les modifications ont permis d'intégrer dans les nouvelles dispositions la notion de « membre de leurs familles » avec une définition permettant à la femme qui travaille de pouvoir prendre

[38] V. note de présentation du Décret n° 2006-1310 du 23 novembre 2006 abrogeant et remplaçant les articles premier et 8 du Décret n° 75-895 du 14 août 1975 portant organisation des institutions de prévoyance maladie d'entreprise ou interentreprises et rendant obligatoire la création des dites institutions ; du Décret n° 2006-1309 du 23 novembre 2006 abrogeant et remplaçant l'article premier du décret n° 72-215 du 07 mars 1972 relatif à la sécurité sociale des fonctionnaires ; et du Décret n° 2006-1331 du 23 novembre 2006 abrogeant et remplaçant les articles 32 et 33 du décret n° 74-347 du 12 avril 1974 portant régime spécial applicable aux agents non fonctionnaires de l'État.

[39] Décret n° 2006-1310 du 23 novembre 2006 abrogeant et remplaçant les articles premier et 8 du décret n° 75-895 du 14 août 1975 portant organisation des institutions de prévoyance maladie d'entreprise ou interentreprises et rendant obligatoire la création desdites institutions.

[40] Décret n° 2006-1309 du 23 novembre 2006 abrogeant et remplaçant l'article premier du Décret n° 72-215 du 07 mars 1972 relatif à la Sécurité sociale des fonctionnaires.

[41] Décret n° 2006-1331 du 23 novembre 2006 abrogeant et remplaçant les articles 32 et 33 du Décret n° 74-347 du 12 avril 1974 portant régime spécial applicable aux agents non-fonctionnaires de l'État.

en charge son époux et ses enfants[42]. La réforme a permis ainsi d'opérer une dissociation entre le droit de la sécurité sociale et les règles relatives à la puissance paternelle et à la puissance maritale qui ont été confondues en raison de la combinaison des articles 152 et 277 du Code de la famille[43].

Ensuite, la même démarche a été empruntée en matière fiscale. Dans cette matière, la Loi n° 2008-01 du 8 janvier 2008[44] a modifié certaines dispositions du Code général des impôts en vue de consacrer une égalité dans le traitement fiscal entre le mari et l'épouse en procédant à la suppression des règles qui opéraient des distinctions exclusivement fondées sur la qualité de mari ou d'épouse. Cette loi a supprimé la règle qui réservait au mari le bénéfice du nombre de parts pour le calcul du quotient familial. Le législateur met donc en exergue la filiation qui justifie que chacun des parents ayant un revenu puisse se voir octroyer une demi-part par enfant en charge[45] concrétisant en conséquence le principe d'égalité parentale devant l'impôt. L'égalité parentale qui est un effet de la filiation a même fait qu'en cas de divorce ou de séparation de corps, le même nombre de parts par enfant à charge au profit des conjoints est maintenu[46].

Enfin, la discrimination a longtemps prévalu en ce qui concerne la transmission de la nationalité sénégalaise. En effet, du fait de la nature patriarcale du droit sénégalais de la nationalité, la filiation ne justifiait pas l'acquisition de la nationalité sénégalaise. En conséquence, la nationalité sénégalaise de la mère d'un enfant ne permettait pas à celui-ci de pouvoir jouir de la nationalité sénégalaise s'il est né d'un père étranger. Cette règle entraînait une violation du principe d'égalité en droit des personnes et de la famille. En réalité, le traitement différencié entre l'homme et la femme quant à la transmission de la nationalité par la filiation était devenu difficilement acceptable[47]. C'est dans ce sens que des modifications ont été apportées par la Loi n° 2013 – 05 du 08

[42] Article 8 du Décret n° 2006-1310 du 23 novembre 2006 préc. ; article premier du Décret n° 2006-1309 du 23 novembre 2006 ; article 33 du Décret n° 2006-1331 du 23 novembre 2006, préc.

[43] Ch.-B. Niasse, « Égalité, genre et constitution - Populisme et démocratie » *Annuaire international de justice constitutionnelle*, n° 34, 2018, p. 440.

[44] *JORS* n° 6387 du 21 janvier 2008, pp. 57-60.

[45] Code général des impôts, article 105 II *in fine*.

[46] Code général des impôts, article 110.

[47] V. exposé des motifs de la Loi n° 2013-05 du 08 juillet 2013 modifiant la Loi n° 61-10 du 07 mars 1961 déterminant la nationalité sénégalaise.

juillet 2013[48] à la Loi n° 61-10 du 07 mars 1961 déterminant la nationalité sénégalaise. De telles réformes ont permis de gommer des discriminations notoires et de corriger certaines inégalités en instaurant désormais la neutralité de genre et une égalité parentale quant à la transmission de la nationalité sénégalaise.

Au nom de l'égalité parentale sous-jacente à la filiation d'origine, le législateur sénégalais a opéré toutes ces réformes. Ainsi, la même allure devrait permettre un réajustement des règles du Code de la famille attribuant la titularité de l'exercice de la puissance paternelle. Présentement, l'égalité des parents vis-à-vis de leurs enfants est obstruée par la manière dont cette titularité est organisée.

B – La titularité du droit d'exercice de la puissance paternelle, un écran à l'égalité parentale

L'alinéa 2 de l'article 277 du Code de la famille attribue, théoriquement, au père le droit d'exercer la puissance paternelle sur la personne du mineur. Cette règle se basant sur la puissance maritale (1) crée une discrimination injustifiée au préjudice de la mère (2).

1 – La puissance maritale, le critère de la titularité du droit d'exercice de la puissance paternelle

Dans la logique du Code de la famille, l'exercice de la puissance paternelle appartient au père parce qu'il est le chef de famille. L'expression « chef de famille » traduit l'idée d'un rapport hiérarchique entre les parents de l'enfant. Cette qualité de chef découle de la puissance maritale[49]. Une telle puissance ne se conforme pas au principe d'égalité[50]. En réalité, la qualité de chef de famille ne devrait pas être le critère déterminant pour l'attribution du droit à l'exercice de la puissance paternelle même s'il existe plusieurs raisons qui expliquent l'attribution du droit d'exercice de la puissance paternelle au seul père

[48] *JORS* du 29 juillet 2013, pp. 668 – 670.

[49] C'est le titre qui est donné à l'article 152 qui considère le mari comme le chef de famille.

[50] Constitution sénégalaise, article premier et article 7 ; v. H. Dölle, « L'égalité de l'homme et de la femme dans le droit de la famille. Étude de politique législative comparée », *Revue internationale de droit comparé*, vol. 2, n° 2, avril-juin 1950, p. 250 ss. ; T. Atangana-Malongue, « Le principe d'égalité en droit camerounais de la famille », *Revue internationale de droit comparé*, vol. 58, n° 3, juillet-septembre 2006, p. 833 ss.

pendant le mariage. Assurément, du fait de la puissance maritale, la femme serait considérée comme étant soumise sous l'autorité de son mari pendant le mariage. Dès lors, elle ne pourrait pas avoir d'autorité sur la personne de ses enfants[51]. L'épouse se trouve, semble-t-il, dans un état de subordination qui ne diffère en rien de celle d'un enfant[52]. Par voie de conséquence, l'équité exigerait que l'homme soit le répondant du fait dommageable commis par sa femme. Ce motif d'ordre juridique pourrait expliquer la possibilité exceptionnelle pour la mère d'exercer la puissance paternelle du vivant du père de l'enfant mineur. Cette hypothèse ne serait possible qu'en cas de délégation ou d'empêchement du père.

La notion « chef » est considérée par certains auteurs[53] comme le référent de l'autorité en Afrique noire traditionnelle sur lequel se fondait tout l'édifice politico-social. Dans la société négro-africaine, il y avait une identification de deux types de familles dans lesquelles l'autorité du père était prépondérante[54]. Dans la famille traditionnelle, le chef avait la seule autorité. Ce pouvoir quasi-absolu ne peut appartenir qu'à l'homme. Les femmes et les enfants considérés comme des vulnérables étaient relégués à la catégorie des personnes à protéger[55].

Le législateur sénégalais organise la famille autour d'un chef qui est le premier responsable du gouvernement de la famille. Il utilise le terme « puissance maritale » qui est l'une des séquelles des pouvoirs de l'ancien mari, chef de famille traditionnel[56].

L'attribution foncièrement autoritaire du droit à l'exercice de la puissance paternelle se manifeste tout de même dans les situations

---

[51] E. Deleury, M. Rivet et J.-M. Neault, « De la puissance paternelle à l'autorité parentale : Une institution en voie de trouver sa vraie finalité », *Les Cahiers de droit*, vol. 15, n° 4, 1974, n° 84, p. 827.

[52] A.-C. Ba, « De la responsabilité du mari du fait de sa femme dans un ménage de statut coutumier », *Revue sénégalaise de droit,* n° 12, 1973, p. 43.

[53] V. G.-A. Kouassigan, *L'homme et la terre droits fonciers coutumiers et droit de propriété en Afrique occidentale*, ORSTOM, Paris, 6e édition, 1966, p. 80.

[54] V. M. Bourjol, *Théorie générale des coutumes africaines, Contribution à une étude, du système coutumier de l'Afrique Occidentale Française*, Toulouse, Thèse mult., 1952, cité par G.-A. Kouassigan, *L'homme et la terre droits fonciers coutumiers et droit de propriété en Afrique occidentale, op. cit.,* p. 59.

[55] M.-M. Mbacké, « De la protection de la femme et de l'enfant dans le code sénégalais de la famille (1e partie) », *Revue sénégalaise de droit*, 1973, n° 13, p. 32.

[56] M.-M. Mbacké, « De la protection de la femme et de l'enfant dans le code sénégalais de la famille (2e partie) », *Revue sénégalaise de droit,* 1974, n° 16, p. 19.

exceptionnelles où la mère est l'exerçante de celle-ci. L'alinéa 3 de l'article 277, 2° du code de la famille permet à la mère d'exercer la puissance paternelle « dans le cas où le père n'a plus la qualité de chef de famille, faute de pouvoir manifester sa volonté… ». Cela signifie que la possibilité pour la mère d'un enfant mineur d'exercer la puissance paternelle sur celui-ci n'est possible que si le père ne peut plus manifester sa volonté.

Toutefois, la fonction de chef de famille est soumise à un contrôle. Ce n'est pas un pouvoir discrétionnaire mais encadré. En effet, le mari doit exercer le pouvoir de chef de famille dans l'intérêt commun du ménage et des enfants[57]. Mais pour ce qui concerne spécifiquement l'exercice de la puissance paternelle, un contrôle des décisions prises par le père est prévu. Celles-ci peuvent être modifiées ou rapportées par le juge du tribunal d'instance du domicile de l'enfant, à la demande de la mère, lorsqu'elles sont contraires aux intérêts de l'enfant ou de la famille [58].

L'attribution au père de l'enfant mineur du droit d'exercer la puissance paternelle durant le mariage n'est pas simplement autoritaire. Elle est également discriminatoire.

2 – La discrimination dans l'attribution du droit d'exercice de la puissance paternelle

En confiant principalement le droit d'exercice de la puissance paternelle au père durant le mariage, l'alinéa 2 de l'article 277 du Code de la famille rompt l'égalité parentale. En effet, cette règle fait partie des dispositions discriminatoires[59] les plus flagrantes à l'égard des femmes en droit des personnes et de la famille.

Cette discrimination est d'abord notionnelle. En fait, le nom « puissance paternelle » ne renvoie sémantiquement à aucune possibilité pour la mère d'en être le titulaire. Il s'agit d'une appellation sexiste. Le terme « paternelle » est un adjectif dérivé du nom « père ». De ce fait, « paternelle » s'oppose à « maternelle ». Du point de vue

---

[57] Code de la famille, article 152.

[58] V. Code de la famille, article 277, alinéa 2.

[59] Le Code de la Famille du Sénégal contient certaines dispositions discriminatoires envers les femmes, qui contreviennent aux principes énoncés dans la Constitution, ainsi qu'à ceux des traités internationaux visant à la protection des droits des femmes dont le Sénégal est signataire. Les notions de puissance maritale et paternelle sont dénoncées comme cause première de préjudices que subissent les femmes, leurs enfants et leurs conjoints dans de nombreux domaines de la vie quotidienne.

notionnel, une puissance paternelle ne devrait pas pouvoir être exercée par une mère. Il aurait été plus logique de parler de puissance « maternelle » dans cette hypothèse.

Dans le contexte sénégalais, la puissance paternelle instaure un rapport inégalitaire entre les époux vis-à-vis de leurs enfants pendant le mariage. Le Code sénégalais de la famille ignore sur ce point les rôles respectifs du père et de la mère. Plutôt, il semble instaurer une « incapacité » juridique injustifiée de la femme[60] relativement à la puissance paternelle. Une telle démarche est inadmissible dans le contexte actuel influencé par l'avènement des droits de l'Homme et des règles protectrices des droits de la femme incorporées dans la Constitution et dans certaines normes internationales[61]. Par conséquent, les rapports entre les parents avec leur enfant devraient faire l'objet d'une attention[62] particulière dans le sens d'un rééquilibrage des droits et obligations parentaux au nom du principe d'égalité[63] en droit de la famille[64]. Avec cette répartition discriminatoire du droit des parents à

---

[60] Certains ont vu dans le code de la famille l'achèvement d'un déséquilibre entre les droits et devoirs des époux totalement en faveur des hommes et absolument attentatoire aux droits accordés à la femme ; en ce sens, F.-K. Camara, « Le code de la famille du Sénégal ou de l'utilisation de la religion comme alibi à la légalisation de l'inégalité de genre », *Nouvelles annales africaines*, n° 2, 2008, p. 12.

[61] Il en est ainsi du Pacte international relatif aux droits économiques, sociaux et culturels de 1966, du Pacte International relatif aux droits civils et politiques de 1966, de la Convention des Nations Unies pour l'élimination de toutes les formes de discriminations à l'égard des femmes de 1979, de la Convention Internationale du travail relatives au travail de nuit des femmes, à l'égalité de rémunération, à la discrimination en matière d'emploi et de rémunération *etc.*

[62] F. Fanou, « L'autorité parentale en droit béninois de la famille », *Annales africaines, Nouvelle série,* janvier 2020, numéro spécial, p. 422.

[63] V. A-I. Maiga, « L'égalité en droit malien de la famille » préc., pp. 133 et s. ; D. Lekebe-Omouali, « Les reformes du droit de la famille dans les États d'Afrique noire francophone : tendances maliennes », préc., p. 347 ; S. Ondze, « L'égalité entre l'homme et la femme dans le mariage en droit de la famille des États de l'Afrique noire francophone (…), préc., p. 132 ss ; Th. Atangana-Malongue, « Le principe d'égalité en droit camerounais de la famille », préc., p. 831 ss.

[64] Le Benin est, semble-t-il, une exception à cette règle depuis l'adoption de son Code des personnes et de la famille en 2004. Celui-ci a mis fin au pluralisme juridique et a consacré l'égalité sur la question des options matrimoniales et faisant disparaître la quasi-totalité des différenciations de traitement ; v. S. Honvou, *Le principe d'égalité en droit béninois de la famille*, Université Paris-Est et Université d'Abomey-Calavi, Thèse mult., 2016, p. 138 ss.. La Cour Constitutionnelle du Benin a, par une décision du 23 décembre 2002, constaté que la loi portant code des personnes et de la famille a respecté le principe d'égalité. Par une autre décision du 20 août 2004, le juge constitutionnel a déclaré conforme à la Constitution béninoise le code des personnes

l'égard des enfants mineurs, le législateur sénégalais ne s'inscrit pas pour l'instant dans la tendance actuelle du droit de la famille qui va dans la recherche d'égalité dans les rapports entre les époux et dans les rapports entre les parents et leurs enfants. En effet, parmi les pays avec lequel le Sénégal partage la même tradition juridique[65], il est le seul à maintenir jusqu'à présent[66] le terme « puissance paternelle » dans sa législation familiale.

En tant qu'institution protectrice de la personne de l'enfant mineur, la puissance paternelle ne doit pas est être logiquement fixée de façon discriminatoire. De ce fait, une mise en conformité avec le principe d'égalité consacré par la Constitution et certaines Conventions internationales ratifiées par le Sénégal[67] semble être plus que nécessaire.

---

et de la famille ; v. S. Bollé, « Le code des personnes et de la famille devant la cour constitutionnelle du Bénin (…) », préc., p. 339. Entre autres éléments prouvant le respect du principe d'égalité consacrée par le Code béninois, il y a la reconnaissance du seul mariage monogamique (CPF, article 142) et la suppression de la puissance maritale. Il peut être constaté, également, une recherche de conformité des relations d'ordre patrimonial et extrapatrimonial entre époux au principe d'égalité ; v. S. Honvou, *Le principe d'égalité en droit béninois de la famille, op. cit.*, n° 325, p. 174.

[65] Nous pouvons prendre comme exemple le Benin (Code des personnes et de la famille, articles 405 et suivants), le Burkina Faso (Code des personnes et de la famille, articles 508 et suivants), le Cameroun (Code des personnes et de la famille, articles 284 et suivants) la Cote d'ivoire (Loi n° 2019-572 du 26 juin 2019 relative à la minorité, articles 3 et suivants), la Guinée Conakry (Code civil de la république de Guinée, articles 472 et suivants) et le Mali (Code des personnes et de la famille, article 562 et suivants).

[66] Un projet de loi consacrant l'autorité parentale a été rédigé mais il a été bloqué avec le changement de pouvoir en 2000 ; v. M. Brossier, « Les débats sur le droit de la famille au Sénégal : une mise en question des fondements de l'autorité légitime ? », *Revue Politique africaine*, Volume 4, n° 96, 2004, p. 82. Actuellement, un projet de Loi portant Code de l'enfant consacre l'autorité parentale qui appartient conjointement aux père et mère et permettant à ces derniers de protéger l'enfant dans sa sécurité, sa santé et sa moralité. L'entrée en vigueur d'un tel projet permettrait au droit sénégalais de la famille d'être en vogue sur la question. Toutefois, il y a de quoi être dubitatif quant à l'intégration de ce texte en droit positif sénégalais. En effet, il y a presque dix ans que ce projet existe et qu'il n'est pas encore voté par l'Assemblée nationale.

[67] L'article 18 de la Convention internationale relative aux droits de l'enfant (CIDE) incite les États membres à assurer la reconnaissance du principe selon lequel les deux parents ont une responsabilité commune pour ce qui est d'élever l'enfant et d'assurer son développement. La responsabilité d'élever l'enfant et d'assurer son développement incombe au premier chef aux parents ou, le cas échéant, à ses représentants légaux. Ceux-ci doivent être guidés avant tout par l'intérêt supérieur de l'enfant. En se référant

II – La nécessité d'une réforme de l'attribution du droit d'exercice de la puissance paternelle

La Constitution et certaines conventions internationales consacrent un principe d'égalité applicable en droit sénégalais de la famille. Ainsi, l'attribution du droit d'exercice de la puissance paternelle doit être faite en conformité avec ces dernières (A). Pour une effectivité de l'égalité des parents vis-à-vis de leurs enfants mineurs, l'organisation du droit d'exercice de la puissance paternelle pourrait être conçue de façon plus ouverte (B).

A – La mise en conformité de l'attribution du droit d'exercice de la puissance paternelle

Il est nécessaire que les dispositions du code de la famille soient mises en conformité avec la Constitution et certaines conventions internationales[68]. Cette conformité permettrait d'instaurer une égalité des parents (1) et de valoriser l'intérêt de l'enfant (2) dans l'organisation du gouvernement de la personne du mineur.

1 – La correction de l'inégalité des parents

L'alinéa 2 de l'article 277 du code de la famille perturbe la hiérarchie des normes. En effet, le fait de donner à la mère la possibilité d'exercer la puissance paternelle à l'égard de son enfant mineur durant le mariage qu'exceptionnellement constitue une violation flagrante de l'égalité

à cette disposition, il peut être constaté que les règles relatives à la puissance paternelle ne sont pas conformes à la CIDE. De même, l'article 18, 2° de la Charte africaine des droits et du bien-être de l'enfant prévoit que « les États à la présente Charte prennent des mesures appropriées pour assurer l'égalité de droits et de responsabilités des époux à l'égard des enfants durant le mariage et pendant sa dissolution ». Enfin, l'article 16 de la Convention sur l'élimination de toutes les formes de discrimination à l'égard des femmes (CEDEF) exige des États parties de prendre « toutes les mesures nécessaires pour éliminer la discrimination à l'égard des femmes dans toutes les questions découlant du mariage et dans les rapports familiaux et, en particulier, assurer, sur la base de l'égalité de l'homme et de la femme : (…)

d) Les mêmes droits et les mêmes responsabilités en tant que parents, quel que soit leur état matrimonial, pour les questions se rapportant à leurs enfants ; dans tous les cas, l'intérêt des enfants sera la considération primordiale ».

[68] Il s'agit notamment de la Convention sur l'élimination de toutes les formes de discrimination à l'égard des femmes (CEDEF) et de la Convention internationale relative aux droits de l'enfant (CIDE) qui font partie du bloc de constitutionnalité.

parentale. Ainsi, le droit à l'exercice de la puissance paternelle bouleverse l'équilibre des rapports entre les parents vis-à-vis de leurs enfants mineurs.

Avec la verticalité des normes du droit positif, la juridicité de la désignation du père comme le gouvernant de principe de la personne du mineur est contestable. L'alinéa 2 de l'article 277 révèle une inconformité avec la Constitution et certaines conventions protectrices à l'égard des enfants et des femmes dont le Sénégal est signataire et qui font partie du bloc de constitutionnalité[69].

En effet, depuis 1963, c'est dire presque dix (10) ans avant l'entrée en vigueur du Code de la famille, la Constitution sénégalaise a consacré le principe d'égalité de tous les citoyens devant la loi[70] et le principe d'égalité entre l'homme et la femme[71]. L'antériorité dont bénéficie la valeur constitutionnelle du principe d'égalité devant la loi entre l'homme et la femme devrait justifier la paralysie de l'attribution discriminatoire du droit d'exercice de la puissance paternelle. Ainsi, conformément à la hiérarchie des normes du système juridique sénégalais, l'alinéa 2 de l'article 277 du Code de la famille devrait être revisité pour qu'il respecte les articles premier et 7 de la charte fondamentale.

Au-delà des dispositions constitutionnelles, deux conventions faisant partie du bloc de constitutionnalité à savoir la Convention sur l'élimination de toutes les formes de discrimination à l'égard des femmes (CEDEF) et la Convention internationale des droits de l'enfant (CIDE) prônent une égalité parentale par rapport à la gestion de la personne du mineur. Ainsi, l'article 5 de la CEDEF oblige les États parties à prendre toutes les mesures appropriées pour (…) « faire en sorte que l'éducation familiale contribue à faire bien comprendre que la maternité est une fonction sociale et à faire reconnaître la responsabilité commune de l'homme et de la femme dans le soin d'élever leurs enfants et d'assurer leur développement… ». En outre, l'article 18 de la CIDE

---

[69] Il s'agit particulièrement de la Convention sur l'élimination de toutes les formes de discrimination à l'égard des femmes (CEDEF) du 18 décembre 1979 et de la Convention relative aux Droits de l'Enfant (CIDE) du 20 novembre 1989.

[70] Constitution de 1963, Article premier, alinéa 1er, « La République du Sénégal est laïque, démocratique et sociale. Elle assure l'égalité devant la loi de tous les citoyens, sans distinction d'origine, de race, de sexe, de religion. Elle respecte toutes les croyances ». Ce principe d'égalité est inscrit en marbre dans le frontispice de toutes les différentes constitutions de 1963 à nos jours. Ce qui montre toute son importance.

[71] Constitution de 1963, Article 7, « tous les êtres humains sont égaux devant la loi. Les hommes et les femmes sont égaux en droit ».

est plus expressif par rapport à la fonction parentale. Il préconise à ce que les États parties puissent « s'employer de leur mieux à assurer la reconnaissance du principe selon lequel les deux parents ont une responsabilité commune pour ce qui est d'élever l'enfant et d'assurer son développement ».

La Convention sur l'élimination de toutes les formes de discrimination à l'égard des femmes et la Convention internationale des droits de l'enfant ont été adoptées et ratifiées par le Sénégal après l'entrée en vigueur du code de la famille. De ce fait, une mise en cohérence de ce dernier avec ces conventions est une nécessité. Elle permettra de juridiciser une « démocratie familiale »[72] et de valider une réalité sociale.

En l'absence d'une mise en cohérence du Code de la famille avec ces normes internationales, la mère pourrait disposer de mécanismes juridiques pour contester l'attribution du droit d'exercice unilatéral de la puissance paternelle au père. Toutefois, cette possibilité de contester l'attribution dépend de l'invocabilité directe des dispositions de la Convention sur l'élimination de toutes les formes de discrimination à l'égard des femmes ou de la Convention internationale des droits de l'enfant. La conséquence de la constitutionalisation de ces dernières par leur insertion au préambule de la Constitution est le renforcement de leur normativité dans l'ordre juridique sénégalais[73]. Ainsi, les dispositions de ces deux conventions pourraient être directement applicables aux particuliers. Par le biais d'une exception d'inconstitutionnalité, les citoyens peuvent permettre au juge constitutionnel de statuer sur la pertinence de l'attribution du droit d'exercice de la puissance paternelle au père durant le mariage[74].

---

[72] F. Fanou, « L'autorité parentale en droit béninois de la famille », préc., p. 427.

[73] F.-K. Camara, « La parité au Sénégal entre modèle autochtone et modèle importé », *in Droit africain de la famille, études doctrinales*, EDJA, novembre 2011, p. 155.

[74] A.-A. Diouf, « L'article 571 du code de la famille (…) », préc., p. 255.
La mère pourrait, sur la base de l'exception d'inconstitutionnalité soulevée devant la Cour d'appel ou la Cour suprême, inviter le Conseil constitutionnel à se prononcer sur la juridicité de l'unilatéralité du droit d'exercice de la puissance paternelle. Voir en ce sens, Loi organique n° 2016-23 du 14 juillet 2016 relative au Conseil constitutionnel, article premier, « (…) le Conseil constitutionnel se prononce sur la constitutionnalité des lois, sur le caractère réglementaire des dispositions de forme législative, sur la recevabilité des propositions de loi et amendements d'origine parlementaire, sur la constitutionnalité des engagements internationaux, sur les exceptions d'inconstitutionnalité soulevées devant la Cour d'Appel ou la Cour

Au-delà de ce recours, l'invocation par la mère des dispositions de la Convention sur l'élimination de toutes les formes de discrimination à l'égard des femmes ou de la Convention internationale des droits de l'enfant pour se prévaloir de l'exercice de la puissance paternelle est une possibilité. Toutefois, cette invocabilité directe des dispositions conventionnelles par les citoyens dépend de la conception moniste[75] ou dualiste de l'ordre juridique sénégalaise.

Cependant, la jurisprudence sénégalaise[76] s'inscrit, paraît-il, dans une logique dualiste[77] de l'ordre juridique[78].

Depuis 2005[79], la jurisprudence française a reconnu l'invocabilité de certaines dispositions de la Convention internationale des droits de

---

suprême, sur les conflits de compétence entre le pouvoir exécutif et le pouvoir législatif ».

[75] La conception moniste est basée sur le postulat de l'unité de l'ordre juridique international et de l'ordre juridique interne permettant ainsi à chaque citoyen de pouvoir invoquer directement les dispositions d'une Convention internationale régulièrement ratifiée par le Sénégal. En ce sens, M. Kamara, « De l'applicabilité du droit international des droits de l'homme dans l'ordre juridique interne », *Anuario Colombiano de Derecho Internacional* n° 4, p. 102, https://dialnet.unirioja.es/descarga/articulo/4941853.pdf (consulté le 12/09/2024). Cette conception est consacrée, semble-t-il, par l'article 98 de la Constitution selon lequel, « les traités ou accords régulièrement ratifiés ou approuvés ont, dès leur publication, une autorité supérieure à celle des lois, sous réserve, pour chaque accord ou traité, de son application par l'autre partie ».

[76] V. Cour suprême 29 janvier1975, *aff. Sega Seck FALL*, *Penant* 1976, n° 754, p. 415 note Ch. Lapeyre ; GDJAS 8° édition, p. 177 ; Cour de cassation du Sénégal, première chambre statuant en matière pénale, 20 mars 2001, arrêt n° 14, *aff. Souleymane Guenqueng et autres contre Hissène Habré* https://juricaf.org/arret/SENEGAL-COURDECASSATION-20010320-142001 (consulté le 02 novembre 2024).

[77] Selon cette logique, une différence pourrait être notée entre le droit international et le droit interne de telle sorte que les « normes juridiques internationales ne pourront être introduites dans l'ordre interne qu'au prix d'une procédure dite de réception, en vertu de laquelle toute stipulation conventionnelle doit être transmutée en droit interne par une loi interne ou un règlement national qui en reprend le contenu » ; v. M. Kamara, « De l'applicabilité du droit international des droits de l'homme dans l'ordre juridique interne », préc. p. 103.

[78] V. A.-A. Diouf, « L'article 571 du code de la famille (…) », préc., p. 251.

[79] La Cour de cassation, quant à elle, a considéré jusqu'en 2005 que les dispositions de la CIDE ne créaient d'obligations qu'à l'égard des États parties et ne pouvaient être invoquées directement devant les juridictions internes ; en ce sens, Civ. 1re, 10 mars 1993, n° 91-11.310.

l'enfant[80]. Par un arrêt du 18 mai 2005[81], la première chambre civile de la Cour de cassation française considère l'article 3 § 1 de la Convention internationale des droits de l'enfant comme ayant une applicabilité directe. Selon cette disposition, « dans toutes les décisions qui concernent les enfants, qu'elles soient le fait des institutions publiques ou privées de protection sociale, des tribunaux, des autorités administratives ou des organes législatifs, l'intérêt de l'enfant doit être une considération primordiale ». Cette disposition est, semble-t-il, suffisamment normative et susceptible d'être invoquer directement dans l'ordre juridique interne[82]. Sur cette base, la mère pourrait saisir les juridictions nationales pour réclamer l'exercice de la puissance paternelle si cela découle de l'intérêt supérieur de l'enfant. La non prise en compte par le Code de la famille de cet intérêt de l'enfant est aussi symptomatique de l'attribution du droit d'exercice de la puissance paternelle.

2 – La valorisation de l'intérêt de l'enfant dans l'attribution du droit d'exercice

L'intérêt de l'enfant est actuellement mis en avant pour toutes les mesures de protection ou toutes les décisions qui concernent les mineurs[83]. Ainsi, la Convention internationale des droits de l'enfant considère l'intérêt de l'enfant comme devant être une considération primordiale[84]. La conformité des dispositions du Code de la famille à une telle convention permettrait d'accorder plus d'importance à l'intérêt de l'enfant pour le choix du gouvernant de la personne du mineur.

---

[80] B. Taxil, « Les critères de l'applicabilité directe des traités internationaux aux Etats-Unis et en France », *Revue internationale de droit comparé*, n° 1, 2007, p. 157.

[81] Cour de cassation, première chambre civile, 18 mai (2 arrêts) et 14 juin 2005, *Recueil Dalloz* 2005, p. 1909, note V. Egéa, *RTD. civ.* 2005, p. 556, obs. R. Encinas de Munagorri ; en ce sens, D. Bureau, « De l'application directe en France de la Convention de New York du 26 janvier 1990 sur les droits de l'enfant », *Revue critique de droit international privé*, 2005, p. 679 ss.

[82] A.-A. Diouf, « L'article 571 du code de la famille… », préc., p. 253 ; D. Bureau, « De l'application directe en France de la Convention de New York du 26 janvier 1990 sur les droits de l'enfant » préc., p. 679 ss.

[83] Nd.-C.-M. Ndiaye, *Le statut juridique de l'enfant né hors mariage, op. cit.*, n° 509, pp. 352 et s.

[84] CIDE, article 3 § 1.

L'intérêt de l'enfant est une notion-cadre[85]. Elle se caractérise par son aspect souple et évolutif d'où son insaisissabilité[86]. Il appartient au juge d'apprécier souverainement le contenu de la notion d'intérêt de l'enfant. Cette appréciation peut être faite *in abstracto* ou *in concreto*[87]. Ainsi, le juge peut se référer à des motifs qui relèvent de la religion ou de l'identité[88] pour mesurer l'intérêt de l'enfant[89]. Très souvent, le juge est aidé dans cette recherche par les enquêteurs sociaux de l'Action éducative en milieu ouvert (AEMO)[90].

Pour mieux protéger l'enfant, une préférence est actuellement faite à l'utilisation du terme *intérêt supérieur de l'enfant*. L'insistance sur la supériorité de l'intérêt de l'enfant se justifie par le fait que ce dernier peut entrer en contradiction avec les intérêts de ses parents[91].

La pertinence du référent qu'est l'intérêt supérieur de l'enfant a justifié actuellement sa constitutionnalisation[92]. En effet, le Conseil constitutionnel français a déduit des dixième[93] et onzième[94] alinéas du

---

[85] F. Fanou, « L'autorité parentale en droit béninois de la famille », préc., p. 429.

[86] J. Carbonnier, *Droit civil, La famille*, Tome 1, Thémis, 13e édition, n° 192, p. 276 ; Ph. Malaurie et H. Fulchiron, *Droit de la famille*, *op. cit.*, n° 1525, p. 604.

[87] Nd. C. M. Ndiaye, *Le statut juridique de l'enfant né hors mariage, op. cit.*, n° 504, p. 347.

[88] M. Ndiaye, « Comment déterminer l'intérêt de l'enfant ? (...) », préc., p. 55.

[89] J. Hauser, « Exercice de l'autorité parentale, droit de visite et intérêt de l'enfant », *RTD Civ.* 1994, p. 91.

[90] L'analyse de la jurisprudence sénégalaise en matière de divorce nous permet de constater le recours quasi automatique aux services de l'AEMO pour déterminer le parent le plus apte à détenir la garde de l'enfant ; en ce sens, M. Ndiaye, « Comment déterminer l'intérêt de l'enfant ? (...) », préc., p. 55.

[91] C'est en ce sens que la Convention internationale des droits de l'enfant et la charte africaine des droits et du bien-être de l'enfant utilisent le terme « intérêt supérieur de l'enfant ». De même, le projet de Code sénégalais de l'enfant considère l'intérêt supérieur de l'enfant comme un principe général des droits de l'enfant et exige à ce que celui-ci soit la considération primordiale dans toutes les décisions qui concernent les mineurs. Cela démontre le fait que l'intérêt supérieur de l'enfant soit devenu la pierre d'angle du droit de l'enfance et plus généralement du droit contemporain de la famille

[92] En ce sens, H. Fulchiron, « La constitutionnalisation de l'intérêt supérieur de l'enfant », *Recueil Dalloz* 2019, p. 709.

[93] La Nation assure à l'individu et à la famille les conditions nécessaires à leur développement.

[94] Elle garantit à tous, notamment à l'enfant, à la mère et aux vieux travailleurs, la protection de la santé, la sécurité matérielle, le repos et les loisirs. Tout être humain qui, en raison de son âge, de son état physique ou mental, de la situation économique, se trouve dans l'incapacité de travailler a le droit d'obtenir de la collectivité des moyens convenables d'existence.

Préambule de la Constitution de 1946 une exigence de protection de l'intérêt supérieur de l'enfant dont il entend désormais contrôler le respect[95]. Cette notion laisse entendre que l'intérêt de l'enfant doit l'emporter en cas de conflit sur les autres intérêts en présence même si les parents prétendent toujours agir en conformité à cet intérêt[96]. À cet égard, la notion d'intérêt supérieur de l'enfant exclut toute « idée stéréotypée de gardien naturel et ne se résume pas seulement à l'affection maternelle, mais inclut, de la part du gardien, [...] la capacité de répondre avec immédiateté et quotidienneté aux besoins de l'enfant »[97].

Nous considérons que l'intérêt de l'enfant devrait être le critère pour déterminer la titularité de la puissance paternelle en droit sénégalais des personnes et de la famille[98]. Ainsi, la mise en cohérence avec les conventions internationales permettrait au code de la famille de tirer toutes les conséquences de l'utilité de l'intérêt de l'enfant dans la détermination des règles relatives au gouvernement de la personne du mineur. En effet, l'intérêt de l'enfant constitue la pierre angulaire dans ce domaine en ce qu'elle peut servir et doit servir « la condition, le critère, la mesure et la fin »[99].

Il est nécessaire que cet intérêt supérieur de l'enfant soit considéré comme un outil pour déterminer la titularité du droit d'exercice des pouvoirs parentaux pour le gouvernement de la personne du mineur.

Au-delà de la référence sur l'intérêt de l'enfant, l'organisation du droit d'exercice de la puissance paternelle gagnerait en ouverture.

---

[95] Conseil constitutionnel français, 21 mars 2019, n° 2018-768 QPC, *Recueil Dalloz* 2019, pp. 584 et 742, note P. Parinet.
[96] Ph. Malaurie et H. Fulchiron, *Droit de la famille*, *op. cit.*, n° 1525, p. 604.
[97] M. Ndiaye, « Comment déterminer l'intérêt de l'enfant ? (...) », préc., p. 50.
[98] Le code de la famille ne l'invoque souvent qu'en cas de contentieux. Ainsi, les décisions prises par le père contrairement aux intérêts de l'enfant ou de la famille peuvent être modifiées ou rapportées par le juge à la demande de la mère (Code de la famille, article 277, alinéa 3). En outre, en cas de divorce ou de séparation de corps, le juge statue sur la garde de chacun des enfants en tenant compte de l'intérêt de l'enfant ou plus exactement de son plus grand avantage (Code de la famille, article 278).
[99] Ph. Malaurie et H. Fulchiron, *Droit de la famille*, *op. cit.*, n° 1525, p. 604.

B – La possibilité d'une conception ouverte du droit d'exercice de la puissance paternelle

Dans le but de rechercher plus d'égalité, les règles organisant le droit d'exercice de la puissance paternelle pourraient être revisitées en vue d'une certaine ouverture. Celle-ci se réalisera par une consécration d'un exercice en commun de la puissance paternelle par les deux parents (1) concrétisant ainsi une meilleure prise en compte du rôle parental de la mère (2).

1 – La consécration d'un exercice en commun

Le code de la famille ne fait pas de l'exercice conjoint de la puissance paternelle par les deux parents de l'enfant mineur un principe. Le leitmotiv de ces règles est l'unilatéralité de l'exercice. Celui-ci incombe en principe à un seul parent qui est généralement le père de l'enfant mineur. Ainsi, les attributs de la puissance paternelle n'échoient qu'à l'exerçant. Ceci traduit l'unilatéralité et l'individualité de l'exercice en méconnaissance du principe d'égalité[100]. Le père est le titulaire principal et exerce la puissance paternelle de façon unilatérale. En revanche, la mère exerce celle-ci de façon exceptionnelle en cas d'empêchement volontaire ou involontaire de son mari[101]. Subséquemment, le Code de la famille rejette toute idée de parenté conjointe ou de coparentalité. Ces dernières ne semblent pas être une préoccupation du législateur sénégalais. C'est la raison pour laquelle l'hypothèse de garde partagée prévue par l'article 144[102] du Code des obligations civiles et commerciales est, semble-t-il, superfétatoire quand elle est analysée en contemplation avec les dispositions du Code de la famille sur la puissance paternelle[103].

La parenté conjointe et la coparentalité peuvent être considérées comme deux faces d'une même pièce. Toutefois, le premier terme n'est pas une notion juridique. Cependant, la coparentalité[104] est définie par

---

[100] E.-H.-S. Ndiaye, « Retour sur le civilement responsable du fait d'autrui (…) », préc., p. 448.

[101] V. Code de la famille, article 277, alinéa 3.

[102] « Si plusieurs personnes se partagent la garde de l'enfant, elles en sont solidairement responsables ».

[103] E.-H.-S. Ndiaye, « Retour sur le civilement responsable du fait d'autrui (…) », préc., p. 450.

[104] La coparentalité renvoie à l'idée d'une prise en charge et d'éducation de l'enfant par ses deux parents ; I. Gallmeister, « Le principe de coparentalité », *AJ Famille*

le vocabulaire juridique comme étant l'organisation idéale de l'autorité des parents fondée sur le respect de chacun de sa « vocation parentale et la faveur de leur collaboration, qui se réalise plus ou moins parfaitement selon les cas, par l'exercice conjoint de l'autorité parentale chaque fois que possible »[105]. Elle est ainsi un principe juridique permettant aux deux parents d'exercer conjointement les attributs liés au gouvernement de la personne du mineur[106]. La coparentalité implique que le père et la mère soient parents à égalité, leur donnant droit d'exercer en commun tous les droits liés à la parentalité sur leurs enfants en disposant des mêmes pouvoirs[107]. Elle se base essentiellement sur l'idée de filiation dans la mesure où celle-ci permet l'exercice en commun de l'autorité à l'égard des enfants même en cas de séparation des parents[108]. La coparentalité met en avant l'égalité parentale qui doit être considérée comme le fondement de la dévolution et du mode d'exercice du pouvoir juridique des parents sur les enfants mineurs[109]. Ainsi, nous estimons nécessaire une prise en compte de cette coparentalité ou parenté conjointe par le code de la famille en donnant aux deux parents le droit d'exercer et d'exécuter en commun l'ensemble des droits et obligations sur les enfants mineurs.

Cet exercice en commun devrait recevoir un accueil favorable dans notre société où le collectivisme innerve les pratiques sociales. En effet, chaque adulte se trouve être doté d'une responsabilité et d'un rôle éducatif vis-à-vis d'un enfant même s'il n'entretient aucun lien de parenté vis-à-vis de lui[110]. Au sein de la famille élargie, ce phénomène se matérialise par le système de confiage. Les phénomènes de confiage

---

2009, p.148. Elle implique que le père et la mère soient parents à égalité, sa première expression réside bien dans le principe d'exercice en commun de l'autorité parentale. En ce sens, F. Vauville, « Du principe de coparentalité », *Les petites affiches*, 18 octobre 2002, p. 4 ; V. Rouyer, « Coparentalité : un mythe pour quelles réalités ? », *Revue Empan*, 2008, vol. 4, n° 72, pp. 99-105 ; A. Gouttenoire et H. Fulchiron, « Autorité parentale », *Répertoire de droit civil*, Octobre 2017, actualisation : Mai 2023, n° 17.

[105] G. Cornu (dir.), *Vocabulaire juridique, op. cit.*, voir. Coparentalité.

[106] V. Rouyer, « Coparentalité : un mythe pour quelles réalités ? », préc. p. 99 ; M. Juston, « La coparentalité : vers une nouvelle relation parentale dans l'intérêt de l'enfant », *Gaz. Pal.* n° 25, 04 juillet 2017, p. 50.

[107] I. Gallmeister, « Le principe de coparentalité », préc., p. 148.

[108] Ainsi, la coparentalité affiche une certaine neutralité. Elle permet aux parents d'exercer une autorité sur leurs enfants peu importe la nature de leur union.

[109] F. Boulanger, « Modernisation ou utopie ? : la réforme de l'autorité parentale par la loi du 4 mars 2002 », *Recueil Dalloz* 2002, p. 1571.

[110] R. Cissé, « La parentalité en Afrique de l'Ouest et du Centre », préc., p. 38.

d'enfants ou « adoption de fait » sont très fréquents dans la société sénégalaise[111].

Pour concrétiser l'égalité parentale des père et mère dans leurs rapports avec les enfants mineurs, il serait pertinent pour le code de la famille de remplacer la puissance paternelle par l'autorité parentale. Cette proposition d'utilisation du terme « autorité parentale » n'est pas une incitation au mimétisme juridique. Une telle proposition est plus adéquate à la réalité de la fonction parentale de la mère et à l'exigence d'égalité devant être de rigueur dans les devoirs et droits des époux vis-à-vis de leurs enfants. En réalité, l'autorité parentale est bien plus adéquate pour être le support des rapports juridiques entre les parents et leurs enfants mineurs. En effet, telle qu'envisagée par le Code sénégalais de la famille, la puissance paternelle, un droit apparemment subjectif du père[112], se caractérise par son unilatéralité. Avec l'autorité parentale, il va exister un droit-fonction[113] pour les parents et celle-ci permet un exercice en commun.

Tout de même, le législateur sénégalais semble s'inscrire dans cette voie. Un projet de loi portant Code de l'enfant a été élaboré par un groupe de travail sous la houlette du ministère de la Justice à travers l'arrêté n° 07232 du 29 avril 2014. Ce projet de code consacre l'autorité parentale à la place de la puissance paternelle. Selon l'article 30 dudit projet, « l'autorité parentale sur l'enfant appartient conjointement aux

---

[111] En ce sens, A.-A. Diouf, « L'article 142 du code des obligations civiles et commerciales et l'existence d'un principe général de responsabilité du fait d'autrui en droit positif sénégalais », *in Le droit africain à la quête de son identité, Mélanges offerts au Professeur Isaac Yankhoba Ndiaye*, L'Harmattan, 2021, p. 410 ss. ; E.-H.-S. Ndiaye, « Retour sur le civilement responsable du fait d'autrui (…) », préc., p. 444.

[112] Pour s'en convaincre, il faut lire les articles 155 et 156 du Code de la famille. L'article 155 considère la puissance paternelle comme un droit subjectif des parents. La source de ce droit précède la naissance de l'enfant car il découle du mariage. Cela se prouve formellement et substantiellement. Formellement, la puissance paternelle a été visée parmi les droits et devoirs des époux dans les effets extrapatrimoniaux du mariage. Substantiellement, les époux contractent ensemble, par leur mariage, l'obligation de nourrir, entretenir, élever et éduquer leurs enfants. Ces différentes obligations recoupent les attributs de la puissance paternelle. En effet, les parents qui gouvernent l'éducation d'un mineur, selon Jean Hauser, n'exercent pas un droit délégué mais un droit propre auquel répond d'ailleurs une responsabilité propre (Voir J. Hauser, « La finalité de l'autorité parentale », *RTD civ.* 2007, p. 327).

[113] Ph. Le Tourneau (dir.), *Droit de la responsabilité et des contrats, Régimes d'indemnisation*, *op. cit.*, p. 880 ; L. Cadiet et Ph. Le Tourneau « Abus de droit », préc., n° 186.

père et mère pour protéger celui-ci dans sa sécurité, sa santé et sa moralité.

L'autorité parentale est exercée en commun par les père et mère. Ils ont à l'égard de l'enfant droit et devoir de garde, de surveillance et d'éducation ».

Au-delà de l'autorité parentale, une réforme de l'institution de la garde pourrait être une solution. Il découle de certaines dispositions du Code de la famille une utilité remarquable de la garde pour la protection des mineurs[114]. En ce sens, l'article 278 du Code de la famille[115] considère que « le gardien de l'enfant exerce les différents droits attachés à la puissance paternelle sur la personne et sur les biens de l'enfant ». Cette utilité est confortée en jurisprudence sénégalaise. Parfois, le juge confond la garde et la puissance paternelle. Dans plusieurs décisions, il les utilise indistinctement[116]. Le juge sénégalais considère que le jugement de garde est un moyen de preuve de l'exercice de la puissance paternelle par la mère[117]. Le droit de garde constitue un attribut déterminant et essentiel de la puissance paternelle. Parfois, il dépasse son objet au point d'être confondu avec la puissance paternelle[118]. C'est pourquoi, le juge sénégalais fait de la garde un élément fondamental de la puissance paternelle[119]. Ainsi, le code de la famille pourrait être revu dans le sens de supprimer la puissance paternelle et de consacrer la garde juridique qui sera confiée en même temps aux deux parents.

---

[114] Il peut être noté, dans certaines dispositions, une interchangeabilité ou une confusion entre les deux. Par exemple, pour fixer le domicile légal du mineur, le législateur utilise le terme garde qui est plutôt un attribut de la puissance paternelle.

[115] À travers cette conception de la garde, les fonctions de la puissance paternelle et de l'administration légale sont réunies.

[116] En ce sens, Tribunal d'instance de Mbour, 08 décembre 2020, *aff. S. MB. c/ T. G.*, *inédit* ; 22 septembre 2020, *aff. L. A. C. G. c/ D. B.*, inédit ; Tribunal de Grande Instance de Dakar, 17 janvier 2022, *aff. M. C. G. F. c/ S. T.*, jugement n° 69, inédit ; 20 décembre 2021, *aff. B. D. c/ N. F. D.,* jugement n° 1209, inédit.

[117] En ce sens, Tribunal d'Instance de Mbour, 08 décembre 2020 préc. ; 22 septembre 2020, préc. ; Tribunal d'Instance de Mbour 01 décembre 2020, préc. ; Tribunal d'Instance de Foundiougne, 09 octobre 2019, *aff. R. S. c/ A. A.,* jugement n° 4128, inédit.

[118] E.-H.-S. Ndiaye, « Retour sur le civilement responsable du fait d'autrui (…) », préc., p. 447.

[119] Tribunal d'instance de Foundiougne, 09 octobre 2019, préc. ; Tribunal d'Instance de Mbour, 08 décembre 2020, préc. ; 22 septembre 2020, préc. ; 01 décembre 2020, préc.

En guise de droit comparé, les droits marocain et mauritanien de la famille peuvent être donnés en exemple. Ces deux droits ont consacré l'institution du *hadana*[120]. Le *hadana* ou la garde juridique du mineur est une institution qui permet aux deux parents « d'élever l'enfant, à veiller à ses intérêts et à le préserver, dans la mesure du possible, de ce qui pourrait lui être préjudiciable »[121]. Le *hadana* appartient conjointement aux père et mère de l'enfant mineur[122]. Toutefois, en cas de séparation, le législateur mauritanien prend en compte l'importance du rôle parental de la mère. Ainsi, dans cette situation, « la garde de l'enfant est confiée en priorité à la mère »[123]. En plus dans la transmission de la garde, le code mauritanien de statut personnel opte pour le matriarcat avec une préférence aux personnes de sexe féminin[124].

En droit privé sénégalais, les efforts en vue d'un affermissement des règles relatives au gouvernement de la personne du mineur pour un exercice en commun par les parents existent. Toutefois, il manque, paraît-il, un courage de la part des autorités pour faire aboutir ceux-ci. Entre 2000 et 2010, deux projets de réforme consacrant l'autorité parentale ont vu le jour[125] mais aucun n'a pu être adopté par l'Assemblée nationale. Pourtant, les règles relatives à la puissance paternelle inscrites en marbre dans le Code de la famille méritent d'être revisitées en vue de leur contextualisation. Le droit d'exercice de la puissance paternelle tel qu'il résulte de l'article 277 du Code de la

[120] Code mauritanien de statut personnel, article 121 et suivants ; Code marocain de la famille, articles 163 et suivants.

[121] Code mauritanien de statut personnel, article 121.

[122] Code marocain de la famille, Article 164, « La garde de l'enfant incombe au père et à la mère tant que les liens conjugaux subsistent » ; Code mauritanien de statut personnel, article 123, « La garde *Hadana* de l'enfant fait partie des obligations mises à la charge du père et de la mère, tant que ces derniers demeurent unis par le mariage ».

[123] Code mauritanien de statut personnel, article 123.

[124] Selon l'article 123 du Code mauritanien du statut personnel, « en cas de dissolution du mariage, la garde de l'enfant est confiée en priorité à la mère, puis dans l'ordre aux personnes suivantes : à sa grand-mère maternelle; à la mère de sa grand-mère maternelle; à la grand-mère paternelle de sa mère; à sa tante maternelle germaine; à sa tante maternelle utérine; à sa tante maternelle consanguine; à la tante maternelle de sa mère; à la tante paternelle de sa mère; à sa grand-mère paternelle; à son père; à sa tente paternelle à sa sœur; à sa nièce par la sœur ou par le frère suivant son aptitude; à son tuteur testamentaire à son frère; à son grand-père paternel; à son neveu par le frère; à son oncle paternel au fils de ce dernier ».

[125] V. *supra*.

famille ne prend pas suffisamment en compte la fonction parentale de la mère.

2 – La prise en compte améliorée de la fonction parentale de la mère

Les règles relatives à la puissance paternelle inscrites en marbre dans le Code sénégalais de la famille méritent d'être revisitées. La présence de cette puissance reflétant une vision phallocratique du droit sénégalais des personnes et de la famille[126] fausse l'égalité des père et mère vis-à-vis de leurs enfants mineurs.

Pourtant, une interrogation sur la manière dont les tâches domestiques et les soins aux enfants au sein des ménages sont partagées dans la société sénégalaise permet de constater les différents rôles des pères et des mères. Les normes et pratiques relatives à l'exercice de ces rôles parentaux font remarquer que les mères sont socialement désignées comme expertes naturelles dans la gestion de la personne des enfants[127]. Une telle gestion est la finalité de la puissance paternelle. Le législateur n'a pas suffisamment investi ce rôle dans l'attribution du droit d'exercice mais se limite à se baser sur l'autorité du père.

Une réorganisation du droit d'exercice de la puissance paternelle mériterait d'être faite en vue d'une meilleure prise en compte du rôle parental des mères. Assurément, le sens de cette puissance ne peut être véritablement compris qu'à travers ses attributs, c'est-à-dire ses conséquences juridiques. Parmi ces dernières se trouve l'obligation du parent titulaire du droit d'exercer la puissance paternelle « d'entretenir l'enfant, de pourvoir à ses besoins et à son éducation[128] ». En outre, le titulaire de ce droit constitue le gardien juridique du mineur. Cette qualité de gardien implique une obligation de cohabitation mais également un devoir de surveiller les actes et les relations[129] de l'enfant.

---

[126] En ce sens, A.-A. Diouf, « L'institution familiale, le discours juridique et l'ordre social : une critique du dogme patriarcal », *préc.*, p. 627.

[127] R. Cissé, « La parentalité en Afrique de l'Ouest et du Centre », https://horizon.documentation.ird.fr/exl-doc/pleins_textes/divers18-01/010071748.pdf (consulté le 16 octobre 2024), p. 51 ; M. Ndiaye, « Comment déterminer l'intérêt de l'enfant ? L'exemple de la justice familiale à Dakar », préc. p. 45 ; M. Ndiaye, « Au croisement des inégalités de genre et de classe : les défis de la justice familiale au Sénégal », préc., p. 60 ; J. Barou, « Les mères courage », préc., p. 56 ; Y. Ben Hounet et C. Therrien, « Conclusion », préc., p. 205.

[128] V. Code de la famille, article 283 alinéa 2.

[129] V. Code de la famille, article 284.

À cet effet, quel est le parent le mieux placé entre le père et la mère pour exécuter ces différentes obligations découlant de la puissance paternelle ? N'existe-t-il pas déjà une fonction naturelle et sociologique de la mère conforme à ces différents attributs de la puissance paternelle ?

En effet, la répartition sexuée des rôles sociaux fait apparaître un confiage du soin des enfants à la mère[130]. Cette répartition sexuée des rôles au sien de la famille peut certes être critiquée mais répond quand-même à une différenciation sociale naturelle. C'est pourquoi la qualité de gardien juridique d'un enfant mineur détenue par la mère semble être plus conforme aux coutumes et aux réalités sociales sénégalaises[131]. En réalité, il peut être constaté que la garde, la surveillance et l'éducation des enfants constituent des attributs qui sont tout naturellement exercés par les mères dans les foyers[132]. Ces dernières jouent constamment une fonction de gardienne, d'éducatrice et de surveillante à l'égard des enfants[133]. Il n'est pas acceptable que la personne qui assume ces fonctions soit considérée comme devant avoir à titre exceptionnel le droit d'exercer la puissance paternelle à l'égard des enfants.

Les normes sociales prouvent que la mère dispose « du temps et des vertus nécessaires pour prendre soin des jeunes enfants[134] ». Et surtout, l'enfant a besoin de la protection maternelle[135]. Même si juridiquement

---

[130] G. Neyrand, « L'égalité parentale est-elle une utopie ? », préc., p. 175.

[131] M. Ndiaye, « Comment déterminer l'intérêt de l'enfant ? L'exemple de la justice familiale à Dakar », préc., p. 47.

[132] Selon Dior Fall, membre d'une association sénégalaise de défense des droits des femmes, « nul n'ignore que, de la naissance à l'âge adulte, en passant par la petite enfance, et la période difficile de l'adolescence, les mères sont toujours présentes. Ce rôle ne leur a jamais été contesté, et ne fait l'objet d'aucun partage. Combien de fois a-t-on entendu dire que la femme devait rester au foyer afin de mieux surveiller les enfants, et que si les enfants ont des problèmes, c'est parce que la mère a failli à ses devoirs de protection de l'enfant et de contrôle de ses relations avec l'extérieur ». Voir D. Fall, « Parenté conjointe au Sénégal : plaidoyer juridique », plaidoyer juridique », in *parenté conjointe plaidoyer au Sénégal*, Études et recherches n° 221, 2002, ENDA, Dakar, p. 22.

[133] A.-S. Diop, « Chefs de famille par devoir : les femmes en revendiquent les droits », in *Parenté conjointe plaidoyer au Sénégal,* Études et recherches n° 221, 2002, ENDA, DAKAR, p. 65.

[134] M. Ndiaye, « Comment déterminer l'intérêt de l'enfant ? L'exemple de la justice familiale à Dakar », préc., n° 6.

[135] Chez les Wolofs, cette réalité se traduit par le fait que toute personne se sentant en danger ou en détresse va spontanément s'écrier : *woy sa ma ndey* ou *woy yaay*, ce qui signifie littéralement « Oh secours maman ».

le droit d'exercer la puissance paternelle est attribué en principe au père, sociologiquement il est reconnu à la mère un rôle important dans l'éducation, l'entretien et la protection de l'enfant[136]. Cela est révélateur de la situation de dichotomie entre la garde juridique qui est confiée au père et la garde matérielle qui est effectivement assurée par la mère[137].

Dans la société sénégalaise, la femme est plus présente dans le cadre familial. Certaines situations permettent de conforter cette idée. En effet, l'activité professionnelle et les circonstances de la vie peuvent justifier un manque d'assiduité du père dans le domicile conjugal et l'éloigner ainsi de son enfant[138]. Il en est ainsi par exemple en cas de polygamie[139], de l'émigration du père[140], d'exode rural. Ces différentes situations font que le père se trouve dans une impossibilité matérielle d'assurer la garde des enfants qui est le devoir le plus important de la puissance paternelle.

Le père polygame peut voir ses capacités d'assurer effectivement ses charges de titulaire de puissance paternelle se rétrécir. En effet, son

---

[136] Dans la conscience d'un certain nombre de sénégalais, notamment en milieu rural, la femme doit rester au foyer pour surveiller les enfants. Pour certains, l'échec des enfants, dans cette même société, est perçu comme l'échec personnel de la femme vue comme première responsable de l'éducation des enfants. L'enfant qui n'a pas réussi est « l'enfant de sa mère ».

[137] A.-S. Diop, « Puissance maritale et paternelle, de plus en plus, mal vécues par les sénégalaises », in *Parenté conjointe plaidoyer au Sénégal*, Études et recherches n° 221, 2002, ENDA, DAKAR, p. 50.

[138] Ph. Malaurie et H. Fulchiron, *Droit de la famille*, *op. cit.*, n° 1523, p. 602.

[139] Dans certaines situations, la polygamie peut entrainer une déségrégation familiale. Selon Mouhamadou Moctar Mbacké, « le Code de la famille semble, à travers certaines dispositions, raffermir une certaine forme dégradée de la famille polygame déjà entrée dans les mœurs, et où l'on est en présence, non pas de la fameuse famille traditionnelle (…) où prévalait la conscience d'une communion de vie et d'appartenance solidaire à une même souche, mais d'une juxtaposition de plusieurs foyers matériellement autonomes et moralement indépendants, qui n'ont rien d'autre de commun que le nom patronymique d'un géniteur commun » ; v. M.-M. Mbacké, « De la protection de la femme et de l'enfant dans le code sénégalais de la famille (2e partie) », préc., n° 16, p. 21.

[140] Toutefois, cet éloignement est une cause permettant à la mère d'exercer la puissance paternelle sauf décision contraire du juge (Code de la famille, art 277 alinéa 3, 2°). Mais, cet exercice n'est possible que si « le père n'a plus la qualité de chef de famille faute de pouvoir manifester sa volonté… ». Et même dans cette situation, certains auteurs estiment qu'il s'agit d'un exercice partagé de la puissance paternelle ; E.-H.-S. Ndiaye, « Retour sur le civilement responsable du fait d'autrui : l'exemple de la responsabilité parentale », *in* Isaac Yankhoba Ndiaye, Jean-Louis Correa, Abdoul Aziz Diouf (dir.), *Code des obligations civiles et commerciales du Sénégal (COCC) : cinquante ans après*, *op. cit.*, p. 449.

devoir de garde et de surveillance ne saurait être effectif et permanent au niveau de chacune de ses familles avec l'obligation de cohabitation avec chacune des épouses[141] surtout lorsque ces dernières ne se trouvent pas sous un même toit. En outre, la qualité de polygame peut faire accroître les responsabilités financières de l'homme de telle sorte qu'il n'aura pas le temps nécessaire et l'énergie suffisante pour prendre réellement en charge l'éducation et l'entretien de ses enfants.

Essentiellement, les missions du titulaire de la puissance paternelle reposent sur la protection[142], la garde[143] et la correction[144]. Ces missions ne peuvent être complètement accomplies que s'il existe un rapprochement matériel entre le titulaire de la puissance paternelle et le mineur. Une possibilité écartée lorsque le père est un migrant. La migration des maris a souvent abouti à l'adoption par leurs épouses de rôles nouveaux par rapport à ceux qui leur étaient traditionnellement dévolus[145].

Tout compte fait, la détermination du titulaire du droit d'exercice de la puissance paternelle sans la prise en compte du critère géographique et de la fonction sociologique de la mère est critiquable. Par conséquent, les règles relatives à l'attribution de la puissance paternelle devront être revues pour qu'elles soient plus cohérentes avec la fonction parentale de la mère surtout lorsqu'elles ignorent en même temps la hiérarchie des normes.

---

[141] D. Fall, « Parenté conjointe au Sénégal : plaidoyer juridique », préc. p. 24.
[142] Code de la famille, article 283.
[143] Code de la famille, article 284.
[144] Code de la famille, article 285.
[145] N. Mondain et autres, « Les effets de l'émigration masculine sur les femmes et leur autonomie : entre maintien et transformation des rapports sociaux de sexe traditionnels au Sénégal », *Revue de sciences sociales au sud,* n° 61, 2012, p. 82.

Le déséquilibre significatif du contrat dans les États de l'espace OHADA

Abdou Soumaïla SOUNON TAMOU
Maitre-assistant en droit privé Université de Parakou (Bénin)

Résumé : Le droit des contrats des États de l'Organisation pour l'Harmonisation en Afrique du Droit des Affaires est-il conforme à l'esprit du droit africain ? Il est constant que le droit des contrats de ces États, malgré les efforts d'adaptation que certains ont pu faire, reste tributaire du droit français. L'une des conséquences en est la non prise en compte du « *déséquilibre significatif du contrat dans les États de l'espace OHADA* », objet de cette réflexion. A l'image du droit colonial, les législateurs ne font aucune place, en tout cas pas ouvertement, à une possible remise en cause du contrat déséquilibré, qu'il l'ait été à l'origine ou en cours d'exécution. Il se pose ainsi la question de la pertinence de ce choix des législateurs Africains. Un constat existe, à savoir que l'Afrique regorge d'abondantes valeurs traditionnelles et coutumières qui sont censées conduire à la prise en compte du déséquilibre significatif du contrat dans les États de l'OHADA. Il s'agit alors dans un premier temps, de montrer qu'il est possible, voire nécessaire de prendre en compte le déséquilibre significatif du contrat dans les États de l'OHADA et dans un second temps, de trouver les outils qui peuvent en faciliter la prise en compte.

Mots-clés : Déséquilibre significatif-Contrat-Coutumes- Imprévision-Solidarisme.

Du déséquilibre du contrat, qu'il soit significatif ou non, il n'en a pas été question pendant longtemps dans les législations africaines francophones, malgré la présence d'importantes valeurs qui devraient conduire à la prise en compte de celui-ci. S'il peut être admis qu'il est impossible d'éviter toute disparité dans un contrat, quel que soit le moment où l'on se place[1], il faut en revanche faire preuve d'ouverture d'esprit quant au sort qu'il faut réserver au contrat atteint d'un

[1] « C'est une vue abstraite des choses que d'opposer radicalement ce qui se passe avant et ce qui se passe après la conclusion car le passé préjuge de l'avenir, le défaut de renseignement se prolongeant dans un défaut d'exécution » ; J. Huet, *Responsabilité contractuelle et responsabilité délictuelle, Essai de délimitation entre les deux ordres de responsabilité*, Paris, Thèse mult., 1978.

déséquilibre significatif. Ce que l'on se demande surtout, c'est de savoir si un retour en arrière est encore possible aujourd'hui, compte tenu du temps qui s'est écoulé depuis l'introduction ou la transposition des règles de droit français dans les législations africaines de tradition juridique française dont relève la plupart des États de l'OHADA[2]. S'il fallait refonder le droit du contrat de ces États, quelle orientation pourrait-on en donner ? Ces interrogations se posent certes en des termes généraux, mais c'est sur la non prise en compte du « déséquilibre significatif du contrat dans les États de l'espace OHADA » que porte la réflexion.

Toute la difficulté de la notion de déséquilibre significatif réside dans son absence de définition légale[3]. Elle est employée dans divers textes de lois aux objectifs différents[4] de sorte que l'on se demande si elle est caractérisée par une certaine unité ou si elle brille par sa diversité. La diversité caractéristique de la notion réfère à la différence d'objets des lois qui la consacrent. Il ressort, cependant, qu'elle est d'une relative unité tenant à la source du déséquilibre significatif, de même qu'à son appréciation et à son identification[5]. En effet, l'absence de négociation du contrat dans lequel est stipulée la clause qui emporte un déséquilibre significatif semble constituer un élément déterminant dans l'appréciation de la notion. Il se pose aussi la question de savoir si le déséquilibre significatif doit s'apprécier de façon isolée, en examinant la seule clause litigieuse, ou de façon globale, en l'appréciant au regard de son impact sur l'économie générale du contrat. C'est la seconde option qui semble s'imposer dans la mesure où il est disposé que le caractère abusif d'une clause s'apprécie en se référant à toutes les autres clauses du contrat. Il s'apprécie également au regard de celles contenues dans un autre contrat lorsque la conclusion ou l'exécution de ces deux contrats dépendent juridiquement l'une de l'autre. Le

---

[2] L'aire géographique considéré est celle que couvrent les 17 États suivants : le Bénin, le Burkina-Faso, le Cameroun, la Centrafrique, la Côte d'Ivoire, le Congo, les Comores, le Gabon, la Guinée, la Guinée-Bissau, la Guinée-Équatoriale, le Mali, le Niger, la République Démocratique du Congo, le Sénégal, le Tchad et le Togo. D'autres États comme le Burundi, sont annoncés mais le processus de leur adhésion n'a pas encore abouti.

[3] D. Mazeaud, R. Boffa et N. Blanc (dir.), *Dictionnaire du contrat*, Paris, Ed. Lgdj, 2018, n° 113, p. 478.

[4] V. notamment, article L. 212-1 du Code de la consommation, l'article L. 442-6, I, 2° du Code de commerce et l'article 1171 du Code civil français.

[5] D. Mazeaud, R. Boffa et N. Blanc (dir.), Dictionnaire du contrat, *op. cit.*, pp. 478-482.

déséquilibre significatif est, quant à son identification, caractérisé d'une part, par l'absence de réciprocité résultant soit du pouvoir ou de l'avantage contractuel octroyé au seul professionnel alors que son contractant consommateur n'en bénéficie pas, soit d'une inégalité sensible des conditions relatives à la formation, l'exécution ou la rupture du contrat et d'autre part, par l'existence d'une disproportion soit dans les obligations imposées au contractant dépendant, soit entre le manquement contractuel et sa sanction. Au regard de toutes ces précisions, on peut définir le déséquilibre significatif comme une situation dans laquelle il existe une différence importante entre deux parties ou groupes de personnes. Il réfère aux inégalités et aux injustices dans différentes sphères de la société, notamment la sphère contractuelle qui intéresse la réflexion. Il peut aussi se manifester au moment de la formation (lésion) qu'au moment de l'exécution (imprévision) du contrat. C'est même en matière de lésion que l'expression est généralement employée, même si on peut l'étendre au cas de l'imprévision. Le cas échéant, le traitement que les législations en font n'est pas identique. Contrairement à l'imprévision, la lésion semble en effet être acceptée et encadrée, de façon peut-être incomplète, par les différentes législations des États de l'OHADA[6] alors que le sujet de l'imprévision reste, mais de moins en moins, encore tabou. La réflexion prend cependant en compte les deux cas de figure, même si c'est question de l'imprévision qui fait l'objet de plus d'attention.

Il est impossible d'évoquer le déséquilibre significatif sans aborder la question de l'importance de la cause du contrat. Faut-il le rappeler, le contrat défini à l'article 1101 du Code civil[7] encore applicable dans certains États de l'OHADA comme *une convention par laquelle une ou*

---

[6] La lésion est consacrée à l'article 1674 du Code civil à encore en vigueur dans les États de l'OHADA. De façon plus spécifique, plusieurs législations adoptent des lois spéciales pour assurer la protection du consommateur : loi 2007-21 du 16 octobre 2007 portant protection du consommateur en République du Bénin (article 10) ; loi 2021-25 sur les prix et la protection du consommateur au Sénégal (article 15) ; loi 2016-412 du 15 juin 2016 relative à la consommation en Côte d'Ivoire (article 69), etc.

[7] La définition légale du contrat a été très critiquée par la doctrine. Voir par exemple, H. M. Monéboulou Minkada, « La question de la définition du contrat en droit privé : essai d'une théorie institutionnelle », *Revue de l'Ersuma : Droit des affaires – Pratique professionnelles* n° 6, 2016, disponible en ligne https://www.ohada.org/la-question-de-la-definition-du-contrat-en-droit-prive-essai-d-une-theorie-institutionnelle/, consulté le 30 décembre 2024 à 10h.

plusieurs personnes s'obligent envers une ou plusieurs autres, à donner, à faire ou à ne pas faire quelque chose[8], est soumis pour sa validité à un certain nombre de conditions légalement définies[9], dont la cause. Celle-ci, entendue comme le but recherché par les parties au moment de la formation du contrat qui permet de vérifier le déséquilibre contractuel pouvant exister à l'occasion de l'exécution du contrat[10]. Cependant, contrairement au législateur français qui a procédé à la suppression, théorique[11], de la cause dans le Code civil, on note la persistance de la nécessité de celle-ci au titre de condition de validité du contrat. Des auteurs, pas des moindres[12], ont jugé, en droit français, que la cause est inutile, voire dangereuse[13]. Elle est inutile en ce que la rencontre de volontés autonomes, de contractants d'égale force de négociation, mène naturellement à la construction d'un accord avantageux pour chacun, sauf à ce que le consentement soit vicié et que la sanction du vice de consentement s'abatte de façon suffisante. Elle est dangereuse en ce qu'elle offre au pouvoir judiciaire un levier pour s'immiscer dans l'accord et mener une appréciation externe de l'échange réalisé, déliée des volontés des parties. Cette opinion ne semble pas partagée en droit des contrats des États de l'OHADA où la cause continue par être une condition importante de validité du contrat. En effet, le contrat étant la convention des parties, chaque partie poursuit un but qu'il soit lointain ou immédiat, lorsqu'il décide de

---

[8] Cette définition a évolué en droit français où le contrat est désormais « un accord de volontés entre deux ou plusieurs personnes destiné à créer, modifier, transmettre ou éteindre des obligations » (voir article 1101 modifié par l'Ordonnance n0 2916-131 du 10 février 2016).

[9] Voir article 1108 ancien C. civ.

[10] F. de Sales Gildas Bile, « L'utilité de la cause dans le contrat aujourd'hui », publié le 23 juillet 2023, consulté en ligne https://www.village-justice.com/articles/utilite-cause-dans-contrat-aujourd-hui,46802.html, le 30.12.2024 à 17h.

[11] Le législateur français parle de « contrepartie convenue » au lieu de la cause. Cependant, il y a la conservation de l'idée d'un contrôle de ce que chacun obtient en retour de son engagement. Ce qui fait dire que le texte de l'article 1169 du Code civil français reste fidèle aux fondements rationalistes et utilitaristes du Code : les volontés qui président à la formation du contrat doivent être mues par un intérêt ou, autant dire et même de façon sous-jacente, par une cause. D. Mazeaud, R. Boffa et N. Blanc (dir.), *Dictionnaire du contrat,* op. cit., pp. 366-367.

[12] M. Planiol, *Traité élémentaire de droit civil*, t. II, Paris, 2e édition, Ed. Lgdj, 1905, n° 1037 et s. ; X. Lagarde, « Sur l'utilité de la théorie de la cause », *Recueil Dalloz,* 2007, p. 740 ; L. Aynès, « La cause, inutile et dangereuse », *Revue Droit et Patrimoine*, 2014, n° 240, p. 40.

[13] D. Mazeaud, R. Boffa et N. Blanc (dir.), *Dictionnaire du contrat, op. cit.*, p. 366.

conclure un contrat. C'est justement pour cela que l'article 1131 du Code civil applicable dans les États de l'OHADA indique que pour que le contrat se noue valablement il faut bien que la volonté de l'individu ait une cause. La cause est donc la justification suffisante de l'obligation souscrite par les parties. Ainsi, refuser l'utilité de la cause dans le contrat, c'est exposer les parties à une insécurité juridique, dans la mesure où une partie pourrait donner son accord à la formation et se rétracter au moment de l'exécution de son obligation motif pris de ce que les raisons qui l'ont poussée à contracter n'ont pas été atteint ou ne le satisfont plus[14].

En outre, le traitement qui est fait du déséquilibre significatif du contrat dans la plupart des États de l'OHADA, rappelle le lien que le droit du contrat de ces États entretient avec le droit hérité de la colonisation. Ce droit, à ses origines, a été secrété au regard des réalités et des valeurs prônées dans la civilisation occidentale, notamment celle française[15]. Dans ce contexte, la place faite à la volonté individuelle dans la formation des contrats[16], en tant que sources d'obligations, témoigne de l'importance accordée à l'individu dans le système juridique français[17]. On rappellera opportunément que c'est au fondement de l'ancien article 1134 alinéa 1 ancien du Code civil français, encore en vigueur dans la plupart des États de l'Organisation pour l'harmonisation en Afrique du droit des affaires, que le principe a été consacré premièrement, avant de recevoir une application retentissante dans l'arrêt « Canal de Craponne »[18]. Du principe de liberté contractuelle qui soutient cette décision[19], il découle en effet que

---

[14] *Ibid.*

[15] S. Chassagnard-Pinet et D. Hiez, *Approche critique de la contractualisation*, Paris, Ed. Lgdj, 2007, p. 1.

[16] La configuration contemporaine des relations obligationnelles est caractérisée par la prédominance de l'unilatéralisme et des pouvoirs contractuels. G. T. Tabi, « La remise en cause contemporaine du volontarisme contractuel », *Les Cahiers de droit*, 2012, n° 53 (3), pp. 577-622.

[17] G.-A. Kouassigan, *L'Homme et la terre. Droits fonciers coutumiers et droit de propriété en Afrique occidentale*, O.R.S.T.O.M., Ed. Berger-Levrault, 1966, p. 34.

[18] Cass. Civ., 6 mars 1876 (Décision attaquée : Cour d'appel d'Aix, 31 décembre 1873).

[19] Dans l'optique libérale du contrat, Kant écrit que « [q]uand quelqu'un décide quelque chose à l'égard d'un autre, il est toujours possible qu'il lui fasse quelque injustice ; mais toute injustice est impossible dans ce qu'il décide pour lui-même » ; E. Kant, *Éléments métaphysiques de la doctrine du droit (Première partie de la métaphysique des mœurs)*, Paris, Ed. Auguste Durand Libraire, 1835, p. 169, cité par

l'équivalence économique entre les engagements réciproques ne fait l'objet d'aucun contrôle général de l'autorité publique. Si le consentement des parties n'a pas été vicié, un juge ne peut pas annuler un contrat parce qu'il le trouve « léonin »[20] ni réduire un prix parce qu'il le trouve excessif[21].

A contrario du droit français réputé individualiste, l'esprit du droit africain est empreint de l'idée de communautarisme. Il a été reconnu que c'est en tenant compte de la place que la terre occupe dans leurs activités économiques que les peuples d'Afrique Noire ont élaboré des normes juridiques y compris en matière contractuelle qui, malgré leur oralité, constituent des systèmes cohérents et originaux[22]. En choisissant de se départir des pratiques dans ces systèmes juridiques traditionnels, les législateurs africains ont aussi pris le risque de créer un déphasage entre ces règles et les réalités de leurs citoyens, mais surtout de voir la plupart d'entre-elles inappliquées. Le constat, entre autres, est que, les juges essaient d'appliquer ces règles avec beaucoup d'incohérences[23]. Il a été relevé, par exemple, que le juge africain se réfère souvent, mais pas toujours[24], à la jurisprudence française pour motiver et rendre des décisions qu'il impose aux justiciables dans les États de l'OHADA[25]. Ce faisant, dans le contexte français, il s'agissait de faire la promotion de l'individualisme alors que dans les législations africaines, c'est, certes, sous le couvert du développement économique, voire de l'évolution de la société, mais non moins aussi par pur mimétisme[26], que ce choix a été opéré. Il y a, cependant, d'autres

---

J. Ghestin, « L'utile et le juste dans les contrats », *Archives de philosophie du droit* 1981.26.35, 36.

[20] Com., 21 avril 1980, Bull. civ., IV, n° 153.

[21] Com., 9 octobre 1990, *Revue Trimestrielle de Droit Civil.* 1991.113, obs. Mestre ; Civ. 1re, 10 juillet 2002, Bull. civ., I, n° 194.

[22] G.-A. Kouassigan, *L'Homme et la terre. Droits fonciers coutumiers et droit de propriété en Afrique occidentale*, *op. cit.*, p. 9.

[23] J.-P. Tosi, *Droit des obligations au Sénégal*, Paris-Dakar, Ed. Lgdj-Nea, 1981, p. 20 ; M. Ngom, « La jurisprudence sénégalaise en quête d'identité » in, *Le droit africain à la quête de son identité*, *Mélanges offerts au Professeur Isaac Yankhoba Ndiaye*, Ed. L'Harmattan-Sénégal, 2021, pp. 975-990.

[24] La jurisprudence gabonaise dite de « l'homme-singe », est l'une des rares manifestations du recours par le juge à la réalité africaine ; v. jugement rendu le 22 avril 1964 par le tribunal correctionnel de Boué au Gabon.

[25] J.-P. Tosi, *Droit des obligations au Sénégal, op. cit.,* p. 20 ; M. Ngom, « La jurisprudence sénégalaise en quête d'identité », préc., p. 980.

[26] Plusieurs auteurs ont mis en évidence l'apport du Code civil français de 1804 au droit civil des États de l'OHADA. A. Cissé, « L'influence du Code civil français sur

modèles dont ils pouvaient s'inspirer. Tel est, par exemple, le cas dans le droit romain où Sénèque, dans son œuvre « Les Bienfaits », prévoit que « toutes les circonstances doivent être les mêmes qu'elles étaient lorsque je promettais pour que tu aies un droit acquis sur ma promesse »[27]. Tel est aussi le cas en Droit prétorien dans lequel les prêteurs ont décidé que, lorsque le juge est confronté à un choix entre l'application rigide des dispositions législatives et la morale, il faut suivre cette dernière en vertu de la justice et de l'équité et protéger les intérêts du contractant affecté par le déséquilibre[28] économique du contrat. Il en ressort donc que les valeurs qui sont propres aux communautés prises en exemple ne sont pas totalement ignorées. C'est le paradoxe des législations africaines dont la référence laisse penser qu'il n'y a jamais eu de règles qui ont gouverné la conduite des relations contractuelles, tant au moment de la formation que de l'exécution du contrat. Même les États qui ont tenté d'intégrer les valeurs qui sont celles de leurs sociétés ne l'ont fait qu'insuffisamment et avec peu d'art[29]. Pourtant, l'histoire du droit des contrats rapporte le contraire. Dans le droit traditionnel pratiqué au Burkina Faso, par exemple, chacun des traits de la pratique du contrat reçoit une coloration particulière, créant de ce fait,

---

le droit privé de la famille du Sénégal », *Droits et Culture, Mélanges en l'honneur du doyen Yadh Ben Achour*, Tunis, Centre de Publication Universitaire, 2008, pp. 283-299 ; « De la tentation moniste à l'apprentissage du pluralisme diabolique : l'exemple des droits matrimoniaux au Sénégal », in Gh. Otis, A. Cissé, P. De Deckker et W. Mastor (dir), *Cultures juridiques et gouvernance dans l'espace francophone*, Editions des archives contemporaines et en partenariat avec l'Agence Universitaire de la Francophonie (AUF), 2010, pp. 52-75. M. Thioye, « Part respective de la tradition et de la modernité dans les droits de la famille des pays d'Afrique noire francophone », *Revue Internationale de Droit Comparé,* 2-2005, p. 354 et s. I.-Y. Ndiaye, J.-L. Corréa et A.-A. Diouf (dir.), *Code des obligations civiles et commerciales du Sénégal (C.O.C.C.) : cinquante ans après*, Ed. Crédila et L'Harmattan-Sénégal, 2018, 2 Vol., 658 p.

[27] Sénèque, *De beneficiis*, Lib. IV, XXXV, 3 : « Omnia esse debent eadem, quae fuerunt, cum promitterem, ut promittentis fidem teneas... ». Voir S. Seifelnasr, *Regards croisés sur la théorie de l'imprévision en droit des pays arabes et en droit français*, Montpellier, Thèse mult., 2020, note 20, p. 7.

[28] A. Sanhouri, E. Wassit, Partie 1, 1er livre (le contrat), 3ème édition, maison Arabe El Nahda, 1998, n° 202, p. 477 ; v. S. Seifelnasr, *Regards croisés sur la théorie de l'imprévision, op. cit.*, note 61, p. 22.

[29] Le Sénégal est l'une des rares anciennes colonies françaises à avoir adopter un Code des obligations civiles et Commerciales ; v. Y. Bodian, « Variation sur quelques effets des obligations dans le Code des Obligations civiles et commerciales (COCC) (A propos de la compensation des créances) », in, *Le droit africain à la quête de son identité, op. cit.*, pp. 181-182.

une image du contrat coutumier passablement différente de celle du contrat dit « *moderne* »[30]. Cette différence serait, entre autres, due à l'importance accordée par le droit traditionnel aux relations personnelles au sein des familles contractantes[31]. Aussi, est-il de plus en plus observé une crise multiforme de ce droit dit « *moderne* » dans sa coexistence relativement conflictuelle avec le droit autochtone : crise de légitimité, crise de langage, crise d'effectivité et d'efficacité[32]. Ces différents constats conduisent à se poser la question de savoir s'il est possible d'envisager un retour sur le traitement qui est fait du déséquilibre significatif du contrat dans les États de l'OHADA. Le cas échéant, quels outils seraient appropriés ?

La réflexion prend tout son sens en cette ère où « le droit africain est à la quête de son identité »[33]. Il est certain que le déséquilibre significatif, tel qu'il est appréhendé par les Codes civils appliqués dans les États de l'OHADA, ne reflète aucunement l'image du droit de ces États. Même en droit français, la controverse existait, et elle n'est toujours pas épuisée, entre autres, sur le refus de la révision du contrat pour imprévision. En témoigne l'arrêt *Huard*[34], par lequel le juge est venu apporter quelques précisions dans le débat relatif à la révision d'un contrat pour imprévision. En effet, les auteurs favorables à l'admission de la révision pour imprévision ont pu avancer l'idée selon laquelle la théorie de la cause ne devait pas jouer seulement au moment de la formation du contrat, mais aussi lors de son exécution[35]. Aussi, des

---

[30] X. Dijon, « Éléments de droit comparé pour une théorie générale des contrats coutumiers au Burkina », *Revue interdisciplinaire d'études juridiques*, Ed. Presses de l'Université Saint-Louis, 1985/2 (Volume 15), pp. 129- 169.

[31] X. Dijon, « Éléments de droit comparé pour une théorie générale des contrats coutumiers au Burkina », préc., pp. 129-169.

[32] E. Fokou et A. Bélanger, « Dialogue entre le droit civil des contrats et un droit traditionnel africain : essai sur le Nsountee dans la communauté Ngombale de l'Ouest-Cameroun », *Revue Générale de Droit*, n° 52(1), 2022, p. 108 ;

[33] *op. cit.*

[34] Com, 3 nov. 1992, n° 90-18.547, *Affaire Huard*, *Bull. civ. IV*, n° 338. Avec la jurisprudence *Huard*, la Cour semblait reconnaître la théorie de l'imprévision, mais elle n'en tirait pas autant toutes les conséquences. Comme la plupart d'autres arrêts, l'arrêt Huard se borne à sanctionner le refus de renégocier et non à autoriser une intervention directe du juge sur le contrat. Sur la question, v. A. Arsac-Ribeyrolles, *Essai sur la notion d'économie du contrat*, Clermont-Ferrand 1, Thèse mult., 2005, p. 212.

[35] H. Capitant, F. Terré, Y. Lequette, *Les grands arrêts de la jurisprudence civile, Tome 2 : obligations, contrats spéciaux, sûretés*, Paris, 12e édition, Ed. Dalloz, 2008, p. 189.

réflexions doctrinales[36] importantes et multiples existent, montrant la nécessité de rééquilibrage du contrat. Cette réflexion permet alors et en outre, de constater que le débat sur le contrôle de l'équilibre contractuel tend à se généraliser, aussi bien dans l'espace OHADA qu'en droit comparé[37]. D'abord, par rapport à son domaine, il englobe aussi bien la lésion que l'imprévision, même si c'est à des degrés différents. Depuis les réformes du Code civil de 2016[38], le droit français s'est montré favorable, même si c'est de façon non encore totale, à une prise en compte de l'équilibre contractuel, tant lors de la formation que de l'exécution du contrat[39]. Ainsi, le juge peut, entre autres, remplacer l'indice d'une clause d'indexation qui a cessé d'exister ou d'être accessible[40], supprimer une clause contractuelle qu'il estimera abusive[41], modérer le montant d'une clause pénale[42] et surtout, conformément aux dispositions du nouvel article 1195, réviser ou résilier, à la demande d'une partie, le contrat déséquilibré à la suite d'un changement de circonstances raisonnablement imprévisible. En droit de l'Organisation pour l'harmonisation en Afrique du droit des affaires, l'Avant-projet de texte uniforme portant droit général des obligations, élaboré par d'éminents doctrinaires africains[43], la situation n'est pas très éloignée de la législation française, à savoir que le juge peut supprimer une clause contractuelle qu'il estimera abusive[44], et aussi réviser ou

---

[36] S. Ondze, « Le juge et l'équilibre du contrat », *Annales de l'Université Marien Ngouabi,* 2021, Edition spéciale, pp. 85-117 ; A.-A. Ngwanza, « L'équilibre contractuel dans l'avant-projet d'Acte uniforme sur le droit des contrats », *Revue de Droit Uniforme*, 2008, pp. 497-501 ; F. Jacomino, *Le contrôle objectif de l'équilibre contractuel. Entre droit commun des contrats et droit des pratiques restrictives de concurrence*, Nice, Thèse mult., 2018, 792 p. ; L. Fin-Langer, *L'équilibre contractuel*, Paris, Ed. Lgdj, DL 2002, 1 vol. XVI, 651 p.

[37] V. K.-I. Agbam, *Le contrat face à l'imprévision dans les pays francophones d'Afrique subsaharienne : essai d'une analyse normative socio-économique*, Nantes, Thèse mult., 2023, 452 p. S. Bissaloue, *La renégociation contractuelle en droit français et en droit Ohada*, Aix-Marseille, Thèse mult., 2016, 569 p.

[38] Ordonnance n° 2016-131 du 10 février 2016 portant réforme du droit des contrats, du régime général et de la preuve des obligations.

[39] Les articles 1171 et 1195 de ce nouveau Code civil en sont illustrateurs.

[40] Art. 1167, C. civ. fr.

[41] Art. 1171 C. civ. fr.

[42] Art.1231-5. C. civ. fr.

[43] I. Sayegh, P.-G. Pougoué, F.-M. Sawadogo, *Projet de texte uniforme portant droit général des obligations dans l'espace Ohada*, Ohada, Fondation pour le droit uniforme, 15/04/2015, 138 p.

[44] Art. 113 de l'avant-projet.

résilier le contrat, à la demande d'une partie, lorsque surviennent des événements qui altèrent fondamentalement l'équilibre des prestations[45].

Ces évolutions annoncées en droit de l'OHADA corroborent la pensée selon laquelle le refus de révision pour imprévision ou, peut-on ajouter, le refus de prise en compte, généralisée, du déséquilibre significatif du contrat, constitue une atteinte à l'esprit même de l'œuvre législative, c'est-à-dire le Code civil en même temps qu'il s'inscrit à contre-courant de l'évolution du droit[46]. Elles ouvrent le chemin, s'agissant du cas spécifique du déséquilibre significatif, pour un retour aux valeurs contractuelles coutumières des États de l'OHADA. Cette prise en compte nécessaire du déséquilibre significatif du contrat dans les États de l'OHADA (I) invite, par la même occasion, à préciser les outils appropriés à cette fin (II).

I – Une prise en compte nécessaire

Évoquer la nécessité de prendre en compte le déséquilibre significatif du contrat dans les États de l'OHADA peut paraître contradictoire avec les lois de certains États qui l'ont déjà consacré[47] en matière de lésion. Mais, dans la réalité, la prise en compte de ce déséquilibre est encore problématique, aussi bien en ce qui concerne la lésion que l'imprévision. L'individualisme contractuel a, en effet, fini de faire ses preuves, y compris dans les États où il a émergé avant d'être transposé dans les législations des États de l'OHADA. Le cas échéant, rien ne devrait également plus empêcher ceux des États de l'OHADA, de tenir compte de l'esprit de leur droit[48], pour corriger les tares qui y ont été introduites à travers le Code civil rendu applicable dans ces territoires. Cette évolution devenue nécessaire dans les États de l'OHADA est, en fait, une exigence de justice contractuelle (A). Aussi, la richesse des valeurs à promouvoir dans ces États de l'Organisation pour l'harmonisation en Afrique du droit des affaires, pour la prise en compte du déséquilibre significatif, n'est pas à négliger (B).

---

[45] Art. 160, *idem*.

[46] V., K. Wolou, « Nouvel éclairage sur le refus de révision du contrat pour imprévision », *Revue Togolaise des Sciences Juridiques*, 2011, 14 p. L'auteur affirme que la révision du contrat pour imprévision est une question de bon sens et n'est pas contraire aux dispositions du code civil.

[47] V. *supra*.

[48] V., A. Cissé, « Introduction générale : « Pour une approche plurale du droit africain », *De l'esprit du droit africain, Mélanges en l'honneur de Paul Gérard Pougoué*, Wolters Kluwer, Ed. Crédij, 2014, pp. 1-23.

A – Une exigence de justice contractuelle

La justice contractuelle suppose la remise en cause de l'égalité abstraite des contractants et donc l'admission de la réalité des inégalités de fait[49]. D'une part, au plan des qualifications, l'admission par le droit du déséquilibre des forces des parties a fait émerger, à l'égard de certains types de relations contractuelles, une nouvelle catégorisation des contractants : une *partie forte* se distingue d'une *partie faible*[50]. D'autre part, au plan du régime juridique, la situation des parties à ces contrats va justifier que le droit intervienne. Finalement, on dira que la reconnaissance des inégalités de fait (1) est un moyen de la légitimation de l'interventionnisme juridique (2).

1 – La reconnaissance des inégalités de fait

Les inégalités existent et peuvent se révéler à toutes les étapes de l'existence du contrat. Comment alors les distinguer, selon qu'elles sont cause de lésion ou cause d'imprévision ? Il y a là, une exigence de créativité dans la délimitation des frontières entre déséquilibre significatif et lésion. Ceci n'est pas toujours évident car, d'une manière ou d'une autre, il est possible de percevoir des éléments caractéristiques de la lésion dans la spécification de ce déséquilibre. On se demande d'ailleurs pourquoi cette réticence à admettre, d'une manière générale, la lésion comme pouvant causer un déséquilibre significatif du contrat. Les inégalités sont inhérentes en principe à tous rapports juridiques car *l'apparence est souvent trompeuse*. Il y a jusque-là une constance, à savoir que la lésion résulte d'un déséquilibre objectif et ne constitue pas un vice du consentement[51].

Il faut admettre que les contrats d'adhésion sont le terrain fertile des inégalités. Il faut surtout déduire qu'il y a un malaise, au regard de l'évolution qu'a connue jusque-là, la sanction de la lésion. En effet, le contrat d'adhésion, rapport dans lequel la différence de puissance économique permet à une partie d'imposer à l'autre des conditions prérédigées sans qu'il y ait place pour une négociation, est apparu dès

---

[49] J. Rochfeld, *Les grandes notions du droit privé*, Paris, Ed. Puf, coll. Thémis, 2021, p. 426.

[50] M. Fontaine et J. Ghestin (dir.), *La protection de la partie faible dans les rapports contractuels : comparaisons franco-belges*, Paris, Ed. Lgdj, 1996, p. ?

[51] K. Wolou, « Nouvel éclairage sur le refus de révision du contrat pour imprévision », préc., p. 21.

la fin du XIXe siècle[52], sans pour autant que le droit positif en déduise un régime particulier. C'est ce qui justifie le développement du droit de la consommation à partir de la moitié du XXe siècle. Mais, si les domaines originels de contrôle du déséquilibre significatif sont ceux des contrats de consommation[53], aujourd'hui ce domaine s'est étendu à tous contrats d'adhésion[54] de sorte qu'on n'en parle plus seulement à propos des contrats de consommation.

Dans tous les cas, et malgré les craintes ainsi évoquées, l'apparente égalité des parties dans les contrats synallagmatiques devrait être repensée pour assurer une meilleure protection aux personnes qui n'ont d'autres choix que de se soumettre à la loi d'une partie qui profite d'un éventuel élément dissimulé de faiblesse de celles-ci. Par exemple, on sait que c'est de fait que, le contrat de travail, *a priori* un contrat de gré à gré, est devenu un contrat d'adhésion, susceptible de favoriser des abus de la part de la partie économiquement forte, l'employeur. Comme ce contrat, il doit en avoir d'autres qui sont sources d'abus dans les États membres de l'OHADA, particulièrement avec la prévalence de l'informalité[55] et compte tenu du fait que la partie qui se retrouve dans une position de faiblesse n'a d'autres moyens que de contracter[56].

Au fond, la question que l'on se pose est celle de savoir s'il y a encore des contrats de gré à gré en pratique. La réponse est, certes, positive, mais le malaise souligné est confirmé davantage par l'extension que semble connaître le domaine de sanction de la lésion. Des auteurs[57] ont déploré le fait le Code civil français n'admettait à

---

[52] V Testu, « Le juge et le contrat d'adhésion », *Juris-Classeur Périodique*, 1993.I.3673.

[53] C. Jamin et D. Mazeaud (dir.), *Les clauses abusives entre professionnels*, Economica, 1999 ; C. Grimaldi, *Leçons pratiques de droit des contrats*, Paris, 2e éd, Ed. Lgdj, 2022, n° 251, p. 211.

[54] R. Saleilles, *De la déclaration de volonté. Contribution à l'étude de l'acte juridique dans le Code civil allemand (art. 116 à 144)*, Paris, Ed. Pichon, 1901, *spéc.* N° 89-90, pp. 229-230 ; J. Rochfeld, *Les grandes notions du droit privé*, *op. cit.*, n° 9, p. 429.

[55] L'hermétisme du secteur informel au droit du travail compromet (donc) la protection des travailleurs en ce qu'ils sont, de fait, privés de la protection légale. K. Wolou, « *De lege ferenda*, un droit du travail spécifique au secteur informel en Droit togolais », *Revue Togolaise de Droit des Affaires et d'Arbitrage,* n° 21, 2022, p. 98.

[56] Sur la notion de contrat d'adhésion, v. notamment, G. Berlioz, *Le contrat d'adhésion*, préface B. Goldman, 2e éd., Ed. Lgdj, 1976, p. 27 ; J. Rochfeld, *Les grandes notions du droit privé*, *op. cit.*, n° 9, p. 429.

[57] Notamment G. Ripert, *Le Régime Démocratique et le Droit Civil Moderne*, Paris, 2e éd. Ed. Lgdj, 1936, nos 92 et s.

l'origine, contrairement à certaines autres législations[58], la lésion que dans deux cas bien précis. Ils ont alors contribué à son extension de sorte que, de plus en plus, les hypothèses dans lesquelles la lésion est sanctionnée se multiplient. Sont désormais pris en compte dans la législation française, la vente d'immeuble[59] ou d'engrais[60], le partage[61], la cession de droits d'exploitation d'une œuvre[62], les charges de copropriété[63], les contrats conclus par des personnes protégées dans leur sphère de capacité[64], des contrats d'assistance en mer[65], usure[66].

Quel que soit le contexte, n'y a-t-il pas toujours une partie qui arrive à imposer ses choix à l'autre ? On hésiterait aujourd'hui à répondre par la négative à cette interrogation, surtout en se référant à la situation des parties dans les États de l'OHADA. Le marché africain est réputé contenir une grande masse de consommateurs[67] et d'acteurs qui peuvent paraître vulnérables dans les relations contractuelles qui les unissent à d'autres acteurs plus influents. C'est pourquoi il faut penser à généraliser la sanction de la lésion à tous les contrats, pour un renforcement de la sécurité juridique des investissements dans les États de l'OHADA.

---

[58] Il est intéressant de constater que plusieurs législations modernes autorisent la rescision du contrat lésionnaire ; notons, entre autres, le code civil allemand, le code suisse des obligations, les législations polonaise, libanaise, égyptienne, grecque et suédoise. Même dans les législations anglo-saxonnes, selon un auteur, on a « reconnu une action pour corriger le contrat lésionnaire, sans l'appeler ainsi, lorsque l'insuffisance de la considération d'un contrat provient de l'abus de certaines circonstances comme l'influence indue ». Y. Marcoux, *loc. cit.*, pp. 100-101. (Cette production n'a pas été citée précédemment)

[59] Article 1674 C. civ. fr.

[60] L. 8 juill. 1907 concernant la vente d'engrais.

[61] Article 889 C. civ. fr.

[62] CPI, art. L. 131-5.

[63] Article 12 L. 10 juill. 1965.

[64] Article 1148 C. ci. fr.

[65] C. transp., article L. 5132-6 : « un contrat ou certaines de ses clauses peuvent être annulés ou modifiés (notamment) si (…) Si le paiement convenu en vertu du contrat est beaucoup trop élevé ou beaucoup trop faible pour les services effectivement rendus ».

[66] C. consom., article L. 314-6 s. et C. com., article L. 313-5 s. V. C. Grimaldi, *Leçons pratiques de droit des contrats*, *op. cit.*, pp. 208-209.

[67] Un auteur s'interrogeait ainsi il y a plus d'une dizaine d'année : Après l'immobilier, l'emprunt et l'assurance, l'une des questions récurrentes est celle de savoir si le droit de la consommation a atteint à présent les transports pour élever le passager au rang des consommateurs. K.-M. Agbénoto, « Le passager, un nouveau consommateur ? », *Petites affiches*, 2011, n° 96, p. 5 et s.

Aussi, et s'agissant de l'imprévision qui, elle, survient en cours de contrat, il faut en réaménager le régime de sorte à faciliter ou imposer la renégociation du contrat, le cas échéant. Certes, l'imprévision est indépendante de toute influence de l'une ou l'autre des parties, mais il n'en demeure pas moins qu'elle est de nature à engendrer des inégalités, lorsque la partie qui n'en subit pas les effets adopte une posture radicale, refusant toute renégociation du contrat. Le problème est en effet de savoir si la volonté des parties, telle que manifestée lors de la signature du contrat, reste encore intacte à l'occasion de la survenance des circonstances d'imprévision. Exiger l'exécution du contrat malgré la survenance d'une circonstance imprévue équivaudrait à affirmer que cette obligation est conforme soit à la volonté déclarée des parties, la preuve d'une volonté réelle discordante n'étant pas rapportée, soit à leur volonté réelle[68], ce qui dans les deux cas, est inexact[69].

En définitive, l'apparition des inégalités de fait, une sorte de « retour de la pierre » sert désormais à légitimer l'interventionnisme juridique dans le contrat.

2 – La légitimation de l'interventionnisme juridique

Avec l'admission des inégalités de fait, le législateur et également le juge n'ont plus besoin de passer par des moyens détournés pour intervenir dans la résolution des problèmes liés au déséquilibre significatif du contrat. Des expériences déjà vécues en droit comparé, il ressort que, la loi intervient majoritairement et *a priori*, en imposant, pour certains contrats particulièrement exposés à des rapports de force inégalitaires, la reprise de dispositions parcellaires ou de contenus-types équilibrés, en lieu et place d'une formule contractuelle déséquilibrée qui pourrait émaner du rapport de forces réel. La loi peut également interdire diverses clauses ou contenus. Il en est résulté ce que la doctrine a qualifié d'« ordre public de protection (d'une partie) », par opposition à l'ordre public traditionnel de direction et davantage pensé en défense de l'intérêt général. C'est encore en droit comparé que cet ordre public s'est considérablement étoffé en premier[70], à partir des années d'après-guerre en matière de baux, ainsi que des années 1960,

---

[68] K. Wolou, « Nouvel éclairage sur le refus de révision du contrat pour imprévision », préc., p. 15.

[69] *Ibid.*

[70] Ce récit du contrat n'a aucun ancrage en Afrique du fait de l'absence d'une culture consumériste.

âge d'or de la consommation[71]. Aujourd'hui, on peut même considérer qu'il s'est produit le développement d'un « droit commun des relations contractuelles inégalitaires »[72]. Cela réfère au fait qu'aux côtés du droit civil classique, le droit social, le droit de la consommation et une partie du droit de la distribution développent des régimes qui convergent vers des mécanismes de protection de la partie faible.

A posteriori, le juge intervient, de façon encore plus significative, sous couvert de la justification née de la perte de pouvoir de l'un des contractants. Le fondement de l'intervention du juge est une autre manifestation de ce que le législateur du Code civil de 1804 avait maladroitement voilé ses réelles intentions dans le traitement du déséquilibre contractuel. Il ressort de l'interprétation de l'article 1131 de ce Code que la présence d'une contrepartie réelle et sérieuse était indispensable, de sorte que, cette disposition a été utilisée, à partir d'un moment, pour lutter contre les clauses remettant en question l'obtention de cette contrepartie[73]. Cette première brèche ouverte par le juge, a servi de moyen pour en faire autant avec plusieurs autres dispositions du même Code. Ainsi, par réinterprétation, le domaine de l'article 1110 s'est étendu aux erreurs sur les qualités subjectivement essentielles et peut ouvrir à la sanction de contreparties ne présentant pas d'intérêt ; il embrasse les erreurs sur les motifs, non liées à l'objet de l'obligation[74] ; la sanction du dol[75] intègre désormais les simples réticences voire, non sans fluctuations, les manquements à une obligation d'information ou au respect d'un minimum de loyauté lors de la période de formation du contrat alors que celle de l'article 1112 et suivants relative à la violence, tente de saisir les situations de violence économique, c'est-à-dire

[71] La première réglementation de la publicité mensongère est intervenue en 1963 ; l'Institut National de la Consommation a été créé en 1966 ; les crédits ont été régis par des lois Scrivener du 10 janvier 1978, année où se mettait également en place un dispositif de lutte contre les clauses abusives…).

[72] A. Supiot, « La contribution du droit social au droit commun des contrats », in A. Wijffels (dir.), *Le Code civil entre ius commune et droit privé européen*, Bruxelles, Ed. Bruylant, 2005, p. 70.

[73] Cass. Com., 22 oct. 1996, *Chronopost, Dalloz. 1997, p. 121*, note A. Sériaux, et p. 145, note C. Larroumet, Défrénois 1997, p. 333, obs. D. Mazeaud, *Revue Trimestrielle de Droit Civil*, 1997, p. 418, obs. J. Mestre.

[74] Cass. Civ. 1re, 13 févr. 2001, *Revue Trimestrielle de Droit Civil,* 2001, p. 352, obs. J. Mestre et B. Fages, *Juris-Classeur Périodique* G. 2001, I, 330, obs. J. Rochfeld.

[75] Article 1116.

l'exploitation abusive, par un contractant, d'une situation de faiblesse économique ou d'un état de nécessité de l'autre[76].

Finalement, en droit comparé français, aujourd'hui, le législateur est ouvert à une remise en cause du contrat frappé d'un déséquilibre significatif[77], que ce déséquilibre soit dû à la lésion ou à l'imprévision. Depuis les réformes du Code civil de 2016, le droit français s'est, en effet, montré favorable, même si c'est de façon non encore totale, à une prise en compte de l'équilibre contractuel, tant lors de la formation qu'en cours d'exécution du contrat. Les articles 1171[78] et 1195[79] de ce nouveau Code civil en sont l'illustration. En droit de l'Organisation pour l'harmonisation en Afrique du droit des affaires, certes, il n'y a pas encore une réforme significative qui permit d'intégrer ces nouvelles réalités, mais il faut remarquer que, ce n'est pas par manque de volonté d'y procéder. En témoigne le fait qu'il est aussi envisagé que « la clause qui crée dans le contrat un déséquilibre significatif au détriment de l'une des parties peut être révisée ou supprimée à la demande de celle-ci, dans les cas où la loi la protège par une disposition particulière, notamment

---

[76] Cass. Civ. 1re, 30 mai 2000, Dalloz. 2000, p. 879, note J. P. Chazal ; 3 avr. 2002, p. 1860, note J. P. Gridel et J.-P. Chazal ; article 1114-3, avant-projet de réforme des obligations en France.

[77] La position de la doctrine paraît plus tranchée sur la nécessité de prendre en compte l'équilibre contractuel ou de procéder à un rééquilibrage du contrat lorsque le déséquilibre est entamé, de façon significative. Davantage, aujourd'hui, des réflexions importantes et multiples existent dans ce sens, qui étayent ce choix de la doctrine. Voir par exemple : S. Ondze, « Le juge et l'équilibre du contrat », préc., pp. 85-117 ; A.-A. Ngwanza, « L'équilibre contractuel dans l'avant-projet d'Acte uniforme sur le droit des contrats », *Revue de Droit Uniforme,* 2008, pp. 497-501 ; F. Jacomino, *Le contrôle objectif de l'équilibre contractuel. Entre droit commun des contrats et droit des pratiques restrictives de concurrence, op. cit.* ; L. Fin-langer, *L'équilibre contractuel, op. cit.*, 651 p.

[78] Article 1171 nouveau C. civ. fr. : « *Dans un contrat d'adhésion, toute clause non négociable, déterminée à l'avance par l'une des parties, qui crée un déséquilibre significatif entre les droits et obligations des parties au contrat est réputée non écrite.* ».

[79] Art. 1195 nouveau C. civ. fr. : « Si un changement de circonstances imprévisible lors de la conclusion du contrat rend l'exécution excessivement onéreuse pour une partie qui n'avait pas accepté d'en assumer le risque, celle-ci peut demander une renégociation du contrat à son cocontractant. Elle continue à exécuter ses obligations durant la renégociation. En cas de refus ou d'échec de la renégociation, les parties peuvent convenir de la résolution du contrat, à la date et aux conditions qu'elles déterminent, ou demander d'un commun accord au juge de procéder à son adaptation. A défaut d'accord dans un délai raisonnable, le juge peut, à la demande d'une partie, réviser le contrat ou y mettre fin, à la date et aux conditions qu'il fixe ».

en sa qualité de consommateur ou encore lorsqu'elle n'a pas été négociée »[80].

Au-delà, comment les acteurs concernés doivent-ils procéder pour atteindre les objectifs qui leur sont assignés ? Au nombre des différentes méthodes proposées ailleurs, l'une peut correspondre aisément avec les réalités du droit africain. Il s'agit de celle qui s'attache à la moralisation des rapports contractuels[81], notamment par l'imposition de devoirs généraux à la charge des cocontractants[82]. Elle consisterait à créer ou favoriser un contexte de collaboration des parties par le biais d'exigences de bonne foi, de loyauté, voire de collaboration[83]. Ces exigences réfèrent, de toute évidence, à la richesse des valeurs dont regorgent les sociétés africaines et qu'il faut maintenant promouvoir.

B – Une variété de valeurs à promouvoir

Aujourd'hui, il faut admettre que, dans le contexte africain, l'une des valeurs qui peut servir à convaincre la partie devenue « forte de fait » d'accepter la renégociation du contrat frappé d'un déséquilibre significatif, c'est bien celle du solidarisme. Le solidarisme serait, en

---

[80] J.-I. Sayegh, P.-G. Pougoué, F.-M. Sawadogo, *Projet de texte uniforme portant droit général des obligations dans l'espace Ohada*, *op. cit.*, p. 50.

[81] V. P.-G. Jobin, « Coup d'œil sur les multiples facettes de l'intervention du juge dans le contrat », in *Les Cahiers de droit*, 2006, n° *47*(1), pp. 3-11 ; A. Gougeon, *L'intervention du tiers à la formation du contrat*, Lille II, Thèse mult., 2016, 410 p.

[82] Par une première méthode, il est requis de tenter de réintroduire les conditions d'un consentement libre et éclairé, afin que les postulats initiaux, de liberté et d'égalité des parties, trouvent à s'appliquer et justifient l'exécution du contrat tel qu'il a été prévu. Par une deuxième, des mesures extérieures à la volonté des parties peuvent être imposées en vue de rééquilibrer le contenu contractuel.

[83] On trouve des manifestations particulièrement remarquables de cette orientation dans la jurisprudence relative aux contrats de distribution : le producteur peut par exemple être sanctionné s'il a réclamé à son distributeur qu'il engage des dépenses et qu'il rompt le contrat avant l'écoulement de la durée nécessaire à un retour sur investissements (Cass. Com., 20 janv. 1998, Dalloz. 1998, p. 413, note C. Jamin, et 1999, somm., p. 114, obs. D. Mazeaud, *Juris-Classeur Périodique,* G 1999, II, 10018, note J.-P. Chazal, *Revue Trimestrielle de Droit Civil*, 1998, p. 675, obs. J. Mestre) ; pour ne pas avoir permis à son distributeur de pratiquer des prix concurrentiels alors que son commerce se déroule sous exclusivité (Cass. com., 24 nov. 1998, *Juris-Classeur Périodique* G 1999, I, 143, obs. C. Jamin, et II, 12210, obs. Y. Picod, *Revue Trimestrielle de Droit Civil*, 1999, p. 98, obs. J. Mestre) ; pour avoir refusé de renégocier le contrat dans le cas où celui-ci était devenu déséquilibré (Cass. com., 3 nov. 1992, *Revue Trimestrielle de Droit Civil*, 1993, p. 124, obs. J. Mestre, Defrénois 1993, p. 1377, note J.-L. Aubert), etc. J. Rochfeld, *Les grandes notions du droit privé*, *op. cit.*, notes 1, 2, 3, p. 435.

effet, avec la loyauté et la fraternité[84], la nouvelle devise contractuelle[85]. On concevra d'ailleurs mal que le solidarisme[86] qui est vu comme une valeur centrale continue par ne pas être pris en compte dans les relations contractuelles en Afrique. Mais, ce que l'on préconise, en plus de la valeur centrale qu'est le solidarisme (1), c'est la capitalisation du multiculturalisme des sociétés africaines en tant que valeur également (2).

1 – Le solidarisme, valeur centrale

En se plaçant dans une perspective africaine, la catégorie contractuelle devrait être refondée sur le solidarisme et moins sur le volontarisme contractuel[87]. Quand on sait que la solidarité est une valeur importante dans les réalités traditionnelles des Africains, on peut s'étonner que ce soit à l'ère actuelle que l'on prenne en considération celle-ci. Les sociétés africaines à économie non technicienne, envisagent, en effet, les échanges commerciaux plutôt dans la perspective de réciprocité de services que dans celle de réalisation de profits, profondément religieuses[88] mais non chrétiennes, appréciant la

[84] De la formule de l'article 1134 du code civil encore en vigueur dans les États de l'OHADA, il ressort qu'ont été fédérés les idéaux de liberté, de loyauté et certainement de fraternité, trois valeurs si chères aux mœurs africaines de tous les temps. F. Terré, Ph. Simler, Y. Lequette, *Droit civil*, Paris, Ed. Dalloz, 2009, p. 461.

[85] D. Mazeaud, « Loyauté, solidarité, fraternité : la nouvelle devise contractuelle ? », *L'avenir du droit, Mélanges en hommage à François Terré*, Ed. Dalloz-Puf-Jurisclasseur, 1999, p. 603 et s.

[86] Le solidarisme à lui seul serait même suffisant et par voie de conséquence la fraternité serait une valeur illusoire dans le domaine contractuel.

[87] J. L. Correa, « L'écriture du droit des obligations au Sénégal », *Actualité du droit, Wolters Kluwer*, 2017.

[88] E. Durkheim, *Les formes élémentaires de la vie religieuse*, Paris, Ed. Alcan, 1937 ; G.-C. Picard, *Les religions de l'Afrique Antique*, Paris, Ed. Pion, 1954 ; G. Calame-Griaule, « Culture et humanisme chez les Dogon », in *Aspects de la culture noire*, Paris, Ed. Fayard 1958 ; A.-J.-B. Danquah, *Doctrine of God*, London, 1944 ; H. Deschamps, *Les religions d'Afrique Noire*, Paris, Ed. Puf, 1954 ; G. Dieterlen, *Essai sur la religion des Bambara*, Paris, Ed. Puf, 1951 ; C. Garnier et J. Fralon, *Le fétichisme en Afrique Noire*, Paris, Ed. Payot, 1951 ; H. Griaule, *Dieu d'eau*, Paris, Editions du Chêne, 1948 ; Abbé A. Kagame, « Le sacré païen et le sacré chrétien », in *Aspects de la culture noire*, Paris, Ed. Fayard, 1958 ; Abbé V. Mulago, « Dialectique existentielle des Bantus et sacrementalisme », in *Aspects de la culture noire*, Ed. Fayard, 1958 ; H. Nicod, *La vie mystérieuse de l'Afrique Noire*, Ed. Payot, 1943 ; G. Parrinder, *La religion en Afrique Occidentale*, Paris, Payot 1950. Cités par G.-A. Kouassigan, *Quelle est ma loi ? Tradition et modernisme dans le droit privé de la famille en Afrique noire francophone*, Paris, 1974, Ed. Pedone, 1974, note 2, p. 22.

valeur des choses par ce qu'elles leur suggèrent en référence à leurs essence et signification ontologiques, consacrant certes la primauté du groupe sur l'individu, mais dont les structures portent la marque de cette recherche constante d'un équilibre entre l'individuel et le collectif[89]. Mais, comme en droit comparé français, la bonne foi a occupé l'espace qui devrait l'être par la conception moins individualiste du contrat, ou encore, une conception plus solidariste apte à reconnaître un droit là où les relations contractuelles sont essentiellement inégalitaires. Ce n'est pas l'idée d'une irréductible lutte, mais bien celle, pour emprunter le terme de Saleilles, du contrat assimilé à un fait social[90], un résultat découlant de deux intelligences distinctes, participatives, visées ou, à tout le moins, pouvant l'être, que le volontarisme devrait exprimer[91]. Aussi, contrairement à la situation dans les États de l'OHADA, il n'y a rien d'étonnant que les premières théories sur le solidarisme ne soient émises qu'au début du XXème siècle en Europe. En effet, la doctrine française, pour ne citer que celle-là, admet de plus en plus que le solidarisme est le fondement de l'interventionnisme étatique dans le contrat. Cette idée de solidarité puise ses racines dans les sociologies de Léon Bourgeois[92] et de Émile Durkheim[93]. Le premier allait théoriser le « solidarisme » qui deviendra le fondement du programme du parti radical. Il entendait par là, faire apparaître le lien de solidarité entre individus et société, sur un mode organiciste. Durkheim théorisa, quant à lui, le « contrat équitable », pour lequel le consentement ne suffit pas et qui ne peut s'affranchir d'un jugement d'équité de l'échange, considération étant prise de la situation des contractants[94]. Plus précisément, c'est en droit social que cette approche s'imposa en

---

[89] G.-A. Kouassigan, *Quelle est ma loi ? Tradition et modernisme dans le droit privé de la famille en Afrique noire francophone,* op. cit., p. 22.

[90] C. Thibierge-Guelfucci, « Libres propos sur la transformation du droit des contrats », *Revue Trimestrielle de Droit Civil,* 1997, n° 96, p 364.

[91] A. Bélanger et G.-T. Tabi, « Vers un repli de l'individualisme contractuel ? L'exemple du cautionnement », *Les Cahiers de droit*, 2006, n° *47*(3), p. 449.

[92] L. Bourgeois, *Solidarité*, Paris, 3e éd., Ed. A. Colin, 1902, p. ?

[93] E. Durkheim, *De la division du travail social*, 1893, Ed. Puf, Quadrige, 5e éd., 1998, p. 189 et s.

[94] On trouve une synthèse, ainsi qu'une mise en perspective de cette approche, dans l'ouvrage central de J. Donzelot, *L'invention du social*, Paris, Ed. Fayard, 1984, p. 108 et s.

premier[95] avant de prendre de l'ampleur en droit des contrats[96]. Mais, une importante partie de la doctrine, notamment française, s'était opposée à cette évolution et en a rejeté la référence[97]. Elle soutenait, entre autres, que le concept de solidarité implique une prise en charge collective des problèmes ou des risques et que cela ne serait pas à l'œuvre dans les mouvements actuels[98]. C'est aussi comme dans l'assurance qui procède également de la solidarité[99]. Elle est soutenue par l'idée que, lorsqu'il se trouve isolé, l'homme est très vulnérable aux coups du sort qui le maintiennent dans un état d'insécurité moralement pénible et économiquement néfaste[100]. Or, par le biais de l'assurance, il intègre un groupe de personnes auquel il reporte les effets pécuniaires des malheurs qui lui arrivent[101].

Au regard de ces mouvements, on peut affirmer que *la pierre rejetée par les bâtisseurs est en train de devenir la principale du droit des contrats*. En plus, sur le plan de la solidarité, les législateurs africains ne devraient ni tergiverser ni encore moins douter de la forte implication juridique que peut avoir la solidarité dans la modernisation de leur droit

---

[95] V. J.-J. Dupeyroux, « Les exigences de la solidarité », *Dalloz.* 1990, chr., p. 741 ; A Supiot, « La contribution du droit social au droit commun des contrats », préc., p. 62.

[96] V. C. Jamin, « Plaidoyer pour le solidarisme contractuel », *Études J. Ghestin*, Ed. Lgdj, 2001, p. 441 ; D. Mazeaud, « Loyauté, solidarisme, fraternité : la nouvelle devise contractuelle ? », préc., p. 603 ; « Le nouvel ordre contractuel », *Revue Des Contrats,* 2003, p. 395 ; *Dalloz.* 2005, p. 1828 ; D. Mazeaud et C. Jamin (dir.), *La nouvelle crise du contrat*, Paris, Ed. Dalloz, 2003, note P. Chanial, « Bourgeois, Durkheim et l'incomplétude du contrat », p. 51, qui fait une synthèse de la filiation avec la théorie initiale de L. Bourgeois ; J. Cedras, « Liberté, égalité, contrat : le solidarisme en doctrine et devant la Cour de cassation », *Rapport annuel de la Cour de cassation*, 2003, p. 215 ; L. Grynbaum et M. Nicod (dir.), *Le solidarisme contractuel*, Paris, Ed. Economica, 2004. *Adde* C. Guelfucci-Thibierge, « *Libres propos sur la transformation du droit des contrats* », *Revue Trimestrielle de Droit Civil*, 1997, p. 357.

[97] M. Mignot, « De la solidarité en général, et du solidarisme contractuel en particulier ou le solidarisme contractuel a-t-il un rapport avec la solidarité ? », *Revue de la Recherche Juridique,* 2004, p. 2153 ; A. Supiot, « La contribution du droit social au droit commun des contrats », préc., p. 69 ; Y. Lequette, « Bilan des solidarismes contractuels », in *Mélanges. P. Didier*, Paris, Ed. Economica, 2008, p. 247.

[98] A. Supiot, « La contribution du droit social au droit commun des contrats », préc., p. 69.

[99] V.-E. Bokalli, « L'assurance, une institution méconnue », *De l'esprit du droit africain, op. cit.*, p. 152.

[100] *Ibid.*

[101] *Ibid.*

des contrats. Les États de l'OHADA devraient pouvoir profiter de l'avance prise sur les Occidentaux dans la pratique de la solidarité, pour véritablement adapter leurs lois et les rapprocher de ce qui est conforme aux réalités quotidiennes. Il est surtout admis que le plus grand charme de la doctrine solidariste, qui prend de plus en plus une certaine ampleur aujourd'hui, est qu'elle constitue le reflet d'une valeur qui se positionne à certains points de vue comme une identité africaine : *la solidarité africaine*[102]. Sur ce fondement, on peut présumer que l'intégration de la solidarité comme principe du droit des contrats des États de l'espace OHADA requerra moins de difficultés qu'en droit français, dès lors que toute équivoque sera levée, aussi bien sur son contenu que sur ses contours. Ce préalable est nécessaire pour tenir compte de l'état de modernité avancée du droit dans ces États qu'il faut aussi sauvegarder, le maximum possible. Il a été constaté qu'alors même que la solidarité est présentée par tous les observateurs comme un trait idiosyncrasique du continent africain, sinon comme un stéréotype, il suffit d'un rapide sondage dans des lexiques établis par des missionnaires ou par des linguistes pour constater qu'ils ne consacrent aucune entrée à la notion de solidarité. Cette apparente contradiction tient à deux problèmes distincts[103]. Le premier concerne l'emploi de la notion de solidarité dans la littérature scientifique et les différentes acceptions qu'elle reçoit selon les auteurs. Le second est celui que soulève la multiplicité des formes institutionnelles et donc, la multiplicité des désignations que reçoit la solidarité dans les sociétés d'Afrique.

De façon générale, le solidarisme contractuel se traduit matériellement par une obligation générale de collaboration prescrite aux parties à toutes les étapes du contrat et par laquelle elles sont tenues d'agir dans l'opération contractuelle de la manière la plus profitable à tous. Ce fondement générateur d'un large éventail d'obligations imposées aux parties tout au long du processus contractuel se distingue de certaines notions voisines qui, cependant, lui sont quand-même très familières. L'une, la bonne foi, ne vise traditionnellement qu'une

---

[102] E.-R. Awono Nomo, « Du volontarisme au solidarisme contractuel : vers l'émergence actuelle d'un devoir général de prise en compte de l'intérêt du cocontractant ? », *Revue Acaref*, 2022, p. 300, en ligne sur https://revues.acaref.net/wp-content/uploads/sites/3/2022/04/Ernest-Roger-Awono-Nomo.pdf, consulté le 11.12.2023 à 17h09.

[103] D. Liberski-Bagnoud, « Les formes africaines de la solidarité », in A. Supiot (dir.), *La solidarité. Enquête sur un principe juridique.* Paris, Ed. Odile Jacob, « Travaux du Collège de France », 2015, p. 167-181.

simple prise en compte de l'intérêt du cocontractant. Le solidarisme, quant à lui, va au-delà et justifie une véritable prise en charge de l'intérêt de l'autre partie au contrat. L'autre, l'équité ne fait référence qu'à un élément extérieur et ne concourt aussi qu'à définir du point de vue de la justice morale ce qui est dû[104]. Manifestement, elle tend davantage à s'appliquer à l'équilibre des prestations contractuelles[105]. Identiquement à la bonne foi, elle intègre le champ du solidarisme, mais n'en prend en compte qu'un seul aspect car, le solidarisme dépasse la seule conciliation des intérêts des parties pour justifier une solidarité dans l'accomplissement par les parties de leurs obligations respectives. Il s'ensuit que sur le fondement de la solidarité, le législateur africain pourra non seulement faire réviser le contrat pour lésion, peu importe la matière sur laquelle le contrat porte (meuble ou immeuble), mais surtout, cas le plus problématique, en ordonner le rééquilibrage lorsque survient une situation d'imprévision qui rendrait l'exécution excessivement onéreuse pour l'une des parties. La capitalisation du multiculturalisme des sociétés africaines renforcerait cette vision des choses.

2 – Le multiculturalisme, valeur capitalisable

La culture est l'identité d'une société. En conséquence, l'évidence du multiculturel des sociétés africaines de l'espace OHADA est une lapalissade. Cependant, la formation du droit des contrats des États de l'OHADA laisse apparaître des incorrections qui permettent encore d'objecter l'africanité de ses sources. A l'ère où le droit des contrats des États de l'OHADA semble prendre un tournant important, il sied de faire observer que les mutations en cours dans les États de cet espace ou celles annoncées au niveau communautaire doivent marquer une rupture avec le passé colonial.

Avec les mutations en cours dans cet espace communautaire, la voie est peut-être ouverte pour passer de l'exception de proportionnalité au principe de proportionnalité[106]. On peut avancer que l'avènement d'un principe d'équilibre du contrat qui sera imposé en amont par la loi et

---

[104] E.-R. Awono Nomo, « Du volontarisme au solidarisme contractuel: vers l'émergence actuelle d'un devoir général de prise en compte de l'intérêt du cocontractant ? », préc., p. 301.

[105] F. Terre, Ph. Simler, Y. Lequette, *Droit civil*, Paris, Ed. Dalloz, 2009, p. 461.

[106] R.-S. Keugong Ngueken, *Le droit commun des contrats face à l'émergence des droits communautaires africains,* Dschang, Thèse mult., 2009, p. 317.

préservé en aval par le juge est imminent[107] dans le droit des États de l'espace OHADA. Mais quelle loi et pour quel juge ? Il faut faire en sorte que la loi dont il s'agit ne soit plus « une loi pour les Africains mais sans les Africains » comme c'est souvent le cas. Le propos selon lequel l'exclusion des sociétés africaines appartenant à l'espace OHADA à participer à la confection du droit OHADA, se manifeste par l'impossibilité objective des populations à être associées aux discussions et de voter ces textes, le cas échéant en est une illustration actuelle. Seule une partie de l'élite membre des commissions nationales[108] peut être consultée[109]. On se demande alors s'il s'agit d'un droit des affaires africain ou d'un droit des affaires en Afrique ? La première hypothèse renvoie à un *droit africain des affaires*, c'est-à-dire un droit dérivé des coutumes locales et formellement consacré par les Africains eux-mêmes. La seconde hypothèse fait référence à un droit conçu, par des étrangers, à partir des réalités exogènes et en usage sur le continent africain.

Ainsi, le multiculturalisme qui caractérise les sociétés africaines[110] doit être capitalisé pour doter les États de l'OHADA d'une législation contractuelle qui est le reflet de leurs réalités sociales. Entre autres, les lacunes conceptuelles ayant conduit à la dilution des richesses culturelles identitaires des peuples africains de cette communauté[111]

---

[107] Les difficultés d'adoption du projet d'Acte uniforme relatif au droit des contrats jettent du doute sur le moment de son adoption. Mais, il ne faut pour autant pas conclure à un échec total. Les réflexions en cours et surtout celles déjà menées, notamment lors du Colloque international (Acte I) intitulé « Pour une harmonisation du droit des contrats dans l'espace Ohada » en Côte d'Ivoire du 06 au 09 novembre 2024 et l'Acte II envisagé pour l'année 2025, seront, peut-être, le déclic pour un aboutissement de ce projet d'envergure.

[108] *Texte d'orientation relatif à la création, aux attributions, à l'organisation et au fonctionnement des commissions nationales de l'Ohada*, J.O. 28 février 2003, n° 12, p. 23.

[109] International Finance Corporation et Organisation pour l'harmonisation en Afrique du droit des affaires Permanent Secretariat, *IFC's Organisation pour l'harmonisation en Afrique du droit des affaires Investment Climate Program (2007-2017). An Impact Assessment of ORGANISATION POUR L'HARMONISATION EN AFRIQUE DU DROIT DES AFFAIRES Reforms. Uniform Acts on Commercial, Company, Secured Transactions, and Insolvency*, Washington, International Finance Corporation, 2018, note 77, p. 60.

[110] V. J. Djogbénou, *Le Droit, les droits : introduction théorique à l'étude du droit, Cotonou*, Ed. Crédij, 2024, n°s 22 et s., pp. 21-25.

[111] L'espace OHADA est composé de 17 États parties, au sein desquels un minimum de six langues et plusieurs aires culturelles sont présentes, ce qui en fait autant en matière de richesses culturelles.

doivent être relevées et minimisées. Tel est le cas de la consécration officielle du monolinguisme qui a contribué à ruiner l'enracinement culturel normatif du droit des contrats à travers ses composantes sociologiques. Aussi bien à l'intérieur des États qu'au niveau communautaire, la langue française est généralement la langue dans laquelle les contrats sont rédigés, ceci, peu importe le niveau de compréhension de cette langue par les parties. Il faut tirer alors leçons de l'expérience du droit de l'OHADA qui laisse entrevoir un mépris certain à l'égard des autres aires culturelles de la communauté. C'est une erreur à éviter dans la mesure où, il est possible d'espérer la consécration des langues secondaires des États de l'OHADA au statut de langue de travail, une acception plus rapide et plus facile de la révision du contrat pour imprévision par exemple. En effet, le défaut de traduire rapidement les textes dans des langues que les populations maîtrisent limite l'accès au droit pour les populations de cet espace communautaire.

Aussi, l'indifférence tant du droit interne des États que du droit OHADA aux sources culturelles des sociétés africaines a consacré une pratique des contrats en marge des enjeux sociaux et culturels, lesquels délégitiment la norme en vue d'atteindre les objectifs attendus. Il s'en infère une contrariété des intérêts entre la norme et le corps social, mais aussi de l'application des politiques inappropriées. Ces contradictions montrent qu'il faut désormais noter la volonté manifestée par des sociétés membres de la communauté de se réapproprier certaines valeurs culturelles[112] particulièrement en matière contractuelle, en dépit des risques de conflits culturels. Il est bien possible de créer une unité des règles devant présider à une gestion convenable du déséquilibre significatif du contrat dans la diversité des valeurs culturelles africaines. Par ailleurs, il faut procéder à une précision des outils appropriés à la prise en compte du déséquilibre significatif du contrat dans ces États.

II – Une précision des outils appropriés

La consécration du déséquilibre significatif relève soit d'une politique législative soit d'une consécration jurisprudentielle. Les contributions de la doctrine africaine qui sont de plus en plus importantes et convergentes devraient susciter une réaction aussi proportionnelle de la part des législateurs des États ou de façon générale encore du législateur communautaire. Il faudra cependant être

[112] *Ibid.*, p. 807.

pointilleux sur les choix des outils devant permettre d'y parvenir. Faut-il laisser la discrétion aux parties ? Ou plutôt, faut-il laisser le juge décider du sort du contrat frappé d'un déséquilibre significatif ? Le législateur doit se référer au fait que, aussi bien la consécration du déséquilibre significatif que les outils qui doivent contribuer à le corriger, concourent à la sauvegarde et la conservation de l'ordre social, une vertu très partagée en Afrique[113]. C'est pourquoi, l'on préconise de prioriser la renégociation du contrat (A), le recours au juge ne devant être qu'exceptionnel (B).

A – La priorisation de la renégociation

En formant un contrat dans le contexte des États africains et en présence d'une situation de déséquilibre significatif, la partie forte doit envisager, sans qu'il n'y ait aucune pression sur sa personne, de sacrifier une partie de ses intérêts pour se rapprocher de ce dont son partenaire avait raisonnablement besoin. Le cas échéant, la décision de réviser le contrat devrait venir spontanément. En donnant priorité pour la renégociation, on assisterait à une résurgence de l'autonomie de la volonté (1). Il faut également considérer les finalités de la renégociation pour justifier cette priorité à lui conférer (2).

1 – Une résurgence de l'autonomie de la volonté

L'autonomie de la volonté est un élément important du fait qu'elle crée un équilibre plus ou moins stable entre les parties en présence. Son importance est davantage perceptible à l'occasion de la renégociation de leur contrat atteint d'un déséquilibre significatif. La question qui se pose immédiatement dans ce cas est de savoir s'il faut imposer aux parties la renégociation ou plutôt leur en laisser l'initiative. Il aurait été plus judicieux de donner à l'obligation de renégociation un caractère impératif lorsqu'aucune des parties n'a entendu assumer le risque d'un tel changement de circonstances et, davantage, lorsqu'elles n'ont pas inséré une clause de renégociation[114] dans le contrat. L'obligation de

---

[113] V. K.-I. Agbam, *Le contrat face à l'imprévision dans les pays francophones d'Afrique subsaharienne : essai d'une analyse normative socio-économique*, op. cit., 452 p.

[114] Les clauses de renégociation sont définies comme celles par lesquelles les parties organisent à l'avance le déroulement de nouvelles négociations en cas de changement de circonstances déstabilisant l'équilibre initial du contrat. Utilisant habituellement des formules paramétriques comme *« clause de révision », « clause de renégociation », « clause d'adaptation », ou clause de hardship*, leur domaine est tout aussi vaste

renégociation prendrait alors la nature d'une règle supplétive de volonté. Cela devrait d'ailleurs découler de l'obligation d'exécution de bonne foi du contrat, laquelle est expressément présentée comme étant d'ordre public[115]. Mais, au fond, rendre la renégociation obligatoire pour les parties dans le contexte africain ne risquerait-il pas de constituer une source d'ineffectivité de la règle dans la pratique ? L'une des clés pour rendre effective une telle règle serait, tout en la prévoyant dans la législation, de faire en sorte qu'elle intègre naturellement les habitudes de sorte à devenir une sorte de coutume à moyen ou à long terme. Cette option est avancée parce que les sociétés africaines étaient régies par des systèmes coutumiers qui avaient cet avantage d'être connus, intériorisés, maîtrisés et donc légitimés[116]. C'est cette légitimation qu'il faut rechercher en laissant la discrétion de la renégociation quant à l'initiative et aussi à la conduite des discussions, aux seules parties. Ce faisant, la partie forte se sentirait moins stressée mais surtout moins menacée et accéderait plus facilement à la requête de son partenaire, le cas échéant. Le droit de l'Organisation pour l'harmonisation en Afrique du droit des affaires connaît une réalité importante qui le démarque de la législation française notamment et qui peut contribuer à cette légitimation de la renégociation. Il s'agit de la pratique des usages qui peut être mise au service de la renégociation pour assurer son intégration dans les habitudes des contractants. Aux termes, en effet, des articles 177 et 239 alinéa 2 de l'Acte uniforme relatif au droit commercial général, les parties ne sont tenues que des usages dont elles *« avaient ou devaient avoir connaissance, et qui, dans le commerce, sont largement connus et régulièrement observés... »*. Ainsi, le premier critère attendu de la renégociation est qu'elle soit

---

que l'abondante littérature qui a contribué à les rendre populaires. Connu sous le nom générique de clauses de *hardship*, clause de révision ou clause d'adaptation, une littérature pour le moins abondante a contribué à les rendre très populaires. V. notamment, B. Oppetit, *L'adaptation des contrats internationaux aux changements de circonstances : la clause de hardship,* Ed. Clunet, 1974.794 qui parle de clauses d'adaptation ; S. Marchans, *Clauses contractuelles, du bon usage de la liberté contractuelle*, Ed. Helbing Lichtenhahn, 2008 ; sur l'expression « *technique contractuelle »,* v. J.-M. Mousseron, J. Raynard et J.-B. Seube, *Technique contractuelle*, 4e éd. Ed. Francis Lefebvre, 2010.

[115] Art. 1104 alinéa 2 ; v. aussi S. Bissaloue, *La renégociation contractuelle en droit français et en droit Ohada, op. cit.*, note 245, p. 50.

[116] V. C. Kuyu Mwissa, « L'anthropologie juridique pour comprendre », in C. Kuyu Mwissa (dir.), *Parenté et famille dans les cultures africaines,* Paris, Ed. Karthala, « Questions d'Enfances », 2005, pp. 79-92.

largement connue. Aussi, la renégociation doit être également régulièrement observée, c'est-à-dire qu'elle doit être actuelle. Ces deux critères sont cumulatifs[117]. Ce sont des conditions de légitimation de la règle de droit spontanée[118] dont l'importance est ainsi renforcée par le législateur au détriment d'autres critères concurrents comme la constance.

De la légitimation ainsi souhaitée, dépendra aussi le règlement des difficultés susceptibles d'être soulevées par l'une ou l'autre pour se soustraire de cette obligation. Les parties peuvent par exemple et c'est le cas de figure qui risque d'être récurrent, avoir un désaccord sur l'existence d'une imprévision, ce qui peut conduire à un refus ou à un échec de la renégociation du contrat. Les critères proposés pour caractériser un tel déséquilibre peuvent paraître insuffisants, surtout lorsque la partie forte est de mauvaise foi. Il y a, en effet, *bouleversement des circonstances lorsque surviennent des événements qui altèrent fondamentalement*[119] *l'équilibre des prestations….* L'adverbe « fondamentalement » peut poser des difficultés d'interprétations et servir de voie à la partie forte pour se soustraire à son obligation de renégocier. Suffit-il qu'il y ait augmentation du coût d'exécution des obligations ou qu'il y ait diminution de ce même coût pour qu'un déséquilibre significatif ou, selon les termes employés par la doctrine, que l'équilibre des prestations soit fondamentalement altéré ? Puis, on pourrait raisonnablement évoquer un déséquilibre significatif quand bien même l'on se retrouverait dans l'une des trois situations envisageables à savoir : les événements à l'origine de l'altération sont survenus ou ont été connus de la partie lésée après la conclusion du contrat ; la partie lésée n'a pu, lors de la conclusion du contrat, raisonnablement prendre de tels événements en considération ; ces événements échappent au contrôle de la partie lésée et, par ailleurs, que le risque de ces événements n'a pas été assumé par la partie lésée ?

Ce qu'il pourrait être utile pour minimiser les désaccords qui s'étalent dans le temps sur la caractérisation du déséquilibre significatif, ce serait de fixer par exemple un taux précis d'augmentation du taux des obligations ou de diminution de la contre-prestation, selon les cas

---

[117] La seule connaissance de la renégociation ne suffirait pas à en faire un usage. Une pratique peut être largement connue du public sans pour autant n'être pratiquée de personne. S. Bissaloué, *La renégociation contractuelle en droit français et en droit Ohada*, *op. cit.*, p. 363.

[118] P. Deumier, *Le droit spontané,* Paris, Ed. Economica, 2002, p.103 et s.

[119] Nous avons souligné.

et pour ce qui est du déséquilibre significatif. Il faut s'inspirer de la pratique en matière de lésion où le déséquilibre est significatif lorsque le vendeur a été lésé de plus de sept douzième dans le prix d'un immeuble[120]. C'est ce seul cas où la lésion a été et continue d'être admise dans les législations des États de l'OHADA. Il est utile d'évoquer la nécessité de faire évoluer aussi la législation en la matière, notamment en envisageant d'étendre la lésion aux meubles dont la valeur est très significative et avoisine de plus en plus celle des immeubles. En d'autres termes, ne faut-il pas généraliser la lésion ?

Il faut ajouter que l'objectif poursuivi n'est pas un équilibre absolu. L'autonomie de la volonté ne permet d'ailleurs pas d'envisager une telle possibilité et c'est pourquoi certains auteurs affirment que ce sont des « concepts inconciliables »[121] du fait de leurs divers objectifs contraires. Cependant, l'autonomie de la volonté permet une meilleure compréhension de l'équilibre contractuel et son appréhension car, elle en dessine les contours et inversement[122]. Ce sont des concepts qui s'entrechoquent, qui suivent des destins différents. Cependant encore, il faut trouver là encore un juste milieu entre une autonomie de volonté totale et un équilibre contractuel trop important[123]. L'utilisation extrême de ces concepts a ses limites car, à vouloir trop d'autonomie, ou trop d'équilibre on crée des insécurités juridiques et des situations insoutenables. Pour ne pas en arriver à ces extrêmes, il sera utile de prendre en considération les finalités de la renégociation.

2 – Une prise en considération des finalités de la renégociation

La renégociation des contrats a deux finalités distinctes, à savoir d'une part le désengagement total ou partiel de la responsabilité et d'autre part, le maintien de la relation contractuelle[124]. Ces mêmes finalités sont présentes dans les États membres de l'OHADA en dépit de ce que l'absence d'une clause d'imprévision et la référence à la jurisprudence de la Cour de cassation française dite « Canal de Craponne » a longtemps été la base du rejet de toute possibilité de

[120] V. article 1674 C. civ.
[121] L. Fin-Langer, *L'équilibre contractuel*, *op. cit.*, p. 36.
[122] M.-A. Muggeo, *L'équilibre contractuel, op.cit.*, p. 60.
[123] *Ibid.*
[124] A. Boutaybi, K. Zaouaq, « Temps de crise : la renégociation amiable des contrats au Maroc et dans les pays de l'Ohada », *Revue du droit des affaires en Afrique*, 2020, n° 2, p. 5.

révision du contrat[125]. Il fallait recourir à des moyens détournés qui au fil du temps se sont d'ailleurs accrus, pour trouver une solution en cas de survenance d'un déséquilibre, surtout en cours d'exécution du contrat. Par exemple, les parties au contrat devaient chercher dans les contrats toutes sortes de clauses pouvant leur permettre de se désengager totalement ou partiellement de leurs obligations contractuelles. Les clauses de renégociation sont, en effet, définies comme celles par lesquelles les parties organisent à l'avance le déroulement de nouvelles négociations en cas de changement de circonstances déstabilisant l'équilibre initial du contrat. Leur utilité n'est pas remise en cause surtout qu'elles ont contribué, du fait de leur richesse[126], à rendre plus plausible, la nécessité de consacrer la révision du contrat pour imprévision dans les États de l'OHADA. Il s'agit de parvenir à sauvegarder les relations contractuelles qu'à mettre fin au contrat. La rupture du contrat peut, en effet, entraîner des pertes considérables pour les deux parties. La renégociation en vue de la révision ou de la modification d'un contrat est ainsi un moyen efficace permettant aux parties de maintenir la relation contractuelle tout en s'adaptant au rythme actuel de l'économie mondiale. Mais, lorsque les parties ont convenu de renégocier le contrat déséquilibré, cette obligation de renégociation n'implique pas nécessairement qu'elles soient tenues d'aboutir à une issue favorable. L'obligation de parvenir à un accord d'adaptation du contrat déséquilibré à la situation nouvelle non prévisible est une obligation de moyens et non de résultat. Rien n'oblige les parties à arriver au résultat même si c'est ce qui leur est souhaitable afin d'éviter l'intervention du juge ou la rupture du contrat. Il a été très utilement souligné que « renégocier ne rime pas avec réviser »[127] mais aussi que « l'insertion d'une clause de renégociation dans un contrat ne contraint pas les contractants, qui renégocient conformément à l'engagement qu'ils ont souscrit dans ladite clause, à réviser le contrat »[128]. On peut présumer alors que les parties qui, en l'absence de toute clause, acceptent de renégocier leur contrat s'offrent plus de chance d'aboutir au maintien de la relation contractuelle. Leur bonne foi sera moins éprouvée que celles de parties qui se sont engagées à renégocier

---

[125] *Ibid.*

[126] S. Bissaloué, *La renégociation contractuelle en droit français et en droit Ohada, op. cit.*, p. 52.

[127] D. Mazeaud, « Renégocier ne rime pas avec réviser », note sous Cass. com. 3 octobre 2006 n° 04-13.214, *Dalloz*. 2007, n°11, p.765 et s.

[128] *Ibid.*

en insérant une clause dans leur contrat, peut-être sans en mesurer la portée réelle à l'origine. Le désengagement sera également plus facilement accepté si les parties y adhèrent volontairement, sans aucune pression extérieure. Si l'une ou l'autre des issues devient impossible de l'initiative des parties, celle qui y a plus intérêt devra explorer la solution ultime, le recours exceptionnel au juge.

B – Le recours exceptionnel au juge

Dans les États de l'OHADA, les conventions ne peuvent être modifiées ou révoquées que du consentement mutuel des parties, ou pour les causes que la loi autorise[129]. Qu'un contrat ne puisse être modifié ou révoqué que d'un commun accord est une règle de bon sens. Il serait même inconcevable que, par principe, chaque partie puisse modifier seule ce qui a été convenu à deux. Mais, en cas d'imprévision et dans le cas où la renégociation demandée par une partie est refusée par l'autre ou n'aboutit pas, le recours au juge devient incontournable, pour l'une ou l'autre des parties. Mais, cette option paraît-elle opportune dans le contexte des États africains où la justice semble être en crise ? En tout cas, quoiqu'exceptionnel, ce recours au juge serait une occasion de légitimation de l'intervention du juge dans le contrat (1). S'impose, par ailleurs, une délimitation de l'étendue de ses pouvoirs, le cas échéant (2).

1 – Une légitimation de l'intervention du juge dans le contrat

Dans la plupart des États de l'OHADA, la loi n'autorise le juge à modifier le contenu du contrat que dans quelques cas, notamment réviser une clause pénale, accorder un délai de grâce au débiteur pour s'exécuter etc. Mais, le juge n'a souvent pas hésité à opérer un « *forçage* »[130] pour remettre en cause le contrat des parties. Les procédés utilisés par le juge pour forcer le contrat sont divers et montrent l'étendue de son pouvoir. Lorsqu'il ne recourt pas, même si l'artifice est patent, à une légitimation fictive[131], ce dernier se retranche

---

[129] V. article 1134 al. 2 C. civ.

[130] Expression empruntée à E.-L. Josserand, « Le contrat dirigé », *Dalloz Hebdomadaire*, 1933, chron., p. 89 ; « Le forçage du contrat », in *Études Gény*, t. 2, Paris, Ed. Sirey, 1934, p. 340 et s. V. aussi M. Fabre-Magnan, « Le forçage du consentement du salarié », *Le Droit Ouvrier*, 2012, n° 768, note 7, p. 460.

[131] V. B. Guiderdoni, *Le forçage du contrat par le juge*, Caen, Thèse mult., 2002, v. Résumé, consulté en ligne sur

notamment derrière des textes, tels les articles 1134 alinéa 3 et 1135 du Code civil encore applicables dans plusieurs États de l'OHADA. Il en est ainsi lorsque le juge se livre à une interprétation quelque peu divinatoire du contrat. Ce n'est pas que cette manière de procéder est mauvaise en soi. Au contraire, on estime que la remise en cause du contrat par le juge se fait paradoxalement toujours au profit du contrat lui-même soit qu'elle marque le retour à l'opération contractuelle soit qu'elle éradique de celle-ci les déséquilibres introduits, fautivement ou non[132]. Lorsque le juge modifie le contrat des parties, il vise à construire des solutions raisonnables, utiles et justes[133]. Il s'efforce, autant qu'il le peut, de promouvoir des valeurs qui lui paraissent respectables. Il s'en infère que l'admission de l'intervention du juge, soit pour déséquilibre significatif soit pour altération fondamentale de l'équilibre des prestations, paraît très opportune. Le cas échéant, le juge cesserait d'opérer par des moyens détournés comme ce fût le cas jusqu'ici dans les États de l'OHADA. La légitimation de l'intervention du juge est alors pertinente, dans la mesure où, contrairement à ce que l'on peut estimer, la saisine du juge n'est pas forcément synonyme d'application immédiate, voire stricte de la loi dans toute sa rigueur. Le droit OHADA est, en effet, à une période de promotion des Modes alternatifs de règlement des différends[134]. Bien souvent, la saisine du tribunal n'est pas toujours la preuve de l'impossible renégociation[135]. Elle peut être également le symbole d'une volonté commune d'aboutir à un accord au mieux des intérêts de chacun[136]. En cela, le pouvoir de renégocier des parties ferait l'objet d'une protection judiciaire. La jurisprudence

---

https://books.google.bj/books/about/Le_for%C3%A7age_du_contrat_par_le_juge.html?id=ANTFMgEACAAJ&redir_esc=y, le 01.08.2024 à 11h40.

[132] F. Rouvière, « La remise en cause du contrat par le juge », *Colloque « L'efficacité du contrat »*, Aix-en-Provence, *Gwendoline Lardeux*, 2010, p. 18.

[133] J. Ghestin, « Le contrat en tant qu'échange économique », *Revue d'Économie Industrielle*, vol. 92, 2e et 3e trimestres 2000, p. 90. V. sur la question A. Arsac-Ribeyrolles, *Essai sur la notion d'économie du contrat*, *op. cit.*

[134] Trois textes majeurs permettent d'appuyer cette offensive de l'OHADA vers les MARD : l'Acte uniforme relatif au droit de l'arbitrage adopté à Conakry (Guinée) le 23/11/2017 ; l'Acte uniforme relatif à la médiation adoptée à Conakry (Guinée) le 23/11/2017 ; le Règlement d'arbitrage de la CCJA adopté à Conakry (Guinée) le 23/11/2017 ; v. aussi A.-S. Sounon Tamou, « Le juge étatique à l'épreuve des modes alternatifs de règlement des différends (M.A.R.D.) en droit Ohada », *Annales de l'Université de Parakou, Série "Droit et Science Politique"*, Vol. 3, n° 2, 2020, 26 p.

[135] S. Bissaloué, *La renégociation contractuelle en droit français et en droit Ohada, op. cit.*, p. 130.

[136] *Ibid.*

française encourage fortement depuis quelques années l'usage de la renégociation dans la recherche de solutions aux différends contractuels. La force obligatoire n'interdit pas d'exprimer son désaccord dans une relation, de protester contre les termes originels d'une convention, voire de suggérer la modification de ceux-ci. C'est le sens de l'arrêt du 18 décembre 2012 rendu par la Cour de cassation française, qui affirme que la simple tentative de renégocier un contrat ne constituait pas un manquement contractuel grave[137]. A la suite de cette jurisprudence qui souligne que la simple tentative de renégocier « des conditions du contrat, [est] impropre à caractériser un manquement grave à ses obligations contractuelles »[138], la jurisprudence française a admis que le refus de s'y soumettre face à un changement important de circonstances économiques était constitutif d'une faute[139]. Le juge dans les États de l'OHADA r doit alors tenir compte du fait que, alors que la logique juridique occidentale veut que l'on donne tort ou raison à l'un ou l'autre des protagonistes, ce qui peut laisser le conflit en latence, en donnant satisfaction à l'un au détriment de l'autre, les droits traditionnels africains essaient plutôt de concilier des intérêts apparemment conciliables, afin de résoudre de façon définitive le conflit[140]. La crainte qu'inspire le juge aux parties doit pouvoir être mise à leur service pour qu'une solution amiable ou au moins non judiciaire puisse être trouvée par celles-ci. Ne dit-on pas qu'« un mauvais arrangement vaut mieux qu'un bon procès »[141] ? Il faut repousser la procédure judiciaire proprement dite le plus loin possible

---

137 Cass. Com. 18 déc. 2012, n°11- 27.296, *Revue Trimestrielle de Droit Civil. 2013*, p. 371, obs. B. Fages et H. Barbier ; *Revue de Jurisprudence de Droit des Affaires*, 3/13, Ed. Lefebvre, n° 192, p. 185.

138 Cass. Com. 18 déc. 2012, n°11- 27.296, préc.,

139 S. Bissaloué, *La renégociation contractuelle en droit français et en droit Ohada, op. cit.*, p. 130.

140 M. Samb, « A propos de la médiation comme mode alternatif de résolution des conflits en Afrique », in *De l'esprit du droit africain*, op. cit., p. 639.

141 Au coopérant européen qui l'interrogeait sur la significatif de « l'arbre à palabre », un sage africain rétorque : « Chez vous, c'est quand un conflit est sur la table que vous commencez à vous en occuper et que vos mécanismes de résolution peuvent intervenir. Chez nous, quand un conflit est rendu public, cela veut dire que vos dire chacun nos mécanismes de dissuasion et de prévention ont échoué ». Anecdote rapportée en 2001 à Ottawa par jean Guillaume, coopérant canadien, ancien directeur du Club Sahel ; v. M. Samb, « A propos de la médiation comme mode alternatif de résolution des conflits en Afrique », préc.

car, si le juge devrait intervenir pour trancher le litige, la délimitation de l'étendue de son pouvoir peut s'évérer difficile.

2 – Une délimitation difficile de l'étendue du pouvoir du juge

Dans les États ou systèmes juridiques dans lesquels ni la loi ni la jurisprudence n'admettent la théorie de l'imprévision, comme c'est le cas de la plupart des États francophones d'Afrique au Sud du Sahara, la recherche d'un pouvoir d'adaptation du juge dans la loi applicable serait vraisemblablement vaine[142]. Il faut alors permettre que le juge qui conclut à l'existence d'un cas de bouleversement des circonstances puisse, s'il l'estime raisonnable, soit mettre fin au contrat à la date et aux conditions qu'il fixe, soit d'adapter le contrat en vue de rétablir l'équilibre des prestations. *A priori*, le juge a la discrétion de choisir la solution qui lui paraît adéquate. Mais, que se passerait-il lorsque les parties précisent leurs attentes en le saisissant ? Le juge peut-il mettre fin au contrat alors que les parties demanderaient d'en rétablir l'équilibre et *vice-versa* ? Tant la lettre du texte que le principe dispositif devraient s'opposer à ce que le juge mette fin à un contrat alors qu'il est saisi d'une demande en révision, et inversement[143]. Cependant, parce que le juge pourra réviser ou mettre fin au contrat « à la date et aux conditions qu'il fixe », il lui serait[144], *a priori*, possible de moduler dans le temps les effets de sa décision, soit en les reportant, soit en les faisant jouer rétroactivement. Il pourra le cas échéant, tenir compte, par exemple, de la durée de la renégociation pour ce faire[145]. Par ailleurs, les pouvoirs du juge pourraient soulever plusieurs autres interrogations. Son pouvoir d'adaptation pourra-t-il être encadré par les parties[146] ? Son pouvoir de modifier ou de mettre fin au contrat sera-t-il

---

[142] K.-I. Agbam, *Le contrat face à l'imprévision dans les pays francophones d'Afrique subsaharienne : essai d'une analyse normative socio-économique, op. cit.*, p. 219.

[143] C'est l'avis de plusieurs auteurs relativement à la réforme du droit des contrats intervenue en 2016 en France ; v. B. Mercadal, *Réforme du droit des contrats*, Ed. Francis Lefebvre, 2016, n° 624 ; F. Chénedé, *Le nouveau droit des obligations et des contrats*, Ed. Dalloz, 2016, n° 25.72 ; *contra*, Ph. Stoffel-Munck, « L'imprévision et la réforme des effets du contrat », *Revue Des Contrats,* 2016, p. 30, spéc. note 12.

[144] C. Grimaldi, *Leçons pratiques de droit des contrats*, op. cit., n° 329, p. 278.

[145] C.-E. Bucher, « Le traitement des situations d'imprévision dans l'ordonnance : il manque la notice », *Contrats Concurrence Consommation,* 2016, dossier n° 6, n° 16, p. 6.

[146] Dans ce dernier sens, v. C- E. Bucher, « Le traitement des situations d'imprévision dans l'ordonnance : il manque la notice », préc., n° 14, p. 5. ; O. Deshayes, Th. Genicon et Y.-M. Laithier, *Réforme du droit des contrats, du régime général de la*

également une obligation ou une faculté ? Pourra-t-il adapter temporairement le contrat s'il ne prononce pas immédiatement l'extinction ? Quid des droits des tiers, notamment des sûretés consenties par eux ? La plus importante de ces questions est probablement celle de l'étendue du pouvoir de modification du juge. Pourra-t-il modifier l'objet de toute prestation ? Il serait raisonnable de fixer une limite au juge car, à défaut, la seule limite qui s'imposera à lui serait celle qu'exige la liberté contractuelle. On serait moins surpris, si le rééquilibrage devenait impossible, que le juge ordonne la fin du contrat. Une ultime interrogation serait de savoir si le juge devra se contenter de « gommer le seul « excès », ou s'il pourrait revenir à l'équilibre initial du contrat. La solution qui paraît conforme à la raison serait de gommer le seul excès, même s'il aura tendance, en dépit de l'incertitude qu'on y voit, à vouloir rechercher l'équilibre initial[147]. Aussi, si l'on se réfère à ce qui existe déjà en droit comparé, on dira qu'un système « du tout ou rien » ne serait que tout à fait concevable, comme cela ressort, par exemple, de la législation française, notamment au sujet de la révision des clauses d'indexation des loyers commerciaux[148].

....

Le débat sur la prise en compte du déséquilibre significatif du contrat connaît, de plus en plus, d'avancées significatives, y compris dans les États de l'OHADA. La résistance observée de part et d'autre n'est plus aussi ferme qu'elle l'était il y a un peu moins de deux siècles, lorsque le juge français rendait le célèbre arrêt « Canal de Craponne ». Ce dont il est question aujourd'hui, c'est de savoir pourquoi et comment les

---

preuve et des obligations (Commentaire article par article), Paris, 2e édition, Ed. LexisNexis, 2018, p. ? comm. ss. Art. 1195. *Contra*, Ph. Stoffel-Munck, « L'imprévision et la réforme des effets du contrat », *Revue Des Contrats,* 2016, p. 35 ; Th. Revet, « Le juge et la révision du contrat », *Revue Des Contrats* 2016/2, p. 373.

[147] C.-E. Bucher, « Le traitement des situations d'imprévision dans l'ordonnance : il manque la notice », préc., n° 15, p. 5.

[148] C. com., art. L. 145-39 : « (…) si le bail est assorti d'une clause d'échelle mobile, la révision peut être demandée chaque fois que, par le jeu de cette clause, le loyer se trouve augmenté ou diminué de plus d'un quart par rapport au prix précédemment fixé contractuellement ou par décision judiciaire (…) ». Le loyer est fixé à la valeur locative. V. C. Grimaldi, *Leçons pratiques de droit des contrats*, *op. cit.*, n° 329, p. 278.

législateurs dans les États africains doivent prendre en compte le déséquilibre significatif dans leurs lois. Sur le pourquoi, le diagnostic est posé et permet de constater non seulement un défaut de justice contractuelle, mais surtout, une inadéquation entre les Codes civils appliqués dans les États ciblés et les réalités de ceux-ci. En effet, une disproportion déraisonnable ne peut être le résultat d'une volonté saine ou tout simplement d'une volonté. Aussi, à la morale du respect de la parole donnée, oppose-t-on le besoin de protection des faibles, les valeurs de loyauté[149]. La révision du contrat pour imprévision aura alors le mérite d'allier le respect de la parole donnée à la protection du débiteur, *a priori*, plus faible. Elle correspondrait aussi à l'obligation de loyauté dont la source n'est pas explicitement rapportée dans les États africains de l'OHADA. C'est surtout autour du solidarisme et particulièrement de la solidarité africaine qu'il faut construire le nouveau droit des contrats des États de l'OHADA pour une efficacité réelle. Sur le comment, la renégociation doit être privilégiée autant que cela est possible. Il faut restaurer la pratique de l'arbre à palabre qui est une identité des États africains pour aider les parties à renégocier leur contrat. Il faut même en faire un devoir pour le juge qui devra proposer, voire imposer aux parties d'y procéder, avant d'envisager toute décision judiciaire. En d'autres termes, il faut repousser l'intervention du juge le plus loin possible. C'est l'orientation générale donnée en droit OHADA avec l'impulsion donnée aux Modes alternatifs de règlement des différends[150]. En définitive, l'avenir du droit des contrats des États de l'OHADA est encore prometteur en termes de vision. Le fait que, jusque-là, les projets d'Acte uniforme sur le droit des contrats[151] ou de façon plus générale sur le droit des obligations[152] n'aient pas encore vu le jour nourrit cet espoir. Le législateur peut encore, en partant des

[149] K. Wolou, « Nouvel éclairage sur le refus de révision du contrat pour imprévision », préc., p. 23.

[150] A.-S. Sounon Tamou, « Le juge étatique à l'épreuve des modes alternatifs de règlement des différends (M.A.R.D.) en droit Ohada », préc.

[151] M. Fontaine, « Avant-projet d'Acte uniforme Ohada sur le droit des contrats : vue d'ensemble », *Revue de Droit Uniforme Unidroit*, 2008.

[152] I. Sayegh, P.-G. Pougoué, F.-M. Sawadogo, *Projet de texte uniforme portant droit général des obligations dans l'espace Ohada, op. cit.*

propositions qui lui sont faites, améliorer les dispositions concernant spécifiquement le *déséquilibre significatif du contrat* qui a fait l'objet de cette réflexion. Il n'est pas question de lutter systématiquement contre tous les déséquilibres en vue d'assurer une équivalence arithmétique dans le contrat[153]. Il ne s'agit pas également de se limiter, par mimétisme, aux évolutions apportées par le législateur français en la matière, mais d'oser aller plus loin, en instituant des valeurs qui caractérisent les sociétés africaines. Faut-il l'affirmer, l'Afrique a un droit, et surtout un droit des contrats avec des valeurs propres qu'il faut promouvoir à tout prix. La doctrine[154] a su démontrer, certes, sans pouvoir conclure à l'existence d'une théorie générale traditionnelle des obligations en Afrique, que des recherches ont néanmoins révélé qu'un droit traditionnel des contrats a existé avant l'époque coloniale et continue, malgré l'influence du code civil hérité du législateur colonial, à connaître des vestiges d'application grâce à des règles originales relatives à la formation et à la preuve du contrat. Parmi ces quelques règles qui ont résisté au Code civil et gardé toute leur originalité dans la pratique contractuelle africaine, on peut citer le caractère solennel du contrat et la preuve testimoniale[155]. Il faut tirer exemple de ces éléments concrets pour faire du solidarisme et du multiculturalisme des sociétés africaines des piliers de la gestion des situations de difficultés qui se présentent lors du déroulement des relations contractuelles dans les milieux d'affaires des États de l'OHADA. Les tares des coutumes africaines, si elles existent peuvent être contournées pour mettre en lumière l'importance de celles-ci et les mettre à contribution de la pratique contractuelle des États. Il n'y aurait aucun bonheur à léser son partenaire contractuelle ou à le voir subir des conséquences d'un aléa

---

[153] D. Mazeaud, « Le principe de proportionnalité et la formation du contrat », in *Existe-t-il un principe de proportionnalité en droit privé ? Les Petites Affiches*, n°117, 1998, n°4 ; p. ?

[154] S. Melone, « Les résistances du droit traditionnel au droit moderne des obligations », *Actes du Colloque de Dakar*, 5-9 juillet 1977, *Revue Sénégalaise de Droit,* 1977, 47, p. ?

[155] F. Onana Etoundi, « Formalisme et preuve des obligations contractuelles dans l'avant-projet d'Acte uniforme Ohada sur le droit des contrats », *Revue de Droit Uniforme*, 2008, p. 356.

survenu en cours de contrat et à refuser de l'aider à remonter la pente. Il faut diluer la force de l'autonomie de la volonté avec une part de solidarité. Il doit en être ainsi en droit des contrats qu'en droit de la responsabilité civile où, dans le cas des droits originellement africains, la conception de la responsabilité est groupale ou communautaire. La responsabilité y est objective. Enfin, les législateurs, qu'ils soient en droit interne ou en droit communautaire, doivent garder à l'esprit que le fait de ne pas prendre en considération les ressources ou les ressorts profonds d'un peuple peut ruiner toute œuvre de codification et conduire à la résistance et à l'inapplication du droit ainsi projeté.

L'obligation de minimiser son dommage en droit sénégalais de la responsabilité civile : un trésor inexploité

Alassane Dieynaba KOBOR
Membre du Laboratoire d'Études et de Recherches Critiques sur le Droit en Afrique Guy Adjété Kouassigan (LERCDA-GAK)
Doctorant en droit privé à l'UCAD
Assistant chercheur au LASPAD (Laboratoire d'Analyse des Sociétés et Pouvoirs /Afrique-Diaspora)

Résumé : Le droit sénégalais, hérité de la tradition romano-germanique, suscite des interrogations quant à son aptitude à intégrer le principe de l'obligation de minimiser son dommage. Il est donc légitime de s'interroger sur l'existence de possibles obstacles juridiques à une telle réception. L'analyse du code des obligations civiles et commerciales met en évidence, malgré certaines lacunes, une comptabilité potentielle avec ce principe. Cependant, en tenant en compte des réalités socio-économiques et des spécifiés conceptuelles propres à l'Afrique, la nécessité d'une consécration explicite apparaît clairement.

Mots-clés : Responsabilité civile-Minimisation des dommages-*Duty of mitigate*-Réparation intégrale-Victime-Indemnisation-Droit sénégalais-Faute civile.

« Ce n'est pas parce qu'autrui répondra d'un incendie qu'on ne doit pas chercher à l'éteindre »[1]

L'emphase de la fonction indemnitaire en droit sénégalais de la responsabilité civile a fini par projeter l'ombre de celle-ci sur les autres fonctions qui, désormais, s'y sont recroquevillées au point d'en perdre toute lueur. Nul besoin d'une lecture approfondie des articles 118 à 156 du Code des Obligations Civiles et Commerciales pour constater l'inscription du droit sénégalais dans la logique de cette nouvelle tendance d'essentialisation de la victime, proclamant ainsi une garantie de réparation effective tout en ne s'attardant nullement sur la passivité

[1] A. Benabent, *Droit des obligations*, Domat droit privé, LGDJ, 14ème èd. 2014.

de la victime et/ou la gravité de l'acte de l'initiateur du dommage, et dont l'aboutissement, tout en s'écartant des implications inhérentes au contrat social, donnerait naissance à un monde quoiqu'idéal, mais uniquement basé sur la crainte de multiplication des rapports entre les individus. C'est un droit qui ne se mobilise substantiellement que pour replacer à tout prix la victime dans la situation où elle se serait trouvée si l'acte dommageable ne s'était pas produit[2]. La consécration *expressis verbis* de la réparation intégrale rend parfaitement compte de cet état de fait. En effet, une lecture combinée des articles 133 alinéa 1 et 134 alinéa 1 permet d'écarter tout doute sur la préférence du législateur à la réparation par équivalent qui doit être à la fois satisfactoire et compensatoire[3]. Aux termes de l'article 134 alinéa 1 qui semble, cependant, plus expressif que l'article 133, « les dommages et intérêts doivent être fixés de telle sorte qu'ils soient pour la victime la réparation intégrale de son dommage » ; le législateur entend viser toutes les conséquences dommageables résultant de l'acte de l'auteur désigné. En termes autres, il doit y avoir une corrélation exacte entre le montant alloué à la victime[4] et la perte subie, étant entendu que le propre de la responsabilité civile est de rétablir aussi exactement que possible l'équilibre rompu par la survenance du dommage. Il ne doit en résulter pour la victime ni enrichissement ni appauvrissement dans la mesure où le législateur sénégalais, animé par la recherche d'un certain équilibre, d'un juste milieu, impose une sorte de proportionnalité. Le montant alloué à la victime ne devant nullement être tributaire d'une analyse subjective du comportement de l'auteur du dommage en tenant compte de la gravité de l'acte commis. Le curseur semble être placé uniquement sur la victime.

Cela dit, aussi nobles que soient les intentions qui ont animé le législateur, ce serait un truisme de rappeler qu'en dehors d'une finalité purement cosmétique, la mise en œuvre de ce principe à la portée quasi universelle, difficilement praticable, peut révéler l'existence de faiblesses foisonnantes. En effet, la recherche de cet idéal utopique peut systématiquement basculer vers un déséquilibre dans le procès.

---

[2] Cass.2ème Civ, 28 octobre1954, J.C.P. 1955, II, 8763.

[3] En ce sens, J.-L. Corréa, « La réparation intégrale dans le code des obligations civiles et commerciales », in I.-Y. Ndiaye, A.-A. Diouf, J.-L. Corréa, (dir.), *Le Code des Obligations Civiles et Commerciales (C.O.C.C) : cinquante ans après*, vol. 1, L'Harmattan-Sénégal, 2018, p. 143.

[4] Le préjudice est en principe réparé par équivalence en allouant à la victime des dommages et intérêts.

L'absence d'un baromètre servant de référence pour l'évaluation des dommages peut se greffer à la sensibilité du juge qui, en proie à la situation de la victime, peut lui octroyer une indemnisation anormalement titanesque. Cette méfiance semble plus prononcée dans le cadre d'une réparation triangulaire, c'est-à-dire à chaque fois qu'on note la présence d'un tiers payeur plus solvable. Mais cette crainte semble être anticipée et dissipée dans l'espace CIMA par la prévalence de la réparation par forfaitisation[5]. En outre, l'évaluation du préjudice qui se voudrait d'une proportionnalité mathématique peut être troublée par la nature difficilement quantifiable de certains dommages qui ont trait aux sentiments de la victime.

Loin de vouloir s'inscrire dans une logique d'inventaire de toutes les insuffisances fourmillantes de la réparation par équivalent en faisant de celle-ci la pièce centrale de notre droit de la responsabilité civile[6], le législateur sénégalais installe des détecteurs hostiles à la découverte de certains trésors dont l'exploitation ne saurait être que bénéfique à notre système juridique. Replacer la victime dans sa situation antérieure dans un espace économique comme le nôtre, en voilà une douce aporie ! Et l'ironie est assez digne d'une nauséabonde pièce théâtrale car la constatation d'une absence d'impacts considérables des systèmes de compensation des dommages sur l'indemnisation des victimes au Sénégal fait que ces dernières ne peuvent que se contenter du patrimoine du débiteur[7]. Dans une telle logique, ne serait-il pas préférable de renouveler les fonctions de la responsabilité civile ?

Sans pour autant remettre en cause l'importance de la fonction indemnitaire, le contexte économique sénégalais se conjugue mal avec le choix d'un droit de la responsabilité civile qui se voudrait exclusivement curatif. Le droit positif, en plus de remplir parfaitement sa fonction principale, c'est-à-dire l'indemnisation des victimes, devrait avoir comme autres ambitions la réduction de la fréquence des dommages et la prévention[8] par la même occasion des réparations

[5] Quoique cette forfaitisation dépasse le cadre nécessaire et s'attaque directement aux intérêts de la victime au plus grand bonheur des entreprises d'assurance qui ne cessent de s'engraisser. La référence faite sans cesse au Salaire Minimum Interprofessionnel Garanti (malgré la faiblesse de cette somme) est suffisamment révélatrice.

[6] J.-L. Corréa, « La réparation intégrale dans le code des obligations et commerciales », préc., p. 139

[7] Article 200 du Code des Obligations Civiles et Commerciales.

[8] Aujourd'hui, le droit de la responsabilité civile s'ouvre de plus en plus à la précaution. En effet, l'apparition des dommages de masse nécessite de plus en plus un renouvellement des fondements de la responsabilité civile. La matière, jusqu'ici,

inutiles. Pour l'auteur du dommage, cela reviendrait à lui infliger une sanction en tenant compte de la gravité ou de la dangerosité de la faute commise. Les dommages et intérêts punitifs joueront, en ce sens, un rôle dissuasif. Cela dit, la réception de ce mécanisme exclusif au *Common law* par le droit sénégalais de la responsabilité reste incertaine[9].

Mais, en réalité, il ne sera question ici de n'aborder que l'attitude concomitante ou postérieure que notre Droit réserve à la victime suite à la réalisation du dommage. Plus précisément, de l'aptitude du droit sénégalais à réceptionner *l'obligation de minimiser son dommage*. Ce principe signifie que « quelle que soit la nature de son dommage, la victime est tenue de prendre les mesures raisonnables pour atténuer ou limiter son préjudice »[10]. En effet, comme il a été précisé dans les lignes précédentes, le droit positif gagnerait beaucoup à se focaliser davantage sur le comportement des acteurs de la responsabilité civile et, plus exactement, sur celui de la victime. Le fait est qu'entre la réalisation du dommage et la réparation effective, il s'écoule un certain temps durant lequel le dommage peut s'aggraver et donc influer sur la somme devant normalement être allouée à la victime. Il est alors tout à fait légitime de s'interroger sur le comportement attendu de cette dernière durant ce délai. Doit-on l'obliger à prendre des mesures visant à stopper l'ampleur du dommage ? Ou, une fois le dommage survenu, l'auteur est obligé d'en assumer toutes les conséquences, quel que puisse être le comportement de la victime ?

L'amphigouri des textes existant et l'absence d'une jurisprudence fournie sur la question rendent incertaine l'existence du *duty of mitigate* dans le droit sénégalais. A première vue, il semble être en discordance avec le *ratio legis* de notre système juridique hérité de la tradition romano-germanique dont la cristallisation est cantonnée moins sur

---

n'avait coutume que de gérer des dommages de moindres envergures. Cela dit, ce principe, pour le moment, s'observe uniquement dans le domaine de la santé, de l'environnement et de l'écologie.

[9] A. A. Diouf, « La peine privée en droit sénégalais de la responsabilité civile » in, I.-Y. Ndiaye, A.-A. Diouf, J.-L. Corréa, (dir.), *Code des Obligations Civiles et Commerciales du Sénégal, (C.O.C.C) : cinquante ans après,* vol. 1, *op. cit.* Cette position, bien vraie qu'elle gagne du terrain, ne fait pas l'objet d'une unanimité dans la doctrine. Certains auteurs, comme le professeur Isaac Yankhoba NDIAYE restent sceptiques.

[10] A. Akam Akam, « Le comportement de la victime et la responsabilité civile », E.R.S.U.M.A, formation des juristes camerounais en droit OHADA, du 11 au 22 avril 2022, p. 11.

l'analyse des comportements que sur une recherche véhémente d'un répondant sur lequel asseoir la réparation. Pourtant, en dehors de cette éventuelle dichotomie, le Code des Obligations Civiles et Commerciales ne semble pas totalement défavorable à l'accueil de ce principe qui s'impose *lege ferenda*. Mieux, il semblerait même que le législateur ait voulu confier au juge de véritables pouvoirs en ce sens à travers l'article 133 alinéa 2 Code des Obligations Civiles et Commerciales aux termes duquel « toutefois, sous réserve du respect de la liberté des personnes ou des droits des tiers, les juges peuvent d'office prescrire, au lieu ou en plus des dommages et intérêts, toutes mesures destinées à réparer le dommage ou à en limiter l'importance ».

Entre réception non assumée ou volonté inachevée du législateur, ladite disposition constitue la seule, dans le droit commun de la responsabilité civile, à s'intéresser à une éventuelle possibilité d'évolution du dommage. Pourtant, le droit sénégalais qui se nourrit essentiellement de la jurisprudence et de la doctrine française aurait pu comporter une disposition qui enlèverait toute ambiguïté sur ladite question car les décisions de la cour de cassation abondent dans ce sens.

Toutefois, la méfiance des juges français, quant à l'acceptation de l'obligation de minimiser son dommage, semble fondée. C'est un droit qui, au fil du temps, s'est complétement détaché de toute considération morale[11]. Ce divorce entre le droit et la morale peut servir de prétexte au refus d'adopter ce mécanisme qui, au-delà d'une possible justification économique, peut avoir un fondement éthique. En plus, il semblerait que les juges aient voulu prévenir les excès de la *mitigation of damage* des droits anglo-américains. Le sort réservé à la victime dans lesdits systèmes se concilie mal avec un droit qui voudrait qu'après réparation, que le dommage semble n'avoir jamais existé. Il est noté que, dans certains de ces systèmes, l'évaluation du dommage se fait au jour de la réalisation de celui-ci ; et ne prend donc en compte que les conséquences concomitantes avec la réalisation du dommage, la victime étant vouée à supporter toute évolution postérieure de son dommage. En matière contractuelle aussi obligation lui est faite de procéder immédiatement à un remplacement en cas d'insatisfaction.

Ces justifications, quoique conciliables avec le droit français, ne doivent être accueillies avec autant d'assurance et de fermeté dans notre

---

[11] L'intitulé du Colloque du CEDAG de l'Université de Paris V, *Petites affiches*, n° spécial du 20 Nov. 2002, *Faut-il moraliser le droit français de la réparation du dommage ?* est suffisamment évocateur de l'écart constaté entre le droit positif français de la réparation et la morale.

système juridique. Si le droit français n'est pas favorable à la réception de l'obligation de minimiser son dommage, tel ne devrait pas être forcément le cas pour notre système juridique régissant des réalités socio-économiques distinctes.

On l'aura compris, la question ne se pose plus en droit français[12] où, en l'absence d'une disposition expresse du Code civil[13] sur la question, la jurisprudence a tenté tant bien que mal à évincer tout doute sur l'existence du *duty of mitigate*. Les juges ont d'abord voulu, à travers des décisions éparses, procéder à des distinctions tendant : tantôt à obliger la victime à supporter son inertie ou son refus de procéder à des examens médicaux, tantôt à nier l'existence d'une quelconque obligation pour la victime de gérer son dommage. La Cour de cassation avait jugé que le refus pour la victime de bénéficier de soins de nature à améliorer son état était constitutif d'une faute dont il devait être tenu compte pour la réparation[14]. Cette position de la chambre criminelle de la cour de cassation n'a pas duré longtemps car il a été jugé dans un arrêt plus récent que la victime n'a pas l'obligation de se soumettre à une intervention chirurgicale[15]. Ce n'est qu'à partir de 2003 que les choses ont pris une tournure plus intéressante en évitant de plus en plus cette dissociation entre les dommages. La cour déclare que « l'auteur d'un accident est tenu d'en réparer toutes les conséquences dommageables ; que la victime n'est pas tenue de limiter son préjudice dans l'intérêt du responsable »[16]. En 2011 pourtant, les juges, semble-

[12] Toutefois, il faut noter que le principe s'observe de manière éparse dans le droit international européen, notamment à travers l'article 77 de la convention de Vienne. Le choix de la Cour de cassation d'écarter l'obligation de minimiser son propre dommage a suscité aussi de réactions mitigées. Il est reproché à la Cour, notamment en lieu et place de la casuistique, d'avoir opté pour la simplicité s'accompagnant ainsi d'une généralité regrettable.

[13] Le principe apparait, cela dit, dans la quasi-totalité des nouveaux projets notamment la proposition de loi n° 678, portant réforme de la responsabilité, enregistrée au Sénat le 29 juillet 2020, article 1264 « les dommages et intérêts peuvent être réduits lorsque la victime n'a pas pris les mesures sûres, raisonnables et proportionnées au regard de ses facultés contributives, propres à éviter l'aggravation de son préjudice. Une telle réduction ne peut s'appliquer à l'indemnisation du préjudice résultant d'un dommage corporel ». On le retrouvait dans le projet Catala, art. 1373 et Béteille art. 1386-26… Il est difficile de ne pas remarquer que le point de convergence de ces projets est l'exclusion des dommages corporels de la victime. Or, notre propos va plus loin.

[14] Crim. 30 octobre 1974. JCP 1975.II.18038. Note Jourdain *RTD. civ.*

[15] Civ 2e, 19 mars 1997, *RTD civ.* 1997.675, note Jourdain.

[16] Cass. Civ. 2e 19 juin 2003, *aff. Lallemand Xhauflaire c/ Flamant.*

t-il, ont voulu revenir sur cette position en se servant de la faute de la victime comme justification. Mais le retour à la case de départ n'a pas attendu longtemps puisqu'en 2014, la première chambre civile de la cour affirme que « l'auteur d'un dommage doit en réparer toutes les conséquences et la victime n'est pas tenue de limiter son dommage ».[17]

En tout état de cause et, en dépit de ces tergiversations constatées dans la jurisprudence française, ici, les considérations sociales, économiques et éthiques doivent prendre le dessus sur l'attachement que notre droit a sur certains principes certes très protecteurs des intérêts de la victime mais dont la finalité exclusivement décorative implique plus l'esthétique et l'image de la conception du système que la nécessité d'un maintien. Les juges de leur côté, en lieu et place d'opter pour des interprétations débordant le cadre linéaire pour imprégner aux textes une meilleure conciliation avec les besoins sociaux des individus, hésitent à toucher à l'architecture de notre droit de peur qu'en s'y aventurant, celle-ci ne s'effondre telle une construction fragile.

Sous ce prisme, il devient primordial d'obliger la victime négligente, insouciante, qui chercherait à s'enrichir de la perte subie ou simplement à alourdir la charge de la personne désignée comme responsable à prendre des mesures raisonnables pour limiter l'ampleur du dommage ou de voir ses dommages et intérêts limités aux conséquences directes et immédiates de l'acte du responsable. Ces mesures peuvent être conservatoires, réparatrices ou de remplacement[18]. Après tout, le responsable ne doit conquérir qu'à la hauteur de son implication[19], puisqu'en dehors des bouleversements favorisés par une responsabilité dite objective, « il subsiste le respect d'un équilibre quant aux règles d'engagement de la responsabilité et aux moyens d'exonérations. Toute velléité arbitraire contre l'auteur du dommage est ainsi contournée ».[20]

Les arguments qui ont été avancés pour justifier l'obligation de minimiser son dommage sont nombreux mais pour la plupart du temps sujets à critique[21]. En réalité, toute tentative de rechercher l'explication

---

[17] Cass. 1ère Civ., 2 juillet 2014, n° 13-17.17.599.

[18] A. Akam Akam, « Le comportement de la victime et la responsabilité civile, préc., p. 11.

[19] Article 128 et s. du Code des Obligations Civiles et Commerciales.

[20] N.-S. Diagne Ndir, « Causes d'exonération de responsabilité civile : scepticisme à propos du fait du tiers », *Le droit africain à la quête de son identité, Mélanges offerts au professeur Isaac Yankhoba Ndiaye*, l'Harmattan, 2021, p. 284.

[21] S. Reifegerste, *Pour une obligation de minimiser le dommage*, PUAM, 2002.

de la *mitigation* en dehors de la faute civile relèverait non seulement d'une sophistication inutile, mais serait infructueuse car celle-ci ne saurait trouver son fondement que sur la finalité sanctionnatrice de la responsabilité civile. Les dommages et intérêts sont diminués parce que la victime a commis ni plus ni moins une faute caractérisée par son abstention[22].

Dans les lignes qui vont suivre, nous essaieront de montrer comment, en l'absence d'une consécration générale, l'éclosion des textes existants aiderait à l'applicabilité ne serait-ce que partielle de la « mitigation » (I). Toutefois, en dépit de cette possible manipulation des textes existants, les considérations économiques, sociales et philosophiques nécessitent une consécration générale (II).

I – La recherche de l'existence de l'obligation de minimiser son dommage en droit sénégalais

La recherche de l'existence de l'obligation de minimiser son dommage en droit sénégalais révèle de prime abord une absence d'autonomie de celle-ci (A) qui ne signifie pas cependant une inexistence car, à notre connaissance, aucun texte ne la rejette expressément (B).

A – L'absence d'autonomie de l'obligation de minimiser son dommage

L'absence d'autonomie de l'obligation de minimiser son dommage est marquée par une absence de consécration générale du principe qui, inconnu de la cosmogonie de notre tradition juridique, ne s'impose pas *lega lata.*

Un survol des articles 118 à 156 du Code des Obligations Civiles et Commerciales renseigne sur l'inexistence d'une consécration générale de *la mitigation of damage*. Aucun article, dans le droit commun ou dans les régimes spéciaux, ne l'énonce de façon autonome. L'absence de référence à ce principe peut s'expliquer par le fait que le Code des Obligations Civiles et Commerciales, comme précisé un peu plus haut, se nourrit exclusivement du droit français. L'intérêt que l'on porte à ce principe tient donc sans doute au fait que cette obligation est couramment retenue à l'étranger[23]. Il est de ce fait relativement jeune

---

[22] C'est dans cette même logique que le droit pénal sanctionne les infractions d'omission comme la non-assistance à une personne en danger.

[23] Crim. 30 octobre 1974. *JCP* 1975.II.18038.

en droit européen. Et aujourd'hui, il commence à envahir notre droit communautaire. En matière contractuelle, le droit OHADA consacre quelques articles relatifs à la vente commerciale à l'obligation de minimiser le dommage[24]. On le retrouve aussi dans l'avant-projet d'acte uniforme sur le droit des contrats.

Toutefois, il est impossible d'étudier le principe de la *mitigation* sans une analyse approfondie de l'alinéa 2 de l'article 133 du Code des Obligations Civiles et Commerciales aux termes duquel « toutefois, sous réserve du respect de la liberté des personnes ou des droits des tiers, les jugent peuvent d'office prescrire, au lieu ou en plus des dommages et intérêts, toutes mesures destinées à réparer le dommage ou à en limiter l'importance ». L'interrogation qui découle de cette disposition est celle de savoir si elle doit s'apprécier uniquement du côté de l'auteur du dommage ? En termes autres, les mesures susceptibles d'être prises par le juge doivent-elles nécessairement concerner le responsable ? Ce dernier ne peut-il, de sa propre volonté, mobiliser ce texte pour demander au juge d'ordonner à la victime de mettre fin à son inertie ? Face à ces interrogations, le professeur Abdoul Aziz Diouf semble favorable à une possible mobilisation de ce texte par l'auteur désigné du dommage pour qu'obligation puisse être faite à la victime afin qu'elle s'active à la gestion de son dommage, en invitant le juge à une lecture ouverte de ladite disposition. Pour l'auteur, l'article 133 alinéa 2 Code des Obligations Civiles et Commerciales serait vidé de tout intérêt, s'il était constaté que la minimisation du préjudice ne pourrait provenir que de la seule volonté du créancier d'indemnisation[25].

Cela dit, s'il est permis au disciple d'avoir un point de vue distinct de celui du maître, nous pouvons émettre quelques réserves sur cette vision certes prospective et heureuse, mais dont la mise en œuvre aurait eu comme corollaire d'éloigner le droit sénégalais de son optique de revendication d'une protection quasi absolue[26] de la victime. Comme

---

[24]Article 293 de l'acte uniforme portant droit commercial général « La partie qui invoque une inexécution des obligations du contrat doit prendre toutes mesures raisonnables, eu égard aux circonstances, pour limiter sa perte, ou préserver son gain. Si elle néglige de le faire, la partie en défaut peut demander une réduction des dommages-intérêts égale au montant de la perte qui aurait pu être évitée et du gain qui aurait pu être réalisé ».

[25] A.-A. Diouf, « La peine privée en droit sénégalais de la responsabilité civile », préc., p. 296.

[26] Il ne serait pas faux, au regard des textes régissant la responsabilité du fait des choses, ceux relatifs au régime de responsabilité du fait d'autrui (les commettants du

l'auteur l'affirme au début de ses propos, le droit sénégalais de la responsabilité civile est un droit qui cherche à tout prix à réparer le préjudice subi. Une telle orientation ne permet aucunement une lecture ouverte de ladite disposition pour deux raisons. D'abord, ledit texte est intitulé : « forme de la réparation » et est situé dans la Section IV « les dommages et intérêts », alors qu'une lecture ouverte aurait eu comme finalité de sanctionner la victime au cas où elle manquerait aux prescriptions du juge. Et, « l'aspect répressif de la responsabilité civile ne relève pas véritablement des « modalités », quelle que puisse être la forme future »[27].Et, l'« amalgame sous-jacent entre réparation et sanction lors de l'évaluation de certains dommages à des fautes n'est en réalité que l'aveu d'impuissance du droit positif à trier fonctionnellement entre la répression, la sanction voire la prévention civile ».[28]

Permettre donc l'ouverture de ce texte reviendrait à le détourner de son réel objectif qui est de se focaliser exclusivement sur le sort de la victime. L'intitulé de l'article « forme de la réparation » peut servir de caution à nos propos. L'emploi du singulier « forme » n'a pas pour vocation de dénaturer le sens du texte et ne constitue en réalité qu'une mise en relief témoignant ainsi du choix du législateur de faire des dommages et intérêts la principale forme de réparation comme le rappelle d'ailleurs le premier alinéa dudit texte « le préjudice est en principe réparé... ». Mais en réalité, le texte aurait pu s'intituler « modalités de réparation » puisque le législateur, tellement préoccupé par le sort de la victime, cherche, en dehors des dommages et intérêts, d'autres mesures destinées à réparer le préjudice ou à en « limiter l'importance ». L'expression « au lieu ou en plus » justifie ainsi l'existence, pour le juge, d'une panoplie de choix, autres que les dommages et intérêts, pour rétablir l'équilibre rompu. Les modalités classiques de réparation du dommage sont au nombre de deux[29] : les dommages et intérêts et la réparation en nature. Cette dernière forme de

fait de leurs préposés) et l'adjonction d'un troisième alinéa à l'article 121, de parler de super protection.

[27] Ph. Pierre, « Au-delà de la réparation : les nouvelles sanctions », in *Archives de Philosophie du Droit*, 2021, pp. 393-401.

[28] *Ibid.*

[29] O. Boskovic, *La réparation du préjudice en droit international privé*, bibliothèque de droit privé, Tome 407, LJDG, 2017, p. 85 cité par Lisa Heinzmann, « Les choix de modalités de réparation du préjudice en droit de la responsabilité civile », *Revue générale du droit*, Chronique de droit civil, 2021, p. 1.

réparation a pour finalité « de permettre au responsable de résorber le dommage qu'il a causé, de le faire disparaitre pour l'avenir ou de le réduire »[30]. La réparation en nature ainsi définie, il devient plus aisé de saisir la réelle portée de la volonté du législateur sénégalais. Le fait pour le juge d'ordonner au responsable de prendre des mesures visant à limiter l'importance du dommage entre naturellement dans la catégorie des modalités de la réparation en nature ; mais est-ce que le sens inverse peut être vrai ? Dit autrement, l'injonction du juge à la victime de stopper l'ampleur du dommage serait-elle constitutive d'une forme de réparation en nature ? Problématiser ainsi, la réponse semble plus évidente et ne saurait être que négative.

L'intitulé de l'article neutralise donc la flexibilité du texte et ne tolère aucune appréciation qui déborderait le cadre des formes de réparation. Le vocable réparation met en cause le responsable et non la victime elle-même.

Sous ce prisme, l'expression « limiter l'importance » ne doit être entendue comme un moyen pouvant permettre au débiteur de l'obligation d'indemnisation de se soustraire en partie de sa responsabilité, le texte n'étant nullement animé d'une ambition salvatrice des intérêts de celui-ci ; le législateur, sur ce cas particulier, se désintéresse complétement de son sort. Ce texte ne peut et ne doit recevoir application que si, au-delà de la commission du préjudice, l'auteur continue ou peut continuer à avoir mainmise sur l'évolution du dommage. Certains dommages, à l'instar des infractions continuées, s'étalent dans le temps et ne se réalisent donc pas, en principe, en un trait de temps par l'accomplissement d'un seul acte. Il en est ainsi en cas de troubles anormaux de voisinage. Cette responsabilité qui est d'une construction prétorienne et aux variétés diverses[31] ne se répare pas uniquement par l'allocation des dommages et intérêts. Les juges doivent veiller à ce que les agissements préjudiciables puissent disparaitre pour l'avenir. « Ils sont souverains dans le choix de la mesure appropriée pour réparer, diminuer ou encore faire cesser le trouble (en ordonnant la démolition). La seule limite provient du respect

---

[30] *Ibid.*

[31] V. Lasserre « Les troubles anormaux de voisinage », *Archives de philosophie du droit*, 2021/1 (Tome 63), pp. 369 à 391 qui cite en effet : les nuisances industrielles, la perte confort acoustique, d'ensoleillement, d'esthétique, les odeurs nauséabondes, des déchets, la construction d'une cheminée, la transformation d'un immeuble, le tapage nocturne, des constructions illicites, le bruit d'une discothèque, des végétaux et même une affiche diffamatoire et une clôture avec des fils barbelés. .

du principe de la séparation des autorités administratives et judiciaires ».[32]

Il en est de même en cas de concurrence déloyale ; le juge, dans pareille situation, en sus de la réparation ou avant même que celle-ci n'intervienne, doit veiller à ce que les actions jugées de concurrence déloyale cessent de produire effets : soit par mesures d'interdiction, soit sous astreinte.

L'article 132 de la loi sur le droit d'auteur et les droits voisins[33] intitulé mesures susceptibles d'être prises, nous donne aussi un aperçu de ce que l'on pourrait comprendre de l'alinéa 2 de l'article 133 du Code des obligations civiles et commerciales[34].

L'alinéa 2 de l'article 133 du Code des Obligations Civiles et Commerciales ne s'inscrit-il pas dans cette logique ? En tout état de cause, d'après ce qui vient d'être étudié un peu plus haut, la portée limitée du texte ne fait plus aucun doute.

Quoi qu'il en soit, une fois le juge saisi, il peut prescrire d'office la cessation des activités préjudiciables. L'utilisation du vocable « office » du juge est très expressive. En effet, cette expression signifie que l'injonction du juge visant à stopper la croissance du dommage peut découler de sa seule volonté eu égard aux circonstances. « Dans un sens plus étroit, l'office du juge peut être perçu en contemplation du rôle des parties. En d'autres termes, il s'agit de préciser le rôle respectif du juge et des parties dans la détermination des éléments du litige »[35]. La question de savoir qui donc peut mobiliser ce texte présente moins d'intérêt car le juge peut, de son propre chef, sans une quelconque demande autre que celle introductive d'instance, ordonner des mesures

---

[32] *ibid*

[33] Loi n° 2008-09 du 25 janvier 2008 portant loi sur le droit d'auteur et les droits voisins.

[34] « Le président du tribunal peut ordonner :

- 1° la suspension de toute fabrication en cours tendant à la reproduction non autorisée ;
- 2° la saisie, quels que soient le jour et l'heure, et même en dehors des heures prévues par l'article 831 du code de procédure civile, des exemplaires constituant une reproduction non autorisée, déjà fabriqués ou en cours de fabrication, des recettes réalisées, ainsi que des exemplaires illicitement utilisés ;
- 3° la suspension de toute communication au public non autorisée ; •

4° la saisie des recettes provenant de toute reproduction ou communication au public non autorisé ».

[35] M. Bacache, « Office du juge et responsabilité civile », *Dalloz,* 27 avril 2009, p. 1.

susceptibles d'être prises en vue de neutraliser la croissance du dommage.

En outre, en dehors de cette difficile éclosion de l'alinéa 2 de l'article 133 du Code des Obligations Civiles et Commerciales du fait de son intitulé, la possible ouverture du texte que préconise le professeur Abdoul Aziz Diouf se concilie difficilement avec la qualité de responsable. Ce dernier est en principe celui qui, de sa propre faute, cause un dommage à autrui[36] ; lui permettre une possible saisine du juge en vue de la limitation de l'évolution du dommage, peut paraitre paradoxal, surtout dans le régime de responsabilité du fait personnel. C'est un régime exclusivement fondé sur la faute[37] et il est de règle connue que nul ne peut se prévaloir de sa propre turpitude. Il est donc difficilement concevable, voire inadmissible, que la personne devant répondre d'un dommage du fait de sa propre faute puisse saisir le juge afin que celui-ci ordonne à la victime de prendre des mesures pour stopper l'ampleur du dommage. Cette vision n'a aucunement pour ambition de nier la possibilité pour le responsable d'user de la technique de la demande reconventionnelle pour discuter de l'étendue de la réparation, mais simplement de soulever l'impossibilité pour celui-ci, auteur du dommage, de saisir le juge à l'avance afin qu'il ordonne à la victime de mettre en œuvre les diligences nécessaires pour minimiser son dommage. Le responsable a la possibilité effective, durant le procès, d'invoquer tous les moyens possibles visant à limiter sa responsabilité ou simplement à la faire disparaitre, notamment en invoquant les causes d'exonération. Il ne devrait pas toutefois pouvoir saisir le juge avant cette période pour prévenir de l'aggravation du préjudice. Son pouvoir se limite à la discussion de l'étendue de sa responsabilité.

Cette possibilité ne serait moins choquante que dans le cadre d'une réparation dite automatique comme en matière d'accidents de la circulation où la seule implication[38] du véhicule suffit pour que la

---

[36]Article 118 Code des Obligations Civiles et Commerciales.

[37] Cette conception de la responsabilité du fait personnel est cependant dépassée depuis l'adjonction d'un troisième alinéa à l'article 121 qui dispose que « toutefois, tout acte de l'homme peut obliger l'auteur du dommage à réparation ou être pris en compte pour l'exonération partielle prévue au présent chapitre ». Ce texte qui avait pour ambition d'objectiver la faute n'a-t-elle pas eu comme conséquence d'objectiver la responsabilité civile ?

[38] Une lecture de certaines dispositions, par l'utilisation du verbe causer (article 200, article 206…), peut induire en erreur ; mais une analyse approfondie des dispositions relatives à l'indemnisation des victimes d'accidents de la circulation révèle que la

réparation puisse être mise en œuvre. Mais le code CIMA, reconnaissant à la victime une garantie dans son intégrité physique, lui assure une réparation totale de ses dommages corporels. La recherche volontaire du dommage reste la seule limite de cette forme de réparation. Pour les dommages matériels, seules les fautes qui ont un rapport direct avec la survenance du dommage peuvent influer sur la réparation. L'assurance est une institution d'indemnisation basée sur la garantie. En France, on note cependant en matière d'assurance maritime l'existence d'une obligation pour la victime de modérer ses dommages matériels. Le code des assurances dispose à ce sujet que « l'assuré doit contribuer au sauvetage des objets assurés et prendre toutes les mesures conservatoires de ses droits contre les tiers responsables. Il est responsable envers l'assureur du dommage causé par l'inexécution de cette obligation résultant de sa faute ou de sa négligence »[39].

Notre position sur ce texte (article 133 Code des Obligations Civiles et Commerciales) peut cependant paraître curieuse pour une étude qui se voudrait prospective. En réalité, il n'est nullement question de rejeter complétement l'obligation de minimiser son dommage en droit sénégalais. Mieux, notre propos va plus loin car préconisant l'accueil pur et simple de la *mitigation of dommage*. Mais force est de reconnaître que le droit sénégalais en l'état actuel, à travers l'article étudié plus haut, n'est nullement conçu pour épouser un tel principe. Seule est rejetée ici l'idée selon laquelle le responsable puisse à travers sa seule volonté mettre en œuvre les diligences nécessaires pour obliger la victime à gérer son dommage. Cette tâche qui ne saurait lui appartenir ne doit découler que de la volonté du législateur à travers une disposition expresse ou par la manipulation de la reconnaissance de la faute de la victime comme cause d'exonération ; ou de la jurisprudence, à travers un attendu sans équivoque dégageant un principe clair. On peut observer dans certains systèmes que l'obligation de minimiser le dommage, à travers une consécration expresse, dépasse le cadre de l'assurance et touche tout le droit de la responsabilité civile. L'article 1479 du nouveau Code civil québécois dispose « la personne qui est tenue de réparer un préjudice ne répond pas de l'aggravation de ce préjudice que la personne pouvait éviter ». Au Canada aussi, le principe

---

seule implication de véhicule suffit, les causes d'exonération classiques n'étant pas admises.

[39] Article L. 172-23 du Code des Assurances Français.

y est consacré textuellement, certainement du fait de la prédominance du système du *common law*.

L'absence d'une consécration générale étudiée un peu plus haut n'a rien de surprenant si l'on sait que le droit sénégalais de la responsabilité civile est héritée de la tradition romano-germanique qui, jusqu'à récemment (notamment avec Domat[40] et Potier), méconnaissait cette obligation. En effet, le code civil de 1804 qui sert le législateur sénégalais de modèle ne contient aucune trace d'une obligation pour la victime de modérer son dommage. Pour les dommages matériels, la question ne se posait même pas étant donné que la victime bénéficiait d'une sorte de garantie[41]. L'atteinte corporelle a cependant suscité quelques tergiversations sur une éventuelle possibilité de contraindre la victime à se livrer à des soins pour minimiser le dommage. Du côté de la jurisprudence, ce n'est qu'à partir de 1935[42] que la Cour de cassation avait admis que le refus pour la victime de se livrer à des soins pour améliorer son état pouvait être qualifié de faute. En revanche, les décisions rendues avant et après[43] cette date, portent toutes ou presque l'empreinte d'une désolidarisation entre le droit français et le *duty of mitigate.*

La doctrine de son côté a toujours été l'arène d'expression de la liberté autorisant la victime à refuser toute forme de contrainte directe ou indirecte à son corps[44].

L'absence de consécration de cette obligation revendiquant une autonomie absolue vis-à-vis de la tradition romano-germanique qui, très tôt, abandonna le volet répressif au profit du droit pénal, ne surprend guère. En effet, même si auparavant il était constaté l'existence d'une unité des fautes pénale et civile, la peine privée perdra très vite toute trace de lueur car ne pouvant guère se distinguer dans un système où le curseur est placé uniquement sur la victime.

Cette méconnaissance de l'obligation de minimiser le dommage par la tradition romano-germanique ne signifie pas cependant que le droit sénégalais de la responsabilité civile est défavorable à l'accueil d'un tel principe.

---

[40] J. Domat, *Les lois civiles dans leur ordre naturel*, Hachette livre, èd 1735, 1er Mars 2021.

[41] V. B. Starck, *Essai d'une théorie générale de la responsabilité civile considérée en sa double fonction de garantie et de peine privée*, Paris, 1947.

[42] Req., 3 janvier 1935, S. 1938. 1. 137, par S. Reifegerste, thèse préc., note 146

[43] V. *infra. (*Introduction*).*

[44] Liberté défendue notamment par Carbonnier.

B – La possible réception de la « mitigation » dans l'actuel droit sénégalais de la responsabilité civile

L'absence de consécration du principe de *la mitigation of damage,* étudiée dans les lignes précédentes, a pour pendant une absence de rejet exprès. Aucune disposition ne concède ni ne rejette *la mitigation of damage.* Il devient donc tout à fait naturel de rechercher au sein du droit commun l'existence d'éventuels écueils qui pourraient ôter au juge la possibilité de faire supporter à la victime la réparation de la partie du dommage qu'elle aurait pu éviter en recourant à des moyens raisonnables.

La majeure partie de la doctrine rejetant la « mitigation », de même que la Cour de cassation française se servent pour la plupart du temps de la consécration de la réparation intégrale pour justifier cette position. Ce constat légitime l'interrogation suivante : l'obligation de minimiser le dommage est-elle incompatible avec la réparation intégrale ? Il est tout à fait tentant de répondre par l'affirmative, si l'on sait que le responsable doit répondre de toutes les conséquences dommageables résultant de son acte. Mais en vérité, une compréhension intelligente débordant le cadre exégétique de la consécration de la réparation intégrale révèle une possible coexistence ou cohabitation au sein d'un même code, d'un texte qui consacre la réparation par équivalent et d'un autre qui oblige la victime à prendre des mesures pour stopper la croissance du dommage. A ce propos, Jean-Pascal Chazal a tenté de déconstruire cet amalgame très fréquemment observé. En premier lieu, l'auteur avança que « réduire l'indemnisation due à la victime afin de tenir compte de son comportement postérieur au fait dommageable ne porte aucunement atteinte au principe de la réparation intégrale, lequel n'a pas pour effet d'imputer à l'auteur d'un dommage des conséquences dépourvues de lien direct avec le fait causal. C'est aller au-delà de la réparation intégrale que d'indemniser la victime des conséquences de sa propre faute dans l'extension ou l'aggravation de ses préjudices »[45].Ainsi, la revendication ou la proclamation de l'absence de correspondance entre la « mitigation » et la réparation intégrale s'avère être fantaisiste car ne s'agissant que d'un stéréotype. La réparation par équivalent ne concerne que les dommages qui ont une relation directe avec l'acte du responsable. Elle n'a pas pour ambition

[45] Civ. 2e, 19 juin 2003, *aff. Dibaoul c/ Flamand et autres*, n° 931. 2003.2326, note J.-P. Chazal.

de régir des dommages plus ou moins lointains avec le fait du responsable. Il relève donc d'une confusion ou d'une compréhension purement lexicale du principe de la réparation intégrale que de se servir de la consécration de celle-ci pour prétexte de faire supporter au responsable, la réparation des dommages qui n'ont aucun rapport causal avec son fait. C'est l'inverse même qui devrait susciter des hésitations, c'est-à-dire indemniser la victime des dommages résultant de sa seule négligence et donc dépourvus de toute relation causale avec l'acte de l'auteur du dommage. Assurer à la victime une réparation des dommages qu'elle aurait pu éviter va en réalité à l'encontre des considérations de la réparation intégrale qui revendique une corrélation mathématique entre la perte subie par le fait de l'auteur et la réparation.

Au-delà de cette fausse incompatibilité soulevée entre la réparation intégrale et la « mitigation », la réflexion peut être poursuivie et axée sur l'existence d'une faute de la victime. La victime qui ne prend pas de mesures nécessaires et raisonnables pour stopper la croissance de son dommage commet-elle une faute ? Au Sénégal, la faute est définie comme un « manquement à une obligation préexistante de quelque nature qu'elle soit »[46]. Cette définition[47], vivement critiquée dans la doctrine française[48], est toujours maintenue, cinquante ans après selon le professeur Isaac Yankhoba Ndiaye, qui en est le protecteur, parce qu'elle présente des avantages[49]. Sans succomber à une tentative de vouloir gloser là-dessus, la portée non circonscrite de cette définition, telle une auberge espagnole, peut être étendue à l'obligation pour la victime de minimiser son propre dommage. Cela est d'autant plus vrai que le Code des Obligations Civiles et Commerciales dispose que « le juge qualifie les faits constitutifs de la faute par rapport à la conduite d'un homme prudent et diligent, en tenant compte des circonstances de l'espèce »[50]. Un homme prudent et diligent n'est-il pas celui qui, après avoir subi un préjudice, mobilise les moyens nécessaires et raisonnables pour stopper la croissance du dommage ? N'est-il pas une obligation

[46]Article 119 du Code des Obligations Civiles et Commerciales.

[47] Empruntée à Planiol, *Traité élémentaire de droit civil*, II, 3ème éd. n° 947.

[48] V. Ph. Malaurie, L. Aynes, Ph. Stoffel-Munk, *Droit des obligations*, LGDJ, 8ème éd., 2005, en ce sens qu'elle est « vague, parce qu'elle ne précise pas les devoirs préexistants, ce qui mène à une logomachie : un devoir est violé parce qu'il y a faute, il y a faute quand un devoir est violé ».

[49] « Leçon inaugurale », in I.-Y. Ndiaye, A.-A. Diouf, J.-L. Corréa, (dir.), *Code des Obligations Civiles et Commerciales (C.OC.C) : cinquante ans après*, *op. cit.*, pp. 24-26.

[50] Article 120 du Code des Obligations Civiles et Commerciales.

pour tout un chacun d'être prudent et diligent pour une vie en société épanouie ? Les réponses à ces interrogations en fonction de l'orientation des considérations sociologiques sénégalaises vont démontrer comment la faute civile peut être un outil à la disposition des juges dont ils peuvent et doivent se servir pour obliger la victime inerte à s'activer en vue d'anticiper la croissance du dommage. Il ne s'agira nullement pour celle-ci de prendre des mesures risquées, démesurées, déraisonnables ou disproportionnées ; un homme prudent et diligent n'en est pas pour autant un demi-Dieu, ni d'ailleurs quelqu'un de parfait ; c'est simplement quelqu'un qui, en dépit de ses imperfections, se comporte comme un bon père de famille. La mobilisation de la faute civile comme fondement de l'obligation de minimiser le dommage nécessite donc une casuistique, ce que jusqu'ici refusait la Cour de cassation française. En effet, celle-ci avait rendu une décision identique à deux situations totalement distinctes le 19 Mars 1997[51] : dans un premier arrêt, la cour d'appel avait retenu la faute de la victime qui ne s'était pas soumise à des soins comme l'avaient indiqué son neurologue et son neuropsychologue. La haute juridiction de son côté avait décidé que « l'auteur d'un accident est tenu d'en réparer toutes les conséquences dommageables ; que la victime n'est pas tenue de limiter son préjudice dans l'intérêt du créancier ». Dans un deuxième arrêt rendu le même jour, la cour réitère sa position sans pour autant prendre en considération la différence fondamentale existant entre ces deux cas d'espèce. En effet, dans le deuxième cas, la cour d'appel affirme que la femme avait la possibilité de recourir à un tiers pour l'exploitation de son fonds de commerce. Dans ce cas particulier, la position de la haute juridiction est semble-t-il justifiée. En effet, la cour d'appel n'avait pas tenu compte des risques inhérents au recours à la location-gérance qu'elle reprochait à la victime de n'y avoir pas procéder. L'obligation de minimiser son dommage ne devrait pas se transformer à une obligation totale de tout mettre en œuvre dans le seul but de limiter la croissance du dommage. Ce n'est pas une obligation de résultat. Dans le premier cas d'espèce en revanche, les soins recommandés à la victime pour l'amélioration de son état de santé ne présentaient visiblement pas de risques pour cette dernière ; son refus de procéder à ces soins devrait être analysé comme un écart de conduite l'obligeant à supporter la partie du dommage résultant de cette absence de consultation.

---

[51] Préc.

L'article 120 du Code des Obligations Civiles et Commerciales) semble donc consacrer à la fois l'appréciation *in abstracto* et l'appréciation *in concreto* de la faute civile : Une appréciation *in abstracto*, parce que le comportement du fautif est analysé en fonction d'un comportement modèle que l'on est en droit d'attendre d'un homme ordinaire mais responsable. Dire d'une personne qu'elle est fautive revient implicitement à comparer sa conduite à une conduite de référence non fautive[52].

Une appréciation *in concreto* parce que le juge qualifie les faits constitutifs de la faute « en tenant compte des circonstances de l'espèce »[53]. C'est une appréciation qui permet de se référer à la conduite qu'on est en droit d'attendre de la part de l'auteur du dommage en fonction de ses capacités ou de ses aptitudes professionnelles. En effet, on ne saurait s'attendre à ce qu'un médecin généraliste ait la conduite d'un médecin spécialiste avec plusieurs années d'expériences.

L'appréciation *in abstracto* de la faute civile permet donc d'associer le comportement de la victime qui laisse s'accroître son dommage alors qu'elle aurait pu y mettre un terme à un comportement fautif du fait de son manquement à l'obligation de prudence et de diligence normalement attendue de lui. En un bon père de famille, la victime doit mobiliser les moyens nécessaires pour prévenir l'évolution du dommage. Elle doit chercher à éteindre le feu même s'il est d'origine criminelle. Son inertie doit être appréciée ni plus ni moins comme une faute. Et le législateur, dans les règles organisant les causes d'exonération[54], associe la faute de la victime aux événements pouvant atténuer ou simplement faire disparaitre le droit à réparation en disposant que « la faute de la victime atténue la responsabilité de l'auteur du dommage dans la mesure où elle a concouru à causer. Elle peut la faire disparaitre si elle présente, pour l'auteur du dommage, les caractéristiques d'un cas fortuit ou de force majeure »[55]. Toutefois, ici la faute de la victime ne saurait faire disparaitre la responsabilité de l'auteur du dommage vu qu'elle n'est pas commise au moment de la survenance du dommage et ne peut en aucun cas être considérée à l'égard de celui-ci comme présentant les caractéristiques d'un cas fortuit ou d'une force majeure. Le dommage étant déjà commis,

---

[52] Y. Lambert-Faivre, « L'évolution de la responsabilité civile d'une dette de responsabilité à une créance d'indemnisation », *RTD* civ., 1987, p. 2.

[53] Article 120 du code des obligations civiles et commerciales, *in fine*

[54] Article 128 du code des obligations civiles et commerciales et s.

[55] Article 130 du code des obligations civiles et commerciales.

l'influence du comportement de la victime ne peut jouer qu'en fonction de l'aggravation du dommage.

La faute de la victime ne doit pas uniquement s'apprécier au moment de la naissance du préjudice. Tant que la réparation n'est pas effective, le comportement de la victime devrait pouvoir être qualifié de fautif et donc influer sur la réparation. Il pèse sur la victime une obligation de prudence et de diligence qui déborde le cadre étroit de la naissance du dommage. Le texte précité ne fait nullement une dissociation entre la naissance et la croissance du dommage[56]. L'emploi du vocable « causer » peut cependant induire en erreur, mais en refusant la prise de moyens raisonnables, la victime modifie de ce fait la relation causale entre le fait du responsable et l'aggravation dommage. Ainsi, l'expression « ... dans la mesure où elle a concouru à causer » trouve toute son importance. La victime qui refuse de minimiser son dommage a, de par sa faute, provoqué la distorsion de la relation causale et indubitablement concouru non plus à la naissance du dommage, mais à son évolution. Pour le dire trivialement, elle n'a pas concouru à causer la naissance du dommage, mais a concouru à causer l'évolution du dommage. Il convient de distinguer donc entre la faute de la victime concomitante à la faute du débiteur et la faute de la victime postérieure à celle-ci[57].

La consécration de la faute de la victime comme cause d'exonération peut donc servir de soubassement à l'obligation pour la victime, tel un bon père de famille, de mettre en œuvre des moyens raisonnables pour éviter tout éclatement du dommage.

Il est donc tout à fait possible que les juges appliquent la « mitigation » en se servant des textes qui existent déjà dans le Code des Obligations Civiles et Commerciales. Toutefois, pour éviter toutes contestations et toutes controverses, il faut reconnaitre qu'il est plus judicieux de consacrer textuellement le principe.

II – La nécessité d'une consécration expresse

Comme il a été déjà démontré un peu plus haut, la manipulation de la consécration de la faute de la victime suffit pour obliger celle-ci à supporter sa négligence en ne prenant pas de moyens nécessaires en vue de stopper la croissance du dommage. Cela dit, ce principe, étant étranger à notre tradition juridique, il serait plus judicieux, en tenant

[56] On ne doit pas distinguer là où la loi ne distingue pas.

[57] S. Reifegerste, *Pour une obligation de minimiser le dommage*, thèse préc., note 52.

compte de nos réalités socio-économiques (A) ainsi que les considérations philosophiques qui l'accompagnent (B), de consacrer textuellement ce principe.

A – Adéquation de la « mitigation » aux réalités socio-économiques

En dehors de l'idée selon laquelle il y aurait une incompatibilité entre l'obligation de minimiser son dommage et la réparation intégrale, il est souvent avancé l'idée selon laquelle la minimisation du dommage serait faite uniquement dans l'intérêt du créancier[58]. Or, la minimisation du dommage, dans un espace social comme le nôtre, peut se présenter comme un carrefour ou viennent s'articuler la réunion de trois intérêts : l'intérêt de la société, l'intérêt du responsable et l'intérêt de la victime : l'intérêt de la société car en limitant la croissance du dommage, la victime contribue à l'évitement du gaspillage par la prévention des réparations inutiles[59]. L'élaboration des règles dans un pays en voie de développement devrait être faite en tenant compte des réalités économiques. C'est cette justification économique que l'on retrouve également dans les pays du *Common Law*.

L'intérêt du responsable, car en évitant l'éclatement du dommage, la victime évite par la même occasion à celui-ci la multiplication des sommes devant normalement être allouées. La Cour de cassation française considère même que celui-ci, le responsable, reste le seul bénéficiaire de la minimisation du dommage[60]. Mais, même si cette position de la Cour reste critiquable, force est de reconnaître que le responsable a intérêt aussi à ce que la croissance du dommage soit modérée, ce qui lui évitera tout un procès sur l'étendue de la réparation.

Et enfin l'intérêt de la victime puisque le contexte économique sénégalais expose la victime au risque fort probable de l'inconsistance du patrimoine du débiteur du fait du taux élevé de pauvreté. Le taux d'extrême pauvreté au Sénégal est de 6,8 % ; le taux de pauvreté monétaire est estimé à 37,8 % en 2018/2019. Et le nombre de pauvres

---

[58] Civ. 2e, 19 juin 2003, *aff. Dibaoul c/ Flamand et autres*, préc.

[59] R. Demogue, *Traité des obligations en général*, t. IV, 1924, n° 463-bis. « Ainsi à un droit rigide, se substitue un droit solidariste obligeant la victime à travailler modérément dans l'intérêt général, c'est-à-dire pour empêcher le dommage de continuer », cité par Chazal, note préc.

[60] Cass. Civ. 2, 19 juin 2003 préc. : « L'auteur d'un dommage doit en réparer toutes les conséquences et la victime n'est pas tenue de limiter son préjudice dans l'intérêt du créancier ».

a augmenté au Sénégal (5832008 en 2011 contre 6032379 en 2018)[61]. En ce qui concerne l'emploi au Sénégal, il faut noter que plus de la moitié de la population active[62], c'est-à-dire en âge de travailler est au chômage. Seul (43,3 %) de la population en âge de travailler a un emploi[63]. Ce taux reste non seulement alarmant, mais pourrait aussi induire en erreur car seul 33,3 % de la population en emploi est salarié. Et, ici, être salarié ne signifie pas forcément être à l'abri du besoin[64]. De ce fait, les populations ne font presque pas d'économies pouvant leur aider à faire face aux aléas de la vie. Dans de pareilles circonstances, la réparation intégrale se présente comme un idéal difficilement accessible.

Mieux, en plus de cette pauvreté caractérisée, il est constaté que les systèmes de compensation des dommages ont un faible impact sur l'indemnisation des victimes. L'assurance qui, ailleurs est apparue comme une institution accourant au chevet de la responsabilité civile pour assister à son agonie, s'érige difficilement au Sénégal en un système d'indemnisation capable de concurrencer la responsabilité civile encore moins de menacer son avenir ou sa capacité à demeurer l'institution par excellence régissant l'indemnisation des victimes. En effet, ailleurs, on est à l'âge de ce qu'on pourrait appeler les « sociétés assurancielles »[65]. Ici, le constat est tout autre. L'émergence de l'assurance comme technique alternative de réparation des dommages est retardée, en partie, par des considérations économiques comme la fragilité économique de l'État, mais aussi par des considérations sociologiques et théologiques. En effet, même si le Sénégal, à travers un passé colonial, est laïc[66] et est soumis au droit romano-germanique, l'hégémonie de la religion de même que les croyances ancestrales (surnaturelles)[67] s'observent encore dans le comportement des

[61] Agence nationale de la Statistique et de la démographie, enquête harmonisée sur les conditions de vie des ménages (EHCVM) au Sénégal, rapport final, Septembre 2021.

[62] Âgée de 15 ans ou plus.

[63] Agence nationale de la statistique et de la démographie (ANSD), enquête nationale sur l'emploi au Sénégal quatrième trimestre 2020.

[64] Le Salaire Minimum Interprofessionnel Garanti est très faible et la plupart des salaires le dépassent à peine.

[65] F. Ewald, *l'État providence*, Grasset 1980, p. 20.

[66] V. la Constitution du Sénégal de 2001.

[67] En effet, avant la colonisation, la métaphysique prédominait sur le continent africain. Aujourd'hui encore, on retrouve ces croyances ancestrales dans certains endroits du Sénégal.

Sénégalais. Et, la conformité de l'assurance à l'Islam qui concerne 95 % des Sénégalais est à vérifier[68].

Le fatalisme profondément ancré dans la tradition africaine aussi ne facilite pas l'éclosion d'un système d'indemnisation essentiellement basé sur la prévoyance. D'un autre côté, la faible implication de l'État retarde considérablement la réussite de l'insertion de l'assurance comme système alternatif de compensation des dommages.

Toute cette gangrène est uniquement due au fait que l'assurance, qui est issue du prêt à la grosse aventure, est méconnue par le droit traditionnel de réparation.

De ce fait, en limitant la croissance de son dommage, la victime veille à ses propres intérêts car plus le montant attendu de la personne devant répondre du dommage est colossal, plus les chances d'obtenir une réparation totale s'estompe. Le choix de la victime entre un dommage énorme qui ne sera certainement pas réparé et un dommage minime mais avec plus de chances d'être réparé ne devrait pas être compliqué.

L'argumentaire selon lequel la minimisation du dommage serait faite dans l'unique intérêt du créancier ne saurait donc prospérer dans un espace économique comparable au nôtre. Il ne serait pas faux d'ailleurs d'affirmer que la victime reste le plus grand bénéficiaire de la minimisation du dommage.

Au demeurant, si la victime, en dépit des arguments avancés dans les lignes précédentes, manque à son obligation de modérer le dommage, le Code des Obligations Civiles et Commerciales est suffisamment équipé pour faciliter l'insertion d'une disposition consacrant l'obligation pour la victime de modérer son dommage. En effet, l'évaluation du dommage est laissée à la libre appréciation des juges du fond. La Cour suprême ne saurait arrêter sa décision sur le montant alloué à la victime. Les juges du fond peuvent donc saisir le moment de l'évaluation du dommage pour faire supporter à la victime son manquement à l'obligation de prudence et de diligence. Le Code des Obligations Civiles et Commerciales dispose à cet effet que *«* l'évaluation du dommage se fait au jour du jugement ou de l'arrêt *»*[69]. Les juges ont donc le devoir de saisir ce moment opportun pour déterminer la partie du dommage qui découle uniquement de l'acte du

---

[68] En effet, la majeure partie des savants musulmans rejette la conformité de l'assurance aux exigences de la charia.

[69] Article 135 du Code des Obligations Civiles et Commerciales.

responsable et celle qui est imputable à la victime. Le dommage réparable reste le dommage qui tisse un lien direct avec le fait de la personne devant répondre de la réparation. En effet, selon le code précité, le dommage doit être direct[70] c'est-à-dire découlé uniquement de la faute du responsable sans qu'aucun fait postérieur[71] n'ait concouru à sa réalisation.

C'est heureux que le législateur sénégalais ait consacré la fixation de l'évaluation du dommage au jour du jugement ou de l'arrêt. Cela contourne les excès constatés dans certains systèmes de droit anglo-américains qui voudraient que l'évaluation du dommage se fasse au jour même de la survenance de celui-ci, mais aussi alerte sur la passivité répréhensible de la victime. En effet, l'évolution du dommage ou sa croissance n'est pas nécessairement tributaire de la négligence ou de l'imprudence de la victime. Il est tout à fait possible que les seuls moyens dont disposait la victime pour modérer le dommage impliquaient une prise de risques considérables ou nécessitaient des dépenses disproportionnées. Ainsi, l'obliger à supporter toute évolution de son dommage reviendrait à l'inviter à aller au-delà de ses capacités ou à se livrer à des soins risqués pour minimiser le dommage. Dans pareille hypothèse, l'obligation de minimiser le dommage se transforme en une obligation de résultat, ce qui ne protège pas pour autant la victime. Et, notre propos n'a pas pour ambition d'aller à l'encontre de la protection ou des intérêts de la victime, mais seulement que cette protection ne devrait être faite au détriment des autres intérêts en jeu. De ce fait, la fixation du moment de l'évaluation du dommage au jour du jugement, contrairement à ce que l'on pourrait penser, ne devrait pas être uniquement comprise dans l'intérêt de la victime. Ce moment doit permettre de dissocier entre la partie de l'évolution du dommage qui découle uniquement de la passivité de la victime, donc de sa seule faute et celle dont elle ne pouvait en avoir le contrôle.

L'article 135 interprété comme il se doit devient un outil qui protège suffisamment la victime par la prise en considération de l'évolution du dommage qu'elle ne pouvait éviter ; sans pour autant l'accompagner dans une passivité injustifiable qui ne découle que de sa seule volonté soit par négligence soit par un refus pur et simple de mettre en œuvre les diligences nécessaires en vue de modérer son dommage.

---

[70] Article 127 Code des Obligations Civiles et Commerciales.

[71] Étant entendu que la faute de la victime est un fait postérieur.

Pour clore le chapitre sur l'inventaire des justificatifs d'une nécessité de consacrer la *mitigation of dommage*, on peut faire état de sa possible corrélation avec le droit traditionnel de la réparation. En effet, au-delà même du droit de la réparation, l'existence du droit tout court dans les sociétés africaines à fait l'objet de plusieurs débats tendant tantôt à sa négation tantôt à sa reconnaissance du fait de l'absence d'institutions spécialisées capables d'édicter des normes et de sanctionner leur irrespect. Aujourd'hui, ce débat n'est plus d'actualité puisqu'il est unanimement admis l'existence d'un droit africain.

L'existence d'un droit africain de la responsabilité civile aussi a suscité de vives controverses. Une bonne partie de la doctrine a toujours nié l'idée que les sociétés africaines puissent connaitre un droit à l'image du droit de la responsabilité tel que connu aujourd'hui et sur lequel asseoir la réparation du dommage. Pour Koami-kuma Akogo Tordjo[72], la responsabilité civile que l'on retrouve dans les sociétés africaines d'aujourd'hui n'est qu'un ersatz du droit français. L'auteur estime entre autres que la structuration des sociétés d'Afrique noire ne permettait nullement le développement d'un droit qui mettait en avant l'auteur du dommage par le mécanisme d'une technique purement individualiste. Selon le professeur Abdoul Aziz Diouf, l'architecture actuelle du droit de la responsabilité civile témoigne d'une absence d'épistémologie. Selon l'éminent professeur, les articles 118 à 156 ne constituent qu'une synthèse de la doctrine et de la jurisprudence[73] et que donc le législateur n'était nullement animé d'une ambition conciliatrice du droit traditionnel de la réparation et de la tradition romano-germanique. D'autres auteurs se sont aussi intéressés à la question. Pour les uns, il y aurait une possible corrélation[74], alors que les autres rejoignent l'ancienne doctrine[75].

En tout état de cause, la méconnaissance du droit africain d'un système qui s'apparente au droit de la responsabilité tel que conceptualisé par le législateur français n'enlève en rien l'existence

[72] A.-T. Koami-Kuma, *Aperçu historique, psycho-sociologique et perspective d'avenir du droit togolais de la responsabilité civile : contribution à une théorie générale du droit de la réparation*, Poitiers, Thèse mult., 1979, pp. 90-91

[73] L'article 137 n'est qu'une reprise du célèbre arrêt *Jand'heur.*

[74] K. Mbikayi, *responsabilité civile et socialisation des risques en droit zaïrois, étude comparative du droit zaïrois et des systèmes juridiques belge et français*, Kinshasa, Presses Universitaires du Zaïre, 1974, p. 20.

[75] N. Laurent, *A la recherche d'un système d'indemnisation des victimes d'accidents de la circulation routière adapté au contexte socio-économique africain*, thèse volume II juillet 2005.

d'un système de réparation des dommages typiquement africain. Mieux, ce système n'était nullement animé par une ambition exclusive de réparation du dommage en l'imputant à un sujet responsable ; mais mettait plutôt l'accent sur « l'importance de restaurer l'équilibre sociétal détruit, la nécessité de réparer le dommage survenu et, partant, sur la solidarité, le collectivisme ou le communautarisme au regard des règles fondamentalement africaines. Elle privilégie la nécessité de préserver la paix, l'harmonie et la sécurité des rapports sociaux »[76]. C'est un système de réparation qui débordait de ce fait le cadre du rapport étroit entre la victime et l'auteur du dommage. Il n'était pas rare d'ailleurs de voir la famille (tribu ou clan) de la victime participer aussi à la réparation. Il est inutile de démontrer que dans un tel système, la victime, qui doit veiller à l'harmonie et à la sécurité de la société dont elle constitue une partie indissociable, devait mobiliser les moyens nécessaires pour modérer le dommage. La minimisation du dommage qui est une des modalités de réparation incombait d'ailleurs au clan tout entier ; chaque membre, au nom de la solidarité, apportait sa contribution pour que le dommage puisse être réduit à son minimum. En cas d'incendie, peu importe l'origine, qu'elle soit criminelle, naturelle ou par négligence, le clan tout entier se mobilisait pour l'extinction du feu.

S'il en était ainsi, c'est que la responsabilité civile mettait en œuvre des considérations abstraites qui ne se cantonnent pas seulement à l'octroi de dommages et intérêts.

B – Adéquation de la « mitigation » aux considérations métaphysiques

En dehors des considérations sociales et économiques, de la compatibilité ou non de l'obligation de minimiser le dommage avec la réparation intégrale (…), il demeure encore d'autres questions en suspens puisqu'en dehors des influences qu'exercent les considérations matérielles sur l'élaboration des règles, le législateur est aussi guidé par des considérations immatérielles ou spirituelles qui occupent encore une place de choix dans le contexte africain. « Il s'agit des aspirations

---

[76] F.-R. Bilong Nkoh, « La place des règles juridiques fondamentalement africaines en matière d'obligations dans les systèmes juridiques d'Afrique subsaharienne », I.-Y. Ndiaye, A.-A. Diouf, J.-L. Corréa, (dir.), *Le Code des Obligations Civiles et Commerciales (C.O.C.C) : cinquante ans après*, vol. 2, *op. cit.*, p. 94.

morales, des sentiments religieux du groupe intéressé »[77]. Ces considérations, une fois appliquées à la responsabilité civile, engendrent les interrogations suivantes : quel est le but exact de la responsabilité civile ? Se limite-t-elle seulement à la recherche d'un sujet responsable pour que le dommage puisse être réparé ? La responsabilité civile se désintéresse-t-elle de toute considération métaphysique ? L'éthique, la morale, l'équité, la justice, la bonne foi : sont-elles des concepts étrangers à la responsabilité civile ? La négative pour nous ne fait aucun doute. En réalité, s'il en était ainsi, nous ne serions certainement pas autant passionnés par cette matière. En vérité, La réparation, envisagée du côté de la tradition africaine, est plus complexe qu'elle n'y parait ; elle mettait en évidence des considérations abstraites, métaphasiques des valeurs qui ne se forgent qu'à travers un inter-agissement ininterrompu entre des individus d'un même groupe ce qui d'ailleurs rendait inopportun le débat sur l'existence d'un droit africain de la responsabilité civile à l'image de ce que l'on retrouvait dans le code napoléonien[78]. Elle va au-delà de la simple recherche d'un sujet responsable pour assurer à la victime une compensation du dommage subi. Elle pose ainsi la question de la sphère de la liberté en essayant de mettre en place un comportement modèle[79] pour que les individus puissent coexister dans l'harmonie, la justice et la paix. Un comportement modèle par l'encadrement de la liberté de tout un chacun pour rendre possible la vie en société. En effet, « seul l'homme libre est en mesure de prendre conscience des conséquences de ses actes. Son libre arbitre, c'est-à-dire son choix, même s'il peut être relatif, entre agir ou ne pas agir et parmi les actions possibles, entre celles qui sont conformes ou non à la morale, l'éthique et plus simplement la loi, a pour conséquence sa responsabilité à l'égard de la collectivité et de chacun des individus qui le composent »[80]. L'idée donc que la liberté puisse justifier le refus de toute contrainte pour la victime de se livrer à des soins médicaux, comme souvent défendu dans la doctrine française, ne saurait prospérer en Afrique. Le but de la responsabilité civile n'est pas de restreindre la liberté encore moins de la nier, mais se limite simplement à donner un sens à l'exercice de cette liberté qui ne devrait nullement s'entendre au sens d'un anarchisme. Liberté n'est pas

---

[77] P. Azard, « Le donné moral en matière de responsabilité civile », *Les cahiers du droit*, 9 (3), pp. 671-688, 1968, p. 1.
[78] V. *infra*, II. B.
[79] Article 122 du Code des Obligations Civiles et Commerciales.
[80] T. Tanzi, F.Delmer, *Ingénierie du risque*, Lavoisier, 2006, p. 56.

anarchie, et elle ne peut avoir de sens que si son exercice n'a pas pour effet de compresser celle des autres puisque c'est « sur la liberté que se fonde et s'élève tout jugement »[81]. « Pour qu'un acte puisse m'être imputé, il faut que j'aie librement choisi de le commettre »[82]. Cette pensée kantienne sur la liberté comme fondement de la responsabilité rejoint, en partie, ce qui s'observait dans la tradition africaine sur l'obligation pour la victime de modérer son dommage. Si la liberté est le fondement de tout jugement et de toute responsabilité, s'abstenir d'agir en toute connaissance de cause des conséquences de cette abstention devrait engager notre responsabilité. Adopter une attitude passive devant un mal juste parce qu'on n'en est pas l'initiateur même au cas où il nous implique directement, soit dans notre personne ou nos biens, relève simplement d'un faux déterminisme et donc d'une incompréhension du véritable sens de la liberté ou d'un mauvais exercice de celle-ci. Établir l'existence d'un lien de causalité entre la partie du dommage que la victime, de par sa seule volonté, a librement laissé s'agrandir et l'acte de l'initiateur du dommage relève d'un déterminisme primaire, car impliquerait que la victime n'a pas à interférer dans l'ordre naturel des choses. C'est alors le choix qu'a opté la victime de demeurer une simple spectatrice, laissant ainsi le dommage atteindre des proportions abyssales, qui devrait être considéré comme la cause exacte et immédiate de cette aggravation du dommage. Même le stoïcien le plus stoïque n'est insensible que devant les choses qui échappent à son contrôle. Ce n'est pas parce qu'on est libre qu'on a le droit de faire ou de ne pas faire telle ou telle chose, mais c'est justement cette possibilité qui s'offre à nous qui devrait conjuguer notre choix parmi tant d'autres de par notre faculté de penser autrement et donc, par conséquent, de devoir répondre de nos actes. La liberté absolue est fantaisiste ; « L'homme est né libre, et partout il est dans les fers »[83]. A quoi servirait la liberté, si, au nom de celle-ci, chacun pouvait s'en servir comme prétexte pour pouvoir laisser s'accroitre un dommage subi juste parce qu'il appartient à l'initiateur d'en assumer toutes les conséquences ? La liberté ne peut et ne doit justifier la passivité de la victime qui aurait pu limiter son dommage en recourant à des moyens ordinaires et raisonnables. Elle n'a pas pour sacerdoce de

[81] E. Partene, « A la croisée de la morale, du droit et de la religion : Kant et la responsabilité », *Archives de philosophie du droit,* 2021/1 (Tome 63), p. 3.

[82] *Ibidem.*

[83] J.-J. Rousseau, *Du contrat social*, les classiques de la philosophie : le livre de Poche, 1762 p. 68.

rendre la vie difficile aux autres ni d'alourdir leurs obligations. Les jugements moraux qui imprègnent les considérations sociologiques sénégalaises ne devraient aucunement tolérer ce cas de figure.

Ainsi, au-delà de la liberté, l'éthique, qui fait la paire avec le droit, voudrait que la victime ne cherche pas injustement à alourdir la charge du responsable.

L'exigence de prudence et de diligence dans la conduite des individus, la nécessité d'une faute[84], l'existence de causes d'exonération[85], les règles relatives à l'imputabilité[86], la spécificité de la faute par abus de droit, notamment par l'exigence d'une intention de nuire[87], l'obligation d'éducation pesant sur les parents[88]... constituent autant d'exemples témoignant ainsi de l'intérêt que la responsabilité civile porte sur la psychologie et le comportement des individus. L'institution ne doit nullement se transformer en un corps de règles en quête désespérée d'un sujet à qui imputer le préjudice. Sa mise en œuvre doit être faite de telle sorte que toute injustice à l'endroit de l'auteur du préjudice soit contournée. En réalité, même dans les cas où le responsable est condamné en dehors de toute psychologie de causer le préjudice, à travers le quasi-délit, ce qui en réalité est réprimé, c'est la négligence ou le manque de diligence ; cette imputation suppose en effet que le responsable aurait pu agir autrement.

L'influence de la morale en Afrique déborde même le cadre de la responsabilité civile et touche toutes les branches du droit. Il relèverait d'un positivisme purement primaire que de vouloir supprimer l'appréciation des lois en dehors de toute teinture ou contemplation de la morale[89].

Ailleurs, le fossé qui continue de s'agrandir entre le droit et la morale peut rendre ardue la prise en compte des jugements de valeurs dans l'élaboration ou l'appréciation des lois. La métaphysique y recule tel un bateau qui s'engouffre dans la brume. Ici en revanche, comme précisé un peu plus haut, malgré les influences extérieures, l'Afrique reste un continent où la morale s'observe encore dans les différents domaines de

[84] Article 118 du Code des Obligations Civiles et Commerciales.
[85] Article 128 du Code des Obligations Civiles et Commerciales.
[86] Article 121 du Code des Obligations Civiles et Commerciales, « il n'y a pas de faute si l'auteur du dommage était par son état naturel dans l'impossibilité d'apprécier son acte » (v. cependant *supra* l'alinéa 3 de l'article).
[87] Article 122 du Code des Obligations Civiles et Commerciales.
[88] Article 145 du Code des Obligations Civiles et Commerciales.
[89] G. Ripert, *Les forces créatrices du droit*, LGDJ, 1995, n° 76, p. 190.

la vie en société. Les juges ont donc le devoir de prendre en compte cet état de fait dans l'interprétation des règles. Ils doivent suppléer au législateur qui a manqué à son obligation d'ériger un corps de règles répondant aux réalités présentes, en interprétant les lois en fonction de toutes ces considérations. Il est tout à fait possible que des dispositions d'une texture identique qui planent dans différents ordres juridiques puissent être interprétées chacune en contemplation avec les réalités des destinataires.

L'éthique de la responsabilité civile[90], ne fait donc plus aucun doute, et peut servir de soubassement à l'obligation pour la victime de modérer son propre dommage. Étymologiquement, l'éthique renvoie à la morale ou à l'étude philosophique de celle-ci. « Plus que de permettre de discerner entre le bien et le mal, elle amène à choisir entre plusieurs formes de bien, vouloir le moindre mal. Elle repose sur la réflexion, les qualités humaines et l'ouverture. Elle fait aussi progresser l'universalité et la sollicitude envers tout autre que soi (P. Ricœur) »[91]. La morale est subjective et individuelle, son appréciation peut différer d'un individu à un autre, mais aussi d'un milieu social à un autre. Elle concerne l'ensemble des règles de conduite sociale régissant une société donnée à une époque donnée (mœurs). Elle n'est pas immuable ou intangible, elle s'inscrit dans une logique évolutive permanente. Ce qui, jadis, était considéré comme immorale et contraire à l'éthique est aujourd'hui perçu comme un point important de l'évolution de la race humaine. Toutefois, en dépit de son caractère changeant, il existe certains aspects beaucoup plus conventionnels et universels de l'éthique. Il a été déjà démontré que l'éthique dérive étymologiquement de « mœurs » qui invitent à distinguer entre le bien et le mal, or l'être humain est naturellement programmé pour faire un point entre ces deux concepts. Le choix entre ce qui est bien et ce qui ne l'est pas relève naturellement de la lucidité ou du simple bon sens, surtout dans un continent ou la métaphysique occupe encore une place importante. L'obligation pour une personne qui a subi un dommage de stopper ou de modérer le mal déjà implanté entre naturellement dans cette catégorie. Tout le monde sait qu'il relève d'un bon comportement que de se comporter comme un bon père de famille après avoir subi un dommage et chercher donc à tuer le mal à la racine. L'éthique et la bonne foi (en matière

---

[90] Y. Lambert-Faivre, « L'éthique de la responsabilité civile », *RTD* civ. (1) 1998.
[91] D. Grimaud, « L'éthique dans l'environnement sanitaire », *ADSP* n° 77 décembre 2011 p. 13.

contractuelle[92]), qui occupaient une place de choix dans la tradition africaine, voudraient que la victime, à travers des moyens proportionnels et raisonnables, neutralise la croissance de son dommage dans la limite du possible. Laisser s'accroître le dommage serait contradictoire aux implications de l'éthique qui nécessitent de souvent faire des concessions pour une vie en société harmonieuse.

Cette réflexion pourrait être étendue aux autres règles de conduite sociale comme l'équité, car ce n'est ni juste ni équitable de faire supporter à l'auteur du dommage des conséquences dépourvues de lien de causalité avec son fait. Et l'on sait que même si la justice n'est pas synonyme de droit, en Afrique, elle tisse des liens indéfectibles avec celui-ci.

En définitive, compte tenu de la compilation de toutes les considérations soulevées dans cette précédente étude et de celles qui sont laissées en rade en raison de la circonscription étroite du support scientifique utilisé (article), notre propos ne peut que se termine par une proposition d'ajout d'un troisième alinéa à l'article 133 comme suit : « toutefois, la personne tenue de réparer le préjudice ne répond pas de l'aggravation de celui-ci en cas de violation par la victime des prescriptions du juge comme indiqué dans l'alinéa précédent. Il en sera de même s'il est établi que cette aggravation n'est due que de par la seule volonté de la victime de ne pas recourir à des moyens raisonnables pour en limiter l'importance »

---

[92] A noter, cependant, que la bonne foi n'a été mentionnée qu'une seule fois dans le code des obligations civiles et commerciales. Contrairement en droit français, il n'est, en effet, nulle part mentionné que les contrats s'exécutent de bonne foi. Cependant, une analyse approfondie des règles encadrant le droit des obligations témoigne ainsi de la forte place que les jugements de valeurs y occupent. Le maintien de l'exigence du respect des bonnes mœurs dans la formation des contrats, à travers l'article 142, rend parfaitement compte de cet état de fait.

Varia

L'éducation au Droit en Afrique : les clés pour passer de l'anomie actuelle à la renaissance juridique

Fatou Kiné Camara
Docteure d'État en Droit privé de l'Université Cheikh Anta Diop
Maîtresse de Conférences titulaire
Membre du Laboratoire d'Études et de Recherches Critiques sur le Droit en Afrique – Guy Adjété Kouassigan (LERCDA-GAK)

Yoporeka Somet
Docteur d'État en Philosophie de l'Université de Strasbourg
Docteur d'État en Égyptologie de l'UCAD
Directeur du Centre for African Renaissance Studies de Dedan Kemathi University of Technology, Nyeri, Kenya

Résumé : Enseigner c'est transmettre un savoir et éduquer c'est favoriser, faciliter, accompagner l'apprentissage de valeurs et de normes de comportement. L'Afrique ancienne et précoloniale avait choisi depuis des millénaires la voie de l'éducation au Droit qui se confondait avec l'apprentissage de vertus éthiques et morales, en plus de l'acquisition d'un savoir technique au service du juste, du beau et du bien. Cela se faisait au moyen d'une pédagogie à facettes multiples dont la plus connue est l'épreuve initiatique. Cependant, les outils pédagogiques africains vont bien au-delà de l'initiation. En matière de connaissance du Droit en particulier, la pédagogie est d'un raffinement et d'une intelligence inégalés à ce jour. Pourtant, à l'indépendance, les écoles africaines ont copié et développé, à l'échelle de chaque État, le système légué par l'occupant colonial. Tout a été pensé et fait comme si l'Afrique n'avait jamais eu son propre système éducatif, performant qui plus est. Notre article va présenter les outils de ce système éducatif pour la renaissance d'un Droit africain vivant et vivifiant, en ayant exposé au préalable, les mérites d'un recours au Droit comparé ou à l'approche comparatiste des Droits anciens, du Droit positif et des Droit coutumiers contemporains africains. Le tout dans un but de mettre en lumière les tares et mérites respectifs de l'enseignement du Droit par rapport à l'éducation au Droit.

Mots clés : Matrimoine, langue, renaissance, Égypte, éducation.

Depuis l'indépendance, l'enseignement du Droit, le fondement de toute société, au lieu d'être prévu et aménagé de la base au sommet de l'édifice éducatif, n'existe qu'en tant qu'une des multiples spécialités offertes au cycle supérieur de l'enseignement. En conséquence, les enfants qui sont arrivés au bout du chemin des braves, que constitue le parcours scolaire, auront surmonté les obstacles et accumulé les diplômes sans pour autant avoir appris, d'une quelconque manière, le Droit de leur pays, le Droit qui les régit et auquel tous et toutes, du plus humble personnage à la plus haute autorité est soumis. Le Droit qui protège, qui autorise, qui interdit et qui sanctionne, parfois durement, adultes et enfants, ce Droit que nul n'est censé ignorer, ne leur a pourtant pas été enseigné, pas plus qu'il ne l'a été à leurs parents. Or, ne pas connaître le Droit, c'est ne pas connaître ses droits et obligations avec toutes les graves et irréversibles conséquences que cela entraîne.

Il est intéressant de relever qu'en France, où, contrairement à tous les États dits francophones d'Afrique, le français est non seulement une langue autochtone mais encore la langue parlée par la quasi-totalité de la population, le Conseil constitutionnel n'en soulève pas moins « l'objectif de valeur constitutionnelle d'accessibilité et d'intelligibilité de la loi »[1] qu'il développe de la sorte :

> « qu'en effet l'égalité devant la loi énoncée par l'article 6 de la Déclaration des droits de l'homme et du citoyen[2] et « la garantie des droits » requise par son article 16 pourraient ne pas être effectives si les citoyens ne disposaient pas d'une connaissance suffisante des normes qui leur sont applicables ; qu'une telle connaissance est en outre nécessaire à l'exercice des droits et libertés garantis tant par l'article 4 de la Déclaration, en vertu duquel cet exercice n'a de bornes que celles déterminées par la loi, que par son article 5, aux termes duquel « tout ce qui n'est pas défendu par la loi ne peut être empêché, et nul ne peut être contraint à faire ce qu'elle n'ordonne pas. »[3]

La question du français comme langue exclusive d'enseignement, notamment de l'enseignement du Droit, dans les États africains dits

---

[1] Cons. Constit. France, 16 décembre 1999, Déc. n° 99-421 DC, https://www.conseil-constitutionnel.fr/decision/1999/99421DC.htm, consulté le 22 février 2021.

[2] Au Sénégal, la Déclaration française des droits de l'homme et du citoyen fait partie intégrante de la Constitution.

[3] Décision n° 99-421, préc.

francophones[4] ne peut donc manquer d'être posée. En effet, il serait difficile d'exclure des sources de l'anomie qui sévit en Afrique l'ignorance répandue d'un Droit positif (les lois et règlements) étrange qui ne s'exprime que dans une langue étrangère.

La définition de l'anomie qui est utilisée ici[5] décrit la société dans laquelle les individus ne savent plus comment orienter leur conduite du fait, non pas de l'absence de règles contraignantes mais, du désarroi dans lequel est plongée une population, lorsque l'Etat lui impose un Droit positif en disharmonie avec ses règles de droit ancestrales, disqualifiées en coutumes et pratiques coutumières qu'il s'agit d'abandonner à plus ou moins long terme en faveur du « Droit du développement » ou Droit « moderne ». Quoique l'on pense du bien-fondé d'une telle démarche, force est de constater qu'elle est, en elle-même, facteur de désordre. En effet, ce Droit africain « moderne » est par définition nouveau puisqu'il se pose en opposition aux « coutumes » qui ont cependant l'avantage d'être connues des populations et acceptées par elles[6]. En revanche, le Droit dit moderne

[4] « La langue française unique langue officielle de 12 pays (les % sont ceux des francophones réels) Afrique : Bénin (8,8 %), Burkina Faso (5 %), Congo (30 %), Côte d'Ivoire (22 %), Gabon (80 %), Guinée (5,4 %) ; Mali (8,2 %) ; Niger (9 %) ; Sénégal (10 %) ; Togo (30 %) ; Europe : France ; Monaco. » *Références 2006, La langue française dans le monde*, Délégation générale à la langue française et aux langues de France, http://www.dglf.culture.gouv.fr/publications/francais-monde.pdf (consulté le 11 août 2010) ; F.-K. Camara, « Droit et Langues au Sénégal Les mythes fondateurs de l'unilinguisme d'État à l'épreuve des faits et des exigences de l'état de droit », *Revue Droit Sénégalais*, numéro 9, 2010, *Pouvoirs et États en Afrique francophone*, pp.185 – 239.

[5] Anomie - Notion utilisée par E. Durkheim : situation d'une société dans laquelle « il y a déficience de règles sociales communément acceptées, de sorte que les individus ne savent plus comment orienter leurs conduite » (*Dictionnaire d'économie et de sciences sociales*, Nathan, 1996), https://ses.webclass.fr/notions/anomie/ (consulté le 10 février 2021).

[6] Cf. L'admission suivante du gouverneur général Ponty, dans une circulaire datée de 1913 : « La coutume, produit naturel et immédiat de rapports sociaux, est l'expression unanime de la volonté des populations, de leur volonté vraie et profonde, celle qui se manifeste par des actes répétés. Elle est le suffrage universel des actes sociaux ; grâce à elle, les intéressés se font eux-mêmes leur droit. » M. Badji, « Dire le droit en AOF aux 19e et 20e siècles : entre idéal de justice et stratégie coloniale. », *Revue Droit sénégalais*, n° 11-2013, p. 30 ; cité également par J. John-Nambo, « Quelques héritages de la justice coloniale en Afrique noire », *Droit et société*, 2002/2 n°51-52, Editions juridiques associées, p. 336, https://www.cairn.info/revue-droit-et-societe1-2002-2-page-325.htm (consulté le 9 février 2020).

ou Droit positif demeure ignoré du plus grand nombre après 60 ans d'indépendance.

Suivant le modèle hérité des colons, ce n'est pas une éducation au Droit qui se fait mais un enseignement du Droit ; qui plus est, de façon extrêmement élitiste, dans la mesure où seuls les admis en « facultés de Droit », ou de quelques autres établissements d'enseignement supérieur, y ont accès. L'enseignement se fait de surcroît dans une langue incomprise d'une vaste majorité de la population, la langue de l'occupant colonial.

Explorer le chemin de sortie de cette anomie pour arriver à la Renaissance africaine[7] est l'objectif que s'assigne cet article en prenant appui sur la question spécifique de l'éducation au Droit et à ses droits et obligations. En effet, si une société organisée repose sur le Droit, pour que la société reste stable, le Droit qui la régit ne devrait-il pas être connu de tous et de toutes, dès le plus jeune âge ? Le Droit enseigné peut-il faire abstraction du Droit vivant[8] pour ne se focaliser que sur le Droit positif qui n'a d'autres racines que la volonté parlementaire majoritaire ?

Trouver une solution durable aux problèmes qui sous-tendent ces deux questions implique de recourir à l'enseignement comparé des Droits de l'Afrique ancienne et contemporaine, d'une part (I) ; d'autre part le retour à la pédagogie africaine se révèle impératif pour qu'il y ait une réelle éducation au Droit, de la base au sommet du système éducatif (II).

---

[7] Cf. C.-A. Diop, « Quand pourra-t-on parler d'une renaissance africaine ? », *Alerte sous les tropiques – Articles 1946-1960 Culture et Développement en Afrique noire*, Présence africaine, Paris, 2006, pp. 33-44. L'article est ainsi présenté dans l'avant-propos de l'ouvrage, p. 7 : « *Quand pourra-t-on parler d'une renaissance africaine ?* est le second article publié de Cheikh Anta Diop. Il paraît, en novembre 1948, dans un numéro spécial du Musée Vivant, *revue de l'Association Populaire des Amis des Musées* (APAM), consacré aux problèmes culturels de l'Afrique noire. Il y traite, en particulier, la question de l'utilisation et du développement des langues africaines et propose de bâtir les humanités africaines à partir du socle égyptien ancien. »

[8] Cf. A.-H. Bâ, « La tradition vivante » chapitre 8, *Histoire générale de l'Afrique, Vol. 1, Méthodologie et préhistoire africaine*, UNESCO 1980, 1984, 1989, 1995, 1999, pp. 191-230, http://unesdoc.unesco.org/images/0018/001843/184341f.pdf (consulté le 18 novembre 2018).

I - L'indispensable recours au Droit comparé : Enseignement comparatiste des Droits de l'Afrique ancienne et contemporaine

L'enseignement comparatiste obéit à une méthodologie et présuppose des savoirs (B) dont découle toute sa finalité (C). Dans le cadre de cette étude, la comparaison doit nécessairement avoir pour objet le Droit de l'Afrique ancienne dont la plus ample documentation remonte à l'Égypte pharaonique, et les Droits positifs et coutumiers de l'Afrique contemporaine (A).

A – Éléments de la comparaison : Le Droit de l'Égypte pharaonique, les Droits coutumiers et les Droits positifs africains contemporains

Si l'on s'en tient aux termes utilisés par les législateurs sévissant dans les États africains qui étaient sous occupation et exploitation françaises (A.O.F. et A.E.F.), le Droit africain n'existe pas puisqu'ils ne font mention que de coutumes[9]. Et pourtant l'État, y compris l'État de droit, a pris naissance en Afrique[10]. Ce Droit des origines est représenté par le Droit de l'Égypte ancienne, le Droit autochtone africain le plus complet et le plus documenté à ce jour. Il faut l'enseigner comme le sont le Droit romain et le Droit des cités grecques,

---

[9] De fait, pour le législateur sénégalais il n'existe pas de Droit africain, et encore moins sénégalais, de la famille, ce qui lui permet d'énoncer à l'article 830 du Code de la famille sénégalais : « A cette date, les dispositions du Code civil, les textes législatifs et réglementaires, *les coutumes générales et locales, à l'exception toutefois de celles relatives aux formalités consacrant traditionnellement le mariage*, et les statuts particuliers applicables au Sénégal, *cessent d'avoir force de loi ou de coutumes dans les matières qui font l'objet du Code de la Famille.* »

[10] L'État est une création africaine comme en atteste l'égyptologue B. Menu : « Plusieurs années de recherches, consacrées principalement à l'étude et à la compilation des rapports des fouilles effectuées du XIXe siècle jusqu'à nos jours et à l'examen minutieux des documents exhumés sur les sites prédynastiques, me permettent de proposer un schéma cohérent des principales étapes qui ont marqué l'évolution sociopolitique dans la vallée du Nil, pour aboutir à l'instauration précoce du premier État centralisé connu, vers 3150/3100 av. J. -C. », *Histoire économique et sociale de l'ancienne Égypte*, vol.1, t. 1, CNRS éditions, Paris, 2018, p. 29. Il s'y ajoute que les armées d'invasion des coalitions européennes se sont heurtées en Afrique à des États bien structurés qui tous ont opposé une longue et farouche résistance, pour ne prendre que l'exemple du Sénégal cf. B. Barry, *Le royaume du Waalo*, Karthala, Paris, 1985 ; J. Boulègue, *Le grand Jolof - XIIIe-XVIe siècle,* Ed. Façades, diffusion, Karthala, Paris, 1987. Sur l'organisation étatique africaine en général, v. C. A. Diop, *L'Afrique noire précoloniale,* Présence africaine, 1987.

ces derniers sont présentés aux apprenants et apprenantes juristes comme les miroirs explicatifs des systèmes juridiques regroupés dans l'ensemble qu'il est convenu d'appeler les Droits de la famille romano-germanique. C'est de la même manière que les Droits coutumiers africains doivent être étudiés en relation avec le Droit de l'Égypte pharaonique.

Seule une bonne connaissance du Droit de l'Égypte pharaonique pourrait permettre de remonter jusqu'aux sources les plus lointaines du Droit autochtone africain et même expliquer certains aspects actuels de ce Droit. C'est ainsi qu'il faut d'ailleurs comprendre le retour à l'Égypte ancienne prôné par Cheikh Anta Diop. On lit en effet dans l'introduction à *Civilisation ou Barbarie* non seulement ce que ce retour à l'Égypte signifie en termes d'accumulation des savoirs, mais aussi en termes de profondeur historique, quelle que soit la discipline ou le domaine concerné :

> « Pour nous, le retour à l'Égypte dans tous les domaines est la condition nécessaire pour réconcilier les civilisations africaines avec l'histoire, pour pouvoir bâtir un corps des sciences humaines modernes, pour rénover la culture africaine. Loin d'être une délectation sur le passé, un regard vers l'Égypte antique est la meilleure façon de concevoir et bâtir notre futur culturel. L'Égypte jouera, dans la culture africaine repensée et rénovée, le même rôle que les antiquités gréco-latines dans la culture occidentale. [...] En renouant avec l'Égypte, nous découvrons, du jour au lendemain, une perspective historique de cinq mille ans qui rend possible l'étude diachronique, sur notre propre sol, de toutes les disciplines scientifiques que nous essayons d'intégrer dans la pensée africaine moderne »[11]

Le Droit autochtone africain est généralement appelé « Droit coutumier ». Mais qu'est-ce vraiment que ce Droit coutumier ? C'est un Droit vivant, dynamique, en ce qu'il est composé de règles anciennes mais aussi de règles plus récentes nées de l'adaptation des sociétés africaines aux contraintes et données économiques, politiques et sociales qui ont résulté des violentes guerres d'invasion et des razzias esclavagistes qui ont semé d'un bout à l'autre du continent l'insécurité, le règne de la terreur et de la force.

---

[11] C.-A. Diop, *Civilisation ou Barbarie. Anthropologie sans complaisance*, Paris, Présence Africaine, 1981, pp. 12-13.

Il n'en reste pas moins que, quelles que soient les circonstances qui leur ont donné naissance, les règles constituant le Droit coutumier ont comme point commun le fait qu'elles sont connues et acceptées des populations, contrairement aux lois et règlements. Cela ressort de la définition même de la coutume :

> « Pratique, usage, habitude qui, avec le temps, et grâce au consentement et à l'adhésion populaire, devient une règle de droit, bien qu'elle ne soit pas édictée en forme de commandement par les pouvoirs publics ».[12]

Il ne saurait donc être question d'enseigner le Droit en Afrique en faisant abstraction du Droit coutumier. Toutefois, suite aux invasions traumatiques qui ont taillé en pièces le continent et ses habitants, le Droit autochtone africain a volé en éclats pour s'éparpiller en une multitude de coutumes ethnicisées et selon les cas « islamisées » ou « christianisées ». Au Sénégal, pour ne prendre que cet exemple, un arrêté du 28 février 1961 dresse une liste limitative de 68 coutumes reliées à 30 ethnies, deux nationalités et une communauté religieuse (celle des Mourides)[13]. 19 de ces coutumes sont qualifiées de « musulmanes » ou « islamisées », 7 sont dites « catholiques », 8 sont labellisées « fétichistes » et « animistes » tandis que 30 coutumes sont simplement attribuées à une des ethnies africaines du Sénégal sans autre précision. En dépit des indiscutables points communs qui existent entre ces différentes « coutumes », il est nécessaire de préciser, quand l'on traite du Droit coutumier africain, l'origine « ethnique » ou géographique des coutumes concernées, ces indications participant de ce qui permettra de résoudre la question des éventuels emprunts et dénaturations du fait d'une certaine acculturation de la communauté considérée[14]. Toutes questions qui ne peuvent se penser et être résolues sans recourir à la méthodologie appropriée, appuyée sur certaines compétences avérées pour emprunter avec succès la voie tracée par Cheikh Anta Diop :

> « [L]e chercheur africain n'a pas le droit de faire l'économie d'une formation technique suffisante qui lui ouvre l'accès aux débats scientifiques les plus élevés de notre temps, où se scelle l'univers culturel de son pays. (…) En effet, on doit dire aux

---

[12] S. Guinchard, T. Debard, *Lexique des termes juridiques,* Dalloz, 2016-2017, pp. 320-321.

[13] Arrêté n°25-91 du 23 février 1961, *Journal officiel de la République du Sénégal*, 18 mars 1961, p. 359 et s.

[14] V. *infra*, l'intérêt de l'analyse comparatiste.

générations qui s'ouvrent à la recherche : armez-vous de science jusqu'aux dents et allez arracher, sans ménagements, des mains des « usurpateurs » le bien culturel de l'Afrique dont nous avons été si longtemps frustrés… » [15]

B – Méthodologie et compétences nécessaires

Dans son article intitulé « Méthodologie du droit comparé : bilan et prospective » Béatrice Jaluzot passe en revue l'intérêt et les objectifs du Droit comparé. Il s'agit en résumé de :

- Faire ressortir les traits caractéristiques des Droits étudiés ;
- Identifier, le cas échéant, les emprunts effectués et les modifications apportées ;
- Mettre en lumière et en contraste les solutions apportées à des questions de droit spécifiques ;
- Remonter à la source culturelle des normes juridiques exposées ;
- Identifier la cause et le but de chaque institution étudiée, en analysant pour chacune les circonstances qui ont déterminé sa naissance, les évolutions qu'elle a subies, ainsi que, le cas échéant, sa disparition[16].

Pour effectuer un tel travail d'analyse et de recherche approfondie, il est préférable de maîtriser la langue dans laquelle la norme juridique étudiée a été énoncée à l'origine[17]. Il s'ensuit que la connaissance et l'analyse des Droits coutumiers africains impliquent de parler couramment, au moins la langue d'une des communautés africaines dont le Droit coutumier est étudié. De même, dans le cadre d'une étude comparée incluant le Droit de l'Égypte pharaonique, une connaissance préalable de l'égyptien hiéroglyphique s'avère indispensable. En se plongeant dans les textes égyptiens anciens (y compris la littérature non immédiatement juridique), on parvient sans difficulté à rétablir dans leur véritable contexte socio-culturel un certain nombre de notions, de faits et/ou de règles que l'on se plaît habituellement à rattacher au monde gréco-latin si ce n'est, de manière plus vague et générale au monde occidental dit moderne, alors qu'ils appartiennent

---

[15] C. A. Diop, Préface à Théophile Obenga, *L'Afrique dans l'Antiquité : Égypte pharaonique – Afrique noire*, Présence Africaine, Paris 1973, p. IX.

[16] B. Jaluzot, « Méthodologie du droit comparé : bilan et prospective », *Revue internationale de Droit comparé*, 1-2005, pp. 29-48.

[17] *Ibid.*

in fine à l'héritage africain ancien. Citons-en ici quelques exemples phares.

Le premier exemple est celui de *l'affirmation de l'égalité* des êtres humains, femmes et hommes, et nationaux comme étrangers, avec son corollaire, le rejet de la discrimination. C'est dans un texte de portée cosmologique ou encore religieuse que cette idée apparaît d'abord, avant que ses effets se prolongent sur le plan purement juridique. Dans un célèbre passage des *Textes des Sarcophages* encore connu comme le *Monologue du Dieu Créateur*[18], le démiurge Rê, s'exprimant à la première personne, affirme ce qui suit :

 : *iw ir.n.i s nb mi snw.f.*

Les égyptologues ont pris l'habitude de traduire cette phrase par « J'ai créé chaque homme semblable / pareil à son prochain ». Nous proposons quant à nous de la traduite littéralement comme suit : « j'ai fait / créé chaque être humain ***égal*** à son prochain ».

Notre traduction prend d'abord en compte le fait que l'expression  *s nb*, traduit ici par « *chaque homme* » est consciemment ou inconsciemment restrictif en ne désignant que le masculin, le mâle. Alors que la même expression est rendue dans la langue anglaise par « *everyone* » ou encore « *anyone* »[19]. Ici, il est clair que le démiurge Rê parle des êtres humains en général, sans distinction, ni de sexe, ni de nationalité. Ensuite, nous considérons que la préposition  *mi*, qui est employée ici comme un comparatif d'égalité doit plutôt être traduit par « ***égal*** » que par « *semblable à* » ou « *pareil à* ».

Nous en concluons que c'est la toute première fois que l'on trouve écrite, dans un texte ancien, l'affirmation de l'égalité en droit et en dignité de tous les êtres humains. D'ailleurs, dans un verset précédent du même texte, le démiurge affirme encore que « les êtres humains proviennent des larmes de mon œil » : 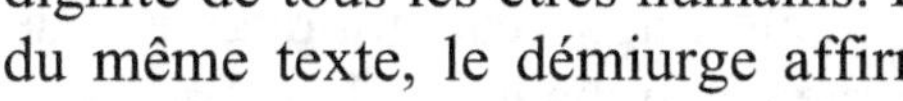 : *iw rmT m rmyt n(t) irt.i.*

Cette précision est destinée à affirmer non seulement l'égale dignité de tous les êtres humains, mais également le fait que chaque être humain possède une parcelle du démiurge, ce qui rapproche son statut d'être humain à un aspect de la divinité elle-même. Il suit de là une deuxième

---

[18] Verset reproduit et commenté dans *L'Égypte ancienne : un système africain du monde*, Y. Somet, Paris, Teham éditions, pp. 105-110.

[19] A.-H. Gardiner, *Egyptian Grammar. Being an Introduction to the Study of Hieroglyphs,* 3e éd., Oxford, Griffith Institute, 2001, §102-103, p. 79 ; R.-O. Faulkner, *A Concise Dictionary of Middle Egyptian*, Oxford, Griffith Institute, 1996, p. 205.

conséquence, à savoir que toute vie humaine est sacrée et inviolable. Aucun être humain ne devrait donc être soumis à des traitements dégradants et inhumains. Il ne peut non plus être un « moyen » ou un « objet » dans les mains d'autrui.

Nous avons montré ailleurs[20] comment, à l'intérieur de la langue égyptienne, il était impossible de trouver un terme qui puisse être associé à la condition de l'esclave. Les grands travaux de construction aussi bien à l'Ancien Empire qu'au Nouvel Empire n'ont pas été réalisés par une main d'œuvre servile de type esclavagiste mais par des ouvriers libres travaillant sous contrat, pour une rémunération mensuelle connue à l'avance. Ce fait historique n'est pas suffisamment souligné alors qu'il est important de dire, même en une phrase, que l'Égypte ancienne n'a jamais connu ni pratiqué l'esclavage comme mode de production d'État, à l'inverse de la Grèce, de Rome, du monde arabe et de l'Occident des Lumières.

Le principe du caractère sacré et inviolable de la vie humaine est encore affirmé dans un texte littéraire et non pas de prime abord dans un texte de portée juridique[21]. Il s'agit d'un conte censé s'être déroulé au temps du puissant pharaon Khoufou (Akoufou, Koffi prénoms courants en Côte d'Ivoire et au Ghana) de la IVè dynastie, plus connu sous son nom hellénisé de Chéops. Le roi Khoufou a entendu son propre fils, le prince Hordjedef, lui vanter les prouesses d'un magicien célèbre âgé de 110 ans ayant la réputation de pouvoir trancher une tête puis de la réajuster, sans aucun dommage. Curieux d'en savoir plus, le roi dépêche alors son fils auprès du célèbre magicien nommé Djédjé, un patronyme porté de nos jours parmi les Bété de Côte d'Ivoire. Ramené à la cour, le magicien Djédjé réaffirme devant le roi son pouvoir de trancher puis de réajuster une tête, mais refuse catégoriquement de pratiquer son art sur un être humain, même étranger : « Non, vraiment, Souverain, Vie, Force, Santé : il est ***interdit*** de faire pareille chose au troupeau noble !»[22]. L'expression « troupeau noble » désigne ici les « êtres humains » en général, et pas seulement les Égyptiens anciens.

Si l'on examine à présent les implications de ce conte dans le domaine pur du Droit, on se rend compte qu'un grand nombre de principes que l'on attribue généralement au monde contemporain

---

[20] Y. Somet, *L'Égypte ancienne : un système africain du monde*, Paris, Teham éditions, 2018, pp. 341-344.

[21] v. *infra*, paragraphes sur la pédagogie africaine d'éducation au Droit.

[22] Y. Somet, *Le roi Khoufou et ses magiciens. D'après le Papyrus Berlin B 3033 (Papyrus Westcar),* Paris, Teham éditions, 2019, pp. 88-89. C'est nous qui soulignons.

(surtout occidental), étaient déjà pratiqués du temps des pharaons : il en est ainsi de l'absence (ou de l'extrême rareté) de la peine de mort, de même que l'absence de l'institution carcérale (dont le philosophe Michel Foucault[23] a montré qu'elle est une création des sociétés européennes à l'âge classique[24]), la présence de tribunaux composés des juges impartiaux, l'enquête et la présomption d'innocence, la publicité de la chose jugée, etc., toutes choses dont on peut constater la prise en compte dans le procès de la dame Hérya[25], sous le règne de Séthy II (vers -1194).

Les juges sont appelés  *qnbt* ou encore   *qnbt sDmyw* : une expression qu'on peut traduire littéralement par « les juges qui entendent », « les juges qui écoutent ». Il est intéressant de mentionner ici un signe hiéroglyphique associé par les anciens Égyptiens au fait de dire le Droit : c'est le signe de l'équerre :  qui, prosaïquement, sert à construire ou mesurer ce qui est « droit » (et non tordu, penché ou déviant), et donc les angles droits, comme en maçonnerie. De même, le signe de la balance à deux plateaux,  *mxAt*, unanimement considéré comme le symbole de la justice est, lui aussi, une invention égyptienne et non pas contemporaine ou européenne.

Tout ceci démontre qu'il faut de fortes connaissances linguistiques pour pénétrer au cœur d'une matière, déceler tous les sens de chaque règle jusqu'au sens le plus profondément enfoui dans les subtilités de la langue. Toute langue est indissociable de la culture qui l'a produite et qu'elle reflète à la manière d'un miroir grossissant.

L'importance de la langue du droit prouve de ce fait la dimension culturelle de tout Droit. En effet, le Droit est un phénomène culturel, c'est là une réalité trop souvent occultée par le mythe de l'objectivité des « experts internationaux » qui seraient aptes, bien que sans liens aucun avec un territoire et une population donnés, de rédiger pour cette dernière, à titre d'experts, un ensemble de normes contraignantes. Quant aux nationaux dont la participation à ces panels d'experts se

---

[23] M. Foucault, *Surveiller et punir. Naissance de la prison*, Paris, Éditions Gallimard, 1975.

[24] La connaissance des langues africaines permet aussi de signaler que dans plusieurs d'entre elles, le terme pour désigner la prison est directement emprunté comme l'institution elle-même à la France. En wolof la prison se dit « kaso » (du français « cachot »). En bamanankan, cela se dit « gaso ».

[25] Y. Somet, *L'égyptien ancien par les textes*, Paris, Khepera, 2013, pp. 60-77.

justifie par leur connaissance approfondie des normes et concepts étrangers, voire hostiles à leur culture et à leurs populations, ils sont tout autant coupables de déni de respect du matrimoine[26] immatériel national, matrimoine dont le Droit et les institutions font partie. C'est ce type de conclusion, auquel conduit l'étude comparatiste, qui en fait, en partie, l'intérêt et la finalité[27].

C – Finalités de l'étude comparatiste

Une des finalités de l'étude comparatiste est de déterminer de manière objective ce qui, dans le Droit coutumier de telle ou telle communauté est le produit d'une certaine acculturation en vertu de l'axiome suivant conçu par les sages wolof : « *Lu masut a am ci am rééw, su amee gan bee ko fi indi* », « Ce qui n'a jamais existé dans un pays, quand cela arrive, c'est l'étranger qui l'a apporté. ». D'où l'intérêt de mener la comparaison avec le Droit de l'Egypte ancienne afin de connaître avec certitude les règles de Droit et les institutions qui ont existé en Afrique avant les invasions étrangères donc, en dehors de toute influence extérieure[28].

Il est également utile de prendre en considération l'affirmation suivante, faite par une juriste sud-africaine, Willemien Du Plessis :

> « L'expérience allemande doit être considérée comme une leçon. Dans un premier temps, après la codification du droit allemand en 1900, les cours universitaires étaient toujours basés sur une étude du droit privé en référence au droit romain, aux pandectistes et au droit germanique comme base

---

[26] La source du Droit africain autochtone est matriarcale, cf. C.-A. Diop, *L'unité culturelle de l'Afrique noire : Domaines du patriarcat et du matriarcat dans l'Antiquité classique*, Présence africaine, Paris, 1ère éd. 1959.

[27] Cf. H. Muir Watt, « La fonction subversive du droit comparé », *Revue internationale de Droit comparé,* 2000, n°3, pp. 518-519, https://www.persee.fr/doc/ridc_0035-3337_2000_num_52_3_18065 (consulté le 25 février 2021).

[28] Cf. F.-K. Camara, "From Contemporary African Customary Laws to Indigenous African Law", *The future of African Customary Law*, edited by Jeanmarie Fenrich, Paolo Galizzi and Tracy E. Higgins, Cambridge university press, 2011, pp. 494-516 ; « Pour une méthode scientifique de recherche, d'identification et d'interprétation du droit coutumier africain » *Revue de Droit Sénégalais*, n° 5, novembre 2006, Presses de l'Université des sciences sociales de Toulouse ; *Revue de l'association sénégalaise de droit pénal*, n° 9, 2010, pp. 107-140.

> de comparaison. Depuis 1918, l'enseignement du droit s'est concentré uniquement sur le droit national, tandis que les possibilités juridico-historiques et comparatives disponibles pour adapter le droit ont été largement ignorées. Les étudiants étaient incapables d'analyser de manière critique la loi ou de résister au système socialiste-nationaliste allemand. Ils n'avaient pas de système de valeurs contre lequel leur propre système juridique pourrait être testé. »[29]

Si la plongée de l'Allemagne dans le nazisme aurait pu être évitée, ou à tout le moins se heurter à une résistance plus vigoureuse de la jeunesse et des juristes si l'enseignement du Droit positif allemand s'était accompagné de celui du Droit romain, que dire de l'Afrique ? Oui, que dire de l'Afrique, berceau non seulement de l'humanité mais aussi de l'humanisme ? Que dire du continent qui a produit un système juridique, politique, économique et social où Maât, le principe universel d'équité, de justice et de vérité source d'ordre et d'harmonie, est la valeur cardinale au centre de tout droit et de toute institution, la valeur au cœur de la société car, sans elle rien ne tient, ni ne dure dans la paix et la stabilité[30].

Citant Constantinesco, Jaluzot souligne comme étant la particularité du comparatiste le fait que celui-ci « est affranchi des œillères de la routine ou de l'habitude prise, qui empêchent les juristes nationaux de sortir des vues conformistes et traditionnelles. »[31]. Les sages wolof disent plus simplement : « *Ku dul tukki du xam fu dëkk neexe* » (« La personne qui ne voyage pas ne peut pas savoir dans quel pays il fait bon vivre »), appliqué à notre matière l'on pourrait dire que le juriste qui ne compare pas différents Droits ne peut pas connaître celui qui apportera le bien-être, l'ordre et la sécurité à la population de son pays.

---

[29] "Afrika en Rome : regsgeskiedenis by die kruispad" (« L'Afrique et Rome : l'histoire juridique à la croisée des chemins » trad. de l'afrikaans par google translation), 1992, *De Jure,* 289–305.

[30] B. Menu, « Maât, ordre social et inégalités dans l'Égypte ancienne », *Droit et cultures*, n°69, 2015, https://journals.openedition.org/droitcultures/3510 (consulté le 3 février 2019) ; T. Obenga, « Fondements juridiques et philosophiques de la société et sens de l'existence : la doctrine de la Maât », *Revue Ankh*, n°25/26/27, 2016-2017-2018, pp. 141 – 167 ; Y. Somet, « La pensée morale égyptienne du IIIe millénaire avant l'ère chrétienne », *Revue ANKH, n°12-13*, 2003-2004, pp. 13-25 ; Y. SOMET, *L'Egypte ancienne, un système africain du monde*, op.cit.

[31] L.-J. Constantinesco, *Traité de droit comparé, t.2, La méthode comparative*, 1974, p. 329 cité par B. Jaluzot, « Méthodologie du droit comparé », préc.

Dans le cas de l'Afrique, les voyages qu'il s'agit d'entreprendre ne doivent pas nous conduire vers des Droits étrangers mais vers les Droits du passé ancien, du passé récent et du présent sur le continent. L'objectif principal est de sortir du paradigme de « la vérité blanche »[32], dont le système d'enseignement du Droit est porteur, produisant ainsi des élites africaines qui n'en finissent plus de s'enliser dans les sables mouvants du mimétisme juridique. Le phénomène est particulièrement prégnant dans les territoires où l'idéologie « assimilationniste », ou « civilisatrice »[33], a sévi. C'est en ce sens qu'il faut comprendre les

---

[32] C.-A. Diop, conférence de Niamey, 11 : 00 – 13 :20 « Je crois que le mal que l'occupant nous a fait n'est pas encore guéri, voilà le fond du problème. L'aliénation culturelle finit par être partie intégrante de notre substance, de notre âme et quand on croit s'en être débarrassé, on ne l'a pas encore fait complètement. Souvent, le colonisé ressemble un peu, ou l'ex-colonisé même, ressemble un peu à cet esclave du 19e siècle qui, libéré, va jusqu'au pas de la porte et puis revient à la maison parce qu'il ne sait plus où aller. Il ne sait plus où aller, depuis le temps qu'il a perdu la liberté, depuis le temps qu'il a acquis des réflexes de subordination, depuis le temps qu'il a pensé, comme appris à penser, à travers son maître. C'est un peu ce qui est arrivé aussi à l'intelligentsia africaine dans son ensemble parce que, en dehors de quelques questions, toutes les questions que vous m'avez posées reviennent à une seule : « Quand est-ce que les Blancs vous reconnaîtront-ils ? » Parce que la vérité sonne blanche ! C'est cela. Mais c'est dangereux ce que vous dites parce que, si réellement l'égalité intellectuelle est tangible, l'Afrique devrait, sur des thèmes controversés être capable d'accéder à la vérité par sa propre investigation intellectuelle, se maintenir à cette vérité jusqu'à ce que l'humanité sache que l'Afrique ne sera plus frustrée, que les idéologues perdront leur temps, parce qu'ils ont rencontré des intelligences égales qui peuvent leur tenir tête sur le plan de la recherche de la vérité. Mais vous êtes persuadés que pour qu'une vérité soit valable et objective, il faut qu'elle sonne blanche. Mais ça c'est un repli de notre âme qui doit disparaître. » Site youtube laawan LWN « Cheikh Anta Diop 4/4: Conférence de Niamey intégrale (1984) Débat » https://www.youtube.com/watch?v=Tnsmos-F3i8 (consulté le 20 juillet 2020 à 10 :34)

[33] Discours de Jules Ferry sur la colonisation : « **...** et je vous défie - permettez-moi de vous porter ce défi, mon honorable collègue, monsieur Pelletan -, de soutenir jusqu'au bout votre thèse, qui repose sur l'égalité, la liberté, l'indépendance des races inférieures. Vous ne la soutiendrez pas jusqu'au bout, car vous êtes, comme votre honorable collègue et ami M. Georges Perin, le partisan de l'expansion coloniale qui se fait par voie de trafic et de commerce. (…) Messieurs, il faut parler plus haut et plus vrai ! il faut dire ouvertement qu'en effet les races supérieures ont un droit vis-à-vis des races inférieures... (...) Si l'honorable M. Maigne a raison, si la déclaration des droits de l'homme a été écrite pour les noirs de l'Afrique équatoriale, alors de quel droit allez-vous leur imposer les échanges, les trafics ? Ils ne vous appellent pas ! (…) Je répète qu'il y a pour les races supérieures un droit, parce qu'il y a un devoir pour elles. Elles ont le devoir de civiliser les races inférieures... (…) Ces devoirs, messieurs, ont été souvent méconnus dans l'histoire des siècles précédents, et certainement,

enjeux du Droit comparé tels qu'ils ont été exposés par Thomas Kadner Graziano :

> « Lors de la résolution des cas d'étude, les étudiants apprennent à travailler à la fois avec un grand nombre d'ordres juridiques et avec différents styles de raisonnements juridiques. (…) ils auront appris à bénéficier des expériences qui ont été faites avec les différentes solutions à l'étranger. Ils auront ainsi appris à faire un choix informé et éclairé parmi, idéalement, toutes les options à disposition pour résoudre un problème juridique donné. [34]»

En conséquence, il s'agit de mettre en œuvre une pédagogie non-aliénatrice permettant aux apprenants et apprenantes de se démarquer de cette attitude que le grand penseur et économiste Amady Aly Dieng dénonçait vigoureusement en fustigeant ceux qui se contentent « d'imiter comme un singe et de répéter comme un perroquet [35]» parce que, justement, on ne leur a pas appris à faire autrement. Il est donc impérieux de prouver, grâce aux études de Droit comparé, que d'autres lois sont possibles tout comme un autre monde est possible, pour la simple raison que cet autre monde a existé durant des millénaire sur le continent africain[36]. C'est cet effet de décloisonnement des esprits produit par les études de Droit comparé que James GORDLEY décrit de manière brève et claire :

---

quand les soldats et les explorateurs espagnols introduisaient l'esclavage dans l'Amérique centrale, ils n'accomplissaient pas leur devoir d'hommes de race supérieure. Mais, de nos jours, je soutiens que les nations européennes s'acquittent avec largeur, avec grandeur et honnêteté, de ce devoir supérieur de civilisation. » Jules Ferry (28 juillet 1885), Site officiel de l'Assemblée nationale française, http://www2.assemblee-nationale.fr/decouvrir-l-assemblee/histoire/grands-moments-d-eloquence/jules-ferry-28-juillet-1885 (consulté le 30 juin 2017).

[34] T.-K. Graziano, « Comment enseigner et étudier le droit comparé ? Une proposition », *Revue de Droit de l'université de Sherbrooke*, 2013, n° 43, pp. 86-87.

[35] A.-A Dieng *Présence Africaine*, 2014, n° 2, pp. 347-354, spéc. p. 351 ; « Pour connaître Cheikh Anta Diop, il faut le lire. Lire ses ouvrages. Beaucoup d'intellectuels se réfèrent à lui sans jamais l'avoir lu et/ou assez lu. D'ailleurs c'est le reproche que Amady Aly Dieng a toujours fait à l'endroit des espèces de ce parc zoologique sénégalais et africain où on ne retrouve que des perroquets pour répéter et des singes pour imiter. Or, il s'agit véritablement d'aller à la quête de la connaissance. » ; N. Dieng, « Cheikh Anta Diop et notre génération », *Le Quotidien.sn* , posté le 9 février 2017, https://lequotidien.sn/cheikh-anta-diop-et-notre-generation/ (consulté le 2 mars 2021).

[36] Cf. Y. Somet, *L'Egypte ancienne, ..., op. cit.*.

> « *A student confronted with only one solution to a legal problem has a tendency to assume it is the right one. When he is confronted with two, he is encouraged to think.* »[37]

Cet encouragement à penser est nommé « la fonction subversive du droit comparé » par Horatia Muir-Watt[38]. Traitant plus spécifiquement de ce qu'elle appelle les « tendances déconstructrices internes », elle en souligne les deux aspects suivants :

> « [P]areille entreprise se réalise en deux temps. Elle consiste tout d'abord à démanteler l'illusion que projette un positivisme trop étroit, puis, dans un second temps, à en démasquer la ruse. L'illusion, c'est celle d'une légalité univoque et autosuffisante, d'une réponse unique et indiscutable pour chaque problème juridique qui se pose. La ruse, c'est de faire croire à la neutralité du discours officiel, qui sert pourtant à légitimer un seul point de vue en en occultant d'autres. Or, la comparaison des droits est largement apte à dénoncer les deux mêmes travers. Son potentiel subversif consiste à révéler la richesse cachée d'un système juridique derrière une apparence réductrice, pour dénoncer ensuite la partialité du discours positif. Dire toute la vérité occultée sous la dogmatique, rien que la vérité malgré la dogmatique, voici la double exigence que la comparaison est à même d'imposer au discours juridique... »[39]

Comparer le Droit de l'Afrique impériale, les Droits coutumiers et le Droit positif conduit à la déconstruction du paradigme colonial au fondement du Droit positif de la quasi-totalité des pays africains. Cependant, il s'accomplit dans le même temps la reconstruction d'une pensée autonome appuyée sur les langues africaines délivrées du préjugé, datant de l'occupation coloniale, qu'elles seraient des langues non-scientifiques. Le travail comparatiste permet de dévoiler le caractère eurocentriste des normes qui entendent s'imposer partout, notamment en Afrique, sous couvert d'objectivité juridique. Horatia Muir-Watt fait état à cet égard d'une crise épistémologique mettant à

---

[37] « Un étudiant confronté à une seule solution à un problème juridique a tendance à supposer que c'est la bonne. Lorsqu'il est confronté à deux, il est encouragé à penser. » (trad. de l'anglais vers le français par google translation), James Gordley, « Comparative Law and Legal Education », (2000-01) 75 Tul. L. Rev. 1003 cité par T. Kadner Graziano, préc., p. 87.

[38] H. Muir Watt, « La fonction subversive du droit comparé », préc.

[39] H. Muir Watt, « La fonction subversive du droit comparé », préc., p. 509. C'est nous qui soulignons.

nu la fausse neutralité du discours juridique, crise qui a « conduit à voir dans le droit un discours dont la technicité et l'abstraction ont précisément pour fonction de masquer des partialités cachées. »[40]

De fait, les comparatistes tels que Horatia Muir-Watt et Rodolpho Sacco affirment sans détours l'existence de « modèles menteurs » et d'une « partialité ethnocentrique »[41]. Il est donc légitime de conclure avec eux que, non seulement : « rien n'est plus pareil après la comparaison.[42]» mais encore que, le droit comparé « devient le lieu privilégié de la réflexion juridique.[43]»

Toutefois, si l'enseignement du Droit doit servir à nourrir une réflexion juridique critique et créative au sein des facultés de sciences juridiques, l'ambition ne saurait se limiter à ce résultat ni à ce niveau du système éducatif. Dès la plus tendre enfance, l'éducation au Droit doit être au programme, du préscolaire au lycée, en vue d'arriver à (re)faire de chaque Africain et Africaine un sujet de droit qui a intégré dans son cœur et sa conscience ses droits et obligations. Pour atteindre ce résultat particulier, il faut en revenir à la pédagogie africaine.

II – Le nécessaire retour à la pédagogie africaine : pour un Droit africain vivant et vivifiant

Pour un Droit africain vivant, c'est-à-dire qui fasse partie intégrante du vécu des populations, de leur manière de vivre, de faire et de penser, il faut nécessairement opérer un retour à la pédagogie (B) et aux langues africaines (A) dans tous les cycles du système éducatif.

A – L'éducation au Droit dans les langues africaines

L'enseignement du Droit africain ne pourra être transformé en éducation au Droit africain sans recours aux langues et aux maximes et adages qui traduisent le mieux la pensée africaine, telle qu'elle a été façonnée au cours d'une civilisation plusieurs fois millénaire (2). Toutefois, dans un premier temps, il est indispensable de procéder à la

---

[40] H. Muir-Watt, préc. p. 520.

[41] « La théorie comparative, quant à elle, va à la chasse de la perspective biaisée, de ce que Rodolfo Sacco appelle les « modèles menteurs ». Il s'agit de dénoncer une partialité non plus politique mais ethnocentrique. », H. Muir-Watt, préc. p. 520, citant R. Sacco, *La comparaison juridique au service de la connaissance du droit*, Economica, 1991, p. 48.

[42] H. Muir-Watt, préc., p. 526.

[43] *Ibid.*

définition proprement juridique des termes utilisés pour les distinguer, le cas échéant de leur sens courant (1).

1 – Le langage juridique, une langue au sein de la langue

Le Droit a sa langue propre en ce sens où les notions et concepts peuvent avoir un sens courant, celui de la vie de tous les jours, et un sens strictement juridique, celui qui s'applique pour trancher un litige en Droit. C'est le cas en Droit français, comme c'est le cas dans la *Common law* anglaise. Pour ce qui est du Droit autochtone africain, un exemple très connu peut être puisé dans les termes de parenté proche (mon frère, ma sœur, grand-père, grand-mère, papa, maman) que tout Africain et Africaine apprend très tôt à appliquer à toute personne qu'elle rencontre, fût-elle une totale inconnue. Mais s'il y a un litige en matière successorale, ces termes reprendront leur sens juridique ainsi que les conséquences qui y sont attachées.

Exemple : « *Doomu jiitle du doom* » (l'enfant d'un premier lit de ton conjoint n'est pas un enfant » dans le sens où il ne fait pas partie de ta descendance qui sera appelée à te succéder, un tel enfant ne peut être un héritier universel de son beau-père ou de sa belle-mère). Pour comprendre cet adage, il faut en connaître le contexte socio-culturel qui est celui d'un milieu où toute personne de la même génération que tes enfants, spécialement celle que tu as élevée, doit être traitée comme ta propre progéniture. Le terme *doom* « enfant » a donc deux sens : un sens commun qui renvoie à des obligations sociales et un sens juridique qui s'applique pour juger des droits et obligations héréditaires (transmis par le sang) de chacun et chacune.

Il faut donc apprendre le sens juridique des mots, mais il faut aussi connaître le sens juridique des jeux de mots.

2 – Maximes et adages africains : les principes généraux du Droit autochtone africain

Les adages ne sont pas de simples jeux de mots ou mots d'esprits. Trop de locuteurs et de locutrices des langues africaines utilisent ces maximes ancestrales sans se rendre compte qu'il s'agit en fait d'énoncés de règles de droit ou de principes généraux du droit. Il arrive même que, sans se soucier de la cohérence nécessaire entre le sens premier que donne le jeu de mots et le sens au second degré que révèle une analyse linguistique plus approfondie, les locuteurs contemporains dénaturent leur sens pour mieux valider des comportements contraires aux valeurs portées par l'Afrique impériale. Quelques exemples peuvent en attester.

Prenons l'adage « *Buur du mbokk* » (« Le roi n'est pas un membre de la famille »). Il est couramment interprété aujourd'hui comme signifiant que le « roi », c'est-à-dire l'homme politique qui accède au pouvoir, est prêt à tuer père et mère pour se maintenir au pouvoir. Le contresens ainsi perpétré autorise ses auteurs à justifier, sinon à valider, le manque d'éthique en politique. Pourtant, dans l'Afrique souveraine, « Le roi n'est pas un membre de la famille » est un principe de droit strict qui rappelle que tout dirigeant est tenu d'incarner et d'appliquer en toute circonstance les principes de justice, d'équité et de vérité (la *Maât* négro-égyptienne). La Rédaction de la revue *La Këllë-Basse du Pharaon* a énonce ce devoir d'impartialité qui incombe au roi dans les termes suivants :

> « La sagesse populaire, à travers l'une des « quatre touffes » du grand penseur Kocc Barma Faal, affirme que « *Buur du mbokk* » ou « Un roi n'est pas un allié ». Autrement dit, si la vie de toute communauté humaine est régie par des lois, l'institution, qui gouverne cette communauté humaine, se doit d'appliquer et de faire appliquer ces lois, sans état d'âme et en toute impartialité. De sorte que, quand le vol est puni de mort, le roi l'applique à son propre frère, si celui-ci est coupable d'une telle faute. »[44]

Le « Discours d'installation du Vizir Rekhmirê », faisait état du même devoir d'impartialité plus de trois mille ans avant la date de naissance, en terre sénégambienne, du laman jamatil (« vizir », chef du gouvernement ou premier ministre et président de la cour suprême du royaume du Kajor) Kothie Barma Fall, né vers 1584 mort vers 1654[45]. Il est en effet inscrit sur l'un des murs de la tombe de Rekhmiré, le discours que le Pharaon Thoutmosis III (-1504 -1450) lui a tenu lors de son installation[46] :

---

[44] *La Këllë Basse du Pharaon* n°1, Magazine Bimestriel, n°01, novembre 2019, pp. 1-2.

[45] K. Samb, *Cadior ak Amary Ngoné Sobel*, Dakar, édité à compte d'auteur, sans précision de date, pp. 34-35.

[46] « Au Nouvel Empire, le vizir reste la clé de voûte de l'administration pharaonique, comme en témoigne l'exemple de Rekhmiré sous Thoutmosis III et Aménophis II (et dont l'oncle, Ouseramon, était déjà vizir au début du règne de Thoutmosis III). Nouvellement nommé juge suprême du pays par Thoutmosis III (-1504 -1450),

« Alors Sa Majesté lui dit :

« Tu veilleras sur la Salle d'Audience du Vizir !

Sois vigilant au sujet de tout ce qui s'y fera !

Vois, c'est le pilier du pays tout entier.

Vois, en ce qui concerne le vizir (être vizir)

Vois, cela n'est pas du toit agréable !

Vois, cela est même amer comme de la bile !

Vois, c'est (comme) le cuivre qui protège l'or de la maison de son maître !

Vois, il ne baisse jamais son visage devant les fonctionnaires et les juges !

Il ne fait pas non plus de tout le monde des familiers.

[...]

Ceci est une instruction (un enseignement)

Pense à agir conformément à cela !

Regarde de la même façon celui que tu connais, et celui que tu ne connais pas

Celui qui est proche de toi par les chairs (le sang) et celui qui est éloigné de ta famille

Vois, si le juge agit de cette manière,

Alors, il prospèrera ici dans la fonction.

Ne négligez aucun plaignant sans avoir prêté attention à sa parole.

S'il y a un plaignant qui vient se plaindre auprès de toi,

ne rejette jamais ce qu'il dit comme ayant déjà été dit.

Éconduis-le seulement après que tu lui auras fait comprendre pourquoi tu le repousses.

Vois, on a coutume de dire :

« Un plaignant aime mieux qu'on prête attention à sa parole

Plus encore que de satisfaire sa plainte » ! »[47]

Alors que le monde dit « globalisé » fait constamment l'apologie de l'endettement (sous-entendu le prêt à intérêt) comme moteur du « développement », de l' « émergence » ou de la « croissance », les États déjà endettés étant encouragés à s'endetter encore plus avec l'usage du concept de taux d'endettement optimal, le Droit autochtone

---

Rekhmiré s'apprête à prendre onction au cours d'une cérémonie organisée à cet effet au Palais royal. Le texte de son installation comme vizir a été soigneusement gravé sur un des murs dans sa tombe à Sheikh Abd el Gournah, à Thèbes-Ouest (Tombe n°100). », Y. Somet, *L'Égypte ancienne*, préc. p. 384.

[47] Y. Somet, *L'Égypte ancienne ...*, *op. cit.*, pp. 385-388. C'est nous qui soulignons.

africain énonce des règles destinées à décourager cette pratique, à mettre en garde les emprunteurs et à sanctionner les prêteurs à intérêt[48]. Un adage et un conte *wolof*[49] servent de support à cette législation

---

[48] L'inexistence de la pratique du prêt à intérêt dans l'Égypte des pharaons est attestée ; D. Graeber, *Dette, 5000 ans d'histoire*, éd. Les liens qui libèrent, 2013, p. 576 note 56 (titre original *Debt : The First 5000 years*, éd. originale, Melville House, New York, 2011) ; l'histoire de Nasreddin qu'il rapporte (p. 236) était, écrit-il, connue « de tout le Bassin méditerranéen et des régions voisines », citer le « Bassin méditerranéen » constitue un renvoi implicite à l'Afrique, et, en particulier, à l'Égypte :

> « Donc, qu'est-ce qui distingue un contre-don généreux d'un paiement d'intérêt ? C'est la base d'une des plus célèbres histoires de Nasreddin, qui semble avoir amusé pendant des siècles les paysans de tout le Bassin méditerranéen et des régions voisines. (Elle repose aussi, je dois le préciser, sur un jeu de mots, car, dans de nombreuses langues méditerranéennes, dont le grec, le mot qui veut dire « intérêt » signifie généralement « progéniture, enfants, petits ».)
>
> Un jour, le voisin de Nasreddin, bien connu pour son avarice, vient lui dire qu'il organise une fête pour quelques amis. Peut-il lui emprunter quelques-uns de ses plats de cuisson ? Nasreddin n'en a pas beaucoup, mais il lui répond qu'il les lui prête avec joie. Quand l'avare revient le lendemain, il rapporte les trois plats de Nasreddin, et un tout petit en plus.
>
> - C'est quoi, ça ? demande Nasreddin.
> - Ah, c'est le petit des plats. Ils ont fait un bébé pendant qu'ils étaient chez moi.
>
> Nasreddin hausse les épaules et prend les plats. L'avare s'en va, tout heureux d'avoir établi le principe de l'intérêt. Un mois plus tard, Nasreddin organise une fête et il va emprunter une douzaine de plats dans la vaisselle autrement luxueuse de son voisin. L'avare s'exécute. Après quoi il attend une journée, puis deux …
>
> Le troisième jour, l'avare vient aux nouvelles et demande ce qui est arrivé à ses plats de cuisson.
>
> Ah eux ? dit sombrement Nasreddin. Ce fut une terrible tragédie. Ils sont morts. »

[49] « Bouki et la vieille fermière », L.-S. Senghor et A. Sadji, *La belle histoire de Leuk-le-Lièvre, Cours élémentaire des écoles d'Afrique Noire*, EDICEF, Hachette, Paris, 1953, pp. 92-107. Dans ce conte, c'est de façon malhonnête que Bouki-L'hyène qui, très généralement dans les contes personnifie la malhonnêteté et la veulerie, amène une gentille vieille et très riche femme à se croire sa débitrice, ce qui autorise Bouki, en sa qualité de créancier, de lui soutirer, petit à petit, toute sa fortune. David Graeber nous informe que le personnage de l'avare est pareillement mal considéré dans l'aire géographique où circulent les contes de Nasreddin car : « Nasreddin n'adopte pratiquement jamais un comportement qu'un public actuel jugerait malhonnête ou abusif. Les histoires où il le fait concernent toujours ses relations avec son voisin l'avare – l'auditeur est censé savoir que, puisqu'il s'agit d'un avare, ce voisin doit nécessairement avoir de mauvaises intentions. » (*Dette – 5000 ans d'histoire*, *op. cit.*, p. 608, note 79).

immémoriale africaine. L'adage et son explication sont exposés dans la revue *La Këllë Basse du Pharaon* :

> « *Sulli buki suul buki* », « Déterrer une hyène, pour ensuite enterrer une autre hyène » Examinons d'abord, les mots « suul », « sulli » et « buki ». «sulli » est le contraire de « suul », par application de la règle de l'article inversif « i », comme dans « lonk » et « lonki ». Seulement, quand une confusion est possible, entre le contraire d'un mot et sa forme du futur, comme «sulli », le contraire du mot ne s'obtient plus, par simple ajout de la lettre « i », le mot change également de forme, comme dans « fal » et « folli », « sëggë » et « siggi », « suul » et «sulli ». Quant au mot « buki », il ne s'agit pas de l'animal hyène, mais de l'expression « bu kii » ou « d'un tel », qui est une contraction de « bor bu kii » ou « dette d'un tel ». Ainsi, quand on contracte une dette chez quelqu'un (*sulli bu kii*), pour rembourser une dette contractée chez quelqu'un d'autre (*suul bu kii*), la parabole exprime ces deux transactions. En vérité, la leçon, qui se dégage de ce jeu de mots entre « buki » et « bu kii », c'est que, l'endettement, quelle que soit la raison, n'est pas une bonne chose et n'est pas recommandable, s'assimilant même à un jeu de dupes. C'est d'autant plus vrai que Sankara nous rappelait que « quand les bailleurs de fonds baillent, les fonds s'en vont », pour s'engouffrer dans leurs grosses bedaines. A bon entendeurs, … L'adage ne dit-il pas que « qui paye ses dettes, s'enrichit ». Et qui s'endette, alors ? »[50]

Les maximes, par définition courtes et donc faciles à retenir ne sont qu'une illustration du génie africain en matière de pédagogie.

B – L'éducation au Droit avec les contes, comptines et mythes et légendes africains

Des outils d'enseignement du droit ont été élaborés pour tous les âges, à commencer par les plus jeunes. Certains de ces outils donc les contes et les comptines peuvent dès lors être utilisés dès le préscolaire (1), jusque et y compris au lycée où tous les aspects juridiques de ce matrimoine immatériel seront exposés et discutés en comparaison avec les règles du Droit positif et du Droit coutumier contemporrain (2).

[50] *La Këllë Basse du Pharaon,* n°1, *op. cit*., p. 42.

1 – L'éducation au Droit au préscolaire et au primaire : l'ensemencement

L'impressionnant art d'éduquer et d'instruire des sages de la tradition africaine s'exprime dans la manière d'éduquer au Droit dès la petite enfance par différents outils dont « les contes de grand-mère ». Cela signifie que le préscolaire ne doit surtout pas être négligé. Au Sénégal, cette exigence a été érigée en priorité, en 2000, après l'élection de Me Abdoulaye Wade à la Présidence de la République[51]. Il met alors en œuvre un projet de création d'une structure communautaire de prise en charge des enfants âgés de 0 à 6 ans, la Case des tout-petits. Dans son étude sur la Case des tout-petits Sophie Turpin Bassama expose parmi les objectifs de ce projet le suivant :

> « Est également adopté le principe d'une approche communautaire du développement de la petite enfance, dans laquelle l'implication active des parents et des communautés locales peut garantir la réussite d'une prise en charge intégrée. Le dernier principe, et pas des moindres, souligne l'ancrage culturel de cette politique. Le programme entend s'enraciner dans les valeurs du milieu tout en y intégrant les acquis scientifiques. [52]»

Culturellement enracinés, jusque et y compris sur le plan architectural[53], ces établissements destinés aux classes maternelles prévoient la participation de grand-pères et de grand-mères pour l'initiation des enfants à l'éducation morale et culturelle[54]. Cela entre dans le cadre du programme de la Case des Tout-petits tel qu'exposé par Sophie Turpin Bassama :

---

[51] S. Turpin Bassama, « La case des tout-petits au Sénégal », *Revue internationale d'éducation de Sèvres*, n°53, avril 2010, pp. 65-75, https://journals.openedition.org/ries/903?lang=en (consulté le 9 mars 2021).

[52] *Ibid.,* p. 68.

[53] S. Turpin Bassama, préc. pp. 69-70 : « Au plan architectural, la CTP est une structure de forme hexagonale abritant deux salles, dont l'une est destinée aux activités éducatives et l'autre à l'éducation parentale. (...). La barre oblique qui accompagne la pente de la toiture est le signe distinctif de la CTP : elle symbolise l'enracinement de l'enfant dans sa culture et son ouverture à la civilisation de l'universel ».

[54] S. Turpin Bassama, préc. p. 71 : « Les animateurs polyvalents et les volontaires de la petite enfance sont en charge des activités. Des mères assistantes participent au déroulement des activités tout en veillant à la propreté et à l'entretien des locaux. Une grand-mère ou un grand-père initie à l'éducation morale et culturelle. Un ou deux maîtres coraniques interviennent pour la formation religieuse. ».

> « La CTP propose une offre diversifiée de services qui se déclinent sur le plan éducatif en activités d'éveil et de socialisation et en activités culturelles (transmission des valeurs traditionnelles). [55]»

C'est à ce stade que l'apprentissage des berceuses, chansons et comptines africaines s'impose tout naturellement, l'enfant mémorisant en chantant, en dansant et en tapant des mains des notions fondamentales dont il ne comprendra tout le sens que bien plus tard. La berceuse wolof *Aayoo nene* en est un exemple frappant :

Aayoo neene / Aaayoo béébé
Nene nene tuuti / bébé petit bébé
Ku may naxal neene / qui va me calmer béébé
Sa ma nene tuuti / Mon petit bébé
Yobul ma ko Saalum / Emmène le moi au Saalum (royaume de la Sénégambie)
Saalum ñaari néeg la / Le Saalum est composé de deux chambres
Ñeteel ba di waañ wa / La troisième est la cuisine
Waañ wa waañu buur la / La cuisine est la cuisine du roi

La règle de droit que renferme cette comptine d'apparence si simple est dévoilée dans le premier numéro de la revue *La Këllë Basse du Pharaon* :

> « La sagesse populaire, à travers la berceuse qui endort son enfant, rappelle que « *Saalum ñaari néeg la, ñetteel ba di waañ wa, waañ wa waañu buur la, buur ba buuru Saalum* » ou « Saloum est constitué de deux chambres, la troisième est la cuisine, la cuisine est celle d'un roi, le roi est celui du Saloum ». Autrement dit, l'enfant, tout petit déjà, doit être sensibilisé puis éduqué à l'idée que le dirigeant ne doit pas avoir de « chambre » où il jouit des plaisirs de la vie, il ne doit disposer que d'une « cuisine » pour nourrir ceux qu'il dirige. De sorte que, dès qu'on est auréolé du statut de dirigeant, on doit aussitôt s'oublier soi-même, se suicider, pour renaître en tant que concentré des dirigés et porteur de leurs volontés. Ainsi, tout dirigeant se doit d'être capable, non seulement d'être impartial,

[55] *Ibid.* p. 72.

mais aussi de s'identifier à ses dirigés et à leurs volontés, ou de se démettre de ses fonctions de dirigeant. [56]»

La cohérence entre les messages véhiculés par les adages, les comptines et les contes ou récits cosmogoniques est totale. D'où l'intérêt de ces modes de transmission des valeurs traditionnelles si pédagogiquement adaptés à chaque classe d'âge. Ils présentent en outre l'indiscutable avantage d'être si familiers aux enfants que, l'assimilation de leur sens juridique, quand il sera plus tard dévoilé, sera littéralement un « jeu d'enfant ». C'est exactement ce point qui est relevé par Léopold Sédar Senghor dans la préface de son livre de lecture pour le cours élémentaire :

> « Ce livre de lecture est destiné aux enfants du Cours élémentaire de l'Afrique Noire.
>
> La vie profonde du Négro-Africain est animée par « l'intuition surréaliste des forces invisibles et surhumaines, des forces cosmiques. » Cette intuition s'exprime par les mythes, légendes, contes, fables, proverbes et devinettes qui peuplent les veillées noires d'êtres plus vivants que ceux du jour. Notre manuel se compose de récits déjà entendus par l'enfant dans sa langue maternelle et déjà vécus de lui. [57]»

2 – L'éducation au Droit au collège et au lycée : l'aire de battage de la récolte

Les « mythes, légendes, contes, fables, proverbes et devinettes » qui peuplaient les veillées noires doivent donc être au programme dès le préscolaire, au primaire mais aussi au secondaire. Cependant, c'est seulement au collège que va débuter le travail d'analyse et de commentaire des « textes » avec lesquels les élèves sont déjà parfaitement familiarisés. C'est à ce niveau que la dimension juridique de ce matrimoine immatériel africain va être dévoilée et assimilée avec d'autant plus de facilité que l'inconscient des enfants a déjà été impacté par ces récits. C'est aussi à ce niveau que la confrontation, ou comparaison, avec les règles du Droit positif et du Droit coutumier contemporain se fera.

Ce n'est qu'à partir de la classe de 3e et jusqu'à la terminale que les textes strictement juridiques de l'Egypte pharaonique et de l'Afrique

---

[56] La *Këllë Basse du Pharaon* n°1, *op. cit.*, p. 2.

[57] L.-S. Senghor et A. Sadji, *La belle histoire de Leuk-le-Lièvre,* préc..

sub-saharienne seront ajoutés au programme. Il s'agira alors d'étudier les compte-rendus de procès, les actes administratifs, les décrets, les discours royaux, les contrats de l'époque pharaonique, la Charte de *Kurukan Fuga* (inscrite au patrimoine culturel immatériel de l'humanité)[58], etc.

Les ouvrages de Cheikh Anta Diop devront accompagner ces cours mettant en lumière le Droit autochtone africain, notamment *L'Afrique noire précoloniale.* Les visites de Musée et de galeries d'art numériques (en attendant la restitution de tous les objets culturels et cultuels pillés et entassés hors d'Afrique) devront aussi faire partie intégrante du curriculum afin de montrer aux élèves le Droit autochtone africain à travers l'art plastique de l'Afrique ancienne. C'est ainsi que le lien entre l'art, sous toutes ses formes, et l'éducation au Droit sera mis en lumière. Un exemple frappant est constitué par la sculpture de la femme aux jumeaux. Pour la personne qui connaît la maxime « Le dirigeant est une mère de jumeaux… » (*Njiit ndey ji seex la* …), la statue va immédiatement lui faire venir à l'esprit l'impératif pour tout dirigeant d'être le garant impartial et équitable du bien-être de toute sa population car, la contradiction n'étant qu'apparente, *buur du mbokk* (« le dirigeant n'est pas un membre de la famille »).

[58] Site de l'UNESCO, https://ich.unesco.org/fr/RL/la-charte-du-manden-proclamee-a-kouroukan-fouga-00290 (consulté le 04 octobre 2024).

....

Les résultats attendus d'un retour à un enseignement du Droit marqué par le recours à la pédagogie autochtone africaine sont multiples et entièrement positifs. Il s'agit d'abord d'une vaste connaissance du Droit et de leurs droits et obligations par les individus dès leur plus jeune âge. Il s'ensuit une population éduquée au Droit ce qui joue un rôle primordial dans la prévention des conflits. L'autre avantage de la méthodologie et du curriculum faisant l'objet de cet article est la promotion d'une élite qui désormais méritera son statut social et son qualificatif car composée de personnes éduquées à la connaissance, donc à l'amour de la *Maât*, la puissance énergétique de la Justice et de l'Equité apportant l'Ordre et l'Harmonie. Par la comparaison avec les règles de droit actuelles, l'insupportable mimétisme s'effondrera en même temps que son support, le paradigme colonial (toute bonne règle de droit est à chercher hors d'Afrique en général et, dans l'ancien pays colonisateur en particulier).

Telle est la voie de sortie, du cercle vicieux de la violence « légitime » exercée par l'État sur sa population au moyen d'un Droit positif en mal de légitimité, que notre article a entendu tracer. Elle a comme point de départ la prise de conscience du fait que l'Afrique a son Droit propre, non pour s'en « gargariser » mais pour enfin arriver au Droit de la Renaissance africaine.

Chroniques législatives

L'actualité de la responsabilité extracontractuelle de la puissance publique : analyse sous le prisme de la responsabilité sanitaire de l'administration au Sénégal et au Burkina Faso

Tapsirou Bocar BA
Docteur en droit public
Université Gaston Berger de Saint-Louis

Résumé : La responsabilité extracontractuelle de la puissance publique s'appuie constamment sur les formes d'action de l'administration et sur les fondements classiques de la responsabilité administrative. Elle s'est toutefois renouvelée sous l'effet combiné de l'office du juge des référés et de l'intégration du principe de précaution en droit administratif, liée essentiellement à la crise sanitaire de covid-19. L'articulation entre ces deux éléments s'opère sur le terrain de la responsabilité sanitaire de l'administration, laquelle s'illustre particulièrement au Sénégal et au Burkina Faso, à travers trois ordonnances rendues par le juge des référés en 2020. Saisie par ce dernier, sous le prisme du principe de précaution, la responsabilité administrative s'offre une vertu préventive qui vient s'ajouter à la traditionnelle logique réparatrice qu'on lui connait. Plus qu'une simple alternative au juge du fond, l'office du juge des référés participe de la restructuration du régime de la responsabilité administrative extracontractuelle, à travers le renouveau du risque dont la prise en charge interroge la distinction classique entre la responsabilité sans faute et la responsabilité pour faute.

Mots-clés : Responsabilité extracontractuelle-Responsabilité sanitaire-Le juge des référés-Le principe de précaution-Responsabilité sans faute-Responsabilité pour faute-Crise sanitaire-Service public-Police administrative-Prestation-Prescription.

> « S'il y a un domaine au Sénégal où les particuliers introduisent rarement des recours en indemnités pour des dommages subis, c'est bien celui de l'activité médicale »[1].

[1] A.-B. Fall, *La responsabilité extracontractuelle de la puissance publique : essai de transposition des règles de droit administratif français dans un pays d'Afrique noire francophone,* Bordeaux, Thèse mult., 1,1994, p. 452.

La remarque de cet universitaire réputé résiste à l'épreuve du temps, tant la « sècheresse » jurisprudentielle[2], caractéristique du droit de la santé en Afrique, est toujours d'actualité. Auréolée de sacralité sous le signe du destin[3], la santé était longtemps perçue en dehors du spectre de la responsabilité[4]. Progressivement, le développement de la médecine, des technologies et, surtout de la justice a favorisé le rejet de toute idée d'irresponsabilité médicale[5]. Toutefois, la santé, du fait de son caractère systémique et transversal, ne peut être ramenée à la seule activité des médecins ou au seul rapport entre ces derniers et les patients, traditionnellement abordé, en droit privé, sous l'angle de la responsabilité médicale[6]. Elle intègre aussi les obligations sanitaires de l'État, des collectivités territoriales et des établissements publics dans leurs missions de service public de santé ou de police administrative sous le sceau de la responsabilité extracontractuelle[7]. Perçue comme un procédé par lequel l'administration est tenue responsable des conséquences de ses actions ou de ses abstentions sur les administrés, la responsabilité extracontractuelle l'oblige à réparer les préjudices qui en ont résulté[8]. Appliquée dans le domaine de la santé, elle prend une

---

[2] *Ibidem.*

[3] Les propos d'un auteur à ce sujet, sont particulièrement saisissants : « il ne viendra à l'esprit de personne de réclamer devant le juge la réparation du préjudice subi du fait de l'administration hospitalière. Les ayants -droit d'une victime de mauvais soins médicaux, même si la faute du service public est démontrée, se refuseront à une action récursoire : » … « cet argent ne va pas ressusciter mon mort ; c'est scandaleux de profiter d'une circonstance tragique pour s'enrichir ; Dieu avait fixé ce jour » ; v. L. Bado, *Le contrôle juridictionnel de l'administration dans les États du Conseil de l'entente,* Bordeaux, Thèse mult., 1981, p. 410.

[4] *Ibidem.*

[5] J. Barbot, « Aux frontières de l'irresponsabilité médicale. Le médecin en procès au début du XIXe siècle », *Sciences sociales et santé,* 2018 /4 (vol 36), pp. 65-92.

[6] A. Leger, C. Manaouil, D. Montpellier, M.-L. Moquet-Anger, P. Pierre, « Responsabilité médicale et expertise : de la loi du Talion à la loi Kouchner », *Médecine & Droit,* 2023, 2023 (178), pp. 7-12.

[7] A.-B. Fall, *La responsabilité extracontractuelle de la puissance publique : essai de transposition des règles de droit administratif français dans un pays d'Afrique noire francophone*, *op. cit.*, p. 452 ; v. B. Kanté, *Unité de juridiction et droit administratif : l'exemple du Sénégal,* Orléans, Thèse mult. 1983, pp. 416-426 ; P. Soglohoun, « L'office du juge dans le contentieux de la responsabilité administrative au Bénin, Burkina Faso et Niger », *Afrilex,* mai 2017, pp. 1-37.

[8] V. à ce propos D. Sy, *Droit administratif, 3e ed.,* Dakar, Harmattan-Credila, 2021, pp. 456-491 ; S. Yonaba, *La pratique du contentieux administratif en droit burkinabè : de l'indépendance à nos jours,* 2ème éd, Presses africaines, 2008, pp. 88 et s; L.

dimension spécifique que la doctrine qualifie de responsabilité sanitaire[9]. Celle-ci impose à l'administration, non seulement, des obligations en rapport avec la protection de la santé, mais aussi, celle de supporter les conséquences dommageables de ses actions ou de ses abstentions[10].

La responsabilité sanitaire vise à garantir la santé publique ou individuelle des populations à travers une activité de prestation dédiée à la mission de service public ou au moyen de l'activité de prescription dictée par l'impératif de la police administrative[11]. Ce principe trouve ses racines dans la Constitution de l'Organisation Mondiale de la Santé (OMS)[12] qui met à la charge des États « la responsabilité de la santé de leurs peuples » et l'obligation de prendre « les mesures sanitaires et sociales appropriées »[13]. Ces dispositions seront relayées par la Charte

---

Zoma, « La responsabilité de l'État du fait des lois au Benin, au Burkina Faso et au Sénégal », *Afrilex,* janvier 2023, pp. 1-25.

[9] M. Deguergue, « Responsabilité sanitaire et responsabilité environnementale », *RDSS,* 2019, p.135 ; J-M. Auby, « La légitimité de l'intervention publique dans le domaine de la santé », *AJDA,* 1995, p. 588 ; J.-B. Auby, « L'évolution du traitement des risques dans et par le droit public », *Revue européenne de droit public,* 2003, p. 170 ; Conseil d'État, *Responsabilité et socialisation du risque* - Rapport public 2005, 399 pages ; M. Deguergue, « La responsabilité du fait des activités de police » in Ch. Vautrot-Schwarz (dir.), *La police administrative,* PUF, Thémis, 2014, spéc. p. 22.

[10] H. Belrhali-Bernard, « La responsabilité administrative ici et ailleurs : passerelles, clefs et pistes », *Revue française d'administration publique,* 2013 /3 (n°147), pp. 561-574 ; A.-B. Fall, *La responsabilité extracontractuelle de la puissance publique, essai de transposition des règles du droit administratif français dans un pays d'Afrique francophone, op. cit,* pp. 450-475; P. Moudoudou, « Les tendances du droit administratif africain dans les États d'Afrique Francophone », *Annales de l'Université Marien Ngouabi,* 2009, 10 (3), pp. 1-39.

[11] V. D. Sy, *Droit administratif,* 3e ed, *op. cit,* pp. 456-491 ; S. Yonaba, *La pratique du contentieux administratif en droit Burkinabé : de l'indépendance à nos jours, op. cit.,* pp. 88 et s ; P. Soglohoun, « L'office du juge dans le contentieux de la responsabilité administrative au Bénin, Burkina Faso et Niger », préc., pp. 1-37 ; A. Diéye, « Le juge face à la matière administrative au Sénégal », *Annales africaines*, 2018, n° 9, pp. 339-364.

[12] La Constitution de l'OMS est adoptée par la Conférence internationale de la Santé, tenue à New York du 19 juin au 22 juillet 1946, signée par les représentants de 61 États le 22 juillet 1946. Elle est entrée en vigueur le 7 avril 1948.

[13] Extrait du préambule de la Constitution de l'OMS. La constitution de l'OMS est renforcée par la Déclaration d'Alma Ata adoptée par la conférence internationale sur les soins de santé primaires, réunies à Alma-Ata (Kazakhstan), le 12 septembre 1978, qui a souligné la nécessité d'une action urgente de tous les gouvernements, de tous personnels des secteurs de la santé et du développement, ainsi que de la communauté

africaine des droits de l'homme et des Peuples[14]. Partie intégrante des préambules de la plupart des États africains, la Charte reconnait en son article 16 que les États doivent prendre des mesures nécessaires en vue de protéger la santé de leurs populations et de leur assurer l'assistance médicale en cas de maladie[15]. Ces obligations sanitaires sont valables aussi bien en temps normal qu'en temps de crise. En temps de crise, la responsabilité sanitaire s'appuie essentiellement sur le Règlement sanitaire international de l'OMS[16], lequel oblige les États de mettre en place un système suffisamment efficace et une administration assurément capable de prévenir les risques sanitaires et qui permette, surtout de faire face à une urgence sanitaire de portée internationale[17]. Au-delà d'être consacrée par des instruments internationaux[18], la responsabilité sanitaire des États est reconnue aussi par la jurisprudence communautaire et régionale notamment, par la Cour de Justice de la

---

mondiale, pour protéger et promouvoir la santé de tous les peuples du monde. Elle a déclenché un mouvement sans précédent dans l'histoire de la santé publique.

[14]La Charte africaine des droits de l'homme et des peuples est adoptée en juin 1981 au Kenya et entrée en vigueur en octobre 1986.

[15] Aux termes de l'article 16 de la Charte africaine des droits de l'Homme et des Peuples « toute personne a droit de jouir du meilleur état de santé physique et mental queue soit capable d'atteindre ».

[16] Assemblée Mondiale de la Santé, « Révision du règlement sanitaire international », Résolution WHA58. 3, 23 mai 2005. Le RSI vise à prévenir la propagation internationale des maladies, à s'en protéger, à la maitriser et y réagir par une action de santé publique proportionnée et limitée aux risques qu'elle présente pour la santé publique, en évitant de créer des entraves inutiles au trafic et au commerce internationaux » ; v. à ce propos E. Mondielli « Le règlement sanitaire international de 2005 : un instrument moderne de lutte contre les pandémies », *in, Modernité du droit de la santé, Mélanges en l'honneur de M. Belanger*, Bordeaux, LEH, 2015 p. 64.

[17] Une urgence sanitaire internationale constitue un risque pour la santé publique en raison du risque de propagation internationale de la maladie nécessitant une action coordonnée. Pour aller plus loin, v. E. Mondielli « Le règlement sanitaire international de 2005 : un instrument moderne de lutte contre les pandémies », préc., p. 64 et s. ; H. De Pooter, *Le droit international face aux pandémies : Vers un système de sécurité collective ?*, Paris, Éd Pedone, 2015, p. 188.

[17] C'est ce qui ressort des articles 5,13, 19, 22 du Règlement sanitaire international de 2005, adopté par l'Assemblé Mondiale de la Santé, « Révision du règlement sanitaire international », Résolution WHA58. 3,23 mai 2005.

[18] H. De Pooter, *Le droit international face aux pandémies : vers un système de sécurité sanitaire et collective ?, op .cit,* pp. 501-550.

CEDEAO[19] et, très récemment, par la Cour Africaine des droits de l'homme et des Peuples[20]. Les États mis en cause, ont été condamnés pour violation de leurs obligations sanitaires et environnementales consacrées respectivement par les articles 16 et 24 de la Charte africaine des droits de l'homme et des Peuples[21].

L'effectivité de telles dispositions suppose que les autorités administratives, en charge de garantir l'ordre public sanitaire[22], prennent des actes juridiques ou matériels nécessaires pour prévenir ou faire cesser une menace sanitaire sous peine d'engager leur responsabilité. L'obligation d'agir dont il est question postule, non seulement, le rejet de toute attitude passive de l'autorité de police face à une situation de menace sanitaire, mais aussi, le devoir de ne pas agir

---

[19] CJ de la CEDEAO du 14 décembre 2012. Saisie par l'ONG SERAP contre le Nigeria et les compagnies pétrolières à propos de la violation du droit à la santé, du droit de vivre dans un environnement adéquat, du droit à un développement économique et social du peuple du delta du Nigeria. La Cour a estimé que le Nigeria, étant donné son comportement, « a manqué à ses obligations en tant qu'État partie à la Charte africaine des droits de l'homme et des peuples et a ainsi violé les dispositions des articles 1 et 24 de ladite Charte » en rapport avec la protection de l'environnement.

[20]Dans cette affaire opposant la Ligue des droits de l'homme et autres à l'État Ivoirien, la Cour Africaine des droits de l'Homme et des Peuples conclut, entre autres, à la violation par l'État ivoirien du droit du meilleur état de santé de santé physique et mentale possible protégé par l'article 16 de la Charte... et ordonne à l'État défendeur de créer un fonds d'indemnisation en consultation avec les victimes. En effet, le 19 août 2006, le navire *M. V. Probo Koala*, affrété par la société multinationale TRAFIGURA a accosté au port d'Abidjan, en Côte d'Ivoire, avec à son bord cinq cent vingt-huit mètres cubes (528 m3) de déchets hautement toxiques. Ils ont été déchargés du navire et déversés sur plusieurs sites du district d'Abidjan et de sa banlieue alors qu'aucun de ces sites ne disposait d'installations de traitement de déchets chimiques. Suite au déversement desdits déchets, l'air a été pollué et une odeur pestilentielle s'est répandue dans tout le district d'Abidjan. Le même jour, des milliers de personnes ont afflué vers les centres de santé, se plaignant de nausées, de maux de tête, de vomissements, d'éruptions cutanées et de saignements du nez ; v. *aff. Ligue ivoirienne des droits de l'homme (LIDHO) et autres c/. République de Côte d'Ivoir*e, requête n° 041/2016, arrêt 5 septembre 2023.

[21] Aux termes de l'article 16 « Toute personne a le droit de jouir du meilleur état de santé qu'elle est capable d'atteindre... Les États... s'engagent à prendre les mesures nécessaires en vue de protéger de leurs populations et de leur assurer l'assistance médicale en cas de maladie ». Quant à l'article 24 « tous les peuples ont droit à un environnement satisfaisant et global, propice à leur développement », de la Charte Africaine des droits de l'Homme et des Peuples adoptée par dix-huitième Conférence des Chefs d'État et de gouvernement, juin 1981 à Nairobi.

[22] S. Renard, *L'ordre public sanitaire (Étude de droit interne),* Rennes 1, Thèse mult., 2008, p. 54.

maladroitement ou de manière non conforme à ce qui aurait dû être[23]. Autrement dit, il ne suffit pas que l'administration intervienne pour faire face à un trouble sanitaire, encore faudrait-il, que son intervention soit assez rapide et diligente pour faire cesser le trouble[24]. La violation de chacun de ces deux types d'obligations peut donner lieu à l'engagement de la responsabilité de l'administration pour carence fautive[25]. La carence est différemment caractérisée par la doctrine. Suivant les cas, elle peut être absolue[26], c'est à dire renvoyer à une absence d'action administrative, à un manquement total de l'administration à une obligation positive[27], ou relative lorsqu'elle se ramène à une insuffisance de l'action administrative traduite par un manquement partiel de l'administration à une obligation positive. La carence peut aussi être objective si elle ne revêt pas un caractère intentionnel[28] ou subjective lorsqu'elle résulte d'une volonté

[23] S. Renard, *L'ordre public sanitaire (Étude de droit interne, op. cit.*, p. 147.

[24] C.E, Ass., 9 avril 1993, *Recueil Lebon*, n°138653 (le retard fautif de l'État à mettre en place des tests de dépistage du VIH sur les dons de sang engage sa responsabilité pour les contaminations provoquées par des transfusions réalisées entre le 2 mars 1985 et le 1er aout 1985, soit entre la date à laquelle le test de F. Abott a été autorisé aux États-Unis et celle où il a été rendu obligatoire en France) ; v. aussi : T.A. de Paris, 21 juin 2000, *Beaumer, Recueil Lebon*, n° 9412460.

[25] C.E, 13 février 1948, *C.G.E. c. Cne de Caluire-et-Cuire*, publié au Recueil Lebon, n° 71.155. (négligences des autorités communales en matière d'hygiène ayant favorisé l'émergence d'une épidémie de fièvre typho de) ; CE, 26 octobre 1962, *Ville de Toulouse,* publié au recueil Lebon n° 51.538 (abstention fautive d'une commune qui n'a pas exécuté les travaux exigés pour la salubrité d'un fossé à l'usage d'égout) ; CE, Sect., 4 mai 1979, *Min. de la Santé c./ de Gail,* (carence de l'administration à modifier, au vu d'un nombre anormalement élevé de complications neurologiques, les instructions administratives concernant l'emploi d'un vaccin antirabique lyophilisé dont le ministre avait imposé l'usage).

[26] La carence absolue peut se définir au sens d'une situation d'absence, « ce qui est reproché à l'administration, c'est de n'avoir en aucune façon tenté de mettre en œuvre les moyens » dont elle disposait « pour remplir son obligation de faire ». F. Blanco, *La carence fautive de l'administration en droit administratif français,* Orleans, Thèse mult., 2019, pp. 141-171 ; P. Moudoudou, « Les tendances du droit administratif africain dans les États d'Afrique Francophone », préc., p. 1-39 ; P. Soglohoun, « L'office du juge dans le contentieux de la responsabilité administrative au Bénin, Burkina Faso et Niger », préc., pp. 1-37.

[27] *Ibidem.*

[28] La carence objective est perçue sous l'angle d'une carence non intentionnelle de l'administration. Autrement dit, il s'agit de l'hypothèse où l'administration n'avait pas l'intention de manquer à une obligation positive lui incombant.

administrative[29]. Au demeurant, la prise en charge des préoccupations sanitaires nécessite de la part des autorités administratives, en plus des mesures de police administrative, d'accomplir des activités de prestation sous le prisme de la mission de service public de santé, laquelle doit être rendue disponible à tous niveaux de la pyramide sanitaire[30]. Les dysfonctionnements relatifs à l'organisation et au fonctionnement du service public de santé sont de nature, en cas de préjudice, à engager la responsabilité sanitaire de l'administration pour faute de service. Le rapport clairement établi entre la prise en charge de la santé et la responsabilité des personnes publiques amène à se poser la question suivante : comment se décline la responsabilité sanitaire de l'administration en tant que dimension actuelle de la responsabilité extracontractuelle ? comment articuler la responsabilité administrative des autorités sanitaires avec les aspects classiques de la responsabilité extracontractuelle de l'administration ? Dès lors, cette étude dégage une singularité remarquable pour deux raisons. La première est liée au fait que le sujet permet d'explorer une dimension peu connue de la responsabilité extracontractuelle de l'administration, celle de la responsabilité sanitaire[31]. Les rares travaux qui arrivent à se détacher de la responsabilité purement médicale, mettent essentiellement le curseur sur la seule responsabilité du service public hospitalier dans ses activités médicales ou administratives[32]. La seconde raison se rapporte au regain d'intérêt de la question liée au rôle essentiel du juge des référés à l'occasion de la crise sanitaire. Le Sénégal et le Burkina Faso, qui présentent quelques similitudes sur le terrain de la responsabilité

---

[29] La carence subjective, quant à elle, suggère l'idée d'un manquement intentionnel de l'administration. Autrement dit, il s'agit de la situation où l'administration manque volontairement à ses obligations positives, en ayant clairement conscience qu'elle était tenue d'agir.

[30] L'offre de soins épouse l'architecture de la pyramide sanitaire. Au sommet, l'hôpital constitue la référence, suivi du centre de santé au niveau intermédiaire et des postes de santé au niveau périphérique, complétés par des cases de santé.

[31] M. Deguergue, « Responsabilité sanitaire et responsabilité environnementale », préc., p. 135 ; J-M. Auby, « La légitimité de l'intervention publique dans le domaine de la santé », préc., p. 588 ; J.-B. Auby, *L'évolution du traitement des risques dans et par le droit public, op. cit.*, p. 170 ; P. Moudoudou, « Les tendances du droit administratif africain dans les États d'Afrique Francophone », préc., p.1-39 ; P. Soglohoun, « L'office du juge dans le contentieux de la responsabilité administrative au Bénin, Burkina Faso et Niger », préc., pp. 1-37 ; A. Diéye, « Le juge face à la matière administrative au Sénégal », *Annales Africaines, préc* , pp. 339-364.

[32] B. Sarr, « La responsabilité du service public hospitalier », *Annales Africaines,* 2015, pp. 63-94.

administrative méritent une attention particulière, d'autant plus ces deux États ont enregistré pendant la période de la covid-19 des saisines du juge des référés dont l'apport participe du renouveau de la responsabilité extracontractuelle. Cette étude s'appuiera également sur une approche de droit comparé avec la France, laquelle permet de constater un usage décomplexé du pouvoir d'injonction par le juge des référés [33] contrastant avec une certaine retenue de ses homologues sénégalais et burkinabé[34]. Ce décalage n'occulte en rien l'apport essentiel du juge des référés au contentieux de la responsabilité administrative extracontractuelle. D'une part, le juge de l'urgence offre aux victimes l'occasion, non pas d'attendre qu'il y ait forcément un préjudice pour demander réparation, mais d'éviter ou de limiter un tel préjudice dont elles ne sont même pas sûres d'obtenir réparation devant le juge du fond. D'autre part, il est permis à l'administration, à travers des injonctions qu'elle reçoit du juge des référés, de corriger ses dysfonctionnements à temps ou de réduire le risque d'engagement de sa responsabilité ou d'une indemnisation coûteuse. Cette tendance marque un renouveau du contentieux de la responsabilité administrative, désormais imprégné d'une dimension préventive laquelle vient s'ajouter à la traditionnelle logique curative qu'on lui connait[35]. Suivant cette perspective, un regard porté actuellement sur la

[33] Sur les dix-sept ordonnances de référé-liberté contenant des injonctions rendues dans le cadre en période de crise, certaines sont prononcées sur la base d'une simple éventualité d'atteinte à une liberté fondamentale à travers la formule de « carence susceptible d'être caractérisée ». A titre illustratif, on peut citer l'ordonnance du 22 mars 2020. A travers une triple injonction, le juge du référé-liberté a imposé au gouvernement français de retravailler le décret du 16 mars 2020 portant réglementation des déplacements quotidiens. En substance, il est demandé au gouvernement de préciser l'hypothèse de dérogation au confinement pour raison de santé mais aussi de réexaminer l'hypothèse de sortie dérogatoire consacrée à l'activité physique. Le juge ajoute qu'il appartient également aux autorités d'évaluer les risques attachés au maintien des marchés ouverts.

[34] Entre le 19 mars 2020 et le 19 mars 2022, le Conseil d'État français a été saisi d'environ mille requêtes relatives à la crise sanitaire liée à la Covid-19. Ce nombre considérable de requêtes accompagné de l'utilisation du pouvoir d'injonction a renforcé substantiellement l'office du juge-des libertés, lequel apparait désormais comme un juge par défaut du contentieux de la responsabilité administrative en période de crise. Son office a permis de limiter l'impact de l'atteinte à une liberté fondamentale et l'ampleur du préjudice qui pourrait en résulter. Voir à ce propos,

[35] J. Schmitz, « Le juge du référé-liberté à la croisée des contentieux », *RFDA,* (3), 2014, p. 502 ; J. Piasecki, *L'office du juge administratif des référés : Entre mutations et continuité jurisprudentielle,* Toulon Var, Thèse mult. . , 2008, 542 pages, M.-M. Aidara, « Référé administratif et unité de juridiction », *Afrilex,* janvier 2019, pp. 1-

responsabilité sanitaire de l'administration permet de dégager des constantes (I) et des variables (II).

I – Les constantes

Le renouvellement de la responsabilité extracontractuelle lié à la crise sanitaire, découle d'une prise de conscience de la vulnérabilité humaine et du nécessaire renforcement de l'action administrative, laquelle est désormais enrichie d'une obligation de prudence commandée par le principe de précaution. Cette nouvelle dimension de la responsabilité extracontractuelle s'appuie invariablement, non seulement, sur les formes d'action de l'administration (A) mais aussi, sur les modalités classiques d'engagement de la responsabilité administrative (B).

A – Une responsabilité calquée sur les formes d'action de l'administration

La responsabilité sanitaire est entendue au sens d'une responsabilité administrative des acteurs publics dans le domaine de la santé[36]. A ce titre, elle invite à revisiter les formes d'intervention de l'administration, lesquelles oscillent entre l'activité de prestation (1) et celle de la prescription (2).

---

21 ; M.-M. Aidara, « Bilan provisoire de la mise en application du référé administratif au Sénégal », *Convergence ou concurrence des disciplines juridiques, Mélanges en l'honneur de Demba SY,* presses universitaires Toulouse 1 Capitole, tome 1, 2020, p. 81; A. Ndiaye, « Le référé administratif en Afrique », *Afrilex,* janvier, 2020, pp. 1-47.

[36] M. Deguergue, « Responsabilité sanitaire et responsabilité environnementale », *op. cit,* p.135 ; J-M. Auby, « La légitimité de l'intervention publique dans le domaine de la santé », préc., p. 588 ; J.-B. Auby, « L'évolution du traitement des risques dans et par le droit public », préc., p.170 ; Conseil d'État, *Responsabilité et socialisation du risque - Rapport public,* 2005, p. 399. ; M. Deguergue, « La responsabilité du fait des activités de police », *in*, Ch. Vautrot-Schwarz, (dir)., *La police administrative, op. cit,* p. 22.

1 – La prise en charge des obligations sanitaires au moyen de la prestation

La relation entre le service public et l'administration est aussi vieille que le droit administratif[37]. A travers une activité de prestation, l'administration œuvre pour l'accomplissement de la mission de service public[38]. Selon qu'il est administratif ou industriel et commercial, le service public s'attèle à des activités différentes qui peuvent être marchandes ou non marchandes. C'est cette dernière catégorie qui couvre essentiellement la prise en charge sanitaire. Au Sénégal comme au Burkina Faso, l'administration est tenue de mettre en place un dispositif de prise en charge de la santé publique et individuelle des populations, soit directement, à travers la régie[39] ou indirectement, sous le prisme de l'établissement public[40]. La formule de la régie est symbolisée par les activités du ministère de la santé publique et de l'ensemble des structures de l'État ou des collectivités territoriales qui interviennent directement en la matière[41]. Au Sénégal, c'est le constituant lui-même qui détermine les débiteurs de l'obligation de prestation constitués de l'État et des collectivités publiques auxquels il revient la charge de garantir la santé individuelle et collective des

---

[37] L. Duguit, « De la situation des particuliers à l'égard des services publics », *R.D.P.*, 1907, p. 411 (spéc. p. 419).

[38] D. Simon, *Le renouvellement des droits de l'usager à un fonctionnement égal, neutre et adapté du service public,* t. I, Pau, Thèse mult., 2007 ; M. Ondoa, « Le droit administratif français en Afrique francophone : contribution à l'étude de la réception des droits étrangers en droit interne », *RJPIC,* n° 3, 2002, p. 287; N.-M. Diagne, *Les méthodes et les techniques du juge en droit administratif sénégalais,* UCAD, thèse mult., 1995, 523 p. ; P. Soglohoun, « L'office du juge dans le contentieux de la responsabilité administrative au Bénin, Burkina Faso et Niger », préc., pp. 1-37 ; A. Diéye, « Le juge face à la matière administrative au Sénégal », préc., pp. 339-364.

[39] V. les articles L2 à L7 de la loi 83-71 du 5 juillet 1983 portant Code de l'hygiène publique au Sénégal et l'article 6 de la loi n°23/94/ADP du 19 mai 1994.

[40] Les établissements publics sont « des personnes morales de droit public investies d'une mission de service public, dotées d'un patrimoine propre et bénéficiant de l'autonomie financière. Ils ne reçoivent aucun apport privé à leur fonds de dotation constitutifs et sont spécialisés par nature d'activité ». C'est qui ressort de l'article 4 de la loi 2022-08 du 19 avril 2022 Loi d'orientation n° 2022-08 du 19 avril 2022 relative au secteur parapublic, au suivi du portefeuille de l'État et au contrôle des personnes morales de droit privé bénéficiant du concours financier de la puissance publique ; v. à ce propos J.-P. Theron, « Recherche sur la notion d'établissement public », *Revue internationale de droit comparé*, 1977, pp. 860-861.

[41] V. les articles 1, 2, 3 de la loi n°23/94 *ADP* portant code de la santé publique au Burkina Faso.

populations suivant une discrimination positive en faveur des populations rurales et des personnes vulnérables[42]. Au Burkina Faso, il est indiqué dans le code de la santé publique que la promotion et la protection de la santé ainsi que les prestations de soins relèvent de la responsabilité de l'État[43].

Cependant, le lien entre la santé et le service public est plus marqué à travers la formule d'établissement public de santé consacrée dans les États sous étude[44]. Dotés de personnalité morale et d'un patrimoine propre, les établissements publics de santé sont appelés à garantir un accès égal et continu à un service adapté[45]. Dicté par une logique de performance[46], le service public hospitalier doit fournir des soins de qualité, tout en assurant leur pérennité et leur développement. Les obligations administratives en rapport avec l'activité de prestation se rapportent essentiellement à l'organisation et au fonctionnement du service public dont les défaillances sont de nature à fonder l'engagement de sa responsabilité pour faute en cas de préjudice. De telles obligations reconnues assez tôt par la doctrine française[47], sont

---

[42]Les dispositions de l'article 8 consacrant le droit à la santé comme un droit fondamental, sont renforcées par celles de l'article 17 qui confère à l'État et aux collectivités publiques la responsabilité de prendre en charge la santé publique et individuelle des populations avec un accent mis sur les populations vulnérables. En France, Le Conseil constitutionnel a qualifié cette protection de la santé publique d'« objectif de valeur constitutionnelle » dans sa décision du 22 janvier 1990 « Loi portant diverses dispositions relatives à la sécurité sociale et à la santé » (Décision DC n° 89-269 DC ; puis dans sa décision n° 90-283 DC du 8 janvier 1991 sur la loi relative à la lutte contre le tabagisme et l'alcoolisme ; avant de l'appliquer dans de nombreuses décisions).

[43] V. les dispositions de l'article 6 de la loi n°23/94 ADP portant Code de la santé publique au Burkina.

[44]Au Sénégal, il s'agit de la loi n°98-08 du 2 mars 1998 portant réforme hospitalière du Sénégal. Au Burkina, v. le décret n°2014-615 du 24 juillet 2014 portant Statut Général des établissements publics de santé.

[45] V. les articles 2 de la loi 98-08 portant réforme hospitalière, précitée et 3 du décret n° 2014-615 du 24 juillet 2014 portant Statut Général des établissements publics de santé, précitée.

[46] Depuis la réforme de 1998, on est passé d'un système hôpital-administration marqué par les rigidités administratives à un système de l'hôpital-entreprise ouvert aux techniques de gestion privée.

[47] J.-D.-B. De Gaudusson, *L'usager du service public administratif*, Ed. lgdj, 1974, p. 167. L'auteur précité souligne que « la responsabilité de l'administration pourra être engagée, mais celle-ci ne sanctionnera pas tant une obligation précise de fonctionnement continu ou adapté, que l'obligation plus générale de fonctionnement correct, diligent qui pèse sur tout service public telle qu'elle est précisée par la

reprises par les États sous étude, dans lesquels l'administration est obligée de faire fonctionner le service public régulièrement, sous peine d'engager sa responsabilité [48]. La prise en charge du service public de santé peut aussi s'opérer de manière indirecte à travers une personne privée. Le recours à la gestion du service public par des personnes privées comporte un intérêt indiscutable parce que guidé par une logique de souplesse échappant aux rigueurs du droit public et de la comptabilité publique. C'est en tout cas ce qui ressort de l'esprit des législations hospitalières au Sénégal et au Burkina Faso ayant transformé l'hôpital-administration en hôpital-entreprise[49], lequel est perçu plus conforme aux exigences d'une gestion moderne et de la performance. En plus de la prestation, la prescription constitue également un cadre d'exercice de la responsabilité sanitaire.

2 – **La prise en charge des obligations sanitaires au moyen de la prescription**

La responsabilité sanitaire des personnes publiques s'exerce aussi sous le sceau de l'activité de prescription imposant aux administrés des restrictions nécessaires à la garantie de l'ordre public sanitaire[50]. Les pouvoirs dont l'autorité administrative est investie en la matière varient selon que l'on se trouve en temps normal ou en temps de crise.

En temps normal, l'exercice de la responsabilité sanitaire répond au schéma traditionnel de répartition des compétences de police administrative. Au niveau central, le rôle du Président de la République mérite une attention particulière. Dans les États sous étude, les attributions de police administrative générale du Président de la République découlent de son pouvoir réglementaire autonome, tel qu'il

jurisprudence relative à la responsabilité administrative » ; P. Moudoudou, « Les tendances du droit administratif africain dans les États d'Afrique Francophone », préc., pp. 1-39 ; P. Soglohoun, « L'office du juge dans le contentieux de la responsabilité administrative au Bénin, Burkina Faso et Niger », préc., pp. 1-37 ; A. Dieye, « Le juge face à la matière administrative au Sénégal », préc., pp. 339-364.

[48] J. Rivero, *Droit administratif, Dalloz,* 6e éd, 1973, p. 265, n° 285.

[49] Au Sénégal, il s'agit de la loi n° 98-08 du 2 mars 1998 portant réforme hospitalière du Sénégal. Au Burkina, voir le décret n° 2014-615 du 24 juillet 2014 portant Statut Général des établissements publics de santé.

[49] V. la loi 98-08 portant réforme hospitalière, précitée et le décret n°2014-615 du 24 juillet 2014 portant Statut Général des établissements publics de santé, précitée.

[50] R. Renard, *L'ordre public sanitaire. (Étude de droit interne), op. cit,* p. 21.

se dégage des articles 43 et suivants de la Constitution du Sénégal et des articles 99 et 100 de la Constitution du Faso. Il peut, en vertu des pouvoirs qui lui sont conférés, prendre les mesures de police administrative applicables sur l'ensemble du territoire national[12]. Une prérogative tirée de la jurisprudence *Labonne* du Conseil d'État français du 8 août 1919[51], selon laquelle le Président de la République est garant de l'ordre public sur l'ensemble du territoire national dont la préservation contre les troubles à la santé est une partie intégrante. Il peut, par voie de prescription ou de réglementation, prendre toutes les mesures nécessaires à la protection de l'ordre public y compris interdire ou limiter toutes les activités de nature à présenter un risque majeur pour la santé publique.

La garantie de l'ordre public sanitaire interpelle aussi les ministres dont le pouvoir règlementaire, longtemps nié par la jurisprudence, peut être admis dans deux cas précis : d'une part, dans le cadre de l'organisation de leurs services[52], et d'autre part, sur délégation accordée par une loi ou un décret [53]. Ce mécanisme de délégation permet aux ministres d'aller au-delà de la simple organisation de leurs services[54] pour prendre des mesures dictées par les circonstances, sous réserve d'une délégation reçue du Président de la République, conformément aux dispositions des articles 50 de la Constitution sénégalaise[55] et 63 de la Constitution Burkinabé[56]. L'intervention des autorités centrales est relayée au niveau local par les autorités déconcentrées et décentralisées chargées de l'application des mesures. Ce qui replonge dans le traditionnel débat sur les concours entre mesures de police administrative générale, d'une part et d'autre part,

---

[51] CE, 08 août 1919, *Labonne, Lebon*, n° 56377.

52 La jurisprudence a reconnu aux ministres un pouvoir d'organisation de leurs propres services considéré comme un élément du pouvoir hiérarchique dont ils disposent en tant que chef de service (CE, 7 février 1936, *Jamart Recueil Lebon,* n° 43321).

53 Les ministres reçoivent délégation du pouvoir réglementaire surtout de décrets qui renvoient à des arrêtés ministériels l'exécution de certaines prescriptions à caractère réglementaire ; v. les articles 60 et 67 de la Constitution burkinabé et l'article 50 de la Constitution du Sénégal

[54] V. arrêt *Jamart* préc. Dans cet, arrêt, le Conseil d'État français considérait que le ministre en tant que chef de service pouvait valablement réglementer l'accès aux centres de réforme et lui reconnait un pouvoir réglementaire d'organisation des services.

55 Article 50 de la Constitution sénégalaise du 22 janvier 2001, précitée.

[56] V. l'article 63 alinéa 3 de la Constitution du Faso, précitée.

entre polices administrative générale et spéciale. Les mesures de protection de la santé relèvent en principe de la police administrative spéciale mais peuvent être complétées par celles de la police administrative générale prises par le maire au niveau local ou par toute autre autorité de police administrative générale. En sa qualité d'élu local, le maire veille à la garantie de l'ordre public sanitaire local au regard des dispositions de des articles 119 [57] et 260[58], respectivement des Codes généraux des collectivités territoriales au Sénégal et au Burkina Faso.

En temps de crise, on assiste à une extension du périmètre d'intervention des autorités administratives appelées à prendre toutes les mesures nécessaires au rétablissement de l'ordre public sanitaire. Ces pouvoirs étendus trouvent leur fondement particulièrement dans les régimes d'exceptions[59]. Frappés par la crise de covid-19, les États sénégalais et burkinabé ont eu recours à des régimes différents mais qui se rejoignent dans leur contenu et dans leurs modalités de mise en œuvre. Confronté à la lourdeur de l'état d'urgence proclamé, l'État du Sénégal s'est doté d'un nouveau régime qu'il estime plus adapté aux crises sanitaires à travers la mise en place du régime de catastrophes naturelles et sanitaires[60]. En effet, en cas de survenance de catastrophe sanitaire, il est donné à l'autorité administrative compétente, notamment au Président de la République[61], sans que qu'il ait besoin de

---

[57] L'article 119 2013-10 du 28 décembre 1013 portant Code général des collectivités territoriales prévoit que le maire doit prendre toutes les mesures en vue « d'assurer la prévention, par précautions convenables et l'intervention par des secours nécessaires en cas de maladies épidémiques et contagieuses et la mise en œuvre de toutes mesures d'urgence en matière de sécurité

[58] Aux termes de l'article 260 du code des collectivités territoriales Burkinabé « Le maire est chargé de la police municipale ayant pour but d'assurer la sureté, la sécurité, la salubrité et la tranquillité »

[59] Il est organisé par la loi n° 69-029 du 29 avril 1969 relative à l'état d'urgence, à l'état de siège et à la gestion des catastrophes naturelles ou sanitaires modifiée par la loi n°2021-18 du 19 janvier 2021 modifiant la loi n°69-29 du 29 avril 1969 relative à l'état d'urgence et à l'état de siège.

[60] Il est organisé par la loi n° 69-029 du 29 avril 1969 relative à l'état d'urgence, à l'état de siège et à la gestion des catastrophes naturelles ou sanitaires, modifiée par la loi n°2021-18 du 19 janvier 2021 modifiant la loi n° 69-29 du 29 avril 1969 relative à l'état d'urgence et à l'état de siège. Elle est suivie d'un Décret 2021-65 modifiant le décret 69-667 relatif à l'état d'urgence et l'état de siège.

[61] Selon l'article 25 de la loi n° 2021-18 du 19 janvier 2021 modifiant la loi relative à l'état d'urgence, à l'état de siège, « les pouvoirs énoncés dans l'article 24 de la présenter loi sont exercés par le Président de la République. Ces pouvoirs peuvent, sur

proclamer l'état d'urgence ou l'état de siège, de prendre des mesures visant à rétablir le fonctionnement normal des services publics et de garantir la protection des populations[62]. A l'inverse, l'État burkinabé a préféré activer le régime d'alerte sanitaire prévu par l'article 66 du Code de la santé publique prévoyant qu'« en vue d'enrayer tout danger de propagation des maladies transmissibles, il pourrait être pris un décret sur proposition du ministre chargé de la santé, instituant l'état d'alerte sanitaire dans une localité ou une région des mesures obligatoires d'hygiène et de prophylaxie sont appliquées durant une période déterminée et renouvelable au besoin »[63].

Dans l'une ou l'autre situation, la proclamation d'un régime d'exception s'est accompagnée d'un certain nombre de mesures matérialisées, entre autres, par l'instauration d'un couvre-feu[64], l'interdiction des rassemblements ou manifestations sur l'ensemble du territoire ainsi que celle des voyages interurbains[65] . De telles restrictions sont imposées en vertu de la responsabilité sanitaire de l'administration dont les défaillances sont de nature à engager la responsabilité administrative sur la base des fondements classiques.

B – Une responsabilité alignée sur les fondements classiques de la responsabilité administrative

Les obligations pesant sur l'administration tant dans sa mission de service public que dans le cadre de ses activités de police administrative

---

délégation du Président de la République, être exercés par le ministre de l'Intérieur, tout ministre dont l'intervention est nécessaire, les gouverneurs et les préfets ».

[62] Aux termes de l'article 24 de la loi n° 2021-18 du 19 janvier 2021 modifiant à l'état d'urgence, à l'état de siège « En cas de survenance de situations de catastrophes naturelles ou sanitaires, il est donné, à l'autorité administrative compétente, sans que soit proclamé l'État d'urgence ou l'état de siège, pouvoir de prendre des mesures visant à assurer le fonctionnement normal des services publics et la protection des populations.
Ces mesures peuvent notamment consister en l'instauration d'un couvre-feu et en la limitation des déplacements sur tout ou partie du territoire national pour une durée d'un mois renouvelable une fois.

[63] C'est ce qui ressort de l'article 66 de la loi n° 23-94/ADP du 19 mai 1994 portant Code de la santé publique, précitée.

[64] Au Sénégal, une interdiction est faite à la population de circuler de 20 h à 6 h. Par la suite, elle a été légèrement assouplie le 11 mai 2020 (21 h -5 h du matin). Au Burkina, c'est le décret n° 2020-0215/PRES du 21 mars 2020 portant instauration d'un couvre-feu.

[65] Au Sénégal, il s'agit de l'arrêté n° 007782 du 13 mars 2020 portant interdiction provisoire de manifestations ou rassemblements.

en rapport avec la protection de la santé, sont sanctionnées en cas de non-respect par l'engagement de la responsabilité administrative. Dans les deux pays sous étude, les textes, ou à défaut la jurisprudence, aménagent un régime basé essentiellement sur la faute (1), dont la caractérisation n'est pas sans poser de difficultés (2).

1 – Une responsabilité essentiellement fondée sur la faute

La responsabilité sanitaire est traversée par la distinction entre la faute personnelle[66] et la faute de service[67]. La faute de service, censée engager systématiquement la responsabilité de l'administration, est qualifiée différemment, selon que l'on est en face d'un service public ou que l'on s'intéresse à la police administrative. Dans le cadre du service public, les droits positifs sénégalais et burkinabé, s'inspirant de la jurisprudence administrative française, ont consacré le principe de la responsabilité pour faute. C'est le principe posé par le législateur sénégalais qui précise que la faute de service doit s'apprécier en tenant compte de la nature du service, des difficultés rencontrées et des moyens attribués[68]. Au Burkina, il faut se référer à la jurisprudence administrative pour en trouver le fondement[69]. La faute de service résulte d'un fonctionnement défectueux du service public par rapport à son fonctionnement normal[70]. Elle doit revêtir un degré de gravité

---

[66] Il faut rappeler qu'une faute personnelle non détachable du service peut fonder l'engagement de la responsabilité administrative. Par deux arrêts Chilloux et Isaad Slimane du 25 mars 1957, le tribunal des conflits tranche cette question de compétence et attribue la faute médicale commise à l'hôpital à la compétence du juge administratif. Si des fautes imputées aux médecins devaient être démontrées, elles « se rattacheraient à l'exécution du service public » et ne « constitueraient pas une faute personnelle, détachable de l'accomplissement du service public de santé ».

[67] TC 30 juillet 1873, *Pelletier, GAJA 2*, 1874. p. 22, 3. 5. Conclusions David. L'agent n'est pas personnellement responsable des fautes qu'il a commises dans l'exercice de son activité. La responsabilité de l'administration est ainsi seule mise en cause, même si l'agent, se trouvant à l'origine du dommage, a bien été identifié.

[68] C'est qui ressort de l'article 142 de la loi n° 65-51 du 19 juillet 1965 portant Code des obligations de l'administration (COA), *JORS*, 1965, p. 945.

[69] CE, affaire n° 09/24/11/2008-2009 *Ouédraogo Roger C/ Centre Hospitalier National Yalgado Ouédraogo* : « Considérant que le droit commun de la responsabilité de la puissance publique est fondé sur la faute de service ; que l'Administration ne répond en principe que des conséquences dommageables de ces actes ; obligation de surveillance d'un patient ».

[70] TPI de Dakar, 29 mai 1971 *Bassirou Niang* à propos de la chute d'un véhicule dans un trou de la chaussée, TPI de Dakar, 05 février 1977 *Alassane Diallo C/ commune*

variable selon les activités de l'administration, c'est à dire que tout fonctionnement défectueux n'est pas de nature à engager la responsabilité administrative, compte sera tenu des difficultés de l'activité et des moyens disponibles pour éviter le dommage[71]. Le fonctionnement normal d'un service public se mesure par rapport aux circonstances propres à chaque affaire et à « l'idée que se fait le juge du fonctionnement normal du service dans les circonstances de l'espèce »[72]. Il renvoie à l'idée de diligence moyenne développée par Maurice Hauriou[73].

Dans le domaine de la santé, la faute de service est très souvent illustrée par les défaillances dans l'organisation et le fonctionnement du service public [74]. Il en est ainsi en cas de violation de l'obligation de surveillance des malades. C'est ce que confirme le juge administratif burkinabé dans l'affaire *Kaboré Laurent contre le centre Hospitalier régional de Koudougou* du 05 mars 2019. Il estime que pour l'activité médicale (...), « il suffit d'une faute simple et non plus d'une faute lourde pour engager la responsabilité de l'hôpital (...) que les erreurs et dommages commises au cours d'un accouchement constituent une faute médicale de nature à engager la responsabilité de l'hôpital »[75]. Au

---

de Dakar par rapport au dérèglement de feux rouges un jour de fête ayant provoqué un accident.

[71] TPI de Dakar 19 aout 1979, *Sadibou Aidara,* inédit ; CA, 24 juillet 1984, *Demoiselle Diop c/ État du Sénégal,* inédit).

[72] D. Truchet, *Les fonctions de la notion d'intérêt général dans la jurisprudence du Conseil d'État,* Paris, lgdj, 1977, p. 358.

[73] M. Hauriou, note sous C.E., Sect., 10 février 1905, *Tomaso Grecco* et C.E., 17 février 1905, *Auxerre, S.*, 1905, 3, p. 113 (spéc. p. 116).

[74] La notion d'organisation semble désigner « la détermination du cadre juridique de cette activité tandis que celle de fonctionnement « correspond à l'idée d'accomplissement, de réalisation, d'exécution de la mission du service ». Voir à ce propos M. Douence, *Le pouvoir d'organisation du service public,* Pau et des Pays de l'Adour, Thèse mult, , 2003, dactyl., p. 35) ; P. Moudoudou, « Les tendances du droit administratif africain dans les États d'Afrique Francophone », *préc.,* pp. 1-39 ; A. Diéye, « Le juge face à la matière administrative au Sénégal », préc , pp. 339-364.

[75] Dans l'affaire *Kaboré Laurent* du 05 mars 2019. Le requérant estime que le 26 avril 2014, son épouse Kaboré-Tago Tarmakre, a été admise au Centre hospitalier régional de Koudougou pour un accouchement, aux termes d'une grossesse normale de quarante-et-une (41) semaines ; que le travail n'avançant pas, son épouse réclama une césarienne mais que les sage-femmes s'y opposaient, optant de diriger le travail et d'utiliser maladroitement une ventouse obstétricale ; que c'est ainsi que l'enfant *Kaboré Yitéwindin Aurienne* naquit le 27 avril 2014, avec une paralysie du membre supérieur gauche ; qu'il est établi que l'enfant souffre d' « atteinte du plexus brachial

Sénégal, il s'agit d'une jurisprudence moins récente, mais intéressante qui s'inscrit dans ce sillage. Dans l'affaire *Demoiselle Diop contre État du Sénégal* du 22 juillet 1984, la Cour d'appel de Dakar déclare l'État du Sénégal responsable de la cécité de la requérante résultant d'une opération de sinusite par un interne sans la surveillance d'un médecin malgré les risques connus, ayant entrainé la perte de l'œil de la patiente[76]. Ainsi, convient-il de préciser que l'engagement de la responsabilité de l'État du Sénégal dans cette espèce, est lié au fait, qu'à l'époque, les hôpitaux n'étaient pas des établissements dotés de personnalité juridique propre et les manquements dont ils étaient responsables étaient directement imputés à l'État. Depuis la réforme hospitalière de 1998[77], les hôpitaux, devenus établissements publics hospitaliers, sont directement responsables de leurs agissements. Si l'affaire *Kaboré Laurent* semble s'inspirer de la jurisprudence française sur l'abandon de la faute lourde depuis 1992[78], la situation parait toute autre au Sénégal. L'affaire *Mademoiselle Diop*, intervenue dans un contexte où le juge administratif français exigeait encore une faute lourde pour les activités médicales ou chirurgicales, semble devancer la jurisprudence administrative française quant à l'exigence de la faute simple sur ce terrain. Dans une autre affaire similaire, la Cour d'appel de Dakar, suivant un raisonnement en application des règles du droit privé, a aussi sanctionné le manquement à l'obligation de surveillance d'un patient. Elle estime que les préposés de l'hôpital principal de

gauche post traumatique au cours d'un accouchement dystocique » ; en ce sens, Tribunal administratif de Ouagadougou, jugement n° 035 du 05 mars 2019 ; jugement confirmé par le CE dans son arrêt n* 055 du 25/04/2023.

[76] « Considérant que le médecin-chef devait, malgré les modestes moyens de travail dont il disposait, surveiller personnellement l'intervention confiée à l'interne Gassama afin d'éviter au maximum l'irréparable pouvant engager la responsabilité de l'autorité hospitalière dans son fonctionnement normal. Qu'ainsi donc, le service hospitalier de l'Hôpital Aristide Le Dantec étant un service public, il y a lieu, compte tenu des éléments de la cause qui par voie d'évocation sont susceptibles de recevoir une solution définitive sur la base de l'article 142 du Code des obligations de l'administration de la cécité de Mlle Diop pour mauvais fonctionnement du service public hospitalier Aristide Le Dantec. Déclare l'État du Sénégal entièrement responsable de la cécité de Mlle Diop pour mauvais fonctionnement de son service public hospitalier Aristide Le Dantec » ; v. Cour d'appel de Dakar, 8 août 1980, *Dame Alice Leger contre Hôpital Principal de Dakar (HPD) et Clinique Huber* Si aucune faute n'est retenue à l'encontre du chirurgien officiant à l'HPD, la responsabilité pleine et entière de la clinique Hubert est engagée pour faute simple ».

[77] Loi n° 98-08 du 02 mars 1998 portant réforme hospitalière préc..

[78] V. CE français, 10 avril 1992, n° 79027, *Époux V.*

Dakar avaient commis une faute de nature à engager la responsabilité de leur commettant dès lors que ce dernier était débiteur d'une obligation de surveillance et d'assistance au profit du patient[79]. Partant, il est imposé au service public hospitalier de prendre les précautions requises, c'est à dire des mesures adaptées à l'état du patient, par rapport notamment à ses antécédents.

L'exploitation des deux jurisprudences administratives sus-évoquées au Sénégal et au Burkina Faso permet également d'illustrer la carence fautive. En effet, les faits de l'espèce qualifiés de fonctionnement défectueux du service public de la santé présentent les éléments caractéristiques d'une carence fautive sans forcément en faire mention expressément. Toutefois, la notion de carence dépasse le seul service public pour épouser les manquements constatés dans le cadre de la police administrative. D'ailleurs, c'est sous ce dernier registre, qu'elle a acquis un regain d'intérêt, surtout à l'occasion de la crise sanitaire de covid-19. La notion de carence, négativement connotée, porte en elle-même une faute[80]. Telle que posée par l'arrêt *Double* en France [81], la carence fautive caractérise la violation de l'obligation d'agir[82] et désigne un comportement que l'administration aurait dû avoir et qu'elle n'a pas eu[83]. La carence dans l'activité de veille sanitaire

[79] CA de Dakar dans l'affaire, 10 mai 1985, *Veuve Nemer Sabbah contre Hôpital Principal de Dakar (HPD),* la Cour d'appel de Dakar décide « qu'en laissant le malade sans surveillance entre 2 heures et 5 heures 30 du matin alors qu'il était atteint de troubles psychiques, sujets à des hallucinations, les préposés de l'HPD avaient commis une faute de nature à engager la responsabilité de leur commettant dès lors que ce dernier était débiteur d'une obligation de surveillance et d'assistance au profit du patient en vertu de l'article 118 (responsabilité du fait personnel) et de l'article 146 (responsabilité du commettant ou du patron du fait de ses préposés).

[80] H.-B. Pouillaude, « Éléments sur la responsabilité administrative juridique de l'État en cas de crise sanitaire », *Éthique et Santé,* 2021 (4), pp. 230-235 ; P. Soglohoun, « L'office du juge dans le contentieux de la responsabilité administrative au Bénin, Burkina Faso et Niger », préc., pp. 1-37.

[81] C.E., 23 octobre 1959, *Doublet*, *Rec*. p. 540 ; *R.D.P.,* 1959, p. 1235, concl. Antoine Bernard; *R.D.P.,* 1960, note M. Waline ; *D.*, 1960, J., p. 191, note Dmitri Georges Lavroff.

[82] M. Hamidou, *L'obligation d'agir des personnes publiques,* Toulouse 1, Thèse mult., 2005, p. 25.

[83] J. Vadim, « La carence fautive », *RFDA,* 2023, p. 74 ; S. Yonaba, *La pratique du contentieux administratif en droit Burkinabè : de l'indépendance à nos jours, op. cit.,* pp. 88 et s. V. aussi, Y.-S. Lath, « Les caractères du droit administratif des États africains de succession française, vers un droit administratif africain francophone? », préc., p. 1255 et M. Ondoua, « Le droit administratif français en Afrique francophone : contribution à l'étude de la réception des droits étrangers en droit interne, préc., p.

peut conduire par exemple à mettre en danger la vie des administrés et à engager la responsabilité de l'administration. Elle commande l'obligation de prendre des mesures règlementaires initiales, en subordonnant son existence à la présence de conditions rigoureuses, lesquelles semblent être guidées par une quête d'équilibre entre la nécessité d'accorder un certain pouvoir discrétionnaire à l'autorité de police et la nécessaire transformation de ce pouvoir en une obligation d'agir lorsque les circonstances l'exigent. Plus précisément, l'existence d'une obligation de prendre des mesures de police serait subordonnée à trois conditions cumulatives : la mesure de police doit être indispensable ; la mesure doit faire cesser un péril grave ; la mesure doit résulter d'une situation particulièrement dangereuse pour l'ordre public. Dans une perspective de droit comparé, l'évocation de certaines affaires en la matière apparait utile. Dans l'affaire du *médiator*, une faute de l'État a été reconnue en raison de son abstention à prendre les mesures adaptées consistant en la suspension ou au retrait de l'autorisation de mise sur le marché du médiator durant l´année 1999, date à laquelle les éléments d'information sur le risque étaient connus[84]. Le juge aboutit à la même conclusion dans l'affaire du *sang contaminé* en établissant la carence fautive de l'État dans l'organisation générale du service public de la transfusion sanguine[85]. Si la responsabilité extracontractuelle de l'administration dans le domaine de la santé repose essentiellement sur la faute, il reste que la caractérisation de celle-ci n'est pas sans présenter des difficultés.

2 – Une difficile caractérisation de la faute

La difficile caractérisation de la faute est variable selon qu'on est en présence d'une activité de police administrative ou celle du service public. Dans cette dernière activité, les droits administratifs sénégalais et burkinabé semblent s'inscrire dans une logique de simplicité, en faisant abstraction de la distinction longtemps opérée en France entre la faute simple et la faute lourde dans le domaine médical[86]. La recherche

287 ; P. Moudoudou, « Les tendances du droit administratif africain dans les États d'Afrique Francophone », préc., pp. 1-39 ; A. Diéye, « Le juge face à la matière administrative au Sénégal », préc., pp. 339-364.

[84] CE Assemblée, trois arrêts, 9 novembre 2016, n° 393902 ; n° 393108 ; n° 393904.

[85] CE Assemblée, 9 avr. 1993, n° 138653.

[86]La jurisprudence administrative française traitait différemment les actes de soins courants et les défauts dans l'organisation et le fonctionnement du service, d'une part,

de la simplicité a d'ailleurs conduit le juge administratif burkinabé à se passer de la faute, pour retenir une responsabilité sans faute dans un domaine où seule la faute pouvait permettre de conclure à l'engagement de la responsabilité administrative[87]. Toutefois, la complexité reste entière concernant l'identification de la carence fautive. En effet, chaque inaction relevée par le juge administratif ne constitue pas systématiquement une carence. De manière schématique, quatre hypothèses doivent être invoquées : la carence non fautive n'engageant pas la responsabilité administrative[88], la carence non fautive engageant la responsabilité de l'administration[89], la carence fautive n'engageant pas la responsabilité[90], enfin la carence fautive engageant la responsabilité administrative[91]. Cette multitude de situation ne rend pas

---

et les actes médicaux ou chirurgicaux, d'autre part. Lorsque la responsabilité de l'hôpital public était mise en cause pour des activités distinctes de l'exercice médical, soit pour des actes de soins courants [86], soit pour ceux mettant en cause l'organisation et le fonctionnement du service[86], une faute simple suffit pour fonder l'engagement de la responsabilité[86]. En revanche, les actes médicaux, au sens strict du terme, n'étaient susceptibles d'être à l'origine de la responsabilité de l'établissement hospitalier public que lorsqu'une faute lourde était avérée (CE, Section, 26 juin 1959, Sieur R.). La distinction délicate entre ces deux régimes se prolongeait dans l'identification de la faute médicale qualifiée de faute personnelle et la faute médicale susceptible d'engager la responsabilité de l'administration[86]. Aujourd'hui, on assiste à l'unification du régime de la faute depuis l'arrêt époux V, CE, Assemblée, 10 avril 1992, *Époux V.*, n° 79027.

[87] Aff. *Ouédraogo Roger C/ Centre Hospitalier National Yalgado Ouédraogo* préc.

[88] Il en est ainsi de l'hypothèse de la tolérance administrative qui peut être perçue comme un refus délibéré d'agir ; v. à ce propos N. Polubocsko, *L'inaction administrative,* Paris II, thèse mult., 1999, pp. 17-18 ; P. Soglohoun, « L'office du juge dans le contentieux de la responsabilité administrative au Bénin, Burkina Faso et Niger », préc pp., 1-37 ; A. Diéye, « Le juge face à la matière administrative au Sénégal », préc., pp. 339-364.

[89] C'est le cas de l'engagement de la responsabilité sans faute notamment en cas de carence de l'autorité publique à prendre une mesure règlementaire ou user des prérogatives qu'elle détient. Voir CE, 20 mars 1974, n°90547, *Ministère de l'aménagement du territoire, de l'équipement, du logement et du tourisme c/ Navarra,* Lebon p. 200.

[90] Cette hypothèse se retrouve dans les rares cas de carence fautive pour faute lourde ou la faute identifiée est insuffisante pour engager la responsabilité administrative. V. CE, 6 octobre 2000, n° 205959, *Ministre de l'intérieur c/ Commune de Saint- Florent, Lebon*, p.396.

[91] J. Vadim, « La carence fautive », préc., p. 369 ; E. Picard, « L'impuissance publique en droit », préc., p.11 ; P. Moudoudou, « Les tendances du droit administratif africain dans les États d'Afrique Francophone », préc , p. 1-39 ; P.-M. De La Roque, *L'inertie des pouvoirs publics,* Paris, Ed. Dalloz, 1950, p.8. ; D. Fallon, *L'abstention des*

aisée l'identification par les requérants et même par le juge de la carence exigée pour l'engagement de la responsabilité administrative. En outre, si on emprunte les méthodes d'interprétation du juge administratif français, l'appréciation de la carence s'appuie, non seulement, sur la suffisance des moyens disponibles, mais aussi, sur la date de réception des informations scientifiques fiables[92]. Or l'appréciation de la disponibilité des moyens à la fois techniques et financiers, dans un pays en développement, peut poser un véritable dilemme au juge appelé à arbitrer entre contraintes des finances publiques et la nécessaire garantie des droits des victimes. L'argument lié à l'insuffisance des moyens, souvent avancé par les États en développement, risque de prendre le dessus dans le raisonnement du juge[93]. C'est, notamment, la position des juges des référés au Sénégal et au Burkina Faso. Saisis de requêtes tendant à l'organisation des tests de dépistage massif, ceux-ci estiment que les États n'ont pas les moyens humains, matériels et financiers pour y procéder[94]. Le législateur sénégalais du Code des obligations de l'administration faisait déjà mention dans l´article 142 des exigences relatives la réparation du dommage causé par le fonctionnement défectueux du service public[95]. Exigences tenant compte de la nature du service, des difficultés qu'il rencontre et des moyens dont il dispose. Les raisons de la réticence des juges sénégalais et burkinabé peuvent être recherchées aussi dans la légalité de crise résultant de la proclamation des régimes d'exception.

---

pouvoirs publics et la garantie des droits fondamentaux, Presses universitaires Toulouse 1 Capitole, Lgdj -Extenso, 2014, p. 108 ; S. Brimo, « Sanction de la carence et garantie de l'effectivité des droits », in S. Brimo et C. Pauti (dir.), *L'effectivité des droits. Regards en droit administratif,* Paris, Mare & Martin, 2019, p. 195.

[92] H.-B. Pouillaude, « Éléments de la responsabilité juridique de l'État en cas de crise sanitaire », préc., pp. 230-235 ; P. Moudoudou, « Les tendances du droit administratif africain dans les États d'Afrique Francophone », préc., pp. 1-39.

[93] D. Roman, « L'opposabilité des droits sociaux », *Informations sociales,* 2013/4 (n° 178), pp. 33-42.T. Grunder, « Effectivité, efficacité, efficience. L'exemple du « droit à la santé », in, V. Champeil-Desplats et D. Lochak (dir.) *A la recherche de l'effectivité des droits de l'Homme,* Presses universitaires de Paris Nanterre, 2012, pp. 31-40 ; C.-M. Herrera, « État social et droits sociaux fondamentaux », *Actes du colloque État et régulation sociale*, Université Paris I Sorbonne, 2006.

[94] Selon le juge des référés Burkinabé « L'État burkinabè n'a ni les moyens humains, ni les moyens matériels de faire un dépistage systématique de masse », voir à ce propos l'ordonnance n°07-1 du 08 avril 2020. Quant au juge sénégalais, il souligne que « toute mesure de test massif… devra engendrer des moyens hors de portée ». V.l'ordonnance n°08 du 04 juin 2020.

[95] V.article 142 de la loi 65 portant Code des obligations de l'administration.

Inspirée de la jurisprudence administrative française, celle-ci permet l'élargissement des pouvoirs de l'autorité administrative tout en les soumettant au contrôle assoupli du juge administratif. Seules sont sanctionnées les irrégularités manifestes ou d'une particulière gravité. Les pouvoirs étendus de l'autorité administrative en période de crise sont reconnus par les juges des référés dans les pays sous étude. D'une part, saisi d'une requête en référé-liberté par un collectif des Sénégalais de l'extérieur, à propos d'une mesure d'interdiction de rapatriement des corps des défunts de covid-19, le juge des référés sénégalais estime « qu'il appartient à l'autorité administrative de protéger le droit à la santé, de préserver l'ordre public et de garantir l'exercice des libertés et, pour ce faire, de prendre les dispositions prudentielles nécessaires dès lors que le risque de préjudice pour la santé est vraisemblable »[96]. Le juge rappelle, non seulement, la compétence de l'autorité administrative pour garantir l'ordre public, plus particulièrement celle de protéger le droit à la santé contre les troubles et les risques liés à la crise sanitaire, mais aussi la nécessaire conciliation entre l'impératif d'ordre public et l'exercice des libertés. D'autre part, des requérants ont demandé, dans le cadre d'un référé-mesures utiles, au juge d'enjoindre aux États du Sénégal et du Burkina de procéder à un test de dépistage massif des populations et d'ordonner toutes mesures y relatives. De telles requêtes ont été rejetées au motif qu'elles font obstacle à l'exécution des protocoles sanitaires et stratégies des ministères de la santé[97]. Le juge des référés dans les États susmentionnés se montre ainsi tolérant dans son contrôle, tenant compte de la complexité d'agir de l'administration

---

[96] « Considérant qu'il ressort de l'examen des pièces du dossier que le risque de contagion liée à la manipulation des dépouilles des personnes décédées du Covid- 19 fait l'objet de controverses dans les milieux médicaux ; Qu'il n'appartient pas à la Cour suprême encore moins au juge des référés de trancher une telle controverse ; qu'elle peut seulement constater qu'il existe des éléments permettant raisonnablement de suspecter un risque pour la santé quand bien même les normes existantes ou projetées, les mesures de précaution et de sécurité envisagées en cette matière seraient largement respectées ; que si ce risque ne peut être affirmé avec certitude, il ne peut non plus être exclu péremptoirement ; Que dès lors que le risque est plausible, l'autorité administrative sur qui pèse l'obligation de protection de la santé prévue à l'article 8 de la Constitution et qui, en période d'état d'urgence, s'est fondée sur l'avis du CNLES, a légalement justifié sa décision ; Qu'il y a lieu, en conséquence, de rejeter le recours ». V. l'Ordonnance n° 05 du 7/5/2020 Administrative Affaire n° J/188/RG/20 5/5/2020.

[97] Cour Suprême du Sénégal, Ordonnance n° 08 Du 4/6/2020 Affaire Administrative, n° J/176/RG/20 20/4/20, *Mouvement Ar pour une Révolution Anti-impérialiste Populaire et Panafricaine (FRAPP/FRANCE DEGAGE) et autres (Guy Ac At, mandataire) c/. État du Sénégal.*

dans des situations d'urgence, refusant ainsi d'obstruer les mesures déjà prises par celle-ci. Il faut toutefois relever que les constances se rapportant à l'analyse de la responsabilité extracontractuelle de l'administration n'en occultent pas les variantes.

II – Les variantes

L'évolution de la responsabilité extracontractuelle sous l'effet de la crise sanitaire de covid-19 est marquée par la dominance du risque qui a la particularité de surplomber la distinction entre la responsabilité sans faute et la responsabilité pour faute. En plus d'élargir l'éventail des pouvoirs de l'administration, la notion de risque redynamisée par le principe de précaution, entraine un renouveau de la responsabilité extracontractuelle (A) et une remise en cause tendancielle de l'office du juge du fond (B).

A – Le renouveau du risque dans la responsabilité extracontractuelle de l'administration

Sous l'empire de la crise sanitaire de covid-19, la nécessaire prise en charge du risque est plus que jamais affirmée. A la croisée des données scientifiques et des considérations juridiques, la notion de risque est entourée d'un certain nombre d'ambiguïtés (1), lesquelles n'occultent pas son intérêt renouvelé (2).

1 – Les ambiguïtés classiques du risque

Difficile à appréhender[98], la notion de risque semble épouser une « partie de la responsabilité quasi-délictuelle sans faute reposant sur l'idée que celui qui, par son activité, crée un risque pour certaines personnes, est de plein droit responsable envers elles »[99]. La responsabilité pour risque est apparue au moment de la révolution industrielle, notamment

---

[98] L. Villebrun, *Essai sur l'idée de faute et l'idée de risques,* Montpellier, thèse mult., , 1908, p. 10 ; T. Pez, *Le risque dans les contrats administratifs*, préf. P. Delvolvé, Paris, Lgdj , 2013, p. 2 ; P. Moudoudou, « Les tendances du droit administratif africain dans les États d'Afrique Francophone », préc., pp. 1-39 ; P. Soglohoun, « L'office. Du juge dans le contentieux de la responsabilité administrative au Bénin, Burkina Faso et Niger », préc., pp. 1-37.

[99] R. Rouquette, *Risque, Dictionnaire du droit administratif*, *Le Moniteur,* 2002, p. 722.

en matière de travaux publics[100]. Depuis, le champ d'application du risque n'a cessé de s'élargir au fil de l'évolution des besoins et des activités de l'État. A l'instar de la France, les législateurs et la jurisprudence administrative dans les pays sous étude n'ont pas défini la notion de risque dont l'application semble obstruée par une certaine élasticité de la responsabilité pour faute. Au Sénégal, la responsabilité sans faute pour risque n'étant pas expressément prévue par le législateur, la jurisprudence administrative s'est livrée à un traitement casuistique des litiges ne permettant pas d'établir une construction homogène en la matière. Les hypothèses de risque généralement envisagées sur le terrain des choses, des situations ou des méthodes dangereuses, pouvant couvrir les infections attrapées à l'hôpital, les aléas thérapeutiques, les produits dangereux utilisés à l'hôpital ou dans les laboratoires, ont été soumises à la responsabilité pour faute[101]. Toutefois, la jurisprudence ne s'est pas montrée constante sur ce point[102], en ce sens qu'elle a appliqué le régime de la responsabilité sans faute dans l'affaire Abdoulaye Touré. En l'espèce, le juge soumet à la responsabilité sans faute une chose dangereuse matérialisée par la détention d'une grenade offensive par les forces de l'ordre entrainant par la suite une explosion[103]. Les affaires évoquées ne concernent pas spécifiquement le domaine de la santé mais renseignent sur l'approche jurisprudentielle essentiellement subjective du risque en général dans le cadre de la responsabilité extracontractuelle de l'administration. Contrairement au Sénégal, la responsabilité sans faute pour risque a été précisément dégagée dans le domaine sanitaire au Burkina Faso. Admis au Centre Hospitalier National Yalgado Ouédraogo, le requérant était atteint d'un traumatisme du pied gauche avec plaie délabrante et une

[100] La doctrine française s'accorde à reconnaître l'arrêt *Cames* comme constituant la première pièce de l'édifice de la responsabilité pour risque ; v. CE 21 juin 1895, n° 82490, *Lebon* 509 ; *D.* 1896. III. 65, concl. J. Romieu ; *S.* 1897. III. 33, note M. Hauriou, *GAJA*, 24e éd., 2023, n° 6, p. 42, obs.

[101] Il en est ainsi dans l'affaire *Samba KA,* Cour d'appel de Dakar, 13 février 1976, *Penant,* 1978, p. 551. Toutefois, le juge a appliqué exceptionnellement le régime de la responsabilité sans faute dans l'affaire *Abdoulaye Touré* ; T. R, de Dakar, 29 mai 1991, *Abdoulaye Touré,* inédit, Dans cette affaire, le juge décide d'appliquer la responsabilité sans faute à une chose dangereuse matérialisée par la détention d'une grenade offensive par les forces de l'ordre ayant occasionné par la suite une explosion ; v. à ce propos D. Sy, *Droit administratif,* 3e ed*., op. cit,* p. 473.

[102] V. A. Diéye, « Le juge face à la matière administrative au Sénégal », préc., pp. 339-364.

[103] V. D. Sy, *Droit administratif, op. cit,* p. 473.

fracture ouverte de type III de Cauchois du Calcanéum. Il estime que le traitement auquel il a été soumis a abouti à des complications entrainant l'amputation de sa jambe et demande alors réparation du préjudice sur le terrain de la responsabilité sans faute sur le fondement du risque. Statuant sur une telle requête, le CE burkinabé admet que « lorsqu'un acte médical nécessaire au diagnostic ou au traitement du malade présente un risque dont l'existence est connue mais dont la réalisation est exceptionnelle et dont aucune raison ne permet de penser que le patient y soit particulièrement exposé, la responsabilité du service public hospitalier est engagée si l'exécution de cet acte est la cause directe de dommages sans rapport avec l'état initial du patient comme avec l'évolution prévisible de cet état, et présentant un caractère d'extrême gravité ; que cette jurisprudence établie que la responsabilité sans faute ou pour risque d'un établissement de santé pouvait être engagée sans qu'aucune faute puisse être reprochée au médecin »[104]. Cette jurisprudence, précisant le caractère exceptionnel de la responsabilité sans faute dans l'engagement de la responsabilité administrative, semblait inédite en la manière puisque le juge, pour asseoir son argumentaire, s'est fondé essentiellement sur la jurisprudence française et la doctrine. Il en ressort que dans des situations pareilles ou connexes, il appliquait le régime de la responsabilité pour faute aux risques sous ses différentes formes. Faute de dispositions expressément dédiées, le risque oscille entre responsabilité pour faute et responsabilité sans faute, révélant ainsi les hésitations jurisprudentielles sur le régime applicable. La dominance de la faute témoigne de la réticence du juge à établir la responsabilité administrative dans des situations complexes qui ne rendent pas aisée l'appréciation du risque. L'application extrêmement rare de la responsabilité sans faute pour risque semble s'expliquer par le fait que les États en développement n'ont pas toujours suffisamment de moyens pour mettre en place un fonds d'indemnisation des victimes sous le sceau de la solidarité nationale. Cette rareté jurisprudentielle contraste visiblement avec l'application étendue dont celle-ci fait l'objet en France. En effet, la volonté de protéger les victimes a justifié dans un premier temps le recours à une technique de présomption de faute, laquelle permettait de tenir compte des nombreux risques observés dans

---

[104] CE burkinabé, aff. *Ouédraogo Roger c/. Centre hospitalier Yalgado Ouedraogo,* arrêt n° 01 du 09/10/2012, RE, n° 09/24/11/2008-2009 ; v. S. Yonaba, *Droit et pratique du contentieux administratif au Burkina Baso, op. cit*, pp. 316-325.

le domaine de la santé. Cette technique de présomption de faute a pu servir de tremplin vers le développement du régime de la responsabilité sans faute. Après l'abandon de la faute lourde en matière hospitalière, le juge administratif français s'est résolument inscrit dans une dynamique de reconnaissance de la responsabilité sans faute concernant, entre autres, les aléas thérapeutiques[105] les produits défectueux [106], et les infections nosocomiales[107]. Les ambiguïtés entourant le risque n'ont pas empêché un renouvellement de la notion dans la responsabilité extracontractuelle.

2 – L'intérêt renouvelé du risque

Le renouveau du risque, favorisé par la crise sanitaire de covid-19, expose « les autorités publiques, les politiques publiques et le droit public à des défis nouveaux, assez redoutables »[108]. Il repose surtout sur l'irruption du principe de précaution, lequel entraine une extension des obligations de l'administration et des risques d'engagement de la responsabilité administrative[109]. Le principe de précaution, de par son étendue, contribue à élargir l'obligation de prendre des mesures de police administrative initiales[110] et vient opportunément compléter la

---

[105] CAA Lyon, 21 décembre 1990, *Cts Gomez,* n° 89LY01742, *Lebon.* p. 498, CE, Ass., 9 avril 1993*, Bianchi,* n° 69336, *Lebon.* p. 127, concl. S. Daël.

[106] CE 9 juillet 2003, *AP-HP c. Marzouk,* n° 220437, *Lebon.* p. 338.

[107] Selon l'article L.1142-1 *alinéa* 2 : « Les établissements, services et organismes susmentionnés sont responsables des dommages résultant d'infections nosocomiales, sauf s'ils rapportent la preuve d'une cause étrangère ».

[108] J.-B. Auby, « Le droit administratif dans la société du risque. Quelques réflexions, *In* Conseil d'État, *Rapport public*, 2005, préc., p. 352 ; A. Bockel, *Droit administratif,* Dakar-Abidjan, NEA, 1978, p. 32 ; S. Fall, « Le juge administratif sénégalais et la protection des droits et libertés », préc*.,* p. 85 ; S. Yonaba, *Droit et pratique du contentieux administratif au Burkina Faso, op. cit.*, 316-330. ; M.-M. Aïdara, « Référé administratif et unité de juridiction au Sénégal », préc ., pp. 1- 21 ; G.-Y. Zongo, « Le juge administratif et la protection des libertés publiques au Burkina Faso et au Sénégal », préc., p. 323 ; P. Soglohoun, « L'office du juge dans le contentieux de la responsabilité administrative au Bénin, Burkina Faso et Niger », préc., pp. 1-37.

[109] La caractérisation du risque potentiel est illustrée par le juge des référés au Sénégal dans l'ordonnance du 7 mai 2020 utilisant la formule de « risque vraisemblable » et précise qu'il n'appartient pas à la Cour suprême encore moins au juge des référés de trancher une telle controverse ; qu'elle peut seulement constater qu'il existe des éléments permettant raisonnablement de suspecter un risque pour la santé ».

[110] V. C. Cans, « Le principe de précaution, nouvel du contrôle de légalité », *Revue Française de Droit Administratif,* 1999, p. 750 ; A. Rouyere, « L'exigence de précaution saisie par le juge », *Revue Française de Droit Administratif*, 2000, p. 266.

finalité préventive de la police administrative. Ce faisant, il enrichit la finalité préventive de la police administrative d'une obligation de diligence de l'administration qui serait proche d'un « bon père de famille » [111]. Mobilisé dans la police sanitaire, le principe de précaution est expressément consacré par la jurisprudence administrative sénégalaise et burkinabé. Au Sénégal, le juge du référé-liberté souligne la nécessité « des mesures de précaution » et de sécurité particulières » [112]. Au Burkina Faso, il est rappelé que tout passager « venant d'un pays où des cas de contamination avaient été officialisés, devait néanmoins, par principe de précaution, être soumis à une quarantaine rigoureuse durant le temps nécessaire »[113]. L'intérêt de ces recours réside moins dans les solutions que dans les raisonnements suivis par les juges. D'une part, il en ressort l'obligation d'agir imposée à l'administration de prendre toutes les mesures justifiées par les circonstances pour faire face à la crise. D'autre part, ces recours conduisent le juge à une appréciation du principe de précaution tenant compte de la disponibilité des moyens dans les États en développement. C'est d'ailleurs ce à quoi les juges burkinabés et sénégalais se sont livrés. Le premier considère que « la partie requérante n'a pas été en mesure de démontrer qu'il est objectivement possible d'obtenir auprès des fabricants et des fournisseurs une quantité suffisante d'instruments et de produits fiables nécessaires à la pratique du dépistage au COVID -19, étant entendu que

---

[111] D. Truchet, « L'obligation d'agir pour la protection de l'ordre public : la question d'un droit à la sécurité, in *L'Ordre public : Ordre public ou ordres publics ? », op. cit.,* p. 316 ; J. Sordet, *La carence de l'administration en droit administratif français, op.cit*, p. 151 ; P. Parinet, *La carence de l'administration, op. cit*, pp. 37-39 ; N. Albert, « Abstention de l'autorité administrative et responsabilité », préc., p. 71.

[112] « Considérant qu'il ressort de l'examen des pièces du dossier que le risque de contagion liée à la manipulation des dépouilles des personnes décédées du Covid- 19 fait l'objet de controverses dans les milieux médicaux ; Qu'il n'appartient pas à la Cour suprême encore moins au juge des référés de trancher une telle controverse ; qu'elle peut seulement constater qu'il existe des éléments permettant raisonnablement de suspecter un risque pour la santé quand bien même les normes existantes ou projetées, les mesures de précaution et de sécurité envisagées en cette matière seraient largement respectées ; que si ce risque ne peut être affirmé avec certitude, il ne peut non plus être exclu péremptoirement ; Que dès lors que le risque est plausible, +l'autorité administrative sur qui pèse l'obligation de protection de la santé prévue à l'article 8 de la Constitution et qui, en période d'état d'urgence, s'est fondée sur l'avis du CNLES, a légalement justifié sa décision ; Qu'il y a lieu, en conséquence, de rejeter le recours » ; en ce sens, v. Ordonnance n° 05 du 7/5/2020 Administrative Affaire n° J/188/RG/20 5 mai 2020.

[113] Tribunal administratif de Ouagadougou, Ordonnance n° 07-1 du 08 avril 2020.

le Burkina Faso ne produit pas ces ressources techniques, pour pouvoir effectuer utilement dans un bref délai le test de tous les habitants d'une aussi grande ville comme Ouagadougou (environ trois millions d'âmes) »[114] . Le second s'inscrit dans le même sillage, conscient que « toute mesure de test massif fera obstacle à l'exécution des protocoles sanitaires et stratégies du ministère de la Santé et devra engendrer des moyens matériels, financiers et humains hors de portée » [115]. L'intégration du principe de précaution impacte nécessairement la responsabilité administrative qui devient, non plus seulement réparatrice, mais aussi préventive. En France, l'application du principe de précaution est beaucoup plus marquée. Dans son ordonnance du 22 mars 2020, le juge du référé-liberté, a usé de son pouvoir d'injonction en dehors de toute faute commise, simplement sur la base d'une éventualité d'atteinte à une liberté fondamentale ou du droit à la vie sous la formule de « de la carence susceptible d'être caractérisée. Cette posture dictée par le principe de précaution « se nourrit de deux mouvements convergents : d'une part, la nécessité de revaloriser la responsabilité pour faute censée moraliser l'action administrative et d'autre part, la critique de la responsabilité pour risque jugée déresponsabiliser des agents »[116]. En ce qu'elle tend à anticiper des risques résiduels ou reportés, la précaution vient renforcer la prévention des mesures de police administrative et élargir le champ d'application de la carence fautive. Le risque envisagé sous la responsabilité pour faute, au-delà de redonner le poids à celle-ci, bouleverse le schéma traditionnel de la responsabilité administrative à laquelle il imprime une dynamique préventive. En outre, les législateur sénégalais et burkinabé intègrent, à leur tour, et ce, indirectement, le principe de précaution dans

[114] Tribunal administratif de Ouagadougou, Ordonnance n° 07-1 du 08 avril 2020 ; v. aussi S. Yonaba, *Droit et pratique du contentieux administratif au Burkina Faso, op. cit.*, p. 230 et s ; P. Soglohoun, « L'office du juge dans le contentieux de la responsabilité administrative au Bénin, Burkina Faso et Niger », préc., pp. 1-37.

[115] CS du Sénégal, Ordonnance n°08 Du 4/6/2020 Administrative Affaire n° J/176/RG/20 20/4/20.

[116] M.Deguergue, « Les avancées du principe de précaution en droit administratif français », préc., pp. 621-641 ; A. Rouyere, « Responsabilité et principe de précaution », préc., p. 225 ; M. Deguergue, « Responsabilité administrative et principe de précaution », préc., p. 105 ; J.-P. Markus, « Le droit administratif africain à la recherche de ses propres modèles », *in, Les transformations contemporaines du droit public en Afrique*, *op. cit.*, p. 25.

la responsabilité sanitaire à travers le droit de l'environnement[117]. Sous ce registre, le principe de la précaution transcende la frontière entre droit de la santé et droit de l'environnement favorisant ainsi une approche systémique, laquelle permet de faire face à toutes les menaces sur l'espèce humaine. Il pourrait tendre vers une remise en cause de l'office du juge du fond dans le contentieux de la responsabilité administrative extracontractuelle.

B – Vers une remise en cause de l'office du juge du fond

L'urgence commandée par le principe de précaution replace le risque au cœur de la responsabilité administrative. Sa prise en charge dépasse le seul office du juge du fond et interpelle le juge des référés, dont l'office alternatif (1), pourrait déboucher sur une restructuration du contentieux de la responsabilité extracontractuelle (2).

1 – L'office alternatif du juge des référés

La prévention est toujours réputée plus importante que le traitement, surtout lorsque qu'il n'est pas certain d´obtenir du juge du fond une réparation satisfaisante[118]. Le formalisme entourant le contentieux de fond de la responsabilité administrative constitue, à n'en point douter, un obstacle à la prise en charge rapide et efficace du risque[119]. Il y´à une sorte d´incongruence entre l´urgence du risque et l´office tardif du juge du fond. Ce constat emporte l'adhésion d'une partie de la doctrine

---

[117] L'article 5 alinéa 3 de la loi 2021-15 du 02 aout 2023 portant code de l'environnement précise que « le principe de précaution indique l'absence de certitude compte tenu des connaissances scientifiques et techniques du moment, ne doit pas faire obstacle à l'adoption de mesures effectives et proportionnées, à un coût économiquement acceptable, pour prévenir un risque de dommages graves et irréversible à l'Environnement ».

[118] P. Soglohoun, « L'office du juge dans le contentieux de la responsabilité administrative au Bénin, Burkina Faso et Niger », préc., pp. 1-37.

[119] D. Sy, « Un demi-siècle de jurisprudence administrative au Sénégal : de l'émergence à la maturation », *Mélanges en l'honneur de Babacar Kanté, Actualités du droit public et de la science politique en Afrique,* Dakar, L'Harmattan Sénégal, 2017, p. 622 ; S. Yonaba, *Droit et. Pratique du contentieux administratif au Burkina Faso*, préc., pp. 316-325 ; N.-M. Diagne, *Les méthodes et les techniques du juge en droit administratif sénégalais, op. cit.*, pp. 239-244 ; B.-R. Guimdo Dongmo, *Le juge administratif camerounais et l'urgence. Recherches sur la place de l'urgence dans le contentieux administratif camerounais, op. cit.*, pp. 358-409.

estimant que l'intervention assez longue du juge du fond « rend illusoire la possibilité d'une réparation en nature, le préjudice ayant souvent pris fin entre-temps »[120]. Dans ces conditions, la victime doit se contenter d'une réparation par équivalence. Elle aura subi le dommage, elle en aura souffert alors qu'une protection effective aurait commandé de le faire cesser aussitôt » ou de l'éviter[121]. L´avènement du juge des référés administratifs au Sénégal[122] et au Burkina Faso[123] apparait comme un tournant majeur dans la protection des droits fondamentaux. Investi de larges pouvoirs dont le pouvoir d´injonction[124], le juge des référés permet, non seulement de prévenir la réalisation d´un préjudice, mais aussi de faire cesser une atteinte à une liberté fondamentale. Deux types de référé méritent une attention particulière et ce, pour deux raisons d'ordre théorique et pratique. Théoriquement, le référé-liberté, à l'instar du référé-mesures-utiles, peuvent être dirigés contre de simples comportements, positifs ou négatifs. Le requérant peut donc agir dès qu'il s'estime victime d'une situation dommageable ou s'apprête à l'être sans avoir à lier le contentieux. Il peut introduire son action au moment où le dommage vient de débuter, voire avant sa survenance. Du point de vue pratique, les deux types de référé sont les seuls utilisés pendant la crise sanitaire au Sénégal[125] et au Burkina. Faso[126] par des requérants y voyant un moyen adapté pour faire cesser leur préjudice ou faire agir l'administration dans le sens de la plus grande protection de la santé publique. L'office du juge des référés participe ainsi du renouveau de

---

[120] O. Le Bot, « Les référés-libertés et mesures utiles, alternatives à un recours en responsabilité ? », *Actualité Juridique. Droit Administratif,* 2017, p.1826.

[121] *Ibidem.*

[122] V. les articles 84 à 87 de la loi organique n° 2017-09 du 17 janvier 2017 abrogeant et remplaçant la loi organique n° 2008-35 du 08 août2008 sur la Cour suprême, Journal officiel de la République du Sénégal du 18 janvier 2017 P. 47 ; M.-M. Aidara, « Le référé administratif et unité de juridiction au Sénégal », préc., pp. 1-21.

[123] V. la loi n°011-2016/an portant création, composition, attributions, fonctionnement des tribunaux administratifs et procédure applicable devant eux en en ses articles 48 et 56.

[124] M.-M. Aidara, « Référé administratif et Unité de juridiction », préc., p. 18 ; A. Ndiaye, « Le référé administratif en Afrique », préc., pp. 1-47 ; O. Fandjip, *Le temps dans le contentieux administratif : essai d'analyse comparative des droits français et des États d'Afrique francophone* , Clermont-Ferrand 1, Thèse mult , , 2016, pp. 300-430.

[125] V. Ordonnance n° 05 du 7/5/2020 Administrative Affaire n° J/188/RG/20 5/5/2020 portant sur un référé-liberté, celle n°08 du 04 juin 2020 concernant un référé-mesures utiles.

[126] V. Tribunal administratif de Ouagadougou, Ordonnance n° 07-1 du 08 avril 2020.

la prise en charge du risque dans la responsabilité extracontractuelle[127] et semble offrir une alternative au recours en responsabilité[128]. Si les référés administratifs au Sénégal et Burkina Faso se rejoignent dans leur dynamique de renouvellement de la responsabilité administrative, ils comportent quelques divergences au niveau de leurs particularités procédurales. Au Sénégal, le plein contentieux, confié en premier ressort au Tribunal de grande instance, comporte un intérêt géographique certain par rapport aux référés relevant de la compétence de la seule Cour suprême. Toutefois, cet éloignement géographique[129], est compensé par la célérité du jugement rendu en premier et dernier ressort par le premier Président de la Cour suprême ou par tout autre magistrat qu'il aura désigné. Au Burkina Faso, on retrouve, certes, un avantage géographique lié à la compétence, en premier ressort, du tribunal administratif, dont les ordonnances sont toutefois susceptibles d'appel devant la juridiction du premier président de la Cour d'appel dans un délai de quinze jours à compter de leur prononcé ou de leur notification[130]. A ces particularités procédurales, vient s'ajouter une distinction de fond concernant les types de référé consacrés. Le législateur burkinabé consacre ainsi le référé-provision qui n'est pas prévu par son homologue sénégalais permettant au créancier d'obtenir une provision dans tous les cas où l'obligation n'est pas sérieusement contestable[131]. Dans l'un ou l'autre pays, l'institution du juge des référés offre un office adapté aux urgences sanitaires, lesquelles s'accommodent difficilement des réalités procédurales devant l'office du juge du fond. Le principe de précaution et le juge des référés font

[127] D. Truchet, « La structure du droit administratif peut-elle demeurer binaire ? À propos des catégories juridiques en droit administratif » in, *Clés pour le siècle,* Paris, Ed. Dalloz, 2000, p. 443-464.

[128] O. Le Bot, « Les référés-libertés et mesures utiles, alternatives à un recours en responsabilité ? », préc., p.1826 ; O. Fandjip, *Le temps dans le contentieux administratif : essai d'analyse comparative des droits français et des États d'Afrique francophone*, *op. cit*, pp. 440-443.

[129] M.-M. Aidara dénonce l'exclusion du référé du contentieux de pleine juridiction confiée au Tribunal de grande ainsi que le choix de confier exclusivement à la Cour Supreme dans « Le référé administratif et Unité de juridiction au Sénégal », préc., pp. 1-21.

[130] V. l'article 5 de la loi n° 011-2016 du 26 avril 2016 portant création, composition, attributions, fonctionnement des tribunaux administratifs et procédure applicable devant eux.

[131] Article 53 de la loi n°011-2016/an précitée.

ainsi *bon ménage* qui pourrait avoir pour effet de restructurer le contentieux de la responsabilité administrative.

2 – L'office restructurant du juge des référés

Considérée comme un « bing bang du contentieux administratif »[132], pour ne pas dire « une divine procédure »[133], l'institution du référé est une révolution dans la protection des droits et libertés en Afrique[134]. Dans l'architecture juridictionnelle, le juge des référés s'impose en tant que « juge à part mais à part entière »[135], dont l'importance incontestable pourrait déboucher sur une restructuration du contentieux administratif et, plus particulièrement du contentieux de la responsabilité extracontractuelle. Dans le domaine de la santé, l'articulation entre l'office du juge des référés et le principe de précaution, liée à la crise sanitaire, entraine nécessairement une évolution du droit de la responsabilité administrative. A travers son pouvoir d'injonction, le juge de l'urgence joue un rôle essentiel dans l'anticipation et la prévention des préjudices, rompt ainsi le monopole classique du juge du fond dans le contentieux de la responsabilité administrative[136]. Une nouvelle forme de responsabilité administrative

---

[132] J. Rivero, « Le Huron au Palais-Royal, ou réflexions naïves sur le recours pour excès de pouvoir », *D.* 1962. Chron. 37 ; P. Soglohoun, « L'office du Juge dans le contentieux de la responsabilité administrative au Bénin, Burkina Faso et Niger », préc., pp. 1-37.

[133] A. Ndiaye, « Le référé administratif en Afrique », préc., pp. 1-47.

[134] M. Remondo, *Le droit administratif gabonais, op. cit*, p. 233 ; D. Sy, *Droit administratif, op. cit.*, p. 157; J. Owona, *Contentieux administratif de la République du Cameroun,* Paris, L'Harmattan, 2011, p. 107 ; S. Yonaba, *Droit et pratique du contentieux administratif au Burkina Faso, op. cit.*, pp. 316-325 ; O. Fandjip, *Le temps dans le contentieux administratif : essai d'analyse comparative des droits français et des États d'Afrique francophone*, *op. cit.*, 443-446 ; B.-R. Guimdo Dongmo, *Le juge administratif camerounais et l'urgence. Recherches sur la place de l'urgence dans le contentieux administratif camerounais*, *op. cit.*, p. 358.

[135] A. Ndiaye, « Le référé administratif en Afrique », préc., pp.1-47.

[136] A. Sall, « Le sursis à exécution des décisions administratives dans la jurisprudence sénégalaise *», Revue internationale de droit africain, EDJA*, n° 36, juillet-août-septembre 2010, p. 10 ; A. Sall, « Rapport, colloque international, sur le thème « justice et État de droit », Dakar, 17-18 novembre 2014, *Bulletin d'information de la Cour suprême du Sénégal*, n° 7-8, décembre 2015, p. 10 ; D. Sy, « Justice administrative et droit administratif en Afrique. Un bilan », *in Espaces du service public, Mélanges en l'honneur de Jean du Bois de Gaudusson*, Bordeaux, Presses Universitaires de Bordeaux, Tome I, 2013, p. 653 ; C. Momo, « L'évolution du modèle de justice administrative en Afrique subsaharienne francophone », préc., p.

semble se dessiner, tendanciellement orientée vers « la préparation consciente et éclairée de l'action administrative[137].

Dans les deux pays sous étude[138], la saisine du juge des référés en période de crise sanitaire renseigne, à juste titre, sur l'espoir suscité chez le requérant de voir son recours jugé, certes provisoirement, mais dans les meilleurs délais et d'obtenir la cessation d'une atteinte ou la prévention d'un préjudice dont la réalisation peut s'avérer irréparable. C'est ce qui ressort de la requête en référé-liberté contre la mesure du ministre de la Santé et de l'Action Sociale et du ministre des Affaires Étrangères et des Sénégalais de l'Extérieur interdisant le rapatriement, au Sénégal, des corps des personnes décédées à l'étranger du Covid-19. Les requérants exigeaient, entre autres, la préservation des « libertés fondamentales que sont la liberté religieuse et la liberté de conscience, ainsi que le principe de la protection de la personne humaine mais aussi une injonction faite à l'État du Sénégal d'autoriser le rapatriement et l'inhumation au Sénégal, des dépouilles des Sénégalais décédés du Covid-19. C'est également le cas lorsqu'il était demandé au juge du référé mesures-utiles d'exiger des gouvernements sénégalais et burkinabé de procéder à des tests massifs pour lutter contre le coronavirus. Bien que les requérants n'aient pas obtenu une suite favorable, l'occasion leur a été donnée de faire entendre leur cause et d'être édifiés dans les meilleurs délais en dehors de la lenteur procédurale devant le juge du fond[139]. En plus de fournir des

---

321 ; S. Yonaba, Droit et pratique du contentieux administratif au Burkina Faso. 4e ed., *op. cit*, pp. 316-325.

[137] O. Le Bot « Les référés-libertés et mesures utiles, alternatives à un recours en responsabilité ? », préc., p.1826 ; A. Diompy, « Le dialogue des juges dans l'ordre juridique ouest-africain », préc., p. 97.

[138] Selon l'articles 48 de la loi n° 011-2016/AN du 26 avril 2016 portant création, composition, attributions, fonctionnement des tribunaux administratifs et procédure applicable devant eux : « Le président du tribunal administratif, ou tout juge qu'il délègue, statue (…) par des mesures présentant un caractère provisoire » ; article 49 de ladite loi : « (…) lorsque l'urgence le justifie (…) » ; v. aussi les articles 51 et 52 de la loi précitée pour le référé -mesures utiles.

[139] S. Fall, « Le juge administratif sénégalais et la protection des droits et libertés », in Demba Sy et Alioune Badara Fall (dir.), *Les nouvelles tendances du droit administratif en Afrique, Actes des troisièmes rencontres de Dakar, op. cit*, pp. 91-92 ; M.-M. Aidara, « Référé administratif et unité de juridiction au Sénégal », préc., pp. 1-21 ; G.-Y. Zongo, « Le juge administratif et la protection des libertés publiques au Burkina Faso et au Sénégal », *in* Demba Sy et Alioune Badara Fall (dir.), *Le juge administratif, le juge constitutionnel et le juge communautaire dans la protection des droits et libertés fondamentaux : regards croisés,* 2019, *op. cit*, pp. 322-323 ; J.-P.

opportunités contentieuses au requérant, le référé impacte les conditions d'engagement de la responsabilité administrative. La précaution, étant dictée par la prise en charge des risques de dommage, interroge le lien de causalité classique entre le risque et le préjudice, lequel ne s'offre pas sur ce terrain toutes les garanties de certitude en raison de son caractère essentiellement hypothétique. Il s'agit, en réalité, d'une hypothèse de présomption de causalité convoquée souvent dans le domaine de la santé. Une évolution s'observe également au niveau de la charge de la preuve. Ce n'est plus la victime seulement qui devra prouver la certitude de son préjudice, mais aussi le producteur ou le concepteur d'une activité ou d'un produit appelé à établir l'innocuité de celui-ci, donc l'absence de conséquences dommageables de sa réalisation ou de sa consommation et par conséquent l'absence de risque[140]. Une tendance apparaissant, aux yeux de la doctrine, comme « une tentation de refondation du droit de la responsabilité autour de la notion de précaution à partir de la critique des principes de la responsabilité pour risque »[141].

....

La responsabilité sanitaire des autorités administratives illustre, à suffisance, l'actualité de la responsabilité extracontractuelle de la puissance publique[142]. A l'épreuve de la crise sanitaire de covid-19, ce type de responsabilité s'est renouvelé sous l'effet croisé de deux tendances essentielles marquées, d'une part, par l'office du juge des référés et, d'autre part, par l'intégration du principe de précaution en

---

Markus, « Le droit administratif africain à la recherche de ses propres modèles », *in* Magloire Ondoa et P.-E. Abane Engole (dir.), *Les transformations contemporaines du droit public en Afrique, Actes du colloque de organisé à l'Université de Yaoundé-II du 19 au 20 janvier 2017, op. cit*, p. 25 ; P. Soglohoun, « L'office du juge dans le contentieux de la responsabilité administrative au Bénin, Burkina Faso et Niger », préc., pp. 1-37.

[140]M. Deguergue, « Responsabilité administrative et principe de précaution », préc., pp. 105-117 ; D. Jacotot, « Le principe de précaution et le renforcement de l'action en responsabilité pour faute », préc., pp. 91-104.

[141] J. Sordet, *La carence de l'administration en droit administratif français, préc* , p. 151 ; C. Momo, « L'évolution du modèle de justice administrative en Afrique subsaharienne francophone », *préc* , p. 321 ; S. Yonaba, *Droit et pratique du contentieux administratif au Burkina Faso, op. cit*, pp. 316-325.

[142] A.-B. Fall, *La responsabilité extracontractuelle de la puissance publique : essai de transposition des règles des règles de droit administratif français dans un État d'Afrique noire francophone, préc* , pp. 450-475.

droit administratif[143]. En ce qu'elle tend à anticiper des risques résiduels ou reportés, la précaution vient renforcer la prévention des mesures de police administratives et élargir le champ d'application de la carence fautive. La prise en charge du risque dans la responsabilité pour faute, redonne non seulement du poids à celle-ci mais aussi bouleverse le schéma traditionnel de la responsabilité administrative à laquelle elle imprime une dynamique préventive. Toutefois, le principe de précaution ne peut déployer utilement ses effets que dans l'urgence, laquelle convoque l'office du juge des référés connu pour son efficacité dans la garantie des droits des victimes. A travers ses pouvoirs assez élargis, celui-ci joue un rôle essentiel dans l'anticipation et la prévention des préjudices et rompant ainsi le monopole classique du juge du fond dans le contentieux de la responsabilité administrative.

[143] M. Deguergue, « La responsabilité sanitaire et responsabilité environnementale », préc , p. 135 ; J-M. Auby, « La légitimité de l'intervention publique dans le domaine de la santé », préc , p. 588 ; « L'évolution du traitement des risques dans et par le droit public », préc., p. 170 ; O. Fandjip, *Le temps dans le contentieux administratif : essai d'analyse comparative des droits français et des États d'Afrique francophone*, *op. cit.* pp. 300-420.

La détermination de la nationalité de l'"investisseur personne morale" dans les Traités Bilatéraux d'Investissement (TBI) conclus par le Sénégal

Papa Abdoulaye DIOP
Docteur en droit public

Résumé : Le CIRDI (Centre International pour le Règlement des Différends relatifs aux Investissements) subordonne l'accès à son prétoire à ce que l'investisseur ait la nationalité de l'État contractant autre que l'État défendeur, mais laisse néanmoins aux États parties la liberté d'en déterminer les critères dans leur TBI. En droit des investissements, les États recourent aux critères classiques de constitution des sociétés pour définir, de manière conventionnelle, la nationalité de l'"investisseur personne morale". Le Sénégal a souscrit à cette pratique. Cependant, l'utilisation dévoyée de ces critères - avec comme finalité de permettre à des sociétés qui, au départ, n'étaient pas visées dans les TBI, d'acquérir la nationalité d'un des États parties, et donc de bénéficier de la protection desdits traités - a incité les États, y compris le Sénégal, d'inventer la technique de la combinaison des critères dans leurs TBI afin de lutter contre ce phénomène plus connu sous le nom de *treaty shopping*. Toutefois, l'examen des TBI conclus par le Sénégal laisse entrevoir, dans l'emploi de la technique de combinaison de critères, des incohérences et errements qui, s'ils ne sont pas ajustés, peuvent non seulement déboucher sur des contentieux de contestation de la nationalité "étrangère" des personnes morales lors des litiges opposant celles-ci à l'État du Sénégal, mais pire, rendront sans effet la lutte contre le *treaty shopping*.

Mots-clés : Critères de constitution des sociétés-Investisseur personne morale-Nationalité-Traités Bilatéraux Internationaux (TBI)-*Treaty shopping*.

Le 11 juin 2024, la compagnie australienne *Woodside Energy* a annoncé, dans un communiqué, avoir réalisé la première extraction de pétrole du champ de *Sangomar*, marquant le début du premier projet pétrolier offshore du pays[1]. Cette première extraction de *Sangomar*

[1] Situé à 100 km au sud de Dakar, le gisement du champ Sangomar est développé par la *Joint-Venture* (JV) Rufisque Offshore, Sangomar Offshore et Sangomar Offshore Profond (RSSD) composée de *Woodside* (opérateur principal) avec 82 % des parts et la Société des Pétroles du Sénégal (PETROSEN) qui détient 18 %. Estimée à un coût entre 4,9 et 5,2 milliards de dollars, la phase 1 de ce projet comprend 23 puits, dont

précède le démarrage imminent et tant attendu d'un autre projet, celui de production du Gaz Naturel Liquéfié (GNL) du gisement *Grand Tortue Ahmeyim* (GTA)[2], à la frontière entre le Sénégal et la Mauritanie[3]. Ces deux évènements, combinés avec la déclaration du président nouvellement élu de la République du Sénégal - lors de son entretien avec la presse le 13 juillet 2024 - réaffirmant sa volonté de renégocier les contrats liés à l'exploitation des ressources naturelles, attirent l'attention tant des investisseurs étrangers présents que ceux potentiels au Sénégal.

---

11 de production. Elle vise une production de 100.000 barils de pétrole par jour. D'après le CRPP (Contrat de Recherche et de Partage de Production d'hydrocarbures), régissant la répartition du profit-Oil entre l'État du Sénégal et la JV opératrice, la quote-part de l'État du Sénégal est fixée à 15 % du profit pétrolier pour une production inférieure ou égale à 50.000 barils/jour et à 20 % pour une production entre 50.001 barils/jour et 100.000 barils/jour. La JV opératrice recouvre maximum de 75 % des recettes commerciales par an pour couvrir les coûts pétroliers recouvrables sur l'année, consentis pendant les phases d'exploration, de développement et de production. Les 25 % restants représentent les bénéfices minimums (profit pétrolier) partagés entre l'État du Sénégal, Petrosen et Woodside. Pour une évaluation globale du projet Sangomar, voir A&A Strategy : « Le projet Sangomar : enjeux et implications pour le Sénégal », *A&A Strategy*, Juillet 2024, pp. 1-6.

[2] Situé à 115 Km des côtes mauritano-sénégalaises, le projet d'exploitation du gisement GTA entre ces deux pays, qui devrait produire 2,5 millions de tonnes de gaz naturel liquéfié par an, a été découvert en 2015 et la décision finale d'investissement prise en 2018. Ce champ gazier est composé :

1) Du champ dit *Tortue*, découvert pour la première fois dans le bloc C-8 au large de la Mauritanie en 2015 et dont les parts sont détenues par BP (62 %), Kosmos Energy (28 %), et SMH (Société Mauritanienne des Hydrocarbures) (10 %)
2) Du champ *Ahmeyim*, situé au large du Sénégal, dans le bloc Saint-Louis Offshore Profond et détenu par BP (60 %), Kosmos Energy (30 %), et la compagnie sénégalaise, Petrosen (10 %).

[3] Il faut préciser que la production gazière du GTA, initialement prévue en 2022, a été repoussée à plusieurs reprises. Très récemment, dans un communiqué conjoint daté du 31 décembre 2024, la Mauritanie et le Sénégal annoncent l'ouverture officielle du premier puits du projet GTA. On y lit : « Les Ministères chargés de l'Énergie en Mauritanie et au Sénégal, Petrosen et la Société Mauritanienne des Hydrocarbures (SMH) annoncent avec fierté l'ouverture officielle du premier puits du projet GTA. Le franchissement de cette étape importante marque un grand pas dans l'aboutissement du projet GTA et consolide le partenariat exemplaire existant entre la Mauritanie et le Sénégal, désormais destinés à jouer un rôle clé dans l'industrie énergétique régionale », communiqué disponible sur la page officielle du Ministère de l'Énergie du Pétrole et des Mines du Sénégal sur LinkedIn.

Mais ces trois événements ont surtout la particularité de rappeler implicitement le double objectif poursuivi par les Traités Bilatéraux d'Investissements (TBI)[4] : la promotion et la protection des investissements étrangers[5]. Il s'agit, premièrement, de mener des politiques techniques d'attraction des capitaux étrangers pour l'exploitation des ressources naturelles et la construction d'infrastructures de grandes envergures nécessaires au développement économique des États et, secondement, de leur garantir une protection judiciaire de leurs investissements une fois admis sur le territoire de l'État. Cette protection judiciaire se manifeste spectaculairement dans les TBI, par l'exclusivité pour l'investisseur étranger - en cas de désaccord avec l'État hôte - de pouvoir unilatéralement déclencher une procédure arbitrale internationale contre celui-ci, par une simple introduction d'une requête devant le Centre International pour le Règlement des Différends relatifs aux Investissements (CIRDI). Voilà le système de règlement des différends relatifs aux investissements institué par la Convention de Washington du 18 mars 1965, et qui a cette particularité de confier exclusivement à l'investisseur étranger la clé du déclenchement de la procédure contentieuse, le tout au détriment de son État d'accueil[6]. Mais ce n'est pas n'importe quel investisseur

---

[4] Un Traité Bilatéral d'Investissement (TBI) peut être défini comme un accord international conclu entre deux États dont l'objectif est de protéger les investissements des ressortissants (personnes physiques et morales) de l'un sur le territoire de l'autre.

[5] « En vérité, l'expression "politiques de protection des investissements" aurait pu suffire car, qui protège l'investissement le promeut en même temps » ; P.-A. Diop, *La protection internationale des investissements étrangers en Afrique de l'Ouest : espace CEDEAO (Communauté Économique des États de l'Afrique de l'Ouest*, Nice, Thèse mult., 2018, p. 4.

[6] Dans le système arbitral CIRDI, l'État d'accueil de l'investisseur ne peut saisir le Centre pour engager une procédure contentieuse contre ledit investisseur. Seul, celui-ci dispose de cette faculté. L'État ne peut qu'introduire une demande reconventionnelle et difficilement d'ailleurs, dans une procédure déclenchée par l'investisseur ; v. à ce propos : H. Hellio, « L'État un justiciable de second ordre ? À propos des demandes étatiques dans le contentieux arbitral transnational relatif aux investissements étrangers », *RGDIP,* 2009, pp. 589-620. Cependant, signalons que ces dernières années, la tendance de voir les demandes reconventionnelles des États rejetées par les tribunaux CIRDI s'amenuise pour laisser place, de manière évolutive, à leur acceptation ; v. à ce propos : N. Rubins : « Les demandes reconventionnelles dans l'arbitrage CIRDI », *in* W. Ben Hamida, A. Ngwanza, J.-B. Harelimana (dir.), *Un demi-siècle africain d'arbitrage d'investissement CIRDI : regards rétrospectifs et prospectifs*, LGDJ, 2019, pp. 183-198.

étranger qui peut saisir le Centre. La Convention de Washington, en son article 25, pose les conditions à cet égard :

« La compétence du Centre s'étend aux différends d'ordre juridique entre un État contractant [...] et le ressortissant d'un autre État contractant [...] qui sont en relation directe avec un investissement [...] ». L'article 25(2) de la Convention CIRDI poursuit :

« Ressortissant d'un autre État contractant signifie :

(a) Toute personne physique qui possède la nationalité d'un État contractant autre que l'État partie au différend [...] ;

(b) Toute personne morale qui possède la nationalité d'un État contractant autre que l'État partie au différend [...] ».

Il ressort de ce texte que, pour avoir la qualité « d'investisseur étranger » apte à agir devant les tribunaux arbitraux du CIRDI, deux conditions sont à remplir : *primo*, il faut être une personne physique ou morale détenant la nationalité d'un État contractant autre que l'État défendeur et, *secundo* être porteur d'une opération d'investissement dans le territoire de celui-ci. Cette seconde condition relative à l'existence d'un investissement, qui appelle une étude particulière, ne sera pas ici traitée.

Entendue dans son sens classique, la « nationalité » est le lien qui unit une personne à un État, lien générateur de droits et d'obligations réciproques[7], ou encore, pour reprendre la formule célèbre de l'arrêt Nottebohm de la Cour Internationale de Justice, « un lien juridique ayant à sa base un fait social de rattachement, une solidarité effective d'existence, d'intérêts, de sentiments jointe à une réciprocité de droits et de devoirs[8]. Appliquée aux personnes morales, elle s'apparente davantage à une simple technique juridique permettant de répartir les compétences personnelles des États[9]. Plus concrètement, elle sert à établir, « à l'instar de la nationalité des personnes physiques, leur rattachement à l'ordre juridique d'un État »[10].

---

[7] L. Mazeaud, « De la nationalité des sociétés », *JDI (Clunet)* 1928, p. 30.

[8] Cour Internationale de Justice, *aff. Liechtenstein c/ Guatemala*, 6 avril 1955, *Recueil CIJ*, 1955, p. 23.

[9] M. Forteau « Nationalité des investisseurs personnes physiques et nationalité des investisseurs personnes morales, actionnaires (minoritaires) », in *Droit international des investissements et de l'arbitrage transnational*, Ch. Leben (dir.), *Pédone*, 2015, p. 162.

[10] Cour de Justice des Communautés Européennes, *aff. Commission c/ France*, 28 janvier 1986, 270/83, *Rec.*, p. 304.

Rappelons que l'attribution de la nationalité à une personne - physique comme morale - relève en principe du pouvoir souverain de l'État. Cependant, contrairement à la nationalité des personnes physiques qui renvoie toujours au droit interne de chaque État, la définition de la nationalité de l'investisseur personne morale, en droit international des investissements, fait l'objet d'un consensus entre les États parties au TBI. En d'autres termes, les États prennent le soin de définir avec précision dans les traités qu'ils concluent ce qu'il faut entendre par nationalité de la personne morale. Un auteur a pu parler de bilatéralisation de la règle de la nationalité des personnes morales aux fins du droit international[11].

Le présent travail sera exclusivement consacré à l'étude des critères de détermination de la nationalité de l'investisseur personne morale dans les TBI sénégalais ; la condition de nationalité de l'investisseur personne physique, relativement moins complexe[12], sera volontairement négligée dans cette étude. Il sera, dès lors, intéressant d'examiner comment ces critères ont été mobilisés dans les TBI sénégalais et s'ils parviennent efficacement à limiter le bénéfice desdits traités aux investisseurs personnes morales initialement visés.

Pour accéder à l'arbitrage CIRDI, la personne morale doit avoir une nationalité convenue entre les parties au TBI et conforme à la Convention de Washington, avons-nous dit. Mais les choses ne sont pas aussi simples qu'elles en ont l'air, et ce, pour au moins deux raisons : premièrement, à l'examen des TBI sénégalais, par exemple, certains critères de détermination de la nationalité de l'investisseur personne morale qui y sont utilisés sont, dès fois, soit d'une simplicité/élasticité, soit d'une complexité/ambiguïté telles, qu'ils peuvent faire bénéficier de la protection du traité à des investisseurs pourtant non visés par les États parties au départ. Ce qui engendre très souvent, lors d'un litige devant un tribunal CIRDI, un contentieux de contestation de la nationalité "étrangère" de l'investisseur personne morale. Une telle occurrence peut se produire - avec l'utilisation du critère du contrôle -

[11] M. Forteau « Nationalité des investisseurs personnes physiques et nationalité des investisseurs personnes morales, actionnaires (…) », préc., p. 183.

[12] En ce qui concerne la nationalité des personnes physique, la seule véritable difficulté se situe au niveau des binationaux : en résumé, il faut distinguer entre le système CIRDI qui exclut les requêtes des binationaux du système de la CNUDCI qui l'autorise ; v. à ce propos la décision *aff. Ibrahim Aboukhalil, dit Bibo Bourgui c/. État du Sénégal, Affaire C.C.I.*, (Cour d'Appel de Paris), arrêt du 12 octobre 2021, n° 25-38.

lorsque la multinationale, habituellement contrainte de se constituer en société de droit local dans l'État hôte, se retrouve avec plusieurs nationalités[13] selon les différentes personnes, physiques comme morales, qui la contrôlent ou qui en sont actionnaires et qui sont toutes potentiellement demanderesses devant les tribunaux CIRDI[14]. Secondement, il est, par ailleurs, impératif de relever que les TBI ne sont pas les seuls instruments de référence dans l'identification de la nationalité de l'investisseur personne morale. Il arrive, en effet, que la convenance de la nationalité de celui-ci puisse être dénichée - en l'absence de TBI applicable - dans les clauses compromissoires CIRDI insérées dans les contrats d'investissements conclus directement entre la personne morale - toujours constituée en société de droit local - et l'État d'accueil. Ce qui, en définitive, nous amène à constater que la vérification de la nationalité de l'investisseur personne morale s'effectue soit dans le TBI applicable entre l'État d'origine de la personne morale et son État hôte, soit - en l'absence de TBI applicable - dans la clause compromissoire CIRDI insérée dans le contrat d'investissement conclu directement entre ladite personne morale et celui-ci.

---

[13] Des auteurs ont, en ce sens, confirmé : « [...] En fonction de leurs critères de jouissance des droits, la collation de plusieurs nationalités à une même société par différents États n'atténue pas le rattachement de cette personne morale à chacun des États dont elle peut se voir attribuer la nationalité » ; O. Cachard, W. Ben Hamida et R. Dalmau, *Droit des affaires internationales : commerce international et investissement*, 4ème éd., *LGDJ, Lextenso*, 2024, p. 131.

[14] Il convient, toutefois, de relever une divergence des tribunaux arbitraux sur l'étendue de la protection de l'actionnaire. La question s'est en effet posée de savoir si la protection de l'actionnaire se limite aux actions détenues dans la filiale locale ou peut s'étendre à d'autres éléments tels que les droits et les biens détenus par la filiale comme les contrats et les licences à celle-ci. Certains tribunaux ont, par exemple, considéré que l'objet de la protection porte sur les actions détenues et ne peut pas s'étendre directement aux éléments du patrimoine de celle-ci, comme les licences ou les contrats conclus par la société. En d'autres termes, la protection se limite aux seules actions détenues dans la filiale locale en raison de l'écran de la personne morale (v. à ce propos CIRDI, *aff. El Paso Energy International Company c/ Argentine*, n° ARB/03/15, Sentence du 31 octobre 2011, § 214 ; CNUDCI, *aff. ST-AD GmbH c/ Bulgarie*, PCA n° 2011-06, Sentence du 18 juillet 2013, § 284-285). En revanche, d'autres tribunaux ont jugé que la protection de l'actionnaire peut s'étendre au-delà de ses actions (v. également CIRDI, *aff. Continental Casualty Company c/. République Argentine*, n° ARB/03/9, sentence du 05 septembre 2008, § 79 et 86 ; CIRDI, *aff. Antoine Goetz et autres c/ République du Burundi*, n° ARB/95/3, sentence du 10 juillet 1999, § 86).

Telles sont, globalement, les problématiques qui peuvent surgir de l'étude des critères de détermination de la nationalité de l'investisseur personne morale dans les TBI sénégalais. Toutefois, dans ce présent travail, ce sont les TBI qui seront exclusivement examinés dans l'identification des critères de définition de la nationalité de l'investisseur personne morale[15].

Une analyse minutieuse des TBI conclus par le Sénégal a révélé que cet État, à l'instar de la pratique générale, a souscrit à l'emprunt des critères classiques de constitution des sociétés dans la définition de la nationalité de l'investisseur personne morale dans ses traités **(I).** Cependant, comme nous le verrons dans nos développements qui vont suivre, l'utilisation dévoyée de ces critères - avec comme finalité de permettre à des sociétés, qui au départ n'étaient pas visées dans les TBI, d'être considérées comme nationales d'un des États partie, et ce, grâce à des montages juridiques purement artificiels aux fins de bénéficier des avantages et de la protection de ces traités - a incité les États, y compris le Sénégal, d'inventer la technique de la combinaison des critères dans leurs TBI afin de lutter contre ce phénomène plus connu sous le nom de *treaty shopping*[16] (II).

I – L'emprunt aux critères classiques de constitution des sociétés

En doit des sociétés, la nationalité des personnes morales est établie parmi trois critères que sont : le critère du siège social, le critère de l'incorporation (appelée aussi immatriculation ou de constitution) et enfin le critère du contrôle. Le Sénégal, en phase avec la pratique conventionnelle du droit des investissements, utilise ces critères de constitution des sociétés aux fins de définir la nationalité de

---

[15] La recherche de la conventionnalité de la nationalité de l'investisseur personne morale dans les clauses compromissoires CIRDI est traitée dans un autre article qui sera proposé au prochain numéro de cette revue.

[16] Le *treaty shopping*, appelé aussi chalandage des traités, peut être défini comme une : « pratique des investisseurs qui cherchent délibérément à bénéficier de la protection plus avantageuse d'un TBI signé entre un État dont ils n'ont pas la nationalité et l'État hôte dans lequel ils ont investi » ; S.-H. Nikièma, « Définition de l'investisseur », *Best Practices Series*, mars 2012, p. 3. Pour avoir une vue large de l'impact du *treaty shopping*, voir également Q. C. Ngo : « Le chalandage des traités à l'épreuve des accords d'investissements de nouvelle génération », *R.I.D.E.*, 2017, pp. 85-508 ; v. surtout E. Lee, « *Treaty shopping in International Investment Arbitration : How often has it Occured and how has it been Perceived by Tribunals* ? », *Working Papers Series*, 2015, n° 15-167, *London School of Economics and Political Science.*

l'investisseur personne morale dans ses TBI. Il sera question de faire la présentation de ces trois critères et de voir, en même temps, comment ils ont été mobilisés dans les TBI sénégalais. Il est, d'ores et déjà, possible de les scinder en deux catégories : on peut distinguer les critères de territorialité / ou de rattachement à un État **(A)** du critère du contrôle / ou du renvoi à l'État de nationalité des actionnaires **(B)**.

A – Les critères de territorialité ou de rattachement à un État

On les appelle ici "critères de territorialité" ou "critères de rattachement à un État" parce qu'ils renvoient, pour définir la nationalité de la personne morale, soit à l'État sur le territoire duquel celle-ci a son siège social (1) soit à celui sur le territoire duquel elle a été incorporée, immatriculée (2).

1 – Le critère du siège social

D'abord, la nationalité d'une société peut être établie en référence au lieu du siège. La nationalité sera alors celle de l'État sur le territoire duquel se trouve ce siège. C'est ce critère qui a été retenu dans deux TBI conclus par le Sénégal, respectivement avec les Républiques de Corée et l'Italie. Le TBI République de Corée - Sénégal dispose en son article 1er (c) : « [...] Par ressortissant, on entend,

> (1) En ce qui concerne la République de Corée, [...] toute personne morale ayant son siège sur le territoire de la République de Corée.
>
> (2) En ce qui concerne la République du Sénégal, [...] toute personne morale ayant son siège sur le territoire de la République du Sénégal ».[17]

Le second TBI Italie - Sénégal est ainsi disposé en son article 1er alinéa (4) : « Le terme « personne morale » désigne toute entité ayant son siège central sur le territoire de l'une des Parties Contractantes et dûment reconnue par cette dernière, telles que : institutions publiques, corporations, sociétés (« partnerships), fondations et associations, indépendamment des limites de leur responsabilité ou d'autres limites ».[18]

---

[17] TBI Corée - Sénégal, signé le 12 juillet 1984 et entré en vigueur le 02 septembre 1985.

[18] TBI Italie - Sénégal, signé le 13 octobre 2000 et entré en vigueur le 16 décembre 2008.

Toutefois, la simplicité de ce critère dans l'identification de la nationalité de la personne morale reste néanmoins exposée aux subterfuges d'individus rompus à la pratique d'optimisation fiscale. Pour un auteur, « [...] retenir le seul critère du siège social peut être interprété comme une incitation à une optimisation fiscale qui peut, à certains égards, confiner à la fraude »[19]. Pour cette raison, les tribunaux arbitraux se réservent le droit de définir ce qu'il faut entendre par siège social. Ils font la distinction entre le siège dit « statutaire » qui fait référence à sa dimension formelle, c'est-à-dire à la mention du lieu du siège dans les statuts de la société et le siège dit « réel » qui renvoie à sa dimension matérielle, c'est-à-dire au lieu où est exercée la direction effective de la société. Les tribunaux arbitraux optent pour le critère du siège réel qui correspond au lieu où se réunissent les organes de la société. Le siège social réel est présumé coïncider avec le siège social statutaire jusqu'à ce que soit rapportée la preuve contraire, lorsque les organes sociaux sont localisés dans un autre pays[20].

Ainsi, pour déterminer le lieu du siège réel, la jurisprudence arbitrale procède à un examen d'un faisceau d'indices. Tel a été le cas dans une sentence où un tribunal CIRDI a eu à interpréter la définition de la notion du « siège social » contenue dans le TBI conclu entre l'Union économique belgo-luxembourgeoise et le Cameroun[21]. Après avoir, en effet, établi qu'il convenait d'interpréter la notion de siège social au regard du droit luxembourgeois, le tribunal arbitral est parvenu à la conclusion que le siège social devait en l'espèce être compris comme faisant référence au siège réel (et non statutaire) et donc au lieu de l'administration effective de la société. Au regard de critères exhaustifs - le lieu des assemblées générales des actionnaires, le lieu des réunions du conseil d'administration, le lieu de la comptabilité de la société et le lieu où se trouvent les documents sociétaires - tenant compte de la nature de la société (en l'espèce une holding) et devant être appréciés de façon globale, le tribunal a considéré que le demandeur ne possédait pas son siège social au Luxembourg au moment des faits[22]. Les

---

[19] A. De Nanteuil, *Droit international de l'investissement*, Pédone, 2017, p. 202.

[20] CIRDI, *aff. Société civile immobilière Gaëta c/. République de Guinée*, n° ARB/12/36), B. Remy : « Chronique des sentences arbitrales », *JDI*, 2016, chron n°1, p. 176 et s.

[21] CIRDI/15/18, *aff. Capital Financial Holdings Luxembourg S.A. c/. République du Cameroun*, sentence du 23 juin 2017.

[22] Le tribunal a, en effet, considéré dans cette espèce que les assemblées générales n'étaient pas tenues régulièrement, une minorité de réunions du Conseil

investigations ont révélé par ailleurs que la société était restée en sommeil jusqu'au moment du différend, ce qui constitue pour le tribunal arbitral un abus de droit[23]. Toutefois, il a été relevé que même le critère du siège réel présente quelques difficultés provenant de l'éventuelle dispersion de ses éléments constitutifs en différents lieux, lorsque par exemple la réunion des organes sociaux est dématérialisée ou peut fonctionner par consultation écrite[24].

2 – Le critère de l'incorporation/immatriculation ou de constitution

La nationalité d'une société peut aussi être établie par référence à la loi sous l'empire de laquelle elle a été constituée. Le critère de l'incorporation, appelé aussi critère d'immatriculation ou de constitution, conditionne souvent l'acquisition de la nationalité à l'accomplissement des formalités de constitution de la société selon la législation de l'État. Ainsi, une société anonyme créée conformément à ce que le droit sénégalais des sociétés impose pour ce type de structure serait, en application de ce critère, de nationalité sénégalaise. Avec ce critère, il suffit, pour déterminer la nationalité de la société, de se référer à son lieu d'immatriculation, c'est-à-dire le territoire de l'État qui lui a accordé la personnalité juridique.

On retrouve ce critère dans le TBI Île Maurice - Sénégal, en son article 1er (1) (C) : « Le terme " investisseurs" désigne, en ce qui concerne chaque Partie contractante : […] (ii) les entités juridiques, y compris les sociétés, les sociétés enregistrées, les sociétés de personnes ou autres organisations, qui sont constituées conformément à la législation de cette Partie Contractante »[25].

Le même critère a été adopté dans le TBI Afrique du Sud - Sénégal. Son article 1er, consacré aux définitions des termes, dispose à son alinéa (c) (ii) : « Investisseur signifie : […] Les sociétés c.à.d. toute personne

---

d'administration se sont tenues à Luxembourg, il n'y avait pas de Conseil d'administration actif, il n'y avait pas de commissaires aux comptes, les comptes n'ont été déposés que tardivement à l'administration et, enfin, les archives de la société sont pour le moins incomplètes (para 293 et s. de la décision).

[23] J.-E. Ahdab : « La compétence personnelle », *in* W.-B. Hamida, A. Ngwanza, J.-B. Harelimana (dir.), *Un demi-siècle africain d'arbitrage d'investissement CIRDI : regards rétrospectifs et prospectifs*, *op. cit.*, p. 128.

[24] O. Cachard, W. Ben Hamida et R. Dalmau, *Droit des affaires internationales : commerce international et investissement*, *op. cit.*, p. 149.

[25] TBI l'Île Maurice - Sénégal, signé le 14 mars 2002 et entré en vigueur le 14 octobre 2009.

morale, corporation, firme ou association enregistrée ou constituée selon la loi de ladite Partie Contractante »[26]. Cependant, la formule de cette phrase pourrait prêter à confusion, en donnant l'impression de l'existence d'une alternative. Précisons tout de suite que les mots « enregistrée » ou « constituée » signifient la même chose dans la définition de l'investisseur personne morale. Ils renvoient tous les deux au critère de l'incorporation. C'est une petite faille qui a dû échapper aux rédacteurs du texte, une faille observable également dans le TBI entre l'Inde et le Sénégal. Selon l'article 1er (b) (ii) de celui-ci: « The *term "investors" refers with regard to either Contracting Party to: [...] legal entities, including companies, corporations, firms and business associations incorporated or constituted or established under the law of a Contracting Party* »[27]. Les mots « *incoporated* », « *constituted* » « *established* » renvoient tous au critère de l'incorporation, appelé aussi critère de l'immatriculation.

La même remarque peut être observée dans le TBI Malaisie - Sénégal à l'article 1er (b) (ii) : « *Any corporation, partnership, trust, joint-venture, organisation, association or entreprise incorporated or duly constituted in accordance with applicable laws of that Contracting Party* »[28].

Cependant, si le critère de l'incorporation présente, au même titre que le critère du siège social, l'avantage de la clarté et de l'objectivité, relevons aussi qu'au même titre que ledit critère, il n'échappe pas aux montages juridiques artificiels effectués par des sociétés aux fins de bénéficier d'un traité plus avantageux que celui qui devait, en principe, être applicable (le *treaty shopping*). En effet, l'application de ce critère permet de conférer la nationalité d'un État à une société qui, bien que constituée en vertu du droit de cet État, n'y mène pratiquement aucune activité (donc n'y génère aucun revenu fiscal), voire n'y emploie aucun ressortissant (donc n'y génère aucun emploi). L'affaire *Saluka Investments c/ République tchèque*[29] est, à ce propos, particulièrement édifiante. En effet, *Saluka* était une société contrôlée à 100 % par des japonais, mais incorporée aux Pays-Bas. Sur la base de cette

---

[26] TBI Afrique du Sud - Sénégal, signé le 19 juin 1998 et entré en vigueur le 29 décembre 2010.

[27] TBI Inde - Sénégal, signé le 03 juillet 2008 et entré en vigueur le 17 octobre 2009.

[28] TBI Malaisie - Sénégal, signé le 10 février 1999 et entré en vigueur le 24 octobre 2008.

[29] CNUDCI, *aff. Saluka Investments B.V. c/. République tchèque*, 17 mars 2006, para 239 et s.

incorporation, elle a utilisé le TBI Pays-Bas - République tchèque pour attraire la République tchèque devant le tribunal arbitral. Le tribunal considéra que, même si la demanderesse n'avait que des liens purement formels avec les Pays-Bas, il ne pouvait pas exclure la protection de cette société, dès lors qu'elle était visée par le TBI. Selon le tribunal, il appartient aux États de préciser dans leur TBI l'investisseur protégé. Si ceux-ci ont opté une définition large, l'État défendeur ne saurait revenir unilatéralement sur la définition conventionnellement arrêtée, en invoquant un rattachement de complaisance. C'est pour éviter de tels artifices dans les montages juridiques des sociétés que le TBI Royaume-Uni - Sénégal n'a pas manqué de préciser en son article 1er (d) : « Par « sociétés, on entend :

> (i) Pour ce qui est du Royaume-Uni : les corporations, firmes et associations ayant une activité à but lucratif constituées ou crées en vertu de la législation en vigueur dans toute partie du Royaume-Uni ou sur tout territoire dans lequel le présent Accord s'applique conformément aux dispositions de l'article 11 ;
>
> *(ii)* Pour ce qui est du Sénégal : toute personne morale de droit privé à but lucratif et toute personne morale de droit public à caractère industriel et commercial constituées en vertu de la législation en vigueur au Sénégal »[30].

La première disposition, avec l'expression « ayant une activité à but lucratif », renseigne qu'il ne suffit pas seulement pour une société d'être incorporée au Royaume-Uni pour satisfaire à la condition de nationalité requise pour cet État, il faudrait en plus qu'elle y exerce une activité économique substantielle. Ce qui n'est cependant forcément pas le cas pour la disposition concernant le Sénégal : l'expression « à but lucratif » - relevant plus du formalisme - ne semble pas constituer une exigence d'activité substantielle sur le territoire sénégalais. Ainsi, le Sénégal a opté pour le seul critère de l'incorporation tandis que le Royaume-Uni y ajoute la réalisation d'activité économique substantielle.

À côté de ces critères de territorialité ou de rattachement à un État que constituent le critère du siège social et celui de l'incorporation (immatriculation), il est également possible, pour définir la nationalité

---

[30] TBI Royaume-Uni - Sénégal, conclu le 05 juillet 1980 et entré en vigueur le 02 septembre 1984.

de la personne morale, de se référer au critère du contrôle, c'est-à-dire du renvoi à la nationalité des actionnaires.

B – Le critère du contrôle ou du renvoi à l'État de nationalité des actionnaires

La nationalité d'une société peut, enfin, reposer sur le critère du contrôle : en pareil cas, la société sera considérée comme ressortissante de l'État dont les personnes (physiques ou morales) qui la contrôlent possèdent la nationalité, en l'occurrence les actionnaires. Ce critère correspond plus à la réalité économique : une société ne saurait exister *ex nihilo* car derrière elle, il y a toujours des personnes physiques qui l'ont créée pour la poursuite d'un but précis. Elle (la société) constitue juste un formalisme intermédiaire - obligatoire certes - pour le développement d'une activité économique par des individus soumis à une règlementation étatique. Toutefois, la référence au critère du contrôle (ou à l'État de nationalité des actionnaires) dans la détermination de la nationalité de la personne morale a révélé des divergences riches d'enseignements au sein des mécanismes juridictionnels internationaux, qu'il ne saurait être question de les passer sous silence. En effet, à rebours du mécanisme de la protection diplomatique qui privilégie la règle classique du renvoi à l'État de nationalité de la société (1), le droit conventionnel des investissements apporte une révolution en permettant la référence à l'État de nationalité des actionnaires (2), aux fins de définir la nationalité de l'investisseur personne morale.

1 – Le renvoi à l'État de nationalité de la société

L'affaire *Barcelona Traction*[31] constitue le marqueur de la réticence "légendaire" du mécanisme de la protection diplomatique à se référer à l'État de nationalité des actionnaires pour déterminer la nationalité de la société. Dans cette espèce, une société de droit belge (actionnaire) contrôlait à 75 % la société *Barcelona Traction* constituée au Canada. L'État espagnol causa à la société *Barcelona Traction* un dommage qui conduisit la société à la faillite. Le Canada négligea d'exercer la protection diplomatique et c'est la Belgique qui a endossé la réclamation car les actionnaires étaient belges. Pour la Belgique, comme les intérêts des actionnaires belges étaient lésés, elle identifiait

[31] Cour Internationale de Justice, *aff. Belgique c/. Espagne,* 5 févr. 1970, *Recueil*, p. 3.

les intérêts des actionnaires à ceux de la société. Ce faisant, la Belgique adopta donc le critère du contrôle pour l'attribution de la nationalité belge. La CIJ, dans sa décision considère, cependant, qu'il faut bien distinguer les intérêts des actionnaires et les droits de la société anonyme en déclarant : « La responsabilité n'est pas engagée si un simple intérêt est touché ; elle ne l'est que si un droit est violé, de sorte que des actes qui ne visent et n'atteignent que les droits des sociétés n'impliquent aucune responsabilité à l'égard des actionnaires même si leurs intérêts en souffrent ». En d'autres termes, selon la Cour, seul l'État de nationalité de la société peut en effet exercer la protection diplomatique[32]. Ce qui veut donc dire que, lorsque cet État se trouve être l'État présumé auteur du fait internationalement illicite, la protection ne peut être activée : telle était la position adoptée par la CIJ dans l'affaire *Ahmadou Sadio Diallo*[33]. Dans cette affaire, en effet, M. Diallo, de nationalité guinéenne, s'était établi au Congo où il avait monté plusieurs sociétés constituées en droit zaïrois. À la suite de litiges relatifs à des créances non recouvrées par ses sociétés sur plusieurs débiteurs, M. Diallo est arrêté, détenu puis expulsé de la RDC, ses sociétés périclitent ensuite. La Guinée prétendait exercer la protection des droits propres à M. Diallo, la protection de ses droits d'associés des sociétés titulaires de créances non recouvrées et la protection des droits des sociétés elles-mêmes. La CIJ décida que les réclamations des sociétés de droit zaïrois ne pouvaient être endossées par la Guinée, faute de jouir de la nationalité guinéenne. Sous cet angle, on peut se ranger au côté d'un auteur lorsqu'il affirme que : « [...] l'arrêt *Ahmadou Sadio Diallo* revigore la jurisprudence *Barcelona Traction* »[34]. Il faut enfin noter entre la jurisprudence *Barcelona Traction* et l'arrêt *Ahmadou Sadio Diallo*, un autre arrêt rendu par la CIJ (l'affaire *Elsi*[35]) a pu être interprété comme amorçant un revirement de jurisprudence de la Cour, abandonnant la solution traditionnelle de la règle de l'État de la

[32] CIJ, *aff. Belgique c/ Espagne, Recueil* 1970, préc., p. 46, § 88.

[33] CIJ, *aff. Ahmadou Sadio Diallo* (*République de Guinée c/ République Démocratique du Congo*), *Recueil* 2007, p. 582.

[34] A. Mampuya, « La protection diplomatique des sociétés et des actionnaires : l'arrêt *Ahmadou Sadio Diallo* revigore la jurisprudence *Barcelona Traction* », *La France, l'Europe et le Monde, Mélanges en l'honneur de Jean Charpentier*, Pédone, 2008, pp. 173-187.

[35] CIJ, *aff. Elettronica Sicula S.p.A.* (*ELSI*) (*États-Unis c/. Italie*), 20 juillet 1989, *Recueil*, p. 15 ; v. B. Stern, « La protection diplomatique des investissements internationaux, de *Barcelona Traction* à *Elettronica Sicula* ou les glissements progressifs de l'analyse », *JDI*, 1990, p. 897.

nationalité de la société au profit de celle de la nationalité des actionnaires[36]. Mais comme l'a mentionné Auguste Mampuya, « l'arrêt *Barcelona Traction* a la peau dure [...] »[37].

C'est finalement le droit international des investissements, par le biais de ses instruments conventionnels (TBI) qui admettra la possibilité de se référer à l'État de nationalité des actionnaires pour déterminer la nationalité de la personne morale.

2 – La possible référence à l'État de nationalité des actionnaires

Si en droit international classique, une société contrôlée par des actionnaires étrangers ne saurait bénéficier d'aucune protection internationale dans la mesure où elle possède la nationalité de l'État à qui elle reproche de lui avoir porté préjudice, le droit conventionnel des investissements pallie désormais cette lacune. En effet, en érigeant l'actionnaire en investisseur protégé (avec l'utilisation du critère du contrôle dans les TBI) et ses actions en investissements protégés, le préjudice subi par la société devient du même coup aussi très souvent un préjudice subi par l'actionnaire pour lequel celui-ci peut demander réparation[38]. Les traités d'investissements, comme la plupart de ceux conclus par le Sénégal, définissent largement l'investissement protégé pour inclure « une société ou entreprise ou <u>les actions</u>[39], capitaux ou toute forme de participation au capital dans une société ». La filiale locale devient ainsi un investissement et les actions détenues dans une société locale constituent aussi un investissement. Dès lors, la référence aux actions dans la définition de l'investissement a pour effet de conférer automatiquement la protection à son propriétaire.

En ce qui concerne, concrètement, le critère du contrôle, il n'a jamais été adopté isolément dans aucun des TBI conclus par le Sénégal pour définir la nationalité de la personne morale. Nous verrons un peu plus loin qu'il a toujours été combiné avec un ou deux autres critères. Là où d'autres pays ont, en revanche, choisi de l'adopter seul dans leur TBI.

---

[36] A. Mampuya, « La protection diplomatique des sociétés et des actionnaires (...) », préc., p. 173.
[37] A. Mampuya, « La protection diplomatique des sociétés et des actionnaires (...) », préc., p. 187.
[38] M. Forteau « Nationalité des investisseurs personnes physiques et nationalité des investisseurs personnes morales, actionnaires (...) », préc., p. 174.
[39] Souligné par nous.

Il en est ainsi du TBI Burkina Faso - Tchad[40] qui, en son article 1.2, définit une société nationale d'une Partie contractante comme : « les entités juridiques établies, conformément à la législation d'un quelconque pays qui sont contrôlées, directement ou indirectement, par des nationaux d'une Partie contractante ».

Cependant, la notion de « contrôle » comme critère n'est pas d'appréhension simple ; un même investissement peut impliquer un groupe de personnes morales distinctes dont l'établissement de la nationalité sera alors compliqué d'un degré supplémentaire[41]. De même, le rythme des affaires étant ce qu'il est, les personnes morales peuvent, au courant de leur vie, changer plusieurs fois de nationalité, en fonction des rachats de parts, de création de filiales, des fusions etc. Arnaud De Nanteuil de s'interroger : qui contrôle ainsi la filiale d'une entreprise elle-même détenue par une troisième société appartenant à un consortium inclus dans un groupe de dimension internationale ? La présence du groupe, du consortium, de l'entreprise mère, de la filiale ?[42]. On peut également s'interroger sur la définition de la notion de « contrôle ». Doit-on se référer à ceux qui détiennent la majorité du capital ou à ceux qui dirigent le conseil d'administration de la société ?

S'y ajoute que non seulement les actionnaires sont protégés[43], mais mieux, ils n'ont pas à démontrer qu'ils disposent d'un pourcentage majoritaire pour bénéficier de ce critère[44], même les participations minoritaires sont donc aussi protégées par les TBI. Les tribunaux arbitraux ont en effet toujours considéré que les réclamations des sociétés mères en rapport avec leurs investissements dans leurs filiales relevaient du champ d'application du TBI, dès lors que celui-ci définissait « l'action » ou « l'intérêt » comme un investissement

[40] TBI Burkina Faso - Tchad, signé le 18 mai 2001.

[41] V. en ce sens V. Pirono : « L'arbitrage des différends entre une joint-venture et l'État d'accueil de l'investissement : à la recherche de la nationalité de l'investisseur », *Rev. arb.*, 2010, pp. 235-252.

[42] A. De Nanteuil, *Droit international de l'investissement*, *op. cit.*, p. 201.

[43] Un autre tribunal n'a pas manqué de rappeler que : « la jurisprudence antérieure du CIRDI ne limite pas la qualité pour agir aux seules personnes morales directement visées par les mesures litigieuses mais l'étend aux actionnaires de ces personnes, qui sont les véritables investisseurs », CIRDI ARB/95/3, *aff. Antoine Goetz et autres c/ République du Burundi*, sentence du 10 février 1999.

[44] V. à ce propos *Vaccum Salt Products Ltd c/. Ghana*, CIRDI ARB /92/1, sentence du 16 février 1994

protégé[45]. Dans l'affaire CMS, par exemple, le tribunal a affirmé que : « précisément parce que la Convention du CIRDI ne définit pas l'« investissement », elle ne vise pas à définir les conditions qu'un investissement devrait satisfaire pour relever de la compétence du CIRDI. De fait, la protégeabilitié de l'investissement n'est subordonnée à aucune règle selon laquelle l'actionnaire devrait contrôler la société considérée ou y détenir une participation majoritaire »[46]. Il est dès lors clair, qu'au regard de cet exercice de démonstration, l'utilisation seule du critère du contrôle dans les TBI reviendrait à ouvrir la boîte de pandore dans l'identification de la nationalité des personnes morales, compte tenu d'un potentiel nombre d'investisseurs susceptibles d'être impliqués dans une même opération d'investissement.

Au total, nous venons de voir que parmi les trois critères étudiés, deux seulement ont été amenés à être utilisés individuellement dans les TBI sénégalais : il s'agit du critère du siège social et celui de l'incorporation, le troisième, en l'occurrence celui du contrôle n'a pas été utilisé isolément dans aucun des TBI conclus par le Sénégal.

Face cependant aux inconvénients relevés dans l'utilisation isolée des trois critères étudiés, le Sénégal, à l'instar de la pratique, a eu recours à la technique de la combinaison des critères dans certains de ses TBI, aux fins de lutter contre le *treaty shopping*.

II – La technique de la combinaison de critères

La technique de la combinaison des critères dans la définition de la nationalité des personnes dans les TBI a été inventée aux fins de lutter contre le phénomène du *treaty shopping*. L'idée qui est à la base de cette technique est d'exiger de l'investisseur personne morale, en plus de l'un des trois critères (incorporation, siège social et contrôle), qu'il ait également d'autres liens avec l'État pour être considéré comme son national.

Dans la pratique conventionnelle sénégalaise, on retrouve une variété de combinaisons avec une prédominance de la combinaison *incorporation + siège social*, qui constitue d'ailleurs la tendance générale observée dans la pratique. Elle a été adoptée dans la grande majorité des TBI conclus par le Sénégal. On la retrouve, à titre

[45] R. Dolzer, C. Schreuer, *Principles of International Investment Law*, 8ème éd., *Oxford University Press*, 2008, pp. 54-55.
[46] CIRDI ARB/01/8, *aff. CMS Gas Transmission Company c/. Argentine*, sentence du 25 septembre 2007, pp. 43-47.

d'exemples, dans les TBI France - Sénégal[47], Espagne - Sénégal[48], Argentine - Sénégal[49], Mali - Sénégal[50] (non entré en vigueur), Qatar - Sénégal[51], Turquie - Sénégal[52], Égypte - Sénégal[53] (non entré en vigueur). Avec cette combinaison, la société ne peut bénéficier de la nationalité d'un État que si elle y est incorporée et qu'elle y a son siège. Ainsi, le risque de voir des multinationales monter des sociétés « boites postales » dans l'un des États parties au TBI s'amenuise, mais ne disparaît pas complètement.

Ce qui fait que, dans d'autres TBI conclus par le Sénégal, le choix a été porté sur des combinaisons qui portent l'ambition d'être plus corsées, face au risque de *treaty shopping*. Mais ces combinaisons - ayant comme point commun l'utilisation du critère du contrôle - sont d'une complexité, voire d'une technicité telle, (B) qu'elles laissent entrevoir à l'examen, des incohérences/imperfections. Incohérences qui nécessitent des interprétations et, plus radicalement, des réajustements aux fins de rétablir le vrai sens de ces combinaisons. Étant donné cependant que tout cet effort de technicité, consenti par le Sénégal dans les combinaisons des critères, a pour seule visée de bloquer le chemin au *treaty shopping*, intéressons-nous, donc, en premier lieu, aux implications de celui-ci (A).

A – Les implications du *treaty shopping* des personnes morales

La particularité des TBI c'est qu'ils offrent un droit d'action direct aux investisseurs devant les juridictions arbitrales internationales contre leurs États hôtes. Ce dont le mécanisme de la protection diplomatique ne leur permettait pas. Mais les investisseurs susceptibles d'activer le mécanisme de l'arbitrage international doivent répondre aux critères de nationalité convenus entre les parties aux TBI et conformes à la Convention de Washington du 18 mars 1965. Cette Convention, à son tour, pose clairement que seuls les investisseurs ayant la nationalité d'un État contractant autre que l'État défendeur peuvent déclencher le

[47] TBI France - Sénégal, signé le 26 juillet 2007 et entré en vigueur le 30 mai 2010.
[48] TBI Espagne - Sénégal, signé le 22 novembre 2007 et entré en vigueur le 04 février 2011.
[49] TBI Argentine - Sénégal, signé le 04 juin 1993 et entré en vigueur le 01 février 2010.
[50] TBI Mali - Sénégal, signé le 12 avril 2005 (non entré en vigueur).
[51] TBI Qatar - Sénégal, signé le 10 juin 1998 et entré en vigueur le 01septembre 2009.
[52] TBI Turquie-Sénégal, signé le 15 juin 2010 et entré en vigueur le 17 juillet 2012.
[53] TBI Égypte - Sénégal, signé le 03 mai 1998 (non entré en vigueur).

mécanisme CIRDI. Ce qui signifie négativement que les investisseurs ressortissants d'État tiers au TBI et les investisseurs ressortissants de l'État d'accueil ne sont pas admis à saisir le CIRDI. Il va donc sans dire que ce sont ces deux catégories d'investisseurs qui peuvent être amenées à faire du *treaty shopping* afin de bénéficier d'un TBI auquel les avantages et droits qui en découlent ne leur étaient pas, au départ, destinés.

N'ayant été définie, ni dans la Convention de Washington du 18 mars 1965, ni dans les TBI, c'est vers la doctrine[54] qu'il faut se tourner pour saisir la notion de *treaty shopping*. Pour notre part, celui-ci - appelé aussi chalandage des traités - peut être appréhendé comme une pratique des investisseurs consistant en une manipulation volontaire d'un ou des critères de nationalité retenus dans un TBI signé entre un État dont ils n'ont pas la nationalité et l'État dans lequel ils ont investi dans le but exclusif d'acquérir la nationalité « utile » du premier État, afin de bénéficier des avantages et de la protection de ce traité. En d'autres termes, pour reprendre les propos de Suzy H. Nikèma, il s'agit d'une « pratique des investisseurs qui recherchent délibérément à bénéficier de la protection plus avantageuse d'un TBI signé entre un État dont ils n'ont pas la nationalité et l'État hôte dans lequel ils ont investi ». Pour ce faire, deux procédés sont généralement utilisés : le premier consiste en une création d'une société « *coquille vide* », encore appelée « *mailbox company*[55] », c'est-à-dire une société boîte postale (1) et le second en une restructuration de l'investissement (2).

1 – Le procédé de la création d'une société « boîte postale »

Dans le premier procédé, l'investisseur crée une société dans un État sans y mener des activités économiques substantielles, dans l'unique but d'acquérir la nationalité de cet État. Par exemple, une société ayant la nationalité de l'État A veut investir au Sénégal. Elle constate cependant que son État de nationalité A n'a pas conclu de TBI avec le Sénégal, mais découvre en revanche l'existence d'un TBI entre l'État C et le Sénégal. Pour bénéficier de ce TBI, elle va créer une filiale dans l'État C. Ayant maintenant la nationalité de l'État C, ladite filiale, contrôlée par la société, va investir au Sénégal. À la survenance d'un litige, la filiale pourra introduire une requête devant le CIRDI contre le

---

[54] S.-H. Nikiēma, « Définition de l'investisseur », préc., p. 3.

[55] CNUCED, *Collection consacrée aux problèmes relatifs aux accords internationaux d'investissements II : Portée et définitions*, 2011, p. 29.

Sénégal, sur la base du TBI qui existe entre son État C et le Sénégal. En résumé, la société mère passe par l'intermédiaire de sa filiale qui détient la nationalité utile, pour attraire l'État du Sénégal devant le CIRDI. Et encore, si le TBI entre le Sénégal et l'État C a, en sus, retenu le critère du contrôle dans la définition de la nationalité de la personne morale, la société pourrait même directement saisir le CIRDI, sans passer par l'intermédiaire de sa filiale. Parce que c'est elle (la société) qui contrôle la filiale créée dans l'État C.

2 – Le procédé de la restructuration de l'investissement

Dans le second procédé, l'investisseur a la nationalité de l'État dans lequel il a investi. Il n'est donc pas un investisseur étranger conformément à la Convention de Washington. Ce qui fait qu'il ne pourra pas accéder à l'arbitrage international. Il va alors restructurer son investissement en cherchant à le « céder » à une société qui aura la nationalité « utile », c'est-à-dire la nationalité d'un État qui a signé un TBI avec l'État hôte de l'investissement. On peut le schématiser de la manière suivante : Une société X constituée en droit sénégalais investit au Sénégal, elle a donc la nationalité sénégalaise. Lors d'un litige avec le Sénégal, reconnaissant qu'elle ne pourra pas attraire cet État devant le CIRDI, elle revend son investissement à une autre société Y qui, elle, a la nationalité de l'État A qui a signé un TBI avec le Sénégal. Ainsi, cette société Y ressortissante de l'État A pourra introduire une requête devant le tribunal CIRDI contre le Sénégal sur la base du TBI entre son État A et le Sénégal. Cette technique est généralement utilisée lorsqu'un litige existe déjà ou est très susceptible de naître avec l'État hôte et que l'investisseur initial (qui a la nationalité de cet État) estime ne pas bénéficier de la meilleure protection juridique, compte-tenu du fait qu'il possède la nationalité de l'État avec qui il est en froid. En termes concrets, il vend sa requête à une société qui a la nationalité « utile », une société qui a plus de chance de gagner contre l'État d'accueil grâce à la protection d'un TBI que lui confère sa « bonne » nationalité. La doctrine désigne cette pratique de « trafic de requêtes », connue sous le terme anglais de (*trafficking in BIT claims*) [56].

Il existe, par ailleurs, une autre forme de *treaty shopping*, qui n'a directement pas pour objet de rechercher dans « le marché des traités »

---

[56] V. M. Skinner, C.-A. Miles, S. Luttrel, « *Access and Advantage in Investor-State Arbitration : The Law and Practice of Treaty Shopping*", *Journal of World Energy Law Business*, 2010, vol. 3, p. 269.

la nationalité utile, mais plutôt les procédures arbitrales plus favorables, que d'aucuns appellent aussi « la recherche de l'accord le plus favorable »[57]. Dans ce cas de *treaty shopping*, un TBI existe déjà entre l'État de nationalité A de l'investisseur avec l'État d'accueil B. L'investisseur dispose donc de la nationalité utile. Mais, il souhaiterait - par le biais de la Clause de la Nation la Plus Favorisée (CNPF)[58] contenue dans le traité de base (TBI entre son État de nationalité A et son État d'accueil B) -, bénéficier d'une procédure de règlement de différends plus favorable contenue dans un autre TBI entre son État d'accueil B et un État-tiers C. Ainsi, il va, à la survenance d'un litige, introduire une requête devant le tribunal arbitral en réclamant l'application de la CNPF contenue dans le traité de base (TBI entre son État de nationalité A et son État d'accueil B) afin d'importer la clause arbitrale plus favorable qui existe dans le TBI entre son État d'accueil B et l'État tiers C. Cette modalité de *treaty shopping* portant sur le règlement des différends, et plus précisément sur l'importation de conditions procédurales plus favorables par le biais de la CNPF, a fait l'objet d'une controverse doctrinale non encore résolue en droit international des investissements, et ce, depuis l'affaire *Maffezini c/ Espagne*[59]. Ce débat, bien qu'intéressant, ne sera pas étalé dans cette étude. Mais retenons déjà que la doctrine réfractaire à son application considère qu'initialement la CNPF avait été conçue, non pas pour s'appliquer au traitement procédural, mais plutôt au traitement substantiel.

---

[57] Q.-C. Ngo : « Le chalandage des traités à l'épreuve des accords d'investissements de (…) », préc., p. 93.

[58] La CNPF est présentée par le dictionnaire du droit international public comme étant une « disposition fréquemment utilisée, spécialement dans les traités de commerce, par laquelle les parties se garantissent le bénéfice d'avantages plus importants que l'une d'entre elles viendrait à accorder ultérieurement à un État tiers par un autre traité portant sur la même question » ; J. Salmon (dir.), *Dictionnaire de droit international public*, Bruxelles, Bruylant/AUF, 2001, p. 178. Appliquée en droit international des investissements, la CNPF implique l'obligation d'accorder aux investisseurs d'une nationalité étrangère un traitement non moins favorable que celui qui est octroyé aux autres investisseurs étrangers les plus favorisés. En d'autres termes, elle pose un principe d'égalité entre des investisseurs étrangers, en s'alignant sur le régime le plus favorable accordé à l'un d'entre eux. Un auteur de préciser : « Là où le traitement national interdit la discrimination entre nationaux et étrangers, la clause de la nation la plus favorisée interdit donc la discrimination entre les opérateurs étrangers » ; A. De Nanteuil, *Droit international de l'investissement*, *op. cit.*, p. 319.

[59] CIRDI ARB/97/7, *aff. Maffezini c/. Espagne*, sentence sur la compétence du 25 janvier 2000.

Cependant, toutes ces formes de *treaty shopping* ont au moins un point commun : c'est qu'elles sont désavantageuses pour l'État d'accueil, en ce qu'elles permettent à des investisseurs, non directement visés par le traité de base, de pouvoir bénéficier de la protection offerte par celui-ci et, éventuellement, attraire ledit État d'accueil devant un tribunal arbitral international en cas de litige. Pour cette raison, le Sénégal a opté, dans certains de ses TBI, d'adopter des combinaisons plus techniques, voire complexes avec l'utilisation du critère du contrôle. Examinons ces combinaisons qui semblent plus résistantes que celle de l'incorporation + siège social, dans la lutte contre le phénomène du *treaty shopping*.

B – Les combinaisons complexes avec le critère du contrôle

À ce jour, quatre des TBI conclus par le Sénégal avec respectivement le Canada, les USA, les Pays-Bas et le Maroc utilisent des combinaisons avec l'utilisation du critère du contrôle, dans la définition de la nationalité de l'investisseur personne morale. Mais les modalités d'application de ces combinaisons sont aussi bien techniques, voire complexes que différentes d'un TBI à un autre. Il serait utile de les examiner une par une.

Premièrement, il y a le TBI Canada - Sénégal[60], dont les modalités d'application de la combinaison des critères incorporation + contrôle sont les plus détaillées. Il fait partie des traités d'investissements nouvelle génération qui portent l'ambition de rendre les notions qu'ils contiennent beaucoup plus précises dans leur définition. Pour saisir la définition conventionnelle de la nationalité de l'investisseur personne morale dans ce TBI, il importe de combiner les définitions des trois notions suivantes qui y sont abordées : « entreprise », « investissement d'un investisseur d'une Partie » et « investisseur d'une Partie ».

Selon le TBI en effet :

« Entreprise » s'entend : « de toute entité constituée ou organisée selon le droit applicable à des fins lucratives ou non, appartenant à des intérêts privés ou publics, y compris d'une société, d'une fiducie, d'une société de personnes, d'une entreprise individuelle, d'une coentreprise ou autre association ainsi que de toute succursale d'une entité » ;

[60] TBI Canada - Sénégal, signé le 27 novembre 2014 et entré en vigueur le 05 août 2016.

« Investissement d'un investisseur d'une Partie » s'entend : « d'un investissement détenu ou contrôlé directement ou indirectement par un investisseur de cette Partie » ;

« Investisseur d'une Partie » s'entend : « d'une Partie, ou d'un ressortissant ou d'une entreprise d'une Partie, qui cherche à effectuer, effectue ou a effectué un investissement ».

Deux observations peuvent être relevées à la lecture de ces dispositions : d'une part, le TBI Canada - Sénégal utilise effectivement la combinaison des critères incorporation + contrôle mobilisés successivement dans la définition des deux premières dispositions. D'autre part, l'on remarque au niveau de la troisième disposition que dans ledit TBI, la notion de « ressortissant » fait exclusivement allusion à l'investisseur personne physique. Ce constat est plus clair lorsqu'il s'est agi de définir plus loin ce que l'on entend concrètement par « ressortissant »[61] . Ce qu'il y a lieu de retenir dans ce TBI c'est que pour relever les critères de détermination de la nationalité de l'investisseur personne morale, il faut nécessairement mobiliser les trois dispositions précitées, pour comprendre enfin que c'est la combinaison incorporation + contrôle qui a été adoptée.

Deuxièmement, il y a le TBI USA - Sénégal[62] qui adopte aussi la même combinaison de critères (incorporation + contrôle), mais avec des formulations différentes. Dans ce TBI, en effet, le mot « investisseur » n'y a pas été défini. Le traité emploie le terme « ressortissant » qu'il attribue, exclusivement, aux personnes physiques (individus), comme c'est le cas dans le TBI Canada - Sénégal. Mais pour les personnes morales c'est le terme « compagnie » qui leur y est consacré.

Pour saisir les critères de détermination de la nationalité de la personne morale dans ce TBI, c'est à l'article I (b) (i) (ii) qu'il faut se tourner. Celui-ci dispose :

« [...] le terme « Compagnie d'une Partie » signifie une compagnie dûment fondée, constituée ou dûment organisée de toute façon aux termes des lois et règlements applicables d'une Partie ou d'une subdivision politique de ladite Partie dans laquelle

---

[61] Selon le TBI Canada - Sénégal, « « ressortissant » s'entend : a) dans le cas du Canada, d'une personne physique qui a le statut de citoyen ou de résident permanent du Canada ; b) dans le cas de la République du Sénégal, d'une personne physique qui a le statut de citoyen de la République du Sénégal [...] ».

[62] TBI États-Unis d'Amérique - Sénégal, signé le 12 juin 1983 et entré en vigueur le 25 octobre 1990.

(i) Les personnes physiques ressortissantes de ladite Partie ou

(ii) Ladite Partie ou une subdivision politique de ladite Partie ou leurs organismes ou agents ont un intérêt substantiel tel que déterminé par ladite Partie ».

À la lecture de cette disposition, le critère de l'incorporation est facilement détectable au premier paragraphe : « [...] le terme « Compagnie d'une Partie » signifie une Compagnie dûment fondée, constituée ou dûment organisée de toute façon aux termes des lois et règlements applicables d'une Partie [...] ». En revanche, la mise en évidence du critère du contrôle nécessite ici de procéder à une interprétation du deuxième paragraphe de la disposition surtout à sa dernière phrase. En somme, ce deuxième paragraphe dispose que la Compagnie, dûment constituée conformément à la législation d'une Partie, est celle dont les personnes physiques ressortissantes de ladite Partie, ou ladite Partie... ont un intérêt substantiel[63]... Le texte ne mentionne pas la notion de « contrôle » mais celle « d'intérêt substantiel ». Mais on a vu, un peu plus haut, que ceux qui possèdent la majorité du capital ont incontestablement un intérêt substantiel au sein d'une société, et de ce fait, un pouvoir de contrôle sur celle-ci. Il en est de même de l'actionnaire qui y dispose la plus petite part. Par voie de conséquence, la notion « d'intérêt substantiel » utilisée dans cet article renvoie tout simplement au contrôle qu'exercent les personnes physiques ou morales de cette Partie contractante sur la Compagnie. Ce qui veut donc dire dans ce TBI, la société aura la nationalité de l'une des Parties contractantes dans laquelle elle est constituée et que les personnes physiques ou morales qui la contrôlent sont aussi ressortissantes : c'est une application de la combinaison des critères de l'incorporation et du contrôle.

Cependant, si l'on s'en tient seulement à cet article I(b)(i)(ii), une société constituée en droit sénégalais, mais contrôlée par des personnes physiques ou morales de nationalité américaine, ne remplirait pas la condition de nationalité requise dans le TBI, pour traduire l'État du Sénégal devant un tribunal arbitral à la survenance d'un litige. Car pour que cette combinaison, textuellement décrite dans le traité, puisse fonctionner, la société doit être constituée dans l'État dans lequel les personnes physiques ou morales qui la contrôlent possèdent la nationalité. En d'autres termes, l'État dans lequel la société a été

[63] Souligné par nous.

constituée doit correspondre à l'État de nationalité des personnes physiques ou morales qui la contrôlent. Or, une telle application de la combinaison des critères de l'incorporation et du contrôle est en porte-à-faux avec la Convention de Washington et aura pour conséquence de voir une future requête d'une société américaine, constituée sur le territoire de l'État du Sénégal et en litige avec ce dernier, rejetée par un tribunal CIRDI. Mais fort heureusement, ce risque a été désamorcé par l'exposé des motifs du même TBI qui dispose en son 4ème paragraphe : « Les investissements visés par le présent Traité sont ceux possédés ou contrôlés directement ou indirectement[64] par les ressortissants ou compagnies des deux Parties ».

Il faut, ici, noter qu'avec le mot « indirectement », l'exigence que la société soit constituée dans l'État de nationalité de ses contrôleurs n'est plus de mise dans la détermination de sa nationalité. L'exposé des motifs du TBI vient corriger cette lacune de l'article I(b)(i)(ii) en considérant implicitement que les investissements effectués par une société constituée dans l'une des parties, mais contrôlée indirectement par les personnes physiques ou morales ressortissantes de l'autre partie, sont également concernés par les dispositions protectrices du TBI en général. Donc, grâce à ce contrôle indirect exercé par ces personnes de l'autre Partie sur la société, celle-ci serait, conformément à l'article 25(2)(b) de la Convention de Washington, de nationalité étrangère et, dès ce fait, admise à saisir le CIRDI d'une requête d'arbitrage contre l'État dans lequel elle a été constituée. Il faut ici comprendre que le contrôle indirect entre en jeu lorsque deux conditions cumulatives sont réunies : d'une part, la société doit être constituée conformément au droit local de l'État d'accueil, et d'autre part, elle doit être contrôlée par des personnes physiques ou morales de l'autre État partie. C'est dire que les exposés des motifs des traités font parties intégrantes de ceux-ci et sont susceptibles d'être invoqués dans la résolution des litiges devant les tribunaux CIRDI. Une telle situation s'est produite dans l'affaire *SOABI c/ État du Sénégal*. Dans cette espèce, le tribunal - dans son argumentaire tendant à rejeter le déclinatoire de compétence soulevé par l'État du Sénégal - s'est également référé au préambule de la Convention d'établissement relative à une usine de préfabrication d'éléments en bétons armés pour étendre la clause d'arbitrage que celle-

[64] Souligné par nous.

ci contenait aux deux autres Conventions qui faisaient l'objet du litige mais qui ne comportaient pas de clauses compromissoires d'arbitrage[65].

En résumé, le TBI Sénégal - USA utilise maladroitement la combinaison des critères de l'incorporation et du contrôle en disposant que l'investisseur personne morale aura la nationalité de l'État dans lequel elle a été constituée et dont ceux qui la contrôlent sont ressortissants. Une faille corrigée par l'exposé des motifs dudit traité qui rétablit le vrai sens de la combinaison en considérant implicitement que lorsqu'une société a été constituée dans l'une des Parties mais contrôlée par des ressortissants (personnes physique ou morales) de l'autre Partie, elle acquiert la nationalité de ces derniers en raison du contrôle indirect qu'ils exercent sur elle.

Troisièmement, il y a également le TBI Pays-Bas - Sénégal[66] qui utilise, au même titre que les deux premiers TBI étudiés, la même combinaison des critères incorporation + contrôle. Seulement ici, non seulement les modalités d'application de la combinaison diffèrent avec celles des TBI conclus par le Sénégal respectivement avec le Canada et les USA, mais encore, la combinaison est utilisée de manière alternative, avec l'application seule du critère de l'incorporation. Son article 1 (4) dispose : « Le terme « société » désigne à l'égard de l'une ou de l'autre des Parties contractantes :

> a. Sans préjudice des dispositions de l'alinéa b) ci-dessous, les personnes morales constituées conformément à la législation de cette Partie Contractante ;
>
> b. Les personnes morales contrôlées, directement ou indirectement, par des ressortissants de cette Partie Contractante mais constituées conformément à la législation de l'autre Partie Contractante[67] ».

La lecture de cet article dans sa globalité révèle que ce TBI utilise des critères alternatifs : en effet, la nationalité de la personne morale de l'une des Parties peut être déterminée, soit en référence au seul critère de l'incorporation (a), soit par la combinaison des critères du contrôle

---

[65] *Aff. Société Ouest Africaine de Bétons Industriels (SOABI) c/. Sénégal*, n° ARB/82/1, sentence du 25 février 1998. En gros, le tribunal s'employait à démontrer, dans cette affaire, qu'étant donné que les trois Conventions avaient toutes la même visée, déclinée dans le préambule de la Convention d'établissement, la clause d'arbitrage contenue dans celle-ci devait s'appliquer aux deux autres Conventions portant sur la construction des 15000 logements.

[66] TBI Pays-Bas - Sénégal, signé le 03 août 1979 et entré en vigueur le 05 mai 1981.

[67] Souligné par nous.

et de l'incorporation (b). Les inconvénients concernant l'application du seul critère de l'incorporation dans la détermination de la nationalité de la personne morale étant déjà traités un peu plus haut, penchons-nous sur l'application de la combinaison des critères contrôle + incorporation, qui constitue la seconde branche de l'alternative. L'on remarque à la première vue qu'il s'agit des mêmes critères de combinaison adoptés dans le TBI avec les USA, sauf qu'ici, les modalités d'application de la combinaison diffèrent. D'après cette combinaison, en effet, une société aura la nationalité de l'État contractant dans lequel les personnes physiques et morales qui la contrôlent sont ressortissantes si elle a été constituée conformément à la législation de l'autre État contractant. En d'autres termes, dans ce TBI avec les Pays-Bas, les personnes physiques ou morales qui contrôlent une société ne doivent pas avoir la nationalité de l'État dans lequel ladite société a été constituée. C'est une combinaison dont les modalités d'application sont topiquement conformes à l'article 25(2)(b) de la Convention CIRDI[68].

Globalement, cependant, le TBI Pays-Bas - Sénégal appelle deux observations : d'une part, la première branche de l'alternative - à savoir la possibilité de se référer au seul critère de l'incorporation dans la définition de la nationalité de la personne morale - ouvre la voie à la pratique du *treaty shopping*, car il suffirait qu'une société quelconque soit simplement constituée dans l'une des Parties au TBI, sans nécessairement y mener des activités économiques substantielles, pour acquérir sa nationalité. Ce qui lui permettra de pouvoir traduire l'autre Partie avec laquelle elle est en contentieux devant le CIRDI. D'autre part, dans cette entreprise de définition de l'investisseur personne morale, le TBI avec le Pays-Bas comporte - au même titre que le TBI avec les USA - une faille, mais encore - au même titre que celui-ci - perfectible grâce aussi à un exercice d'interprétation du traité. En effet, l'article 1(3) du TBI avec le Pays-Bas dispose : « Le terme « ressortissant » comprend à l'égard de l'une ou l'autre des Parties Contractantes les personnes physiques ayant la nationalité de cette Partie Contractante conformément à la législation de celle-ci ». Et immédiatement l'article 1(4) (b) dispose à son tour : « [...] Le terme « société » désigne à l'égard de l'une ou de l'autre des Parties

[68] Ce texte dispose : « Ressortissant d'un autre État contractant signifie : [...] toute personne morale qui possède la nationalité d'un État contractant autre que l'État partie au différend à la date à laquelle les parties [...] »

contractantes :[…] les personnes morales contrôlées, directement ou indirectement, par des ressortissants[69] de cette Partie Contractante[…] ». Si l'on résume et traduit littéralement les deux dispositions juxtaposées, on peut dès lors considérer que les ressortissants habilités à exercer ce contrôle - et donc avoir qualité pour être parties à des procédures arbitrales sous les auspices du CIRDI - ne peuvent être que des personnes physiques, abstraction faite aux personnes morales. Ainsi donc, celles-ci ne pourront en leur nom attraire l'État d'accueil devant le CIRDI, en tant que demanderesses, à la survenance d'un litige.

C'est justement ce dont le Sénégal a tenté de mettre en exergue dans l'affaire l'opposant à *MIO et Sentel GSM*[70]. En l'espèce, l'État défendeur (le Sénégal) estimait que même s'il avait manifesté son consentement à l'arbitrage CIRDI, cela ne concernerait que les personnes physiques et non les personnes morales. Car, selon lui, à travers l'article 10 du TBI Sénégal - Pays-Bas[71], posant les modalités de la saisine du CIRDI, avec l'emploi du nom « ressortissant », la volonté des Parties au traité de n'accorder qu'aux personnes physiques la possibilité d'attraire l'une d'elles devant le Centre est sans équivoque ; or, en l'espèce, la demanderesse étant une société. Mais, la question capitale qu'il importe de se poser ici est celle de savoir si les intentions communes des deux parties au TBI étaient de rendre sans effet le pouvoir de contrôle des personnes morales sur leurs filiales constituées dans l'autre État et, partant, de les empêcher d'attraire celui-ci devant un tribunal arbitral en cas de litige ?

Pour rejeter cette prétention du Sénégal, le tribunal - entre autres arguments tirés du corps du traité -, s'est en premier lieu appuyé sur le Préambule de celui-ci. Selon les arbitres, l'objectif général visé par le Préambule et les autres dispositions du texte, contrairement aux allégations de la défenderesse, était de créer les conditions favorables à l'investissement des capitaux, qui doivent être garanties aussi bien aux

---

[69] Souligné par nous.

[70] CIRDI ARB/08/20, *aff. Millicom International Operations B.V. et Sentel GSM S.A. c/. République du Sénégal,* décision sur la compétence du 16 juillet 2010.

[71] Article 10 du TBI Pays-Bas – Sénégal : « La Partie Contractante sur le territoire de laquelle un ressortissant de l'autre Partie Contractante effectue ou envisage d'effectuer un investissement, devra consentir à toute demande de la part de ce ressortissant en vue de soumettre, pour arbitrage ou conciliation, tout différend pouvant surgir au sujet de cet investissement au Centre institué en vertu de la Convention de Washington du 18 mars 1965 pour le règlement des différends relatifs aux investissements entre États et ressortissants d'autres États ».

personnes physiques qu'aux personnes morales ; telle la possibilité pour les deux catégories d'investisseurs de saisir un tribunal arbitral[72].

Retenons ici que la combinaison des critères de l'incorporation et du contrôle dans les TBI conclus par le Sénégal respectivement avec le Canada, les USA et les Pays-Bas - concernant la définition conventionnelle de la nationalité de l'investisseur - sont d'une complexité telle qu'ils peuvent donner l'occasion à l'État d'accueil, lors d'un litige devant le CIRDI, de tenter de remettre en cause la qualité « étrangère » de la personne morale. Même si les tribunaux CIRDI, dans de telles circonstances ne se limitent pas aux dispositions contestées, mais interprètent le traité dans son ensemble, et ce, conformément à l'article 31 alinéa 1 de la Convention de Vienne sur le droit des traités : « Un traité doit être interprété de bonne foi suivant le sens ordinaire à attribuer aux termes du traité dans leur contexte et à la lumière de son objet et de son but ».

Il y a, enfin, quatrièmement le TBI Maroc - Sénégal[73] qui applique également la combinaison des critères incorporation + contrôle, quand bien même il n'est pas, au moment où ces lignes sont écrites, entré en vigueur. On y retrouve deux combinaisons qui peuvent être utilisées de manière alternative. Il s'agit d'une part de la combinaison siège social + incorporation, et d'autre part de la combinaison siège social + contrôle + activité économique substantielle. On n'y lit en son article 2 : « Le terme investisseur désigne : [...]

b) toute personne morale ayant son siège social sur le territoire du Royaume du Maroc ou de la République du Sénégal et constituée conformément à la législation marocaine ou sénégalaise et effectuant un investissement sur le territoire de l'autre partie Contractante.

c) Les entités juridiques, établies conformément à la législation d'un quelconque pays, qui sont contrôlées, directement ou indirectement, par des nationaux d'une Partie Contractante ou par des entités juridiques ayant leur siège, en même temps que des activités économiques réelles, sur le territoire de cette Partie Contractante ; il est entendu que le contrôle exige une part significative de propriété ».

Comparé aux trois précédents TBI étudiés, le TBI Maroc - Sénégal est le plus à même de neutraliser tout risque de *treaty shopping*. D'après ce traité, lorsqu'il s'agit du contrôle indirect, il ne suffit pas que la

[72] CIRDI ARB/08/20, *aff. Millicom International Operations B.V. et Sentel GSM S.A. c/. République du Sénégal,* préc., para 69 à 74.

[73] TBI Maroc - Sénégal, signé le 15 novembre 2006 (non entré en vigueur).

société, qui contrôle la filiale ayant réalisé un investissement dans l'État hôte, ait son siège social dans l'autre État Partie au TBI, il faut encore qu'elle y exerce « des activités économiques réelles ». Mais, ce n'est pas tout, le traité va plus loin ; il exige en plus que ledit contrôle se matérialise par « une part significative de propriété ». Le traité semble exiger que les actionnaires minoritaires ne puissent en principe se prévaloir de la qualité d'investisseur du fait de leur faible participation dans la société.

Cependant, cette tentation d'exclure les actionnaires minoritaires de la protection du traité - quoique révolutionnaire - semble entrer en contradiction, non seulement avec la disposition portant sur la définition de l'investissement dans le même TBI, mais aussi avec la pratique arbitrale d'une manière générale :

Dans la partie consacrée à la définition de l'investissement, en effet, le TBI dispose : « le terme investissement désigne tout élément d'actif et tout apport direct ou indirect dans toutes sociétés ou entreprises de quelque secteur d'activité économique que ce soit, et notamment, mais pas exclusivement[…] b) les actions[74] et autres formes de participation dans des entreprises[…] »[75]. Dans ce passage, l'on remarque que le TBI n'exige pas un pourcentage d'actions pour que celles-ci puissent être considérées comme investissement. Or dans la définition de l'investisseur, ledit TBI dispose que l'actionnaire personne physique ou morale qui exerce le contrôle sur la société doit y détenir une part significative[76] de propriété - donc une part significative d'actions - pour avoir la qualité d'investisseur. Cette dernière disposition du TBI portant sur la définition de l'investisseur, qui entre en contradiction avec celle portant sur la définition de l'investissement dans ce même traité, en ce qu'elle exige implicitement, voire timidement à l'actionnaire un pourcentage dans la possession d'actions pour avoir la qualité d'investisseur protégé, constitue une faille à corriger. En droit international des investissements, la doctrine semble unanime sur le fait que la participation dans la société ne requiert pas de pourcentage particulier : les participations minoritaires sont donc aussi protégées dans les TBI[77].

---

74 Souligné par nous.

75 Article 1 « Définitions » 1.b) du TBI Maroc - Sénégal.

76 Souligné par nous.

77 J. El Ahdab : « La compétence personnelle », *in* W.-B. Hamida, A. Ngwanza, J.-B. Harelimana (dir.), *Un demi-siècle africain d'arbitrage d'investissement CIRDI*, *op. cit.*, (…), p. 121.

Par ailleurs, cette timide tentation du TBI Maroc - Sénégal d'exclure les actionnaires minoritaires de sa protection n'est également pas en phase avec la pratique arbitrale en matière d'investissements. La reconnaissance d'un droit de recours au profit des actionnaires minoritaires des filiales de droit local a pour la première fois été expressément consacrée, lors de la sentence *Lanco international Inc. c/. Argentine*[78]. Dans cette affaire, des actionnaires américains détenant 18,3 % d'un consortium titulaire d'un contrat de concession portuaire en Argentine soutenaient que l'État d'accueil violait le TBI *États-Unis d'Amérique - Argentine*, en octroyant un traitement plus favorable à l'égard d'un concurrent. Face à cette réclamation, l'Argentine a répliqué que les actionnaires ne détenaient qu'une participation minoritaire dans le capital du consortium, ce qui les empêchait de se prévaloir de la protection accordée par le TBI invoqué. Rejetant cette objection, le tribunal s'est déclaré compétent en affirmant que : « *as regards shareholder equity, the Argentina-Us treaty says nothing indicating that the investor in the capital stock has to have control over he administration of the company, or a majority share ; thus the fact that Lanco holds an equity share of 18,3 % in the capital stock of the Grantee allows one to conclude that it is an investor in the meaning of Article I of the Argentina-U.S. treaty* »[79].

....

Au total, dans les TBI sénégalais, ce sont les critères standards d'identification de la nationalité des sociétés qui ont été mobilisés aux fins de définir la nationalité de l'investisseur personne morale. L'utilisation de ces critères varie d'un TBI à un autre, même si l'on constate la prédominance de la combinaison des critères incorporation + siège social. Cependant, si d'autres combinaisons beaucoup plus techniques, voire complexes ont été adoptées afin de mieux corser la lutte contre le phénomène du *treaty shopping*, elles n'ont malheureusement pas empêché le développement d'un contentieux de contestation de la nationalité « étrangère » des personnes morales, lors des litiges opposant celles-ci à l'État du Sénégal devant les tribunaux CIRDI.

---

[78] CIRDI ARB/97/6, *aff. Lanco International Inc. c/ Argentine*, sentence du 8 décembre 1998 sur la compétence.

[79] CIRDI ARB/97/6, *aff. Lanco International Inc. c. Argentine*, sentence du 8 décembre 1998 sur la compétence, § 10.

Chroniques de jurisprudence

Notes cursives sur la notion d'intérêt devant la Cour Africaine des Droits de l'Homme et des Peuples[1]

Sylla SOW
Maitre-assistant en droit public
Université Cheikh Anta Diop de Dakar

Résumé : La jurisprudence sur le contentieux de l'intérêt public devant la CADHP montre que ce type de contentieux présente une nature et un domaine spécifiques. Le contentieux de l'intérêt public est un contentieux objectif, un contentieux de la norme ; ce qui selon la juridiction africaine de protection des droits de l'homme et des peuples est une particularité africaine. Du point de vue du domaine, le contentieux de l'intérêt public est de mise chaque fois les droits invoqués mettent en jeu des intérêts nationaux- des questions de gouvernance électorales ou des problématiques d'établissement ou de révisions constitutionnelles- ou un intérêt régional comme le droit des peuples à disposer d'eux-mêmes.

Mots clés : Cour africaine des droits de l'homme et des peuples-Intérêt à agir-Intérêt public-Révision ou établissement de la Constitution-Droit des peuples à disposer d'eux-mêmes.

La notion d'intérêt public est protéiforme. Il est possible de chercher à la cerner à partir de la perception qu'en ont les membres de la société, donc de l'analyser du point de vue, forcément diffus, des membres de la collectivité. Une telle approche se contenterait de rendre compte de visions, d'optiques ou de sentiments plus ou moins confusément ressentis ; elle s'appuierait sur des données empiriques et sur la méthode de l'interrogation ou de l'enquête. Elle pourrait éventuellement conduire à des analyses - analyses des résultats ainsi recueillis - mais elle ne pourrait faire l'économie d'une collecte initiale d'« informations ».

---

[1] **Note de l'équipe éditoriale de la RSD** : les arrêts de la CADHP ayant inspiré cette chronique jurisprudentielle, étant particulièrement longs, dans la tradition des décisions rendues par les juridictions internationales, n'y ont pas été intégrés.

Il est également possible d'étudier l'intérêt public à partir de données moins empiriques, plus institutionnelles. La méthode consisterait alors à voir les manifestations de l'intérêt public dans les textes officiels, mais aussi dans la pratique du juge international, plus précisément du juge international africain de protection des droits de l'homme et des peuples. Telle est la perspective choisie ici. Il est question de voir le contenu, les critères de l'intérêt public dans un champ institutionnel spécifique, qui est celui de la justice, celui de la Cour africaine des droits de l'homme et des peuples (ci-après CADHP). Plus précisément encore, ce sont les manifestations processuelles et contentieuses de l'intérêt public qui nous intéressent, c'est-à-dire la manière dont cet intérêt est appréhendé dans le contentieux de la CADHP.

La question susmentionnée a suscité un intérêt particulier dans le contentieux de la CADHP. Déjà, dans la première décision dans laquelle la CADHP s'est prononcée dans le fond, l'affaire *Tanganyika law society et legal and human rights centre et Reverand Christoher R. Mtikila c/. République unie de Tanzanie*[2], le Juge Fatza Ouguergouz émet une opinion individuelle dans l'affaire en donnant une précision conceptuelle de ces deux notions : la question de la « qualité pour agir » devant la Cour ADHP de celle de l'« intérêt pour agir » devant celle-ci. La qualité pour agir d'une entité a trait au pouvoir de celle-ci d'ester devant la CADHP et relève donc de la compétence personnelle de la CADHP relativement au requérant. L'intérêt pour agir renvoie pour sa part à la notion d'intérêt légitime, c'est-à-dire d'intérêt juridiquement reconnu ou protégé dont la CADHP apprécie souverainement l'existence dans chaque cas d'espèce[3]. En d'autres termes, la qualité pour agir touche à la personne du requérant, l'intérêt à agir, à l'action qu'il engage[4]. Une action devant la CADHP n'est, en effet, recevable que si son auteur justifie de son intérêt propre à l'engager. Pour faire la preuve de cet intérêt, le requérant doit en conséquence démontrer que l'action ou l'abstention de l'État défendeur concerne un droit dont ledit

---

[2] CADHP, 22 septembre 2011, *aff. Tanganyika law society et legal and human rights centre et Reverand Christoher R. Mtikila c/. République unie de Tanzanie*, req. n° 009/2011 et 011/2011.

[3] CADHP, *aff. préc.,* « opinion individuelle du vice-président », note Fatsa Ouguergouz, https://www.african-court.org/cpmt/storage/app/uploads/public/633/6df/e42/6336dfe421e7b631855817.pdf, consulté le 5 septembre 2024.

[4] Sur l'intérêt à agir, v. K. Mbaye, « L'intérêt à agir devant la Cour internationale de justice », *Recueil des Cours de l'Académie de Droit International*, vol. 209, 1988, pp. 223-346.

requérant est titulaire ou le droit d'un individu au nom duquel le requérant souhaite intervenir[5]. Dans la même dynamique, le professeur Alain Didier Olinga a souligné l'absence de combativité de l'État défendeur sur la question de l'intérêt à agir, dans l'affaire susmentionné. Il a attiré l'attention de la CADHP, en ces termes : « En réalité, l'auteur de la requête doit démontrer en quoi il est « victime » de ce qu'il impute à l'État comme fait illicite au regard de la Charte, ou en quoi ceux au nom desquels il agit sont « victimes » de la violation alléguée. De manière plus générale, la CADHP doit clarifier le point de savoir si le droit de recours actionné devant elle par des individus ou des ONG est un droit de recours potentiellement objectif, une démarche d'*actio popularis*. Cette question n'est pas banale, car les États encore hésitants à entrer dans le jeu de la déclaration de l'article 34 (6) pourraient se montrer encore plus réticents à l'intégrer, si le prétoire de la CADHP devait être encombré de requêtes à propos desquelles les plaignants n'auraient pas besoin de montrer en quoi ce qu'ils imputent à l'État leur a causé un préjudice ; une telle situation pourrait transformer le prétoire de la CADHP en une tribune de contestation générale des évolutions politiques et sociales au sein des États parties à la Charte[6].

Malgré ces notes d'attention, l'année 2020 a marqué un tournant décisif dans la jurisprudence de la CADHP. En effet, en cette date, la CADHP a rendu une palette de décisions dans lesquelles elle a consacré la notion d'intérêt public.

A quoi renvoie la notion d'intérêt public ? Malheureusement, la cascade de jurisprudence de la CADHP ne nous renseigne pas sur sa définition ou son sens. En réalité, il n'existe pas une définition consensuelle de l'intérêt public. Admis en droit interne, consacré en droit international, l'intérêt public est difficilement consacré aux profits

---

[5] CADHP, *aff. préc.*, note Fatsa Ouguerguouz, préc., paragraphe 24-25, https://www.african-court.org/cpmt/storage/app/uploads/public/633/6df/e42/6336dfe421e7b631855817.pdf, consulté le 3 septembre 2024.

[6] A-D, Olinga, « La première décision au fond de la Cour africaine des droits de l'homme et des peuples (arrêt du 14 juin 2013 sur les affaires jointes *Tanganyika Law Society & The Legal and Human Rights Centre c/. Tanzanie* et *Révérend Christopher R. Mtikila c/. Tanzanie*) », *Revue des droits de l'homme*, n° 6, 2014, p.3, https://journals.openedition.org/revdh/953?lang=en, consulté le 6 septembre 2024.

des individus et des organisations non gouvernementales (O.N.G) par les mécanismes juridictionnels et quasi-juridictionnels [7].

La Cour suprême indienne a estimé que lorsqu'une personne ou une catégorie de personnes est victime d'infraction à la loi ou d'une préjudice juridique à la suite de la violation de ses droits constitutionnels ou légaux, et que cette personne ou cette catégorie de personnes en raison de sa pauvreté ou de son handicap, est désavantagée sur le plan social ou économique est incapable de saisir la Cour pour obtenir réparation, tout membre du public ou d'un groupe d'action sociale agissant *Bona Fide* peut déposer une plainte auprès du tribunal afin d'obtenir réparation judiciaire de l'injustice ou du préjudice subi par cette personne ou par un groupe déterminé de personnes[8]. Il est clair que cette définition de l'intérêt public met l'accent sur l'incapacité d'une personne ou d'un groupe de personnes de saisir un tribunal pour obtenir réparation. L'intérêt public s'entend aussi comme « ce qui est pour le bien public, à l'avantage de tous »[9]. Tout ce qui présente un intérêt pour le public n'est pas forcément d'intérêt public. D'une manière générale, pour déterminer s'il s'agit d'un intérêt, on se réfère à plusieurs facteurs. Ces facteurs indicatifs sont notamment les suivants : l'issue du litige présente un intérêt public, le plaignant n'a pas d'intérêt personnel, patrimonial ou pécuniaire dans l'issue du litige, ou si un tel intérêt existe, il ne justifie pas économiquement le litige ; lequel litige soulève des questions dont l'importance va au-delà des intérêts immédiats de la partie concernée[10]. Quoiqu'il en soit en droit du contentieux, l'admission de l'intérêt public assouplit les règles du *locus standi* et dispense les plaignants d'apporter la preuve d'un préjudice ;

---

[7] F. Voeffray, « L'actio popularis ou la défense de l'intérêt collectif devant les juridictions internationales » *Graduate Institute Publications*, Genève, 2004, pp. 5-406.

[8] S. Sen, N.-G., Albert, « L'intérêt public en Inde, Contestation et confrontation devant la Cour suprême », *Diogène,* 2012/3, n° 239-240, https://shs.cairn.info/revue-diogene-2012-3-page-37?lang=fr&tab=texte-integral, consulté le 5 septembre 2024.

[9] G. Cornu, *Vocabulaire juridique*, P.U.F, Paris, 12e éd. mise à jour, 2018, p. 1211.

[10] C. Shall, « Public Interest Litigation Concerning Environmental Matters before Human Rights Courts: A Promising Future Concept ? », *Journal of Environmental Law*, 2008, vol. 20, n° 3 (2008), p. 419. "Not everything that is of interest to the public is of public interest. Generally, when determining a case of PIL, one can refer to several factors. These indicating factors are inter alia: (1) there is a public interest in the outcome of the litigation; (2) the plaintiff has no personal, proprietary or pecuniary interest in the outcome, or if such an interest exists, it does not justify the litigation economically;13 and (3) the litigation raises issues of importance beyond the immediate interests of the parties". C'est nous qui traduisons.

c'est-à-dire confère à tout individu la prérogative d'intenter une action pour la défense d'un intérêt public[11].

Il s'agira de voir dans cette note cursive, si à partir de la jurisprudence se dégage des critères d'octroi de l'intérêt public devant la CADHP ?

La démarche se fondera uniquement sur cette jurisprudence pour définir les contours de l'intérêt public. En effet, les autres systèmes de protection des droits de l'homme notamment européen et interaméricain estiment, du moins principiellement, que seules les victimes sont les titulaires du droit de saisine[12]. L'article 61 de la Convention américaine des droits de l'homme stipule clairement que « Seuls les États parties à la présente Convention et la Commission ont qualité pour saisir la Cour »[13]. Les individus, les groupe de personnes, toute entité non gouvernementale légalement reconnue dans un ou plusieurs États membres de l'Organisation peuvent soumettre à la Commission des pétitions contenant des dénonciations ou plaintes relatives à une violation de la Convention par un État partie[14]. L'article 34 de la Convention européenne de sauvegarde des droits et libertés fondamentales stipule que « La Cour peut être saisie d'une requête par toute personne physique, toute organisation non gouvernementale ou tout groupe de particuliers qui se prétend victime d'une violation par l'une des Hautes Parties contractantes des droits reconnus dans la Convention ou ses protocoles. Les Hautes Parties contractantes s'engagent à n'entraver par aucune mesure l'exercice efficace de ce droit »[15].

---

[11] CIJ, 18 juillet 1966, *aff. du sud-ouest africain (Éthiopie c/. Afrique du sud; Liberia c. Afrique du sud),* 2eme phase, paragraphe 88, https://www.icj-cij.org/sites/default/files/case-related/46/046-19660718-JUD-01-00-FR.pdf, consulté le 09.septembre 2024.

[12] Il faut souligner que ces mécanismes ont considérablement assoupli la notion d'intérêt à agir, M. Malblanc, « L'approche compréhensive de « l'intérêt à agir » devant la Cour européenne des droits de l'Homme », *Petites affiches*, 2020, nº 174, p.5 et s.

[13] Article 61, Convention américaine relative aux droits de l'homme adoptée à San José, Costa Rica, le 22 novembre 1969, à la Conférence spécialisée interaméricaine sur les Droits de l'Homme, https://www.cidh.org/Basicos/French/c.convention.htm, consulté le 08 septembre 2024.

[14] Article 44, Convention américaine relative aux droits de l'homme adoptée à San José, Costa Rica, le 22 novembre 1969, à la Conférence spécialisée interaméricaine sur les Droits de l'Homme, https://www.cidh.org/Basicos/French/c.convention.htm, consulté le 08 septembre 2024.

[15] https://www.echr.coe.int/documents/d/echr/Convention_FRA, consulté le 9 septembre 2024.

Un intérêt pertinent sous-tend une telle réflexion. La CADHP est-elle en « mal de requêtes » au point de consacrer cette notion pour faciliter les conditions d'accès la CADHP à la suite des retraits de la déclaration préalable d'acceptation et de compétence par certains États ? Ou, tout simplement, cette consécration pourrait témoigner d'un niveau de maturité de la CADHP, qui après seize (16) années de jurisprudence,[16] maitriserait les enjeux et les nécessités des droits de l'homme en Afrique. Dans une tout autre perspective, la réflexion sur la consécration de la notion d'intérêt public dans la jurisprudence de la CADHP constitue un prétexte pour discuter une affirmation selon laquelle « l'individu n'est pas l'élément nodal de l'orientation du système africain »[17].

Quoiqu'il en soit, la CADHP semble déterminer les critères de l'intérêt public, d'abord par la nature du contentieux de l'intérêt public (I), mais aussi par le domaine par lequel l'intérêt public est appliqué (II).

I – La nature du contentieux d'intérêt public

Il ressort de la jurisprudence étudiée que l'intérêt public est constaté chaque fois que le contentieux est de nature normative, c'est-à-dire qu'il relève du contentieux objectif (A). En réalité, pour la CADHP, il s'agit-là d'une particularité africaine (B).

A – Un contentieux normatif

La question de la nature objective du contentieux ne se pose pas lorsque le différend est d'ordre interétatique[18]. Le contentieux des particuliers devant le système africain de protection des droits de l'homme a suscité de vifs débats. Dans la communication de la Commission africaine des droits de l'homme et des peuples (ci-après Commission ADHP), *lawyers for Human rights contre Royaume du*

[16] Même si la Cour africaine a officiellement démarré ses activités en juillet 2006, elle a reçu sa première décision en aout 2008 en la requête introduite par *Michel Yogogombaye c/. la République du Sénégal*.

[17] S.-A., Ndiaye, « Libres propos sur la notion de droits de l'homme en Afrique », *RGDIP*, 2022, n° 1, p.22.

[18] Article 47 de la Charte africaine des droits de l'homme et des peuples, « si un État partie à la présente Charte a de bonnes raisons de croire qu'un autre État également partie à cette Charte a violé les dispositions de celle-ci, il peut appeler, par communication écrite, l'attention de cet État sur la question ».

Swaziland devant la Commission africaine des droits de l'homme et des peuples, certains auteurs précisaient que : « Le contentieux international des droits de l'homme n'est pas un contentieux objectif, un contentieux de la légalité, en particulier lorsqu'il est actionné par des particuliers ou en leurs noms ». Les requêtes devant les juridictions internationales « s'analysent fondamentalement comme des actions tenant à la réparation des dommages résultant de la violation des droits subjectifs, qui s'apparentent au contentieux interne de la pleine juridiction » [19]. A travers, la reconnaissance au profit de l'individu de moyens susceptibles de faire cesser la violation de l'un de ses droits garantis par la voie de la condamnation. Le contentieux des droits et libertés demeure fortement coloré de subjectivisme.

Toutefois, c'est à rebours de cette position que la CADHP, par deux arrêts, rendu le même jour, le 27 novembre, opposant *XYZ contre République du Bénin*[20] a estimé que les dispositions de l'article 5 (3) n'obligent pas les individus ou les ONG à démontrer un intérêt personnel dans une requête pour accéder à la Cour surtout lorsqu'il s'agit d'un contentieux de norme. En outre, la CADHP réaffirme que « les allégations relèvent du contentieux objectif en ce que les dispositions légales contestées sont d'intérêt pour les citoyens car il a une incidence directe ou indirecte sur leurs individuels, la sécurité et le bien-être de leur société et de leur pays. Étant donné que le requérant lui-même est un citoyen de l'État et les dispositions des lois (…) ont un impact potentiel sur les affaires politiques de son pays, il est évident qu'il a un intérêt direct dans la matière »[21]. Il apparait des lors que lorsque le contentieux est un « contentieux de la norme » ou un « contentieux objectif », le demandeur n'est pas tenu de prouver de démontrer un quelconque intérêt.

En estimant que certains types de contentieux sont de la nature objective, la CADHP admet que l'individu n'intervient pas pour la préservation de ses droits propres, mais plutôt soumet la Cour africaine des questions qui touche à « l'ordre public ». La Cour africaine fait ainsi

---

[19] A-D, Olinga, « Vers un contentieux objectif à Banjul ? l'affaire lawyers for Human rights contre Royaume du Swaziland devant la Commission africaine des droits de l'homme et des peuples », *Revue juridique et politiques des États francophones,* Ed jurisafrica, n° 1, janvier mars 2007, 61ᵉ année, p. 35.

[20] CADHP, 27 novembre 2020, *aff. XYZ c/. République du Bénin*, req. nº 010, paragraphe 48.

[21] CADHP, 27 novembre 2020, *aff. XYZ c/. République du Bénin*, req nº 059, paragraphe 57.

de l'individu, relevant de sa juridiction, un « procureur » pour la préservation cet « ordre public », c'est-à-dire la sécurité et le bien-être de leur société et de leur pays.

Dans une autre perspective, l'admission d'un contentieux objectif fait du juge des droits de l'homme et des peuples africain un juge de la légalité. Autrement dit, un organe juridictionnel qui apprécie la conformité d'une norme par rapport à un acte supérieur. Finalement la CADHP ne serai-elle pas un juge du droit, dont la fonction essentielle serait de révéler les dysfonctionnements d'un système juridique en attente d'assainissement ?[22].

Il s'agit-là d'une particularité du système régional africain des droits de l'homme marqué par le caractère objectif du contentieux des droits de l'homme [23], c'est à dire un recours qui pose une question de légalité au juge.

B – Une particularité du système régional africain de protection des droits de l'homme

Dans son arrêt *Sébastien Germain Marie Aikoue Ajavon c/. République du Bénin, requête n° 062/2019,* arrêt du 04 décembre 2020, la CADHP, répondant à l'invocation du défaut d'intérêt à agir, affirme que « bien qu'ayant la vocation commune de protection des droits de l'homme, les cours des droits de l'homme ne partagent pas les mêmes exigences, notamment sur les questions de recevabilité ». En l'espèce, l'État défendeur fonde son exception sur l'exigence de la qualité de la victime, traduction processuelle de l'intérêt à agir prévue par l'article 10 (d) du Protocole de 2005 relatif à la CJCEDEAO. Or, ni la Charte africaine des droits de l'homme et des peuples, ni le Protocole, encore moins le règlement, ne contiennent des dispositions similaires »[24]. A vrai dire, ni l'article 56 (1) de la Charte africaine des droits de l'homme et des peuples, ni l'article 5 (3) du Protocole relatif à la Charte africaine des droits de l'homme et des peuples portant création d'une Cour africaine des droits de l'homme et des peuples ne font référence à la notion de « victime » ou d'un quelconque lien entre le plaignant et la

[22] J. Arlettaz, J. Bonnet, *L'objectivation du contentieux des droits et libertés fondamentaux, du juge des droits au juge du droit*, Pedone, Paris, 2015, p. 6.
[23] CADHP, 04 décembre 2020, *aff. Sébastien Germain Marie Aikoue Ajavon c/. République du Bénin*, req. n° 062/2019, paragraphe 58-59.
[24] CADHP, 04 décembre 2020, *aff. Sébastien Germain Marie Aikoue Ajavon c/. République du Bénin*, req. n° 062/2019, paragraphe 76, 77.

violation d'un droit garanti. La seule condition préalable est que l'État défendeur, en plus d'être partie à la Charte et au Protocole, ait déposé la Déclaration permettant aux individus et aux ONG d'introduire des requêtes devant la Cour.

C'est le règlement intérieur de la CADHP [25], en son article 40 (4), intitulé introduction de l'instance, dispose que « tout requérant qui, en son nom ou au nom de la victime, souhaite obtenir une réparation au titre de l'article 27, alinéa 1er du Protocole, formule sa demande de réparation dans la requête, en conformité avec l'alinéa 2 ci-dessus. Les documents justificatifs et éléments de preuve y relatifs peuvent être soumis en même temps que la requête ou ultérieurement dans un délai fixé par la Cour ». L'article 41 (d) du même règlement, contenu d'une requête en matière contentieuse, dispose que lorsque le requérant est une personne morale[26], il doit joindre un document ou des documents indiquant que la personne qui a déposé la requête jouit du statut ou de l'autorité pour représentation le requérant.

Il ressort de la lecture combinée de ces dispositions du règlement intérieur que seules les victimes ou leurs représentants dument mandatés peuvent demander réparation de droits supposément violés. De plus, si la requête est introduite par une personne morale, elle doit apporter la preuve de son mandat.

En reconnaissant la particularité de la mission de protection des droits de l'homme en Afrique, la Cour africaine des droits de l'homme rejoint sa devancière, la Commission ADHP ; organe dont il a la charge

---

[25] Règlement intérieur de la Cour africaine des droits de l'homme et des peuples adopté le 1ier septembre 2020.

[26] Article 41 (d) Règlement intérieur de la Cour africaine des droits de l'homme et des peuples adopté le 1ier septembre 2020 : « lorsque le requérant est une personne morale, joindre un document ou des documents indiquant que la personne qui a déposé la requête jouit du statut ou de l'autorité pour représenter le requérant (…) ». On remarquera ladite disposition parle de « personne morale » alors que l'article 5 (3) protocole a la Charte africaine des droits de l'homme et des peuples portant création de la Cour africaine des droits de l'homme et des peuples stipule que seules les individus les organisations non gouvernementales (O.N.G) disposant du statut d'observateur auprès de la Commission africaine des droits de l'homme et des peuples ont qualité à agir conformément à l'article 34(6) pour introduire une instance devant la Cour africaine. Cette erreur rédactionnelle du règlement intérieur de la Cour est tant révélatrice. La qualité à agir, au niveau du système africain de protection des droits de l'homme et des peuples, est réducteur au point de prendre en compte que les individus et les ONG à introduire des requêtes. Une personne morale devrait pouvoir introduire une instance dans la Cour africaine si ces droits protégés par la Charte africaine sont violés.

de compléter la mission de compléter la protection des droits de l'homme et des peuples.

La Commission ADHP, au titre de sa mission de protection des droits de l'homme et des peuples sur le continent africain, allège la notion d'intérêt à agir dans sa quasi-jurisprudence. Dans sa communication *Mme Sarr Diop, Union interafricaine des droits de l'homme et RADDHO, collectif des veuves et ayants droit et association mauritanienne des droits de l'homme c/. Mauritanie*, elle dispose que les auteurs de la communication « ne doivent pas nécessairement être les victimes ou des membres de leurs familles »[27]. De même, dans la communication *Bakweri land Claims Committee/Cameroun*, elle « note que l'exigence de la qualité à comparaitre *locus standi* n'est pas restrictive au point d'impliquer que seules les victimes peuvent saisir la Commission. En réalité, tout ce que l'article 56 (1) exige, c'est la divulgation de l'identité de l'auteur de la communication, indépendamment du fait qu'il est la victime réelle de la violation alléguée »[28]. Pour la Commission ADHP, « cette caractéristique de la Charte reflète une sensibilité aux difficultés pratiques que peuvent rencontrer des individus dans les pays où les droits de l'homme sont violés. Les voies de recours nationales ou internationales peuvent ne pas être accessibles aux victimes elles- mêmes ou peuvent s'avérer dangereuses à suivre »[29].

Cette interprétation de la Commission ADHP, et désormais de la CADHP, est partagée par certains qui estiment qu'elle est plus conforme à l'objet et au but de la Charte ; d'autant plus que les conditions régissant les requêtes ne coïncident pas nécessairement avec les critères nationaux relatifs au *locus standi*. Les règles internes en la matière peuvent servir à des fins différentes de celle de l'article 56 de la Charte. Il y a parfois une analogie entre les buts respectifs [30].

---

[27] M. Sarr Diop, « Collectif des veuves et ayants-droits, Association mauritanienne des droits de l'homme c/. Mauritanie », *Communication n°54/91, 61/91*, 13e rapport annuel d'activités.

[28] Communication 260/02, *Bakweri Lands Claims Commitee c/. Cameroun*, 18ème rapport annuel d'activités (Abuja).

[29] G. Baricako, « Les décisions de la Commission africaine », *L'application de la Charte africaine des droits de l'homme et des peuples*, J-F Flauss et Elisabeth Lambert Abdelgawad (dir), Bruylant Nemesis, 2004, p. 219.

[30] M. Cifende Kaciko, « Les conditions de recevabilité des communications devant la Commission africaine des droits de l'homme et des peuples : portée jurisprudentielle », *R.D.I.D.C*, Bruxelles, 2004, pp. 266-315.

La CADHP semble, au regard de sa jurisprudence, définir des domaines lesquels les litiges sont d'intérêt public.

II – Le domaine de l'intérêt public

La jurisprudence sur la question à l'étude a fait ressortir que la CADHP fixe deux critères pour considérer l'intérêt public. Ce dernier est de mise lorsque les droits invoqués mettent en jeu des considérations nationales (A) ou régionales c'est-à-dire africaines (B).

A – Le critère d'intérêt national

Le critère d'intérêt national pour la constatation d'intérêt public s'apprécie à l'aune de deux domaines : la matière électorale et la matière constitutionnelle.

La compétition électorale occupe progressivement une place centrale dans la vie politique de presque tous les États en Afrique depuis le déclenchement de ce qui a été appelé la « deuxième vague de démocratisation », au début des années 1990[31]. C'est pourquoi, l'élection est la principale adjuvante des conflits sociétaux[32]. C'est probablement la raison pour laquelle la question de la transparence des élections, l'indépendance et l'impartialité des organes de gestion des élections est au cœur du contentieux devant la CADHP. Déjà, la première décision au fond de la CADHP interrogeait les questions électorales en Afrique (CADHP, Tanganyika Law Society, the Legal and Human Rights Centre et Révérend R Mlitika c. Tanzanie, requête 009/2011). En 2016, dans l'affaire *Action pour la protection des droits de l'homme (A.P.D.H) c/. la République de Côte d'ivoire*, arrêt du 18 novembre 2016[33], la CADHP a eu à établir que l'organe de gestion des

---

[31] I.-M. Fall, M. Hounkpe, A.-L. Jinadu, P. Kambale, « Organes de gestion des élections en Afrique de l'ouest : Une étude comparative de la contribution des commissions électorales au renforcement de la démocratie *», une étude d'AFRIMAP et de l'Open Society Initiative for West Africa*, p. 1, http://www.africanminds.co.za/wp-content/uploads/2017/07/AfriMAP-West-Africa-FRENCH-WEB.pdf, consulté le 12.09.2024.

[32] S.-A. Ndiaye, « Libres propos sur la notion de droits de l'homme en Afrique *», Revue générale de droit international public*, préc. p. 22.

[33] CADHP, 18 novembre 2016, *aff. action pour la protection des droits de l'homme (A.P.D.H) c/. la République de Côte d'ivoire*, req. n° 001/2014, https://www.african-court.org/cpmt/storage/app/uploads/public/62b/45a/d5d/62b45ad5d91f4590227309.pdf, consulté le 4 septembre 2024.

élections en Côte d'ivoire, notamment la Commission électorale indépendante, n'était pas indépendante.

Dans un arrêt, *XYZ contre République du Bénin* du 27 juin 2020[34], les questions électorales était aussi en jeu. Le requérant arguait, au soutien de sa plainte, la régularité de la modification du Code électoral par la loi nº 2019-43 du 15 novembre 2019. Trois motifs essentiellement soutiennent son argumentaire. D'abord, la révision a été adoptée six (6) mois avant la tenue des élections municipales ; ce qui est contraire au Protocole de la CEDEAO sur la démocratie et la bonne gouvernance ainsi que le Protocole relatif au mécanisme de prévention, de gestion, de règlement des conflits, de maintien de la paix et de la sécurité. Ensuite, la révision de la loi électorale est adoptée par une Assemblée nationale illégitime. Le plaignant met en doute l'impartialité et l'indépendance des organes de gestion des élections. L'État défendeur a mis en place, par la révision de la loi électorale, un Conseil d'orientation et de supervision de la liste électorale permanentes informatisée (COS-LEPI) et la Commission électorale nationale autonome (CENA). La CADHP rejette certains points de l'argumentaire mais retient que la composition de la COS-LEPI n'offre pas des garanties d'indépendance et d'impartialité au vue du caractère déséquilibrée de sa composition. En effet, parmi les membres de COS-LEPI, en sus des cinq (5) sont issues de la majorité parlementaire deux directeurs généraux siègent comme membre de l'institution. La CADHP estime que cette composition n'est pas conforme aux articles 17 de la CADEG, à l'article 3 du Protocole de la CEDEAO sur la démocratie et la bonne gouvernance et à l'article 13 de la Charte africaine des droits de l'homme et des peuples. Le requérant a estimé que les élections législatives du 28 Avril 2019 étaient irrégulières. Le Code électoral béninois, applicable lors de ces élections législatives, interdisait les alliances politiques, les candidatures indépendantes, *etc*. La CADHP soutient que l'interdiction des alliances électorales en vue du dépôt des candidatures ne permet pas aux citoyens de s'associer les uns aux autres, obligeant tout citoyen de faire acte de candidature en étant membre d'un parti politique. Il est de même de la perte du statut de parti politique si ce celui-ci ne présente pas de candidat à deux élections législatives. Ces limitations constituent une violation de la liberté d'association reconnue par la Charte africaine des droits de

[34] CADHP, 27 novembre 2020, *aff. XYZ c/. Bénin*, req. 059/2019.

l'homme et des peuples[35] et le droit de participer librement à des élections.

Si la CADHP a pu développer ce raisonnement afin de constater les violations susmentionnées, c'est parce qu'elle a considéré que la question abordée relève de l'intérêt public. Nul besoin d'apporter la preuve d'un intérêt à agir. La Cour a recouru à ce même argumentaire pour constater la non-conformité de la révision constitutionnelle aux engagements internationaux d'États parties.

Dans l'affaire du 27 novembre 2020, *XYZ contre République du Bénin*[36], le requérant conteste la manière et le contexte dans lesquels la révision de la Constitution béninoise s'est déroulée. À cet égard, la CADHP observe que l'amendement de lois telle que la Constitution, qui est la Loi suprême du pays, est d'un intérêt particulier pour tous les citoyens car il a une incidence directe ou indirecte sur leurs droits individuels et la sécurité et le bien-être de leur société et de leur pays. En conséquence, étant donné que le requérant lui-même est citoyen de l'État défendeur et que les dispositions révisées de la Constitution ont un impact potentiel sur le droit de chaque citoyen de participer aux affaires politiques de son pays, il est évident qu'il a un intérêt direct dans la matière ». En effet, Le 30 octobre 2019, l'Assemblée nationale du Bénin a adopté la loi portant révision de la Constitution n° 2019-40 portant modification de la loi n° 90-032 du 11 décembre 1990, initiée par les parlementaires, selon une procédure d'urgence. Selon le requérant, la révision constitutionnelle viole la Charte africaine des droits de l'homme et des peuples, la Charte africaine de la démocratie, des élections et la bonne gouvernance en ce sens qu'elle n'est pas consensuelle et qu'elle ne respecte pas le droit à l'information du public. Le requérant met en cause la partialité de la juridiction constitutionnelle. Pourtant, la révision constitutionnelle querellée a été déclarée conforme par la Cour constitutionnelle du Bénin qui n y a décelé qu'une erreur matérielle[37]. La CADHP déclara non-conforme

[35] *Ibid.,* Paragraphe 201 et 203.

[36] CADHP, 27 novembre 2020, *aff. XYZ c/. République du Bénin*, req. n° 010, paragraphe 55,

[37] Cour Constitutionnelle Bénin, 6 novembre 2019, *DCC 19-504*, https://cdn.accf-francophonie.org/2022/07/benin_decision_dcc_19_504_revision2019.pdf, consulté le 4 septembre 2024.

cette révision constitutionnelle aux engagements internationaux[38], notamment les articles 9, 22, 23 et 26 de la Charte africaine des droits de l'homme et des peuples ainsi que l'article 10 (2) de la CADEG. Selon la CADHP, le caractère consensuel d'une révision constitutionnelle découle de la jurisprudence constitutionnelle du Bénin. Le juge constitutionnel du Bénin estime que « même si la Constitution a prévu les modalités de sa propre révision, la détermination du peuple béninois à créer un État de droit et de démocratie pluraliste, la sauvegarde de la sécurité publique et de la cohésion nationale commandent que toute révision tienne compte des idéaux qui ont présidé à l'adoption de la Constitution du 11 décembre 1990, notamment le consensus national, principe a valeur constitutionnelle »[39]. Le consensus est même défini par la Cour constitutionnelle du Bénin. En effet, « le consensus, principe a valeur constitutionnelle, tel que affirmé par la DCC 06-74 du 08 juillet 2006 (…). Loin de signifier l'unanimisme, est d'abord un processus de choix ou de décision sans passer par le vote ; (…) il permet, sur une question donnée, de dégager par voie approprié, la solution satisfaisante, le plus grand nombre de personnes »[40] . Au Bénin, le pouvoir constituant originaire, résultant de la conférence nationale des années 1990, a donné une légitimité propre à la Constitution. Cette dernière était perçue comme « une œuvre collective, impliquant toutes les couches de la société ». Partant de là, les évolutions positives que ces constitutions formalisaient, comme la promotion du pluralisme, la protection des droits et libertés, la séparation des pouvoirs dans l'ordonnancement institutionnel des États, jouissaient d'une certaine intangibilité[41]

La CADHP estime qu'une révision constitutionnelle en procédure d'urgence n'aurait pas pu être acquise si elle avait été précédée d'une consultation de toutes les forces vives et des différentes sensibilités en vue de parvenir ou elle avait été suivie, le cas échéant, d'un

[38] L'article 10 (2) de la CADEG stipule que « les États parties doivent s'assurer que le processus d'amendement ou de révision de leur Constitution repose sur un consensus national comportant, le cas échéant, le recours au référendum ».

[39] Cour constitutionnelle Bénin, 08 juillet 2006, DCC 06-74.

[40] Cour constitutionnelle Bénin, 05 avril 2010, DDC 10-049 ; Cour constitutionnelle Bénin, 08 septembre 2010, DCC 10-117.

[41] A. Mbaye, « Alternative pour l'effectivité des constitutions en Afrique de l'Ouest », *Principales conclusions de l'Atelier de Lomé pour le colloque de Polokwane*, 28-30 mai 2008.

référendum[42]. Ainsi, le comportement de l'État du Bénin a violé l'article 10 (2) de la CADEG.

Dans l'affaire citée précédemment, *Sébastien Germain Marie Aikoue Ajavon c/. République du Bénin*, la CADHP des droits de l'homme et des peuples adopte le même raisonnement pour la violation du caractère consensuel de la loi portant révision de la constitution n°2019-40 du 7 novembre 2019 instituant le poste de vice-président, élu en binôme avec le Président de la République, et mettant en place un système de parrainage pour tout candidat a une élection présidentielle[43]. La Cour africaine va même jusqu'à considérer que la Cour constitutionnelle, et plus généralement, le pouvoir judiciaire ne sont pas indépendants[44].

Dans son arrêt *Samia Zorgati c/. République Tunisienne*, arrêt 13 novembre2024 sur le fond et les réparations, la CADHP réagissant sur la recevabilité de sa saisine estime qu'elle doit l'apprécier de manière souple et contextualisée, dans la mesure où les violations alléguées dans la requête touchent à l'ordre public et la cohésion sociale. Ainsi, la Cour a considéré que le délai de quatre ans, un mois et 24 jours mis par la requérante en l'espèce peut être considéré comme raisonnable au sens de l'article 56 (6) de la Charte africaine[45]. Selon la CADHP, le caractère raisonnable de ce délai s'apprécie « entre autres facteurs (…) sur le fait que le contentieux porté par le requérant était d'intérêt public »[46]. Là aussi, au soutien de la requête, la plaignant dénonçait l'adoption d'un Décret-loi portant réorganisation temporaire des pouvoirs et abrogeant la Constitution de 1959 a été adopté. Une nouvelle Constitution a été élaborée et promulguée en janvier 2014 sans consultation populaire et sans référendum. Pour le requérant, ces faits violent le droit du peuple à l'autodétermination et à disposer de lui-même (l'article 20 de la Charte africaine) et l'obligation de garantir l'indépendance des tribunaux et d'établir des institutions de protection des droits de l'homme (l'article 26 de la Charte africaine). Si la Cour africaine a déclaré nulle la Constitution du 27 janvier 2014, elle a ordonné la mise en application de la Constitution de 1959. Toutefois, l'adoption d'une

---

42 CADHP, 27 novembre 2020, *aff. XYZ c/. République du Bénin*, req. n° 010/2020, paragraphe 102.

43 *Ibid.*, paragraphe 343.

44 *Ibid.*, paragraphe 290, 325.

45 CADHP, 13 novembre 2024, *aff. Samia Zorgati c/. République Tunisienne,* req. n° 016/2021

46 *Ibid.,* paragraphe 52.

nouvelle Constitution le 17 août 2022 a rendu sans objet la demande de la requérante. Sur l'absence de la mise en place de la Cour constitutionnelle et de la suspension du Conseil supérieur de la magistrature, la Cour africaine ordonne à l'État défendeur de prendre les mesures nécessaires pour mettre en place la Cour constitutionnelle et restaurer le Conseil.

L'arrêt *Samia Zorgati c/. République de la Tunisie* interpelle sur le maniement de l'intérêt public. Dans cette décision la CADHP a recours à l'intérêt public non parce que l'État défendeur a souligné le défaut d'intérêt du requérant. En revanche, elle a recours à l'intérêt public pour justifier le caractère acceptable du délai d'introduction du recours. Ce qui pose une interrogation essentielle : le caractère d'intérêt public du contentieux porté par le requérant devant de la CADHP est-il un motif d'apprécier du délai d'introduction d'une requête devant elle ? Prolongeant le questionnement on peut se demander si l'intérêt public d'une affaire est-il est motif valable d'acceptation d'un délai relativement long d'introduction d'une requête (dans le cas présent quatre ans un mois et vingt-quatre jours) ? La CADHP répond par l'affirmative.

Ce raisonnement de la CADHP n'apporte point notre adhésion. C'est tout le sens de l'opinion dissidente du Vice-président de la CADHP. Ce dernier conteste le recours à l'intérêt public au secours de l'appréciation du délai raisonnable d'introduction d'une requête de la Cour ADHP[47]. On retiendra surtout que ce raisonnement à la CADHP l'a permis de saisir au fond, d'évaluer la Constitution de la République de Tunisie conformément à ses obligations internationales.

En définitive, La compétence matérielle[48] de la CADHP fait de cette juridiction naturellement un tribunal de l'élection en Afrique. Au-delà

---

[47] Le Vice-président de la CADHP conteste, dans son opinion dissidente le recours à la notion d'intérêt public comme facteur, entre autres, pour apprécier et acter le caractère raisonnable du délai d'introduction du recours. Il note que la singularité du jugement résulte du fait qu'elle s'appuie sur l'intérêt public pour remettre en cause une exigence fondée sur le besoin de d'une sécurité juridique et judiciaire. « l'intérêt public ne peut donc pas constituer une raison pour qu'un demandeur attende plusieurs années avant de s'adresser à la Cour » ; opinion dissidente du Juge Modibo Sacko, Vice-président de la Cour, *CADHP, aff. Samia Zorgati c/. République de la Tunisie,* n° 016/2021, paragraphe de 9 a 16, https://www.african-court.org/cpmt/storage/app/uploads/public/675/31d/978/67531d97863c931132706l.pdf, consulté le 07.12.2024.

[48] L'article 3 de la Charte africaine des droits de l'homme et des peuples stipule clairement que « La Cour a compétence pour connaitre de toutes les affaires et de tous

de la Charte africaine des droits de l'homme et des peuples, la Charte africaine des élections de la démocratie et de la gouvernance de L'Union africaine et le Protocole sur la démocratie et la bonne gouvernance de la CEDEAO sont invocables devant la Cour africaine des droits de l'homme et des peuples. A l'évidence, cette compétence est textuellement établie. La CADHP consacre le caractère principiel du consensus dans une révision constitutionnelle ; l'irrespect de cette exigence constitue une menace à la paix et à la sécurité nationale. La CADHP exige, au-delà du caractère légal des modifications constitutionnelles, une légitimité des révisions constitutionnelles. Autrement dit, le consensus national demeure un critère supplémentaire de validité d'une révision constitutionnelle respectueuse des principes démocratiques, consacrés par de la CADEG et réaffirmés par le juge de la protection des droits de l'homme et des peuples en Afrique.

En Afrique, le caractère conflictogène, violent et déconsolidant des révisions constitutionnelles n'est plus à démontrer. Du point de vue procédural, ce qui constitue vraiment l'originalité de la Cour africaine, c'est la prérogative de donner à chaque citoyen le pouvoir de déclencher l'action juridictionnelle dans l'intérêt de la loi[49], sans réserve des conditions recevabilité de la requête.

En érigeant ces deux domaines, champ d'application de l'intérêt public, « on peut affirmer qu'après *Marbury* (…), après *Super Marbury* (…), on peut continuer de filer la métaphore en affirmant que la CADHP se fait ni plus ni moins la gardienne des *Super Marbury*. Elle prend donc clairement position et entend participer à la lutte contre les manipulations des Constitutions. Elle substitue son appréciation – dans le cadre d'un contentieux objectif de normes – à celle des juges constitutionnels « défaillants ». Ainsi, quand les gardiens des Constitutions ne respectent pas les droits fondamentaux consacrés dans la Charte africaine et/ou leur propre jurisprudence, laquelle avait pourtant établi des limites spécifiques au pouvoir de révision constitutionnelle, ou quand ils font fi trop aisément des principes élémentaires d'indépendance et d'impartialité pour évaluer la

---

les différends dont elle est saisie concernant l'interprétation et l'application de la Charte, du présent Protocole, et de tout autre instrument pertinent relatif aux droits de l'homme et ratifié par les États concernés. En cas de contestation sur le point de savoir si la Cour est compétente, la Cour décide »

[49] C. Santulli, *Droit du contentieux international*, Montchrestien, Paris, 2005, p. 237.

composition des Commissions électorales, la Cour africaine devient la garante ultime des *Super Marbury* »[50].

Dans une autre perspective, cette position de la CADHP quant aux révisions constitutionnelles avalisées par les juridictions constitutionnelles, au nom de l'intérêt public, remet en question la légitimité même du juge constitutionnel. En estimant qu'une procédure de révision constitutionnelle, jugée valide par le juge constitutionnel, n'est pas conforme aux engagements souscrits par l'État, notamment la Charte africaine de la démocratie, des élections et de la bonne gouvernance. Le juge africain de protection des droits de l'homme et des peuples ne consent pas à ce qu'un pouvoir constitué ici, la juridiction constitutionnelle, puisse faire prévaloir ses décisions sur l'expression de la souveraineté[51]. Il exige que toute révision de la charte fondamentale fasse l'objet d'un consensus majeur ou d'un référendum.

Le critère d'intérêt national n'est pas un domaine que la Cour africaine estime d'intérêt public. Elle considère que l'intérêt public présente un intérêt régional, c'est-à-dire africain.

A- Le critère d'intérêt régional africain

Le droit des peuples, l'autodétermination et la décolonisation ont jalonné l'histoire de l'Afrique et constituent l'un des fondements même de la création de l'Organisation de l'unité africaine (O.U.A). La Charte de l'O.U.A déclinait dans ses objectifs l'élimination, sous toutes ses formes, du colonialisme en Afrique[52] ; l'atteinte de cet objectif est arrimée au principe du dévouement, sans réserve, à la cause de l´émancipation totale des territoires africains non encore indépendants[53]. L'Union africaine, qui a succédé à l'O.U.A, stipule dans ses objectifs, la défense de la souveraineté, l'intégrité et l'indépendance de ses États membres[54]. Il apparait ainsi que l'O.U.A avait pour but clairement de faciliter l'union et la solidarité entre pays africains pour parachever la décolonisation et se libérer du racisme de l'apartheid. C'est certainement au regard de l'importance de la question abordée pour le continent que la CADHP a estimé que le défaut

---

[50] L. Burgorgue-Larsen, « La Cour africaine des droits de l'homme et des peuples à la croisée des chemins », *Annuaire français de droit internationale*, 2020, n°66, p. 658.

[51] D. Rousseau, P.-Y., Gahdoun, J. Bonnet, *Droit du contentieux constitutionnel*, L.G.D.J, Paris, 2020, 12e éd, p. 987.

[52] Article 2 de la Charte de l'organisation de l'unité africaine.

[53] Article 3 de la Charte de l'Organisation de l'unité africaine.

[54] Article 3 de l'Acte constitutif de l'Union africaine.

d'intérêt ne peut prospérer dans le cadre contentieux. La question relève de l'intérêt public.

Un bref retour sur la procédure de l'affaire démontre à suffisance les passions que cette question déchaine sur le continent. En 2022, dans une affaire assez curieuse *Bernard Anbataayela Mornah c/. République du Bénin, Burkina Faso, République de la Cote d'ivoire, République du Mali, République du Malawi, République de Tanzanie, République Tunisienne (2022), États intervenants République arabe Sahraouie démocratique et République Maurice*, requête 028/2018, arrêt du 22 septembre 2022. La CADHP s'est prononcée sur une affaire dont la procédure mérite qu'on s'y attarde un peu, pour relever l'attention accordée par les acteurs parties à cette instance.

L'Union panafricaine des avocats (UPA) et l'Organisation des nations et des peuples non représentés (UNPO) ont déposé des mémoires en *amicus curae*[55]. Les États défendeurs visés dans la requête introduite d'instance sont uniquement ceux qui ont souscrit à la déclaration d'acceptation de compétence. Aux motifs de sa requête, le plaignant soutient que les États défendeurs ne protégeaient la souveraineté, l'intégrité territoriale et l'indépendante de la République arabe sahraouie démocratique (RASD) en décidant de réadmettre le Maroc comme État partie de l'union africaine[56]. En cela, les États parties ont violé la Charte africaine des droits de l'homme et des peuples, le Pacte international relatif aux droits civils et politiques et le Pacte international relatif aux droits économiques et sociaux. Deux

---

[55] On ne peut manquer de relever une curiosité sur ce point. En effet, c'est le Greffe de la Cour ,le 23 avril 2020, a adressé un courrier à la Commission africaine des droits de l'homme et des peuples, à l'Institut africain de droit international (AIIL), à l'Union panafricaine des avocats (UPA), au Centre des droits de l'homme de l'Université de Pretoria, à l'Organisation des nations et des peuples non représentés (UNPO), à l'Institut Liechtenstein pour l'autodétermination et à la Commission internationale de juristes (CIJ), les invitant à déposer des mémoires d'*amicus curiae*. Or le règlement de la Cour dispose en son article 61 « La Cour peut, dans l'intérêt de la justice, autoriser toute personne ayant un intérêt dans une affaire à intervenir ». Au lieu d'être dans une posture d'autoriser, la démarche donne l'impression que la Cour est à la quête d'*amicus curiae*. Le règlement intérieur n'évoque nullement le terme « amicus curiae », la Cour peut statuer sur la demande d'intervention de toute personne, lorsque celle-ci justifie de son intérêt.

[56] Pour rappel, En 1984, 26 des 50 États membres de l'O.U.A ont admis la République sahraouie (RASD) au sein de l'organisation. Le 30 janvier 2017, Plus 39 États sur les 54 a voté l'admission du Maroc au sein de l'U.A, https://www.france24.com/fr/20170130-maroc-reintegration-union-africaine-retour-rasd-sahara-occidental, consulté le 12.09.2024.

autres États parties ont introduit une requête en autorisation d'intervention conformément à l'article 5 (2) du Protocole instituant la Cour africaine et aux articles 33 (2) et 53 du règlement intérieur de la Cour. La Cour des céans, par deux ordonnances[57], s'est prononcée sur la demande d'intervention. Elle accueille favorablement la demande d'intervention de l'Ile Maurice au motif que les violations alléguées « ont une résonance largement au-delà du peuple sahraouie »[58] ; les droits invoqués ont « une pertinence particulière pour le continent africain dans son ensemble en raison de son passé colonial. Par ailleurs, le fondement de la requête principale concerne essentiellement la décision de l'U.A organisation dont la Maurice est membre, de réadmettre le Maroc en son sein malgré le fait qu'il continue d'occuper le territoire de la RASD »[59]. Reprenant l'avis consultatif de la Cour internationale de justice sur *les effets juridiques de la séparation de l'archipel de Chagos de Maurice en 1965*[60] , la CIJ a réaffirmé l'obligation *erga omnes* du droit à l'autodétermination et le caractère alambiqué du processus de décolonisation de la Maurice[61]. La CADHP

---

[57] CADHP, *aff. Bernard Anbataayela Mornah c/. République du Bénin et autres,* req. 028/2018, v. ordonnance 25 septembre 2020 ; CADHP, *aff. Bernard Anbataayela Mornah c/. République du Bénin et autres,* req. n° 028/2020, v. ordonnance 25 septembre 2020.

[58] CADHP, 25 septembre 2020, *aff. préc.*, paragraphe 18.

[59] *Ibid.* paragraphe 19.

[60] Le 22 juin 2017, l'Assemblée générale a adopté la résolution 71/292, dans laquelle, se référant à l'article 65 du Statut de la Cour, elle a prié celle-ci de donner un avis consultatif sur les questions suivantes:« a) Le processus de décolonisation a-t-il été validement mené à bien lorsque Maurice a obtenu son indépendance en 1968, à la suite de la séparation de l'archipel des Chagos de son territoire et au regard du droit international, notamment des obligations évoquées dans les résolutions de l'Assemblée générale ?; b) Quelles sont les conséquences en droit international, y compris au regard des obligations évoquées dans les résolutions susmentionnées, du maintien de l'archipel des Chagos sous l'administration du Royaume-Uni de Grande-Bretagne et d'Irlande du Nord, notamment en ce qui concerne l'impossibilité dans laquelle se trouve Maurice d'y mener un programme de réinstallation pour ses nationaux, en particulier ceux d'origine chagossienne ? ». Trente-et-un États Membres de l'Organisation des Nations Unies et l'Union africaine ont déposé des exposés écrits, et dix États ont fait des observations écrites sur les exposés écrits des États et de l'Union africaine. Vingt-et-un États et l'Union africaine ont participé aux audiences publiques qui se sont tenues du 3 au 6 septembre 2018, https://www.icj-cij.org/fr/affaire/169, consulté le 5 septembre 2024.

[61] CIJ, *avis consultatif 25 février 2019*, effets juridiques de la séparation de l'archipel des Chagos de Maurice en 1965,https://www.icj-cij.org/sites/default/files/case-related/169/169-20190225-ADV-01-00-

conclut que la requête a une importance pour la Maurice et son peuple. Elle accueille aussi favorable la demande d'intervention de la RASD, au motif que l'issue éventuelle de l'affaire est susceptible d'avoir une incidence sur les droits et les libertés de son peuple[62]. Elle rejette la demande d'intervention de la République de Côte d'Ivoire pour respect des délais impartis. Dans une autre perspective, le juge Blaise Tchikaya émet deux opinions individuelles pour fustiger le support du rendu de la Cour - sur la requête aux fins d'intervention -. Pour ce dernier, les ordonnances sont inadaptées et contraires au droit de l'intervention[63].

S'agissant du traitement de la requête principale, la CADHP devait répondre sur le moyen relatif à l'intérêt à agir du requérant, fondé sur l'absence présumée de son intérêt dans l'affaire ou sur le fait qu'il n'est pas victime des violations alléguées, la CADHP rappelle sa jurisprudence selon laquelle les dispositions pertinente, en ce domaine, n'obligent pas les individus ou les ONG à démontrer un intérêt personnel dans une requête pour accéder à la CADHP surtout lorsqu'il s'agit d'un contentieux de norme. La seule condition préalable est que l'État défendeur, en plus d'être partie à la Charte et au Protocole, ait déposé la Déclaration permettant aux individus et aux ONG d'introduire des requêtes devant la CADHP. Cela tient compte des difficultés pratiques que les victimes de violations des droits de l'homme peuvent rencontrer pour porter leurs plaintes devant la CADHP, permettant ainsi à toute personne de porter ses plaintes devant la CADHP sans avoir besoin de démontrer sa qualité de victime ou un intérêt individuel direct dans l'affaire. Dans le même ordre d'idées, dans la présente requête, l'absence alléguée d'intérêt du requérant ou le fait qu'il ne soit pas victime des violations des droits de l'homme ne l'empêchent pas de saisir à la CADHP. Ce seul fait n'exclut pas, non, plus la compétence de la Cour pour examiner la requête. La CADHP souligne que les questions soulevées dans la requête, notamment le droit à l'autodétermination, revêtent une importance particulière pour

---

FR.pdf?__cf_chl_tk=9mqbAbK4Wb82mAQJBEnRvgCQqXQj29vaVu7_ZV7i2QI-1725523795-0.0.1.1-4606, consulté le 5 septembre 2024.

[62] CADHP, *aff. Bernard Anbataayela Mornah c/. République du Bénin et autres,* req. n° 028/2018, préc., paragraphe 19.

[63] Blaise Tchikaya, « opinion individuelle », *Ordonnances de demande d'intervention 002/2020 de la République de Maurice en l'affaire Bernard Anbataayela Mornah c/. République du Bénin autres, req. 028/20202 et demande d'intervention 001/20 de la République arabe sahraouie démocratique en l'affaire Bernard Anbataayela Mornah c/. République du Bénin et autres, req. 028/2018,* préc.

l'Afrique compte tenu de l'histoire du continent en matière de colonialisme et d'occupation militaire. Cette question est couverte dans la Charte qui, entre autres, intègre l'autodétermination comme un des éléments du droit à l'existence de tous les peuples et rejette catégoriquement la domination étrangère, qu'elle soit politique, économique ou culturelle. La requête peut donc être considérée comme contenant des questions dans lesquelles les citoyens africains, y compris le requérant, ont un intérêt direct, ce qui leur permet de saisir la Cour. En ce qui concerne le moyen selon lequel l'action du requérant est mal dirigée eu égard au fait que ses allégations se fondent sur la décision de l'UA d'admettre le Maroc au sein de l'UA, la CADHP réaffirme que l'objet de la requête ne porte pas, du moins exclusivement, sur ladite admission, mais plutôt sur l'inaction alléguée des États défendeurs à s'assurer du respect, par le Maroc, du droit à l'autodétermination du peuple de la RASD. Par conséquent, la CADHP considère que la requête est dirigée contre les États défendeurs conformément aux articles 5 (3) et 34 (6) du Protocole. Au regard de ce qui précède, la CADHP rejette l'exception soulevée par l'État défendeur et conclut qu'elle a la compétence personnelle pour connaitre de la présente requête ».

……..

La jurisprudence sur le contentieux de l'intérêt public devant la CADHP montre que ce type de contentieux présente une nature et un domaine spécifiques. Le contentieux de l'intérêt public est un contentieux objectif, un contentieux de la norme ; ce qui selon la juridiction africaine de protection des droits de l'homme et des peuples est une particularité africaine. Du point de vue du domaine, le contentieux de l'intérêt public est de mise chaque fois les droits invoqués mettent en jeu des intérêts nationaux- des questions de gouvernance électorales ou des problématiques d'établissement ou de révisions constitutionnelles- ou un intérêt régional (le droit des peuples à disposer d'eux-mêmes).

Si la nature et le domaine du contentieux de l'intérêt public semble définis, le maniement de la notion de l'intérêt public par la CADHP n'est pas sans soulever quelles interrogations. Tantôt, la CADHP a recours à l'intérêt public pour rejeter l'argument du défaut d'intérêt à agir soulevé par les États défendeurs, tantôt c'est la CADHP, qui invoque le concept pour justifier le caractère raisonnable du délai d'introduction d'une requête devant sa juridiction. Ce maniement de l'intérêt public n'est pas sans agité quelques contestations. La dernière décision de la CADHP, concernant *Samia Zorgati c/. République de Tunisie* a fait l'objet de deux opinions dissidentes[64]. Le Vice de la CADHP a surtout contesté le recours à l'intérêt public pour remettre en cause une exigence fondée sur le besoin de d'une sécurité juridique et judiciaire.

[64] La CADHP a rejeté l'exception d'irrecevabilité tiré du non-épuisement des voies de recours internes a la majorité de huit (8) voix pour et deux (2) voix contre. Les deux voix contre, celle du vice-président Modibo Sacko et du juge Blaise Tchikaya ont fait l'objet d'opinions dissidentes.

Le Conseil constitutionnel et le report de l'élection présidentielle au Sénégal : quelques réserves techniques sur une décision inédite

Abdou Khadre DIOP
Agrégé de droit public
Maitre de Conférences à l'Université Numérique Cheikh Hamidou Kane (UN-CHK) ex-Université Virtuelle du Sénégal (UVS)

Ferdinand Diène FAYE
Maitre-assistant en droit public
Université Cheikh Anta Diop de Dakar (UCAD)

Résumé **:** La décision du Conseil constitutionnel sénégalais n°1/C/2024 du 15 février 2024 est inédite, mais elle n'est pas une surprise dans sa globalité. D'une part, le juge a censuré la loi de révision contrôlée qui visait à repousser la date de l'élection présidentielle, initialement prévue en février 2024, au mois de décembre de la même année et à prolonger le mandat du président de la République en exercice jusqu'à cette date au moins. D'autre part, le Conseil constitutionnel a invoqué son statut de juge électoral, garant de la régularité des élections nationales, pour connaître du décret révoquant la convocation du corps électoral. La décision du Conseil constitutionnel est efficace ; elle était attendue en ce qu'elle censure le report de l'élection présidentielle. Cette efficacité a cependant été acquise au détriment de la technique juridique. Le recours à l'économie des moyens, ainsi que le motif de défaut de base légale invoqué pour annuler le décret contrôlé sont des indices concordants pour montrer que le Conseil constitutionnel ne visait en réalité que la censure de la perturbation du processus électoral.

Mots clés : Contrôle de constitutionnalité-Compétences du juge-Loi de révision-Acte administratif-Élections nationales-Juge régulateur-Économie des moyens.

CONSEIL CONSTITUTIONNEL DU SÉNÉGAL

Décision n° 1/C/2024 du 15 février 2024

LE CONSEIL CONSTITUTIONNEL,

Vu la Constitution ;

Vu la loi organique n° 2016-23 du 14 juillet 2016 relative au Conseil constitutionnel ;

Vu les pièces des dossiers ;

Vu les lettres de notification des recours adressées le 9 février 2024 au Président de la République, au Président de l'Assemblée nationale et au Premier ministre, en application de l'article 14 de la loi organique susvisée ;

Le rapporteur ayant été entendu ;

Après en avoir délibéré conformément à la loi ;

SUR LA SAISINE :

1. Considérant que par requête enregistrée au greffe du Conseil constitutionnel le 8 février 2024 , sous le numéro 8/C/24, les députés Mouhamed Ayib Salim DAFFE et Samba DANG, agissant en leur nom et au nom de 38 autres députés, ont saisi le Conseil constitutionnel d'un recours aux fins de faire « déclarer contraire à la Constitution la loi n° 4/2024 adoptée par l'Assemblée nationale en sa séance du 5 février 2024 portant dérogation aux dispositions de l'article 31 de la Constitution », d'ordonner la poursuite du processus électoral et « d'ajuster, si besoin, la date de l'élection présidentielle pour tenir compte des jours de campagne perdus » ;

2. Considérant que par une autre requête enregistrée au greffe du Conseil constitutionnel le même jour, sous le numéro 9/C/24, le député Babacar MBAYE, agissant en son nom et au nom de 16 autres députés, a saisi le Conseil constitutionnel d'un recours tendant à faire « déclarer contraire à la Constitution la loi n° 4/2024 adoptée par l'Assemblée nationale en sa séance du 5 février 2024 portant dérogation aux dispositions de l'article 31 de la Constitution » ;

3. Considérant que par requêtes enregistrées sous les numéros 1/C, 2/C, 3/C, 4/C, 5/C, 6/C, et 7/C/2024, El Hadji Malick GAKOU, Cheikh Tidiane DIÈYE, Habib SY, Bassirou Diomaye Diakhar FAYE, El Hadji Mamadou DIAO, Thierno Alassane SALL et Daouda NDIAYE, candidats à l'élection présidentielle du 25 février 2024, ont saisi le Conseil constitutionnel aux fins de contester la légalité du décret n° 2024-106 du 03 février 2024 portant abrogation du claret convoquant le corps électoral pour l'élection présidentielle du 25 février 2024 ;

SUR LA COMPOSITION DU CONSEIL CONSTITUTIONNEL :

4. Considérant que le Conseil constitutionnel, constatant l'absence d'un de ses membres, peut, conformément aux dispositions de l'article 23 de la loi organique n° 2016-23 du 14 juillet 2016 relative au Conseil constitutionnel, valablement délibérer et statuer ;

SUR LA JONCTION DES REQUÊTES :

5. Considérant que les requêtes présentent un lien de connexité suffisant ; qu'il y a lieu, pour une bonne administration de la justice, d'en ordonner la jonction et de statuer par une seule et même décision ;

SUR LA COMPÉTENCE DU CONSEIL CONSTITUTIONNEL :

6. Considérant que le périmètre de compétence du Conseil constitutionnel dans le contrôle de constitutionnalité des lois, est circonscrit, en matière de révision constitutionnelle, à la vérification du respect des conditions d'adoption, d'approbation et des limites temporelles et matérielles que la Constitution elle-même fixe à l'exercice des pouvoirs du constituant dérivé ;

7. Considérant que s'il est vrai que la Cour suprême est juge de l'excès de pouvoir des autorités exécutives, le Conseil constitutionnel, juge de la régularité des élections nationales, dispose d'une plénitude de juridiction en matière électorale, sur le fondement de l'article 92 de la Constitution ; que cette plénitude de juridiction lui confère compétence pour connaitre de la contestation des actes administratifs participant directement à la régularité d'une élection nationale, lorsque ces actes sont propres à ce scrutin ;

8. Considérant qu'il s'ensuit que le Conseil constitutionnel est compétent pour statuer sur les recours dirigés contre la loi constitutionnelle et le décret précités ;

SUR LA RECEVABILITÉ

9. Considérant que les requêtes enregistrées au greffe du Conseil constitutionnel sous les n° 8/C/24 et 9/C/24, signées respectivement par plus du dixième des députés composant l'Assemblée nationale, sont introduites dans le délai prévu par l'article 74 de la Constitution ; qu'elles contiennent, conformément à l'article 16 de la loi organique n° 2016-23 du 14 juillet 2016 relative au Conseil constitutionnel, l'expose des moyens et sont accompagnées de deux copies de la loi attaquée ;

10. Considérant qu'il ressort de la décision du Conseil constitutionnel n° 2/E/2024 du 20 janvier 2024 que les requérants, agissant contre le décret n° 2024-106 du 03 février 2024 portant abrogation du décret convoquant le corps électoral, sent (sic !) tous candidats à l'élection présidentielle du 25 février 2024 ; qu'ils justifient en conséquence d'un intérêt légitime à contester ce décret ;

11. Considérant qu'il en résulte que les requêtes sont recevables ;

AU FOND

Sur les moyens tirés de la violation des articles 27, 103 de la Constitution et du principe de sécurité juridique, sans qu'il soit besoin de statuer sur les autres moyens tendant l'inconstitutionnalité de la loi :

12. Considérant que les requérants soutiennent que la loi attaquée est contraire à la Constitution en ce qu'elle prolonge le mandat du Président de la République de 10 mois ;

13. Considérant que l'article 103 de la Constitution dispose que la durée du mandat du Président de la République ne peut faire l'objet de révision ; que

ce texte consacre l'intangibilité de la durée de 5 ans du mandat prévue à l'article 27 de la Constitution ;

14. Considérant que la juridiction constitutionnelle a déjà décidé, d'une part, que la durée du mandat du Président de la République ne peut être réduite ou allongée au gré des circonstances politiques, quel que soit l'objectif poursuivi ; que le mandat du Président de la République ne peut être prorogé en vertu des dispositions de l'article 103 précité ; que la date de l'élection ne peut être reportée au-delà de la durée du mandat ; que d'autre part, la loi attaquée introduit dans la Constitution des dispositions dont le caractère temporaire et personnel est incompatible avec le caractère permanent et général d'une disposition constitutionnelle ;

15. Considérant que la loi attaquée dispose : « Article 1er : par dérogation à l'alinéa premier de l'article 31 de la Constitution aux termes duquel « le scrutin pour l'élection du Président de la République a lieu 45 jours francs au plus et 30 jours francs au moins avant la date de l'expiration du mandat du Président de la République en fonction », le scrutin pour l'élection présidentielle du 25 février 2024 est décalé au 15 décembre 2024.

Article 2.- le Président de la République en exercice poursuit ses fonctions jusqu'à l'installation de son successeur. » ;

16. Considérant, cependant, qu'en « décalant » la date de l'élection du Président de la République au 15 décembre 2024 et en décidant que « le Président en exercice poursuit ses fonctions » jusqu'à l'installation de son successeur, la loi attaquée proroge la durée du mandat du Président de la République au-delà des 5 ans ;

17. Considérant, ainsi, que la loi attaquée est contraire aux dispositions des articles 27 et 103 de la Constitution et au principe a valeur constitutionnelle de sécurité juridique et de stabilité des institutions ;

Sur la demande tendant à ordonner la poursuite du processus électoral :

18. Considérant que les requérants soutiennent que l'article 34 de la Constitution ne prévoit le report du scrutin qu'en cas de décès, d'empêchement définitif ou de retrait d'un candidat, ce qui, selon eux, signifie que ni le Président de la République, ni le Parlement ne peuvent reporter une élection présidentielle ; que seul le Conseil constitutionnel, juge de la régularité des élections nationales, y est habilite ; qu'ils en concluent que c'est à tort que l' élection présidentielle a été report& et sollicitent, en conséquence, la poursuite du processus électoral et, « si besoin est, l'ajustement de la date de l'élection présidentielle pour tenir compte des jours de campagne perdus » ;

19. Considérant qu'au regard de l'esprit et de la lettre de la Constitution et de la loi organique relative au Conseil constitutionnel, le Conseil constitutionnel doit toujours être en mesure d'exercer son pouvoir régulateur et de remplir ses missions au nom de l'intérêt général, de l'ordre public, de la paix, de la stabilité des institutions et du principe de la nécessaire continuité de leur fonctionnement ;

20. Considérant que le Conseil constitutionnel, constatant l'impossibilité d'organiser l'élection présidentielle a la date initialement prévue, invite les autorités compétentes à la tenir dans les meilleurs délais ;

Sur le défaut de base légale du décret n° 2024-106 du 03 février 2024 portant abrogation du décret convoquant le corps électoral :

21. Considérant que les requérants, candidats à l'élection présidentielle, sollicitent l'annulation du décret n° 2024-106 du 03 février 2024 portant abrogation du décret convoquant le corps électoral, motif pris de ce qu'il manque de base légale, le Président de la République ne disposant pas du pouvoir de reporter ou d'annuler le scrutin ;

22. Considérant qu'il ressort du rapport de présentation du décret n° 2024-106 du 03 février 2024 portant abrogation du décret convoquant le corps électoral pour l'élection présidentielle du 25 février 2024, que le Président de la République s'est fonde sur la proposition de loi constitutionnelle portant dérogation à l'article 31 de la Constitution, pour abroger le décret n° 2023-2283 du 29 novembre 2023 portant convocation du corps électoral pour l' élection présidentielle du 25 février 2024 ;

23. Considérant que la loi portant dérogation aux dispositions de l'article 31 de la Constitution, adoptée sous le n° 4/2024 par l'Assemblée nationale en sa séance du 5 février 2024, est déclarée contraire à la Constitution ; qu'en conséquence, le décret attaque, pris sur le fondement de la proposition de loi notifiée au Président de la République, manque de base légale et encourt l'annulation,

DÉCIDE :

Article premier. -Les requêtes sont recevables.

Article 2. - La loi portant dérogation aux dispositions de l'article 31 de la Constitution, adoptée sous le n° 4/2024 par l'Assemblée nationale, en sa séance du 5 février 2024, est contraire à la Constitution.

Article 3.- Le décret n° 2024-106 du 03 février 2024 portant abrogation du décret convoquant le corps électoral pour l'élection présidentielle du 25 février 2024 est annulé.

Article 4.- La présente décision sera publiée au Journal officiel de la République du Sénégal.

Délibéré par le Conseil constitutionnel en sa séance du 15 février 2024, ou siégeaient Monsieur Mamadou Badio CAMARA, Président, Madame Aminata Ly NDIAYE, Vice-président, Messieurs Mouhamadou DIAWARA, Youssoupha Diaw MBODJ, Madame Awa DIEYE et Monsieur Cheikh Ahmed Tidiane COULIBALY, membres.

Avec l'assistance de Maitre Ousmane BA, Chef du greffe.

En foi de quoi, la présente décision est signée par le Président, le Vice-président, les autres membres et le Chef du greffe.

....

Jamais auparavant le Conseil constitutionnel du Sénégal n'avait suscité autant d'attentes que lors de sa décision 1/C/2024 du 15 février 2024. Relayée avec une rapidité sans précédent dans les médias et les réseaux sociaux, la décision était au cœur de nombreuses spéculations et interrogations. Les enjeux étaient considérables : le Conseil était attendu soit pour approuver le report des élections et la prorogation du mandat du Président de la République en exercice, soit pour relancer le processus électoral interrompu par une décision du président Macky Sall.

Tout est parti du Message à la Nation prononcé par le chef de l'État le 3 février 2024 dans lequel il annonçait prendre une décision abrogeant le décret portant convocation du corps électoral en vue de l'élection présidentielle initialement prévue le 25 février 2024. Le président Macky Sall justifiait cette décision par le dépôt à l'Assemblée nationale d'une proposition de loi constitutionnelle, par un groupe parlementaire de l'opposition, visant à reporter l'élection présidentielle au 15 décembre 2024. Dans l'exposé des motifs de ladite proposition, il apparaît que le but des auteurs de l'initiative était de faire reprendre le processus électoral afin de garantir un scrutin libre, transparent et inclusif. Précisons que cette proposition de loi était la suite des travaux, alors en cours, d'une commission d'enquête parlementaire qui avait été mise en place à la demande des députés du Parti Démocratique Sénégalais (PDS). Le parti politique en question soutenait que la décision du Conseil constitutionnel du 20 janvier 2024[1] arrêtant et publiant la liste des candidats à l'élection présidentielle, qui écartait son candidat, Karim Meïssa Wade, de la course en raison de sa double nationalité avait été rendue sur fond de corruption en citant nommément deux juges constitutionnels. Alors que la commission d'enquête n'avait pas rendu son rapport, la loi constitutionnelle avait été votée le 5 février. Le juge constitutionnel a été saisi de cette loi de révision et du décret du 3 février 2024 abrogeant le décret portant convocation du corps électoral.

Dans ce contexte, la réactivité du Conseil constitutionnel est à saluer. Sa décision, rendue seulement huit jours après la saisine, sans que le

[1] Décision n° 2/E/2024 du 20 janvier 2024 arrêtant et publiant la liste des candidats à l'élection présidentielle.

Gouvernement n'en ait déclaré l'urgence[2], témoigne de l'importance capitale des questions en jeu. En effet, par cette décision attendue, le Conseil constitutionnel déclare la loi constitutionnelle portant dérogation à l'article 31 de la Constitution contraire à celle-ci, annule le décret du 3 février 2024 et invite les autorités compétentes à organiser l'élection présidentielle dans les meilleurs délais.

Cette note cherche à analyser cette décision inédite qui mobilise la triple fonction du juge constitutionnel : juge des lois constitutionnelles, juge électoral et juge régulateur. Ces différentes casquettes ont permis au Conseil de jouer pleinement son rôle de gardien de la Constitution. Le pouvoir juridictionnel a fait preuve d'audace en censurant purement et simplement les actes concourant au report des élections présidentielles, faisant montre d'un certain pragmatisme (I). Toutefois, du point de vue de la technique juridique, des insuffisances sont à relever (II).

I – Un pragmatisme : la censure du report de l'élection

Par sa décision, le Conseil constitutionnel pose un jalon supplémentaire dans la construction de l'État de droit et le respect du constitutionnalisme. Elle est en effet doublement inédite : pour la première fois, elle consacre un contrôle de constitutionnalité des lois de révision constitutionnelle (A) et un contrôle de constitutionnalité d'un acte administratif se rattachant à la matière électorale (B).

A – Le contrôle des lois constitutionnelles : une continuité jurisprudentielle

Pour la première fois en matière contentieuse, le Conseil constitutionnel du Sénégal accepte de contrôler une loi de révision constitutionnelle. Cela interrompt les déclarations itératives d'incompétence habituelles de cette institution : « ...la compétence du Conseil constitutionnel est délimitée par la Constitution (...) le Conseil constitutionnel ne saurait être appelé à se prononcer dans d'autres cas que ceux qui sont expressément fixés par les textes (...) le Conseil constitutionnel ne tient ni de ces textes ni d'aucune disposition de la

---

[2] L'article 17 de la loi organique n° 2016-23 du 14 juillet 2016 relative au Conseil constitutionnel prévoit un délai d'un mois à compter du dépôt du recours pour se prononcer. Ce délai est ramené à huit jours quand le Gouvernement en déclare l'urgence.

Constitution et de la loi organique le pouvoir de statuer sur une révision de la Constitution… »[3].

À cet égard, la décision du Conseil reconnaissant une compétence en matière de contrôle de constitutionnalité des lois peut paraître brusque, voire brutale. Elle traduit une mue du Conseil, qui sort d'une pusillanimité longtemps décriée. Cela explique l'étonnement de l'Assemblée nationale : à travers un communiqué, elle évoque un revirement de jurisprudence remettant en question la souveraineté du pouvoir constituant de l'institution parlementaire. Un tel étonnement ne peut résulter que d'une analyse superficielle de la jurisprudence de la Cour. À y regarder de près, le Conseil est resté dans une continuité. Il n'y a pas de changement de doctrine. Cette continuité transparait subtilement dans la décision du 15 février 2024, bâtie sur le fondement de deux décisions antérieures, sans qu'elles ne soient mentionnées expressément : la décision 3/C/2005 du 18 janvier 2006 et la décision 1/C/2016 du 12 février 2016.

Dans la première, le Conseil a affirmé la relativité du pouvoir constituant dérivé remettant en cause la traditionnelle confusion des pouvoirs constituants (originaire et dérivé) défendue farouchement par le doyen Georges Vedel. En effet, il y affirme au considérant 3 que "le pouvoir constituant est souverain sous réserve, d'une part, des limitations qui résultent des articles 39, 40 et 52 du texte constitutionnel touchant aux périodes aux cours desquelles une révision de la Constitution ne peut être engagée ou poursuivie et, d'autre part, de la prescription de l'alinéa 7 de l'article 103 en vertu duquel la forme républicaine de l'État ne peut faire l'objet d'une révision…". La mention des réserves constitue bel et bien un *obiter dictum*, car aucune d'entre elles n'était en cause et le Conseil se déclara incompétent. Mais, rien n'étant fortuit dans la rédaction d'un jugement, d'un arrêt ou d'une décision, cet *obiter dictum* ne pouvait trouver application qu'en cas d'extension du champ d'application de la limite de l'article 103 paragraphe 7. En effet, jusqu'en 2016, la seule limite matérielle opposable au pouvoir constituant dérivé est la forme républicaine de l'État. Et l'hypothèse qu'une telle limite soit en cause dans une réforme constitutionnelle est quasi nulle. À la faveur de la révision constitutionnelle de 2016, par voie de référendum, la nomenclature de ce qu'on a pu qualifier de clause d'éternité s'élargit en intégrant le nombre et la durée du mandat ainsi que le mode d'élection. La réforme

[3] Décision 1/C/2003 du 11 juin 2003.

de 2016 donnait ainsi au Conseil de la matière, lui permettant de censurer une loi constitutionnelle d'autant plus que la question du mandat a toujours été et demeure une préoccupation constitutionnelle en Afrique. C'est ce qui explique son insertion un peu partout en Afrique francophone dans les causes d'éternité, et ceci depuis les années 1990.

Dans sa décision du 15 février 2024, le Conseil affirme, que « le périmètre de compétence du Conseil constitutionnel dans le contrôle de constitutionnalité des lois est circonscrit, en matière de révision constitutionnelle, à la vérification du respect des conditions d'adoption, d'approbation et des limites temporelles ». On voit en filigrane, dans ce considérant, l'*obiter dictum* de 2006 devenu le fondement de la déclaration de compétence de 2024.

La seconde décision, celle du 12 février 2016 rendue en matière consultative, fait planer son ombre également dans celle de 2024. En 2016, le Président Macky Sall avait initié une révision constitutionnelle par voie de référendum en utilisant la procédure de l'article 51 de la Constitution, équivalent de l'article 11 de la Constitution française. Un des objectifs de cette révision constitutionnelle était, pour le Président, de respecter une promesse de campagne électorale en proposant une réduction du mandat de 7 à 5 ans et de l'appliquer à son mandat en cours. Dans sa décision, le Conseil a consacré un contrôle de constitutionnalité des projets de loi constitutionnelle par voie consultative. Rien que l'idée ainsi admise faisait fléchir ce que Louis Favoreu appelle l'injusticiabilité des lois constitutionnelles[4]. Il est vrai que réviser la Constitution par la voie de l'article 51 requiert au préalable de recueillir l'avis du Conseil constitutionnel. Et selon la loi organique sur le Conseil constitutionnel, ce dernier « rend en toute matière des décisions motivées », ce qui selon une certaine doctrine donne un caractère obligatoire aux avis du Conseil[5]. Donc, les révisions constitutionnelles par la voie de l'article 51 sont nécessairement contrôlées par le Conseil. Et à cet égard, le Conseil note qu'il exerce « un contrôle minimum (...), et dans l'exercice de ce contrôle, il examine la régularité de la procédure suivie, la forme du texte et au fond

---

[4] L. Favoreu, « L'injusticiabilité des lois constitutionnelles », *Revue Française de Droit Constitutionnel*, n* 4, 2003, p. 792.

[5] I.-M. Fall, « La réforme constitutionnelle de mars 2016 au Sénégal », *Actualités de droit public, Mélanges en l'honneur du Professeur Babacar Kanté*, Ed. L'Harmattan, 2017, p. 111.

le respect des limites fixées par la Constitution ». Le contrôle du respect des limites matérielles à la révision n'est donc pas une nouveauté. Il se fait en matière consultative. Étendre une telle évolution à la matière contentieuse relèverait ainsi d'une continuité logique. Et le Conseil reprend dans sa décision du 15 février 2024, cette idée de contrôle minimum portant sur la régularité de la procédure ainsi que sur le respect des limites matérielles dans son considérant 4.

Dans le fond, en se prononçant sur la constitutionnalité de l'initiative du Président de réduire le mandat de 7 à 5 ans avec effet rétroactif, le Conseil lui oppose deux objectifs qu'il considère comme ayant une valeur constitutionnelle : la sécurité juridique et la stabilité des institutions. Il note que « la sécurité juridique et la stabilité des institutions constituent des objectifs à valeur constitutionnelle que toute révision doit prendre en considération pour être conforme à l'esprit de la Constitution ». Elles ne seraient pas garanties « si à l'occasion de changement de majorité, à la faveur du jeu politique ou au gré des circonstances, la durée des mandats politiques en cours régulièrement fixée (...) pouvait être réduite ou prolongée ». Le Conseil reprend, en 2024, cette argumentation pour conclure à la violation des deux objectifs à valeur constitutionnelle identifiés en 2016, sans trop s'attarder à clarifier leur contenu, ni justifier une telle construction jurisprudentielle. Ces deux principes limitent désormais le pouvoir constituant, qu'on soit en matière consultative ou en matière contentieuse. Cette limitation matérielle n'est pas dans la clause d'éternité de l'article 103, ni ailleurs dans la Constitution. Elle serait déduite de « l'esprit de la Constitution » si l'on en croit la décision de 2016.

Certes la décision du Conseil constitutionnel du 15 février 2024 est en apparence inédite, puisque c'est la première fois que le juge invalide une loi constitutionnelle, par la voie contentieuse. Mais en réalité le Conseil constitutionnel n'opère pas un revirement de jurisprudence. Il s'inscrit dans une continuité en s'inspirant largement de sa jurisprudence antérieure. Dans sa volonté de barrer la route au projet de report des élections, le Conseil va plus loin en se déclarant compétent pour contrôler les actes administratifs rattachables à la matière électorale.

B - Le contrôle des actes administratifs : le critère de rattachement à la matière électorale

En plus de la déclaration de compétence sur les lois constitutionnelles, le Conseil étend sa compétence à l'appréciation des actes administratifs se rattachant à la matière électorale, ce qui par ailleurs constitue une curiosité au regard du système de répartition des compétences entre le juge administratif et le juge constitutionnel. Au juge administratif de contrôler les actes administratifs, au juge constitutionnel de juger de la constitutionnalité des lois et de la régularité des élections nationales, selon une lecture combinée de l'article 92 de la Constitution et des lois organiques respectives sur la Cour suprême et sur le Conseil constitutionnel. Pour la première fois, le juge constitutionnel retient sa compétence pour connaître d'un acte administratif. Il fonde sa compétence sur la plénitude de juridiction, lorsqu'il officie en tant que juge électoral. Selon la Cour, cette plénitude de juridiction lui confère compétence pour connaître de « la contestation des actes administratifs participant directement à la régularité d'une élection nationale, lorsque ces actes sont propres à ce scrutin »[6].

Cette solution peut se justifier doublement. D'une part, le Conseil fait preuve de pragmatisme, comblant un vide relatif au contrôle des actes préparatoires aux élections présidentielles. Il ressort de la jurisprudence de la chambre administrative de la Cour suprême que les décrets de convocation du corps électoral tombent dans la catégorie des actes de gouvernement, échappant ainsi à son contrôle. C'est le moins qu'on puisse dire en regard de la décision *Ousmane Sonko c/. État du Sénégal* du 17 mars 2016. Dans cette décision, la Cour a considéré que le décret portant convocation du corps électoral à un référendum est un acte de gouvernement échappant à son contrôle. La théorie des actes de gouvernement crée ainsi un vide dans l'appréciation d'un décret convoquant le corps électoral à l'occasion des élections nationales ou d'un référendum. Et par parallélisme des formes, si un décret de convocation du corps électoral est un acte de gouvernement, le décret

[6] Le Conseil constitutionnel a confirmé cette analyse, en la précisant, dans le considérant n° 9 de sa décision n° 6/C/2024 du 24 décembre 2024 : « considérant que le contrôle de la légalité d'un acte administratif ne relève pas de la compétence du Conseil constitutionnel, qui ne connaît de ce contentieux que dans le cadre d'une élection nationale, lorsque l'acte participe directement à la régularité du processus électoral et est propre à ce scrutin ».

qui l'abroge le devient logiquement. En se déclarant compétent, le Conseil vient donc combler un vide.

D'autre part, le contrôle des actes préparatoires aux élections nationales par le juge constitutionnel est bien ancré dans la tradition jurisprudentielle d'autres pays. Par sa décision du 14 juin 2023, la Cour constitutionnelle du Mali s'est fondée sur l'article 28 de la loi organique selon lequel elle « examine et tranche définitivement toute les réclamations » pour justifier l'extension de son office aux actes préparatoires tels que le décret de convocation du corps électoral à l'occasion du référendum. En République centrafricaine, la Cour constitutionnelle s'est reconnue compétente pour contrôler un décret portant création d'un Comité chargé de créer une nouvelle Constitution dans sa décision du 23 septembre 2022. En France, conformément à l'arrêt *Delmas* du 11 mars 1981, le Conseil constitutionnel est compétent pour connaître des recours d'électeurs visant la licéité d'un décret préparatoire si et seulement si « son maintien compromettrait gravement l'efficacité de son contrôle de l'élection, vicierait le déroulement des opérations électorales ou porterait atteinte au fonctionnement normal des pouvoirs publics ».

L'approche du juge constitutionnel sénégalais soulève une question. Invoquer une plénitude de compétence en matière électorale donnerait une très large latitude au juge constitutionnel pour connaître de tout acte, quelle que soit sa nature, dès lors qu'il est rattachable à l'élection. La nature de l'instrument n'est donc pas importante. Seul importe qu'il s'inscrive dans le processus électoral. Ainsi peut-on légitimement se demander si le Conseil constitutionnel se déclarerait compétent pour connaître des actes émanant d'une autorité de régulation des élections comme la Commission Électorale Nationale Autonome ou le Conseil National de Régulation de l'Audiovisuel. Peut-on contester devant lui un arrêté fixant le montant de la caution aux élections présidentielles ou celui fixant le nombre d'électeurs et d'élus requis pour le parrainage d'un candidat ainsi que les formats contenus dans les fiches de collecte des parrainages à l'élection présidentielle ? Le critère du rattachement à la matière électorale semble ouvrir la voie à toute sorte de contestation par les candidats – si bien que se pose la question de l'opportunité de circonscrire le champ des actes susceptibles de recours devant le Conseil constitutionnel dans ce cadre.

Par ailleurs, faut-il rappeler que la Cour suprême a été également saisie, au même titre que le Conseil constitutionnel, du décret litigieux portant report du scrutin présidentiel. Le Conseil constitutionnel s'étant prononcé en premier en retenant sa compétence au nom de ses fonctions de juge électoral, l'attitude de la Cour suprême était très attendue. Elle avait le choix entre soit revendiquer une compétence exclusive en matière d'actes administratifs, soit accepter l'interprétation retenue par le Conseil constitutionnel. Dans l'ordonnance *Mamadou Lamine Thiam et autres c/. État du Sénégal* rendue le 15 mars 2024, la Cour suprême a finalement opté pour la seconde possibilité. Selon la Cour suprême, « [...] il appartient au Conseil constitutionnel, en vertu de ses missions de contrôle de la régularité des élections nationales [...] de statuer sur les contestations portées contre les actes administratifs préparatoires à l'élection du Président de la République, ayant pour objet de préciser leur déroulement et de fixer leur organisation ».

En se déclarant compétent pour contrôler les lois constitutionnelles et les actes administratifs se rattachant à la matière électorale, le Conseil constitutionnel du Sénégal a fait preuve d'un volontarisme et s'est érigé en gardien de l'État de droit et de la démocratie. Par cette audace inédite, il invalide le report de l'élection présidentielle ayant pour effet une prorogation du mandat présidentiel de dix mois supplémentaires. Ce pragmatisme est néanmoins obtenu au détriment de la technique juridique.

II - Le pragmatisme au détriment de la technique juridique

La décision du Conseil constitutionnel était attendue[7] en ce qu'elle censure le report de l'élection présidentielle en déclarant contraire à la Constitution la loi de révision visant à repousser la date de l'élection et en annulant la décision abrogeant le décret portant convocation du corps électoral. Il se trouve cependant que ce pragmatisme a été privilégié au détriment de la technique juridique. Le recours à l'économie des moyens est discutable (A), alors que le motif invoqué pour annuler le décret contesté est surabondant (B).

---

[7] J.-L. Correa, A.-K. Diop, « La décision 1/C/2024 du Conseil constitutionnel sénégalais : analyse furtive d'une décision attendue » disponible sur https://ancl-radc.org.za/blog/la-decision-1-c-2024-du-conseil-constitutionnel-senegalais-analyse-furtive-dune-decision-attendue >.

A - Le recours discutable à la technique de l'économie des moyens

Dans l'exposé des moyens soulevés et les réponses que le Conseil constitutionnel y apporte, la pédagogie semble avoir été reléguée au second plan. L'argumentation des requérants est souvent élaguée pour ne retenir que l'idée principale du moyen examiné. La brièveté avec laquelle le juge a évoqué les arguments qui sous-tendent les requêtes a induit en erreur certains commentateurs qui ne sont pas parvenus à faire le départ entre les moyens et les réponses du juge.

Par ailleurs, le plus marquant au sujet de l'usage fait des moyens avancés par les requérants reste le recours à la technique de l'économie des moyens. Celle-ci consiste en un procédé par lequel le juge choisit de se prononcer seulement sur une partie des arguments juridiques des requérants lorsqu'il considère que cela suffit pour établir la non-conformité de l'acte contrôlé à une norme de contrôle. Cette pratique de l'économie des moyens, très fréquente dans la jurisprudence administrative, est rarement, voire jamais, utilisée par le juge constitutionnel sénégalais.

En examinant la requête au fond concernant la loi de révision, le Conseil constitutionnel a annoncé qu'il allait se prononcer « sur les moyens tirés de la violation des articles 27 et 103 de Constitution et du principe de la sécurité juridique, *sans qu'il soit besoin de statuer sur les autres moyens tendant à l'inconstitutionnalité de la loi* »[8]. Le refus de se prononcer sur les autres moyens au motif qu'un seul suffit pour établir l'inconstitutionnalité de la loi contrôlée est discutable. Par cette attitude, le Conseil constitutionnel laisse entendre que seule l'efficacité de la décision a été considérée. La décision établit soit la constitutionnalité, soit l'inconstitutionnalité de la loi. Dans cette dernière hypothèse, et selon la logique pragmatique du juge, il n'y a pas lieu de revenir sur tous les moyens dès lors que l'examen d'un seul permet de conclure que la loi contrôlée est contraire à la Constitution. En procédant de la sorte, le juge a manqué une belle opportunité de livrer une version complète de sa jurisprudence concernant le contrôle des lois de révision et cela ne participe pas à clarifier cette jurisprudence.

Cette décision s'inscrit dans le sillage de la jurisprudence antérieure du Conseil concernant le contrôle des lois de révision, sans apport

[8] Nous soulignons.

particulier, à cause de l'économie des moyens, alors que le contexte y était propice. Dans sa décision du 18 janvier 2006[9], le juge constitutionnel sénégalais avait déjà laissé entendre qu'il était incompétent pour connaître d'une loi de révision, sauf si cela concernait la procédure d'adoption, ainsi que les interdictions de révision dans telles circonstances ou selon telles matières. Le juge a réitéré sa position dans la décision commentée en considérant que sa compétence en matière de loi de révision est circonscrite « à la vérification du respect des conditions d'adoption, d'approbation et des limites temporelles et matérielles que la Constitution elle-même fixe à l'exercice des pouvoirs du constituant dérivé »[10]. Alors qu'il a été essentiellement saisi de ces deux questions, le Conseil constitutionnel a choisi de se prononcer sur le seul moyen relatif à la violation d'interdictions de révision, en l'occurrence des dispositions intangibles. La contestation relative à la procédure d'adoption n'a donc pas été examinée par le juge.

S'agissant de la procédure de révision, les requérants contestaient, entre autres, le fait que la phase de l'approbation n'a pas été formellement réalisée. Selon l'article 103 de la Constitution, la procédure comprend trois étapes principalement : l'initiative, l'adoption et l'approbation. La dernière étape est faite soit par référendum, soit par l'Assemblée nationale, auquel cas la révision est acquise à la majorité des trois cinquièmes (3/5) des suffrages exprimés. Le choix de la voie de l'approbation appartient au Président de la République. La loi n'a pas été approuvée car l'Assemblée nationale n'a procédé qu'à un seul vote. La loi contrôlée n'est pas en soi singulière sur ce point. Il est déjà arrivé qu'une révision soit considérée comme acquise alors que l'approbation n'a pas été formellement réalisée et le Conseil constitutionnel saisi de la loi en question avait validé cette incongruité. Dans sa décision du 18 janvier 2006, précitée, le juge sénégalais avait admis que « le vote à la majorité qualifiée des trois cinquièmes réalise à la fois l'adoption et l'approbation de la loi ». Il avait ainsi validé la fusion des deux dernières étapes de la procédure en considérant que l'adoption vaut approbation lorsqu'elle a été faite au moins à la majorité des trois cinquièmes (3/5) des suffrages exprimés. En omettant de se prononcer sur cette question dans la décision commentée, on peut comprendre qu'il ne souhaite pas revenir sur sa position, d'où le choix de n'examiner que le moyen relatif à la violation

[9] Décision n° 3/C/2005 du 18 janvier 2006.
[10] Décision n° 1/C/2024 du 15 février 2024, considérant 6.

de dispositions intangibles. Ce choix est tout de même discutable tant la loi contrôlée présente une singularité par rapport à celle qui fit l'objet de la décision du 18 janvier 2006. La décision par laquelle le Conseil constitutionnel a validé la fusion des étapes de l'adoption et de l'approbation dans la procédure de révision est surprenante. Elle remet en cause la Constitution qui distingue clairement les deux phases. La décision commentée qui valide implicitement cette fusion l'est davantage.

Une certaine logique pourrait justifier la position du Conseil constitutionnel en 2006, sans préjudice de la certitude que la Constitution avait été mal appliquée. Elle consisterait à dire que le Parlement sénégalais est monocaméral. Dans ce cas, l'organe qui est compétent pour adopter le texte de loi, l'Assemblée nationale, est le même qui intervient pour l'approbation, avec la même composition. Il est alors très probable que le nombre de députés favorable à l'adoption le serait aussi pour l'approbation. Le temps de la réflexion qui pourrait conduire au changement d'avis entre l'adoption et l'approbation n'existe pas en réalité, dans la mesure où les deux phases peuvent être réalisées le même jour. La logique reposerait également, sous un autre angle, sur l'esprit du droit constitutionnel institutionnel qui ne s'opposerait pas à une démarche optimale ne remettant pas en cause la séparation des pouvoirs. La loi de révision qui fit l'objet de la décision de 2006 résultait d'une initiative du chef de l'État. L'initiative de l'exécutif a été entérinée par le parlement avec un nombre de votes favorables dépassant la majorité des trois cinquièmes (3/5) requise pour l'approbation d'une révision par l'Assemblée nationale. On en déduit que l'exécutif et le parlement étaient favorables à la révision, ce qui répond à l'esprit de la séparation des pouvoirs qui justifie la collaboration des deux organes dans la procédure de révision constitutionnelle.

Sur ce dernier point, la logique déclinée ci-dessus n'est pas transposable à l'affaire commentée, sinon le principe de la séparation des pouvoirs serait remis en cause. La loi adoptée par l'Assemblée nationale le 5 février 2024 provient d'une initiative parlementaire, à l'inverse de celle qui fut examinée par le Conseil dans sa décision du 18 janvier 2006. Dans ce cas, admettre l'idée que l'adoption de la loi vaut son approbation reviendrait à permettre qu'une révision constitutionnelle puisse être menée de bout en bout par le seul parlement, c'est-à-dire sans que l'intervention du Président de la République à qui la Constitution donne le pouvoir de choisir entre l'approbation par voie référendaire et l'approbation par voie parlementaire. Cette situation est plus grave lorsque l'on considère le pouvoir du Président de l'Assemblée nationale de se substituer au Président de la République en procédant à la promulgation de la loi de révision lorsque celui-ci n'agit pas dans le délai imparti[11].

La validation par le juge de la fusion des phases de l'adoption et de l'approbation est inacceptable et elle l'est davantage lorsque l'initiative de la révision provient du Parlement. Pour se rendre compte de cette incohérence accentuée, le juge devrait imaginer l'hypothèse d'une révision constitutionnelle initiée par les parlementaires en période de cohabitation. Dans ces circonstances, la confusion des deux phases de la procédure de révision conduirait à une rupture de l'équilibre des pouvoirs. En effet, la majorité parlementaire pourrait mener seule une procédure de révision à terme en choisissant la voie de l'approbation, éventuellement, contre le gré du Président de la République. Ce dernier n'aurait donc plus aucun pouvoir en matière de révision constitutionnelle. Une initiative de sa part serait vouée d'avance à l'échec, alors qu'il n'aurait pas la possibilité de choisir la voie de l'approbation lorsque la révision est initiée par le parlement.

La confusion de l'adoption et de l'approbation ruine complètement la répartition des rôles en matière de révision dans le contexte de la cohabitation. Le Conseil constitutionnel n'a pas saisi l'occasion offerte pour clarifier cette jurisprudence, à défaut d'y revenir complètement. Il a préféré faire l'économie des moyens au détriment de cette question. Dans le même temps, il a accepté de contrôler la décision du Président de la République abrogeant le décret portant convocation du corps électoral. L'annulation de cette décision repose sur un motif superflu.

B - Le caractère superflu du motif fondant l'annulation du décret

La véritable surprise dans la décision commentée demeure le contrôle de la légalité du décret révoquant la convocation du corps électoral. Cependant, le contrôle de la légalité du décret en question est superfétatoire. La décision du Conseil constitutionnel aurait eu la même signification juridique si elle ne comprenait pas l'examen dudit décret. Le juge a procédé à la jonction de deux requêtes : d'une part, la requête contre la loi de révision ; d'autre part, la « requête aux fins d'ordonner

[11] Article 75, alinéa 2 de la Constitution du 22 janvier 2001.

la poursuite du processus électoral ». La contestation du décret fut portée dans la seconde requête. Dans sa décision, le Conseil constitutionnel s'est expressément prononcé sur « la demande tendant à ordonner la poursuite du processus électoral"[12] et a invité "les autorités compétentes [à tenir l'élection] dans les meilleurs délais ». En déclarant la loi de révision contraire à la Constitution et en ordonnant la poursuite du processus électoral, la décision était suffisante pour conclure à la censure de la perturbation du processus électoral. Une simple phase sur l'illégalité du décret dans la partie où le juge examine la demande visant la poursuite du processus électoral aurait suffi. Le Conseil constitutionnel a fait le choix d'examiner le moyen contestant la légalité du décret indépendamment de la « demande aux fins d'ordonner la poursuite du processus électoral », alors que la requête en faisait un simple argument en soutien à cette demande.

L'examen à part de la légalité du décret dans la décision s'expliquerait par la volonté du Conseil constitutionnel de ne pas laisser un doute quant à la censure de la tentative de report de l'élection. Il a alors sûrement voulu évoquer expressément le décret qui fut le premier acte, et non moins le plus symbolique, à avoir entraîné la suspension du processus électoral. Néanmoins, si le contrôle du décret révoquant la convocation du corps électoral se comprend, il n'en est pas de même du motif invoqué par le juge pour justifier son annulation. En annulant le décret, le Conseil constitutionnel a considéré que celui-ci était dépourvu de base légale. Le raisonnement du juge pour arriver à cette conclusion est curieux. Il considère, à juste titre, que le décret a été pris sur le fondement de la proposition de loi constitutionnelle qui a abouti à la loi de révision contrôlée. Ainsi, cette dernière ayant été déclarée contraire à la Constitution, le décret « manque de base légale et encourt l'annulation ». Le juge n'avait pas besoin de viser l'inconstitutionnalité de la loi de révision pour fonder l'annulation du décret. Le décret est intrinsèquement dépourvu de base légale. En effet, comme le juge l'a rappelé, il a été pris sur le fondement d'une *proposition de loi*. Dans son message à la Nation prononcé le 3 février dernier, le Président de la République avait justifié la révocation de la convocation du corps électoral par le dépôt d'une proposition de loi constitutionnelle à l'Assemblée nationale. Le rapport de présentation du projet de ce décret, signé par le ministre de l'Intérieur, confirme également que la décision a été prise sur ce fondement. Le raisonnement du juge laisse

[12] Décision n° 1/C/2024, précitée, considérants 18 à 20.

entendre qu'une proposition de loi pourrait valablement servir de base légale à une décision administrative.

……..

La décision commentée tient sans doute sa place dans la catégorie des « grandes décisions du Conseil constitutionnel sénégalais ». Elle est juste dans son dispositif en ce qu'elle censure la tentative de report de l'élection présidentielle. La décision symbolise aussi la victoire de l'État de droit contre l'autoritarisme. Et le Conseil constitutionnel a continué son œuvre jurisprudentielle avec une décision inédite rendue le 6 mars 2024[13], dans laquelle elle constate la carence des autorités compétentes à fixer la date de l'élection présidentielle avant la fin du mandat. Et usant de son pouvoir de régulation, il a fixé lui-même une date en se substituant aux autorités exécutives.

---

[13] Décision n° 5/E/2024 du 6 mars 2024.

De l'obligation de sécurité à l'obligation d'entretien

Geneviéve BREMOND
Maitre de Conférences en droit privé
Université Assane Seck de Ziguinchor

Résumé : Une collision se produit sur l'autoroute de l'Avenir entre un automobiliste et un bœuf. Le propriétaire du véhicule assigne, en réparation des dommages matériels subis, le concessionnaire de l'autoroute la société. La société concessionnaire est déclarée en appel entièrement responsable du sinistre sur le fondement de la faute consistant en un manquement à l'obligation de sécurité. La société se pourvoi en cassation au moyen que le défaut de surveillance de l'animal par son propriétaire atténue partiellement sa responsabilité et que ce dernier devait aussi, au moins en partie, être déclaré responsable. La Chambre Civile et Commerciale de la Cour Suprême considère que le manquement à l'obligation de sécurité est à l'origine de la collision. Elle confirme la faute de la société concessionnaire par application de l'article 118 du Code des Obligations Civiles et Commerciales. Pourtant, en raison de la particularité de la société concessionnaire d'un service public, l'analyse des faits appelle à prendre en considération la spécificité de la société et de s'assurer que les conditions tenant à l'existence de l'obligation de sécurité étaient réunies. Tel n'est en effet pas le cas. En raison de la qualité particulière de l'exploitant de l'autoroute, la responsabilité devait être appréhendée à travers l'obligation d'entretien.

Mots-clés *:* Accident-Autoroute à péage-Automobile-Animaux domestiques-Concession-Obligation de sécurité-Obligation d'entretien-Responsabilité.

Cour suprême
Chambre civile et commerciale
Arrêt n ° 10 du 18 janvier 2023

La Cour,

Après en avoir délibéré conformément à la loi ;

Attendu selon l'arrêt attaqué (Dakar, 16 novembre 2021, n°126), que le véhicule automobile conduit par son propriétaire M. Keita a heurté un bœuf sur l'autoroute concédée à la société SENAC SA devenue SECAA SA et subi d'importants dégâts matériels ; que M. Keita a assigné la SENAC SA en déclaration de responsabilité et en paiement ;

Sur le premier moyen pris en ses deux branches, les deuxième et troisième réunis :

Attendu que la SECAA fait grief à l'arrêt de la déclarer entièrement responsable du sinistre alors, selon le moyen :

1°/que le propriétaire de l'animal devait au moins en partie être déclaré responsable, en application des dispositions de l'article 137 du Code des Obligations Civiles et Commerciales

(COCC)

2°/ que la présence de l'animal est une faute de son propriétaire qui devait l'exonérer au moins partiellement, en vertu des dispositions de l'article 128 du COCC ;

3°/ que l'arrêt ne pouvait retenir sa responsabilité sur le fondement de l'article 118 du COCC, sans établir au préalable une violation de son obligation de moyen ;

4°/qu'il ne pouvait pas se limiter à considérer qu'elle a l'obligation de sécuriser l'accès à l'autoroute à péage qu'elle exploite, mais également d'assurer à ceux qui l'empruntent un usage sécurisé ; qu'il devait motiver sa décision de considérer qu'il pesait sur elle une obligation de résultat plutôt qu'une obligation de moyen ;

Mais attendu qu'ayant retenu que c'est par la défaillance de la SENAC qu'un bœuf a accédé et traversé l'autoroute à péage, d'où son manquement à une obligation préexistante celle de fournir aux usagers de l'autoroute à péage un service sécurisé, la cour d'appel en a justement déduit que sa responsabilité était entière ;

Qu'il s'ensuit que le moyen n'est pas fondé ;

Par ces motifs :

Rejette le pourvoi formé par la SECAA SA contre l'arrêt n°126 du 16 novembre 2021 rendu

Par la Cour d'Appel de Dakar ;

La condamne aux dépens ;

....

La qualification juridique des faits est un passage obligé et périlleux du juriste, mais néanmoins nécessaire. Cette première étape permet de déterminer et d'appliquer le régime juridique spécifique lié à cette qualification. Il faut cependant se méfier des évidences.

Un automobiliste sur l'autoroute à péage heurte un bœuf. Bien évidemment, l'autoroute n'est pas une pâture et, en raison de sa particularité permettant de rouler à 110 kilomètres à l'heure, aucun obstacle ne devrait s'y trouver.

Voici la situation à laquelle la Cour de cassation a été soumise. Dans l'arrêt n° 10 du 18 janvier 2023 rendu par la Chambre Civile et Commerciale de la Cour Suprême, la Cour retient à la charge du concessionnaire de l'autoroute le manquement à une obligation de sécurité.

Le propriétaire de la voiture endommagée demande la réparation des dommages matériels au concessionnaire de l'autoroute à péage. C'est ainsi que ce dernier est assigné en responsabilité du fait du manquement à son obligation de sécurité ayant permis au bœuf, à l'origine des dommages matériels, de pénétrer sur l'autoroute.

Dans l'arrêt n° 126, rendu par la Cour d'appel de Dakar le 16 novembre 2021, contre lequel le concessionnaire de l'autoroute forme un pourvoi devant la Cour suprême, le concessionnaire est déclaré entièrement responsable du sinistre causé par le bœuf, et doit donc prendre en charge la réparation du véhicule.

Dans sa décision, la Cour d'appel rappelle que le concessionnaire de l'autoroute est tenu de « fournir aux usagers de l'autoroute à péage un service sécurisé », et c'est en raison de sa défaillance à cette obligation qu'un bœuf a pu accéder à l'autoroute et l'a traversée, créant ainsi la collision avec un automobiliste.

Le concessionnaire, condamné au paiement intégral des dommages, se pourvoit en cassation aux motifs que sa responsabilité ne pouvait être établie sans pour autant établir la violation de l'obligation de moyens à laquelle il était tenu. Par ailleurs, le propriétaire de l'animal devait au moins, en partie, être déclaré responsable du sinistre en application des dispositions cumulées des articles 128 et 137 du Code des Obligations civiles et Commerciales. En effet, la présence de l'animal a modifié la relation de causalité entre la faute et le dommage, atténuant ainsi la responsabilité du concessionnaire[1].

Les magistrats de la Haute cour étaient confrontés à la question suivante : le concessionnaire d'une autoroute à péage est-il intégralement responsable des dommages subis par un usager suite à l'intrusion d'un animal de ferme sur l'autoroute ?

La Cour suprême répond par l'affirmative en relevant que le concessionnaire a manqué à son obligation préexistante de fournir aux usagers de l'autoroute à péage un service sécurisé engageant ainsi sa responsabilité pleine et entière.

[1] Article 128 du Code des Obligations Civiles et Commerciales.

Cette décision fait apparaître une obligation préexistante de sécurité à l'égard du concessionnaire de l'autoroute écartant ainsi les faits exonératoires tels que le fait d'un tiers ou d'un animal ayant pour conséquences d'atténuer la responsabilité du débiteur de l'obligation[2].

Cependant, traditionnellement, l'obligation de sécurité découle d'un contrat[3] et s'applique aux dommages corporels. Toute l'ambiguïté de l'arrêt provient du défaut de qualification de la relation entre le concessionnaire et l'automobiliste.

Cette absence de qualification n'est pas un obstacle à la mise en œuvre du droit de la responsabilité. Le législateur n'ayant pas fait la distinction entre la responsabilité contractuelle et la responsabilité délictuelle.

La faute, telle que définie à l'article 118 du Code des Obligations Civiles et Commerciales, « est un manquement à une obligation préexistante de quelque nature qu'elle soit ». Cette définition a été empruntée à Planiol[4]. Elle constitue toujours un acte illicite en ce sens qu'elle est la « méconnaissance » d'un devoir ou d'une obligation imposée par l'ordre juridique[5]. Il y a acte illicite lorsque l'auteur du dommage a transgressé une règle de conduite d'origine contractuelle, légale, coutumière (usage, bonnes mœurs), ou lorsqu'il a abusé d'un droit. La faute est un jugement de valeur sur la conduite d'un individu[6]. Comme précisé, elle est soit d'origine contractuelle soit extracontractuelle.

Ainsi, en matière contractuelle, la faute provient de la mauvaise ou de la non-exécution d'une obligation contractuelle.

En matière extracontractuelle, la qualification de la faute est plus large mais elle trouve son fondement en dehors du contrat.

Bien que le droit sénégalais de la responsabilité civile n'ait pas explicitement fait la distinction entre la responsabilité civile

---

[2] Article 128 du Code des Obligations Civiles et Commerciales.

[3] « Telle que la jurisprudence l'a progressivement consacrée et organisée l'obligation de sécurité est une obligation accessoire à une obligation contractuelle principale imposant au débiteur professionnel, de ne pas créer de danger pour la santé des personnes » ; M. Poumarede, Ph. le Tourneau, *Dalloz action Droit de la responsabilité et des contrats*, Chapitre 3122 - Notion d'obligation contractuelle – 2023/24.[4] M. Planiol. *Traité élémentaire de droit civil*, tome 2, Paris, LGDJ, 1ère éd., n° 863.

[4] M. Planiol. *Traité élémentaire de droit civil*, tome 2, Paris, LGDJ, 1ère éd., n° 863.

[5] Y. Buffelan- Lanore et V. Lambau-Temeyre, *Droit civil, Les obligations*, Sirey, 14è éd. 2014, p. 704.

[6] Y. Buffelan- Lanore et V. Lambau-Temeyre, *Droit civil, Les obligations, op. cit.*

extracontractuelle et la responsabilité civile contractuelle, la responsabilité de l'auteur du dommage est engagée dès que le manquement à une obligation préexistante a causé un dommage sous réserve que le lien de causalité entre la faute et le dommage soit établi.

Ainsi, dans une relation contractuelle, ce manquement sera recherché par la défaillance d'une des parties au contrat ; dans le cas contraire, il sera apprécié eu égard « à la conduite d'un homme prudent et diligent »[7]. Cependant, pour établir la responsabilité sur la base d'un manquement à une obligation contractuelle, il faut avant tout mettre en évidence l'existence d'un contrat à partir duquel la victime s'appuiera pour faire la preuve de la faute. En l'absence de contrat, le juge appréciera la responsabilité eu égard aux fondements de la responsabilité extracontractuelle ou délictuelle avec les limites de responsabilité découlant de celle-ci.

Dès lors que le manquement à l'obligation résulte d'un contrat, il appartient au créancier qui l'invoque de faire la preuve que la relation qui le lie au débiteur est contractuelle. La preuve de l'existence d'un contrat peut sembler saugrenue. Pourtant, elle devient nécessaire lorsque le juge met à la charge d'une partie une obligation qui, *a priori,* découlerait d'un contrat comme c'est le cas pour l'obligation de sécurité. Si ce contrat n'existe pas, la responsabilité doit être recherchée sur d'autres moyens. La particularité de l'arrêt de 2023 réside dans la qualité des parties au contrat. En effet, la victime est un usager d'un ouvrage public concédé. Par une jurisprudence traditionnelle, il n'y a pas de lien contractuel entre la société concessionnaire d'une autoroute et l'usager victime[8] qui peut, cependant, demander la réparation des dommages subis en invoquant le défaut d'entretien d'un ouvrage public[9].

C'est ainsi que nous préciserons les conditions tenant à l'existence de l'obligation de sécurité (I), pour ensuite préciser le manquement à l'obligation d'entretien (II).

I – Les conditions tenant à l'existence de l'obligation de sécurité

Extracontractuelle ou contractuelle, la responsabilité civile suppose nécessairement deux conditions, l'une subjective, l'autre objective. La

---

[7] Article 120 du Code des Obligations Civiles et Commerciales.

[8] Cass. 1re civ., 10 mai 1983, *Soc. Autoroute Estérel-Côte d'Azur*, *JCP* 1983, IV, n° 222.

[9] Cass. 1re civ., 10 mai 1983, *Soc. Autoroute Estérel-Côte d'Azur,* préc.

première tient à l'existence d'un responsable identifié auquel le fait générateur peut être imputé. La seconde, à l'existence d'un fait générateur de responsabilité, c'est-à-dire un fait illicite ou anormal dommageable. La décision rendue par la Cour suprême condamne le concessionnaire de l'autoroute en raison d'un manquement à l'obligation de fournir un service sécurisé à ses usagers.

Ce service sécurisé évoque l'obligation de sécurité. Traditionnellement, l'obligation de sécurité découlait d'un contrat visant la fourniture d'un bien ou d'une prestation de service à partir duquel découlait l'obligation de sécurité. Le manquement à l'obligation de sécurité nécessite, d'une part, l'exigence d'un contrat entre l'auteur du dommage et la victime et, d'autre part, l'émanation de l'obligation de sécurité à partir de l'obligation principale.

Il convient ainsi d'examiner le lien entre le concessionnaire de l'autoroute et l'usager d'une part, et d'identifier l'obligation principale à partir de laquelle l'obligation de sécurité peut découler,[10] d'autre part.

A – L'existence d'un contrat

L'obligation de sécurité trouve sa source traditionnelle dans le contrat. Dans l'arrêt de 2023, il semble y avoir une relation contractuelle entre le concessionnaire de l'autoroute et l'usager. Pourtant, cette apparence méritait d'être clarifiée. En effet, les obligations du concessionnaire proviennent du cahier des charges convenu entre l'État et le constructeur de l'autoroute qui en a ensuite l'exploitation du fait de la concession.

1 – La source contractuelle de l'obligation de sécurité

L'obligation de sécurité est reconnue pour la première fois par les juges en 1911, dans un contrat de transport[11]. Dans les faits, un passager avait pris un billet pour voyager sur le sous-pont d'un paquebot à côté des marchandises. En cours de route, un tonneau mal arrimé tomba sur son pied le blessant grièvement. La cour d'appel a rattaché l'accident à la responsabilité délictuelle. La Cour de cassation censura cette décision au motif que le transporteur a l'obligation de conduire le voyageur sain et sauf à destination. Ainsi, naissait l'obligation de sécurité. Bien que sous-jacente à l'obligation principale, elle est une obligation de résultat.

---

[10] Paris, 11 juin 2001, *RCA* 2001, n° 279, obs. L. Grynbaum.

[11] Cass. civ., 21 novembre 1911, *DP* 1913, 1, p. 249 concl. et note Sarrut ; *S.* 1912, 1, p. 73, Lyon-Caen.

Le transporteur est dès lors tenu de conduire le voyageur à destination sain et sauf, sans pour autant avoir la possibilité de démontrer qu'il n'a pas commis de faute[12]. Peu à peu, l'obligation de sécurité s'est étendue à d'autres contrats[13] tout en restant dans un lien contractuel. Bien souvent, elle est accessoire à l'obligation contractuelle principale[14]. Il n'y a pas d'obligation de sécurité seule ou, autrement dit, il n'y a pas de contrat de sécurité même s'il peut exister des contrats de gardiennage ou de surveillance[15]. Ainsi, cette notion n'a pas de sens dans les autres sources d'obligation que le contrat[16].

Certes, nul ne doit nuire à autrui, de sorte que la victime de quelque dommage que ce soit, y compris une atteinte à son corps, causé par une faute, par le fait d'une chose ou par le fait d'autrui hors l'exécution d'une obligation contractuelle, dispose d'une action en responsabilité délictuelle. Mais le dommage causé dans ces différentes hypothèses ne résulte pas d'un manquement à l'obligation de sécurité. Évoquer l'obligation de sécurité hors du champ contractuel tend à vider cette expression technique de son sens[17]. Il revenait donc au juge de qualifier la relation entre l'automobiliste et le concessionnaire de l'autoroute.

2 – La qualification de la relation entre le concessionnaire de l'autoroute et l'usager

Dans l'arrêt du 18 janvier 2023, la Cour, sans qualifier la relation entre le concessionnaire et l'usager, précise que le concessionnaire est tenu « de fournir aux usagers de l'autoroute à péage un service sécurisé ». Les obligations du concessionnaire de l'autoroute proviennent du cahier des charges établit entre l'État et le concessionnaire.

La nature de la relation existant entre le concessionnaire de l'autoroute et l'usager fait débat. En effet, depuis la jurisprudence

[12] Civ. 21 nov. 1911, *Cie gén. Transatlantique c/. Zbidi Hamida ben Mahmoud*, *S.* 1912, 1 ; 73 note Lyon-Caen ; *DP* 1913, 1, 249, note Sarrut, *Grands arrêts*, n° 276, 12éme éd.

[13] L'obligation de sécurité a été reconnue dans les contrats les plus divers et à la charge de multiples contractants : les employeurs, les fabricants et vendeurs…

[14] Y. Letourneau, *Droit de la responsabilité et des contrats, régimes d'indemnisation*, n° 3122.51, Dalloz action 2023-2024.

[15] Y. Letourneau, *Droit de la responsabilité et des contrats, op. cit.,* n° 3122.11.

[16] *Ibid.,* n° 3122.51.

[17] *Ibid.*

Peyrot, les contrats de concession relèvent du droit administratif[18]. C'est à partir du cahier des charges qu'il est possible de déterminer si le concessionnaire était tenu de mettre en place des barrières de sécurité empêchant ainsi l'accès des animaux sur l'autoroute.

C'est ainsi que, dans une décision récente de la cour administrative d'appel de Marseille, il ressort que les usagers de l'autoroute ne sont pas dans une relation contractuelle, mais dans une situation unilatérale et réglementaire à l'égard du concessionnaire[19]. En l'espèce, un automobiliste qui roulait à contresens sur l'autoroute a heurté une voiture qui roulait dans le sens de la circulation causant la mort du conducteur et des deux passagers. Les parents du conducteur décédé mettent en cause l'exploitant de l'autoroute pour manquement à « l'obligation contractuelle de sécurité envers les usagers ».

Dans sa décision, la Cour d'appel de Marseille rejette l'appel tout en précisant que la responsabilité de la société ASF, concessionnaire de l'autoroute, ne peut être engagée[20]. La Cour d'appel de Marseille considère que la relation entre l'usager de l'autoroute et le concessionnaire n'étant pas contractuelle, elle ne peut donner lieu à réparation pour manquement à l'obligation de sécurité[21]. La position de la Cour d'appel de Marseille relance le débat sur la nature de la relation entre le concessionnaire et l'usager de l'autoroute. Il faut en effet faire la distinction entre les actions en responsabilité délictuelle ou quasi délictuelle tendant à la réparation des dommages de toutes natures causés par un véhicule quelconque et qui relèvent de la compétence des tribunaux de l'ordre judiciaire, des actions en réparation du fait de dommages de travaux publics, y compris dans le cas où l'entretien d'un ouvrage public incomberait à une société concessionnaire, qui relèvent de la compétence de la juridiction administrative[22].

---

[18] Tribunal des conflits, 8 juillet 1963, *Sté Entreprise Peyrot c/ Sté de l'autoroute Esterel-Côte d'Azur*, *Lebon* 787 ; *D.* 1963. 534, concl. Lasry, note Josse.

[19] Cour Administrative d'Appel de Marseille, 5ème chambre, 03/05/2023, 21MA04903, *Lebon*, inédit.

[20] *Ibid.*

[21] *Ibid.*

[22] Tribunal des conflits, 17 décembre 2001, *Société des autoroutes Paris-Rhin-Rhône c/ Mme Archer*, req., n° 3267, *Lebon* ; *D.* 2002. 370.

J.-M. Pontier, « Accidents sur autoroutes : responsabilité de l'État du fait de ses pouvoirs de police », *AJDA,* 2012, p. 2332. ; A. Dièye, « Le juge face à la matière administrative au Sénégal », *Annales africaines,* 2018, n° 9, pp. 339-364,

« L'organisation judiciaire au Sénégal ne prévoit pas l'ordre administratif. Cependant, les recours portés devant le juge permettent à ce dernier d'exercer un contrôle sur

Des contrats conclus entre des personnes privées pour l'exécution de travaux publics ont été regardés comme des contrats administratifs[23]. Il en est ainsi lorsqu'un des cocontractants est considéré comme agissant « pour le compte » d'une personne publique. Tel est nécessairement le cas des marchés passés par les sociétés concessionnaires de la construction et de l'exploitation d'une autoroute, au motif que les travaux de voirie appartiennent « par nature à l'État »[24].

Il y a bien un contrat entre l'État et le concessionnaire qui va préciser les conditions de construction de l'autoroute, de sa gestion et de son entretien. Il n'en résulte pas pour autant un contrat entre le concessionnaire de l'autoroute et l'usager[25].

Pour retenir le manquement à l'obligation de sécurité, non seulement il doit y avoir un contrat entre la victime et la personne envers laquelle

---

l'Administration, c'est-à-dire de l'obliger à respecter la règle de droit. Le contentieux de pleine juridiction ou plein contentieux est un procédé de règlement des litiges administratifs portant sur la reconnaissance, l'étendue et les limites d'un droit subjectif opposant l'administration à un administré. Ce procédé est constitué pour l'essentiel du contentieux de la responsabilité publique et du contentieux des contrats. A travers ce contentieux, le juge peut être amené à obliger l'administration à réparer un préjudice qu'elle aurait causé. C'est dans ce contentieux que les pouvoirs du juge sont les plus étendus. On distingue plusieurs systèmes de contrôle juridictionnel. Le Sénégal a opté pour un système mixte qui consiste à soumettre le contentieux de la légalité au juge administratif alors que les recours en matière contractuelle et en matière quasi-délictuelle relèvent du juge judiciaire. Cette mixité découle de la spécificité de la mise en œuvre du principe de l'unité de juridiction qui a été adopté. L'unité de juridiction procède de l'article 7 de la loi n°2014-26 du 03 novembre 2014 fixant l'organisation judiciaire du Sénégal. Les Tribunaux de Grande Instance sont juges de droit commun en première instance en toute matière sous réserve des compétences d'attribution en premier et dernier ressort de la Cour suprême, des Cours d'appel, et en premier ressort des tribunaux du travail, des tribunaux d'instance et des organismes administratifs à caractère juridictionnel » ; B. Kante, *Unité de juridiction et droit administratif : l'exemple du Sénégal*, Thèse d'État, Orléans, 1983, 426 p.

[23] En dehors de l'hypothèse dans laquelle l'un des signataires n'est que le mandataire d'une personne publique : Conseil d'État., 2 juin 1961, Leduc, *Lebon* 365.

[24] Conseil d'État, 9 février 1994, *Sté des autoroutes Paris-Rhin-Rhône*, req., n° 126485, *Lebon* 63 ; Tribunal des conflits, 14 novembre 1996, *Mme Espinosa c/ Sté Escota*, req., n° 02990, *Lebon* 553. – Pour un marché conclu en vue de la construction d'une sculpture en bordure d'autoroute, Civ. 1re, 17 février 2010, *Sté ASF*, n° 08-11.896, *Bull. civ.* I, n° 43 ; *AJDA* 2010. 917 ; Conseil d'État 23 décembre 2011, *Sté des autoroutes Paris-Rhin-Rhône*, req. n° 340348, *AJDA* 2012. 726.

[25] Cass. 1re civ., 10 mai 1983, *Soc. Autoroute Estérel-Côte d'Azur*, *JCP* 1983, IV, n° 222.

cette obligation est invoquée, mais en plus cette obligation doit découler de l'obligation principale.

B – L'obligation de sécurité, une obligation accessoire implicite

Un contrat est généralement constitué de multiples obligations qui se complètent, chacune étant essentielle pour l'exécution correcte de l'accord global et, surtout, pour l'exécution principale du contrat. Cependant, certaines obligations ne sont pas expressément prévues bien qu'obligatoires au contrat. C'est notamment le cas de l'obligation de sécurité qui, lorsqu'elle existe, est accessoire et implicite à l'obligation essentielle du contrat[26].

La Cour de cassation a rappelé que l'obligation de sécurité se greffe nécessairement sur une obligation contractuelle principale[27]. Elle découle de l'obligation principale d'une autre nature telle qu'une obligation de transport, ou une obligation de soins etc., convenue entre les parties[28]. Elle assigne au professionnel de prendre toutes les mesures nécessaires pour mettre sur le marché des produits et des services sûrs. Il s'agit de prévenir tout risque ou danger pouvant résulter de l'utilisation de ces produits ou services. Avant de retenir l'obligation de

---

[26] « L'obligation de sécurité est accessoire parce qu'elle n'a pas été déterminante du consentement des parties. Elle s'ajoute à une obligation principale, au contenu des plus divers mais qui ne consiste pas à prendre soin de la personne puisqu'alors l'obligation de sécurité ne serait d'aucun secours dans la mesure où la réparation du dommage relèverait tout simplement du régime de la défaillance contractuelle » ; S. Hocquet-Berg, « Le fabuleux destin de l'obligation de sécurité », *Responsabilité civile et assurances*, n° 2, Février 2019, LexisNexis, disponible sur https://www.tendancedroit.fr/wp-content/uploads/2019/02/le-fabuleux-destin-de-lobligation-de-securite.pdf.

[27] Y. Letourneau, *Droit de la responsabilité et des contrats, op. cit.*, n° 3122.51, *Dalloz* action 2023-2024. Cette notion n'a en effet pas de sens dans les autres sources d'obligation que le contrat (bien qu'elle ait été utilisée à propos des produits défectueux. Ainsi, le code de la consommation en France, impose une obligation générale de sécurité *erga omnes,* donc envers le client (Code de consommation, art. L. 421-3) : « *Les produits et les services doivent, dans des conditions normales d'utilisation ou dans d'autres conditions raisonnablement prévisibles par le professionnel présenter, la sécurité à laquelle on peut légitimement s'attendre et ne pas porter atteinte à la santé des personnes* ».

[28] M. Fabre-Magnan, *Droit des obligations, 1- Contrat et engagement unilatéral*, Thémis droit puf, 4ème éd. Nanterre, 2016, p. 549, n° 493.

sécurité (2), il faut préciser l'existence d'une obligation principale qui la féconde (1)[29].

1 – L'existence d'une obligation principale

L'obligation de sécurité est une obligation en vertu de laquelle le débiteur de l'obligation ne doit pas causer de dommage corporel à son cocontractant au cours de l'exécution du contrat. Le terme « sécurité » est difficile à cerner, mais il faut l'entendre comme l'état d'esprit d'une personne qui se sent tranquille et confiante. C'est le sentiment, bien ou mal fondé, d'être à l'abri de tout danger et risque ; il associe calme, confiance, quiétude, sérénité, tranquillité, assurance et sûreté[30]. Cette obligation, mise en lumière dans le contrat de transport, s'est peu à peu étendue à d'autres tout en résultant d'une obligation contractuelle. L'obligation de sécurité est accessoire à l'obligation contractuelle principale[31]. Il n'y a pas d'obligation de sécurité seule ou, autrement dit, il n'y a pas de contrat de sécurité, même s'il peut exister des contrats de gardiennage ou de surveillance[32]. Ainsi, cette notion n'a pas de sens dans les autres sources d'obligation que le contrat[33]. L'obligation de sécurité se greffe nécessairement sur un contrat.

Certes, nul ne doit nuire à autrui de sorte que la victime de quelque dommage que ce soit, y compris un dommage corporel, causé par une faute, par le fait d'une chose ou par le fait d'autrui hors l'exécution d'une obligation contractuelle, dispose d'une action en responsabilité délictuelle. Mais le dommage causé dans ces différentes hypothèses ne résulte pas d'un manquement à l'obligation de sécurité. Evoquer l'obligation de sécurité hors du champ contractuel tend à vider cette expression technique de son sens[34]. Ainsi, évoquer une « obligation délictuelle de sécurité » est impropre[35]. Non seulement il faut que le

---

[29] Paris, 11 juin 2001, *RCA,* 2001, n° 279, obs. L. Grynbaum.

[30] T. Diatta, *La protection de la personne du consommateur en droit sénégalais*, UCAD, Thèse mult., 2017, p. 4.

[31] Y. Letourneau, *Droit de la responsabilité et des contrats*, *op. cit.,* n° 3122.51.

[32] *Ibid.*, n° 3122.11.

[33] *Ibid.*, n° 3122.51.

[34] *Ibid.*

[35] Pourtant, la loi française du 19 mai 1998 relative à la responsabilité du fait des produits défectueux retient l'expression "obligation de sécurité" pour les produits défectueux ; cf. Code civil, article 1245. En dehors de la sphère contractuelle, l'obligation de sécurité s'impose à l'État ; en ce sens, Civ. 1er, 27 juin 2018, n°17-17.796, *D.* 2018. 1438.

dommage soit intervenu entre deux personnes liées par un contrat, mais qu'il résulte aussi d'une des obligations créées par le contrat.

2 – L'exigence d'un arrimage de l'obligation de sécurité à l'obligation principale

Avant de retenir l'existence d'une obligation de sécurité, il faut examiner le rapport d'obligation principal, afin de s'assurer qu'il peut en comporter une[36]. Bien que l'obligation de sécurité soit contractuelle, elle ne résulte pas du contenu des accords de volontés mais provient des effets « complétifs » inexprimés mais complémentaires et accessoires découlant tacitement et objectivement du contrat[37]. L'obligation de sécurité doit être mise en évidence à partir de l'obligation principale.

Elle peut être analysée comme une « des suites que l'équité, l'usage ou la loi donne à l'obligation d'après sa nature »[38], même si les parties n'y avaient pas songé. Elle doit être appréhendée de façon négative puis positive.

D'abord, elle ne consiste pas à prendre soin de la personne. En effet, si la personne est l'objet principal du contrat, les dommages corporels qu'elle serait amenée à subir entreraient d'office dans le champ contractuel, et relèveraient donc du régime de la défaillance contractuelle, sans avoir besoin de faire appel à une notion d'appoint[39]. Ainsi, lorsque le contractant s'engage à prendre soin de la personne du cocontractant[40] ou à la garder[41], il n'y a pas d'obligation de sécurité, mais une obligation principale de garde ou de soins ou tout autre obligation relative à la prise en charge d'une personne.

Dans l'hypothèse inverse, il est utile et commode de savoir que le débiteur de l'obligation principale s'engage à maintenir l'intégrité corporelle du créancier du fait même de la prestation promise. Ainsi,

---

Pour les dommages causés aux tiers, la constatation de la violation d'une obligation particulière de prudence ou de sécurité imposée par la loi ou le règlement est nécessaire, mais ne résulte pas d'un manquement à une obligation de sécurité.

[36] Paris, 11 juin 2001, *RCA* 2001, n° 279, obs. L. Grynbaum.

[37] Ph. Jacques, *Regards sur l'article 1135 du code civil,* Dalloz Nouvelle Bibliothèque de Thèses, 2005.

[38] Code civil, article 1194.

[39] C. Bloch, *L'obligation contractuelle de sécurité,* préf. R. Bout, PUAM, 2002, n° 84.

[40] Le médecin, dans le contrat de soin.

[41] Tel que l'établissement spécialisé pour des enfants ou des personnes handicapées âgées.

l'obligation de sécurité est circonscrite aux contrats dans lesquels le créancier s'expose à un risque corporel spécifique du fait de l'exécution des obligations principales, celui d'une atteinte à son intégrité physique ou psychique[42].

En outre, l'obligation de sécurité ne peut exister que si l'obligation principale n'est pas aléatoire pour le débiteur. En effet, lorsque l'obligation principale est aléatoire, il ne peut y être attaché une obligation secondaire de sécurité[43] sans constituer pour autant une contradiction majeure du contrat.

Cette obligation accessoire est forcément relative à la personne du contractant. Elle est en effet intimement liée à la santé[44]. Il n'y a pas d'obligation de sécurité à propos des choses[45], bien que loi l'ait élargie peu à peu aux biens et aux choses[46].

---

[42] Y. Leroy, « L'obligation de sécurité de l'employeur : faire face aux risques professionnels », CERDACCJAC, 26 octobre 2020, https://www.jac.cerdacc.uha.fr/lobligation-de-securite-de-lemployeur-faire-face-aux-risques-professionnels-y-leroy/, consulté en ligne le 14/08/2024.

[43] « Le médecin n'est pas tenu d'une obligation de sécurité. En effet, par définition, l'acte médical reste toujours entouré de risques divers qui ne peuvent pas être évacués. La sécurité ne peut pas être ici promise alors que l'insécurité demeure la règle, ce que la loi (française) n° 2002-303 du 4 mars 2002 a heureusement confirmé. Évidemment, la solution est différente lorsqu'il ne s'agit plus du contrat médical lui-même. Le médecin peut être tenu d'une obligation de sécurité quant aux appareils qu'il utilise, comme l'hôpital pour l'installation, l'agencement du bâtiment qui, en ce sens-là, ne diffère guère d'un hôtel ».

[44] Y. Leroy, « L'obligation de sécurité de l'employeur : faire face aux risques professionnels », préc.

[45] Y. Letourneau, *Droit de la responsabilité et des contrats*, op. cit., n° 3122.61 : « Ainsi, la jurisprudence met à la charge des restaurateurs qu'une « obligation de surveillance » pour la sauvegarde des effets des clients. Il existe cependant des arrêts dissidents et erronés, tel celui qui a retenu une « obligation de sécurité » à propos de *tout défaut de fabrication de nature à créer un danger pour les personnes ou pour les biens* ; ou tel autre parlant d'obligation de sécurité à propos… d'un chèque ! Ou encore, cet arrêt qui décide que le transporteur est tenu d'une « obligation de sécurité » de résultat concernant les bagages des voyageurs ».

[46] Loi n° 98-389 du 19 mai 1998 relative à la responsabilité du fait des produits défectueux, *JORF* n°117 du 21 mai 1998.

Article 1386-4 du Code civil. – « Un produit est défectueux au sens du présent titre lorsqu'il n'offre pas la sécurité à laquelle on peut légitimement s'attendre.

Dans l'appréciation de la sécurité à laquelle on peut légitimement s'attendre, il doit être tenu compte de toutes les circonstances et notamment de la présentation du produit, de l'usage qui peut en être raisonnablement attendu et du moment de sa mise en circulation ».

Dans l'arrêt de 2023, la Cour suprême reconnait un défaut de sécurité. En effet, les exploitants d'autoroute sont tenus de préciser, par une signalétique appropriée, les éventuels dangers qui peuvent être rencontrés par l'automobiliste. Dans les faits, les dommages matériels ont été causés par un bœuf. Il relève d'une jurisprudence constante que l'exploitant de la route ou de l'autoroute est tenu de signaler à l'usager le passage éventuel des animaux dès lors qu'il s'agit d'animaux sauvages.

En effet, lorsque la route traverse une zone habitée par des animaux sauvages telle une forêt sahélienne, l'exploitant de la route est tenu d'attirer l'attention des automobilistes par une signalétique adéquate. La loi sénégalaise n° 2002-24 du 9 décembre 2002 portant « loi sur l'amélioration génétique des espèces animales domestiques » ne définit pas les espèces animales domestiques mais, à défaut de définition, elle vise les bovins parmi les animaux domestiques. Le concessionnaire était tenu d'informer les automobilistes par une signalétique spécifique uniquement pour les animaux sauvages. Le bœuf n'étant pas un animal sauvage, il ne pouvait être reproché au concessionnaire l'absence d'une signalétique adéquate.

Ainsi, la Cour suprême n'identifie non seulement pas l'obligation principale à partir de laquelle elle en aurait fait découler l'obligation de sécurité, mais en plus cette obligation n'existe pas. En l'absence de lien contractuel entre l'usager d'une autoroute et la société concessionnaire, les dommages causés à l'usager par la divagation d'un animal sur la voie publique devaient être regardés eu égard à l'entretien d'un ouvrage public[47] .

II – L'obligation d'entretien d'un ouvrage public

Après avoir écarté le manquement à l'obligation de sécurité, il faut s'interroger sur le moyen qui aurait pu être invoqué pour engager la responsabilité du concessionnaire. Si le droit de la responsabilité civile, notamment la responsabilité contractuelle ou extracontractuelle ne trouve pas à s'appliquer, nous pouvons nous tourner vers le droit administratif exigeant de la part d'un concessionnaire d'un ouvrage public une obligation d'entretien. Nous préciserons ainsi les conditions de sa mise en œuvre et ses effets.

---

[47] Civ. 1re, 10 mars 1998, n° 96-15.079, *Bull. civ.* I, n° 109.

A – Les conditions de la mise en œuvre de la responsabilité pour défaut d'entretien d'un ouvrage public

La particularité de l'arrêt de 2023 réside dans le fait que l'accident s'est produit entre un automobiliste et un bœuf qui déambulait sur l'autoroute à péage. En raison de la nature spécifique de ce bien, nous procèderons à sa qualification avant de préciser le régime qui lui est applicable.

1 – L'exploitation d'un ouvrage public

Les travaux et ouvrages publics présentent une importance toute particulière au plan juridique, politique et économique car ils manifestent la mise en œuvre de leurs missions d'intérêt général par les personnes publiques et ils traduisent des politiques de développement économique et d'aménagement du territoire. Ces ouvrages bénéficient d'un régime propre[48] de responsabilité pour les dommages qu'ils peuvent occasionner.

La jurisprudence considère qu'il y a travail public dès lors que trois critères sont réunis. Le travail concerne un immeuble, réalisé dans l'intérêt général qui nécessite obligatoirement la présence et l'intervention d'une personne publique soit comme maître d'ouvrage soit comme maître d'œuvre[49].

Pour réaliser des travaux publics, la personne publique a le choix entre plusieurs procédés juridiques. Elle peut en assurer elle-même la réalisation ou la confier à un tiers. La concession de travaux est un outil contractuel traditionnel et ancien utilisé par les pouvoirs publics afin de faire réaliser des travaux publics. Le concessionnaire d'un ouvrage public est alors tenu par une obligation générale d'entretien.

Dans l'arrêt de 2023, l'automobiliste circulait sur une autoroute à péage dont la construction, l'exploitation et l'entretien ont été concédés par l'APIX[50] à l'entreprise SECAA SA[51]. L'APIX est l'agence

---

[48] M. Douence, *Droit administratif des biens : travaux et ouvrages publics*, n ° 3345. Le régime propre s'applique aussi à la réalisation des travaux et à la protection des ouvrages.

[49] *Ibid.*

[50] L'Agence Nationale chargée de la Promotion de l'Investissement et des Grands Travaux (APIX-S.A.) est une agence gouvernementale sénégalaise chargée de promouvoir les investissements nationaux et étrangers et de faciliter la mise en œuvre de grands projets d'infrastructures dans le pays.

[51] SECAA SA (Société Eiffage de la Concession de l'Autoroute de l'Avenir) est une filiale du groupe Eiffage Concessions, et titulaire du contrat de concession Dakar-

gouvernementale chargée d'une part de la promotion des investissements nationaux et étrangers et d'autre part de faciliter la mise en œuvre des grands projets d'infrastructures au Sénégal.

En raison de la concession d'un ouvrage public, la responsabilité du concessionnaire devait être recherchée à partir du régime de responsabilité applicable aux dommages du fait de travaux publics[52] qui repose sur la situation de la victime par rapport à l'ouvrage ou au travail à l'origine du dommage. La victime d'un dommage causé par un tel ouvrage doit alors établir le lien de causalité entre le dommage subi et le lien.

2 – L'établissement du lien de causalité entre l'ouvrage public et le dommage subi par l'usager

L'usager d'un ouvrage public est celui qui non seulement l'utilise de façon personnelle et directe, mais qui aussi a l'intention d'obtenir les prestations que fournit habituellement le service lié à l'ouvrage[53]. La situation la plus classique est, à cet égard, celle du piéton ou de l'automobiliste qui circule sur une route[54].

Celui qui n'utilise pas l'ouvrage au moment de la réalisation du dommage n'est pas un usager. Il est considéré comme un tiers[55]. L'automobiliste, en empruntant l'autoroute, a bénéficié d'une prestation lui permettant de rouler à vive allure sur le tronçon d'autoroute.

Dès lors qu'il est victime d'un ouvrage public, il doit établir un lien de causalité entre l'ouvrage et le dommage qu'il invoque. Lorsque cette relation est établie, elle fait naître une présomption de responsabilité à l'encontre du concessionnaire pour défaut d'entretien normal[56]. La

---

Diamniadio-AIBD. Le contrat de concession a été signé le 2 juillet 2009 entre Eiffage et l'État du Sénégal.

[52] O. Renard-Payen, *Dalloz*, mise à jour : 2 mars 2022, *JurisClasseur Administratif,* Fasc. 932, Responsabilité du fait des travaux et ouvrages publics*, v* Dommages subis par les usagers.*

[53] Tribunal des conflits, 17 octobre 1966, *Canasse*, *Lebon,* p. 834 ; *D*. 1957, jurispr. p. 252, note Durupty.

[54] Concl. Grand sur Conseil d'Etat, 12 octobre 1962, *Sidore-Trotta*, *Lebon*, p. 537.

[55] Conseil d'État, 4 février 1972, *Min. des PTT c/ Trifaro*, *Lebon*, p. 117 ; Conseil d'État, 23 mai 1986, *EDF c/ Brenot*, *Lebon*, p. 149.

[56] Conseil d'État, 6 juillet 1988, *Martin et a*, *Dr. adm*. 1988, comm. 486 ; Conseil d'État, 11 mai 2001, n° 200655, *Garcia,* JurisData n° 2001-062666 ; CAA Nancy, 14 novembre 1991, n° 90NC00502 et n° 90NC00204, *Cne Besançon,* JurisData n° 1991-046977).

mise en évidence du lien de causalité entre l'ouvrage et le dommage met à la charge de l'exploitant de l'ouvrage public la charge de l'entretien normal de l'ouvrage. Il y a ainsi le renversement de la charge de la preuve.

Cette présomption de responsabilité fait reposer la preuve de l'entretien normal de l'ouvrage sur le concessionnaire de l'autoroute à péage. L'entretien normal se prouve « dans les mêmes conditions » que pour une voie ordinaire, nonobstant « les conditions spéciales de circulation », sans pour autant « impliquer une surveillance continue de la voie[57] ».

L'entretien normal d'un ouvrage public consiste à mettre en place les mesures suffisantes et adaptées à la nature du danger[58]. Le défaut d'entretien normal ne se limite toutefois pas au simple défaut d'entretien matériel au sens strict, mais aussi au défaut de surveillance de l'ouvrage[59] ainsi qu'au vice de conception de l'ouvrage[60]. Le régime de la responsabilité de l'ouvrage public pour défaut d'entretien normal est un régime favorable à la victime qui a pour effet le renversement de la charge de la preuve

B – Le renversement de la charge de la preuve

Lorsque la présomption du défaut d'entretien normal est établie, le concessionnaire peut néanmoins écarter sa responsabilité en apportant la preuve de l'entretien normal de l'ouvrage[61], la force majeure ou la faute de la victime[62]. En raison d'une circulation à grande vitesse sur

---

[57] Cour Administrative d'Appel Toulouse, 18 octobre 2022, n° 20TL03429, *Sté GCATRANS* : JurisData n° 2022-020125, *Contrats et Marchés publics* n° 1, janvier 2023, comm. 19, Preuve par le concessionnaire de l'absence de défaut d'entretien normal d'une autoroute, Lexis 360 Intelligence.

[58] Cour Administrative d'Appel de Lyon, 4 mai 2004, *Sté Mutuelle du Mans Assurance* : *AJDA* 2004, p. 1671, Lexis 360 Intelligence - JurisClasseur Propriétés publiques - Encyclopédies - Fasc. 9 : Ouvrage public. Régime.

[59] Conseil d'État, 7 octobre 1960, *Éts Jullien*, *Lebon*, p. 525, Lexis 360 Intelligence - *JurisClasseur Propriétés publiques* - Encyclopédies - Fasc. 9, *v*Ouvrage public. Régime.*

[60] Conseil d'État, ass., 7 janvier 1966, *Ville Clermont-Ferrand*, *Lebon*, p. 19 ; *AJDA* 1966, II, p. 158, chron. Puissochet et Lecat, Lexis 360 Intelligence - *JurisClasseur Propriétés publiques* - Encyclopédies - Fasc. 9, *v* Ouvrage public. Régime.*

[61] E. Muller, *Contrats et Marchés publics* n° 1, janvier 2023, comm. 19, « Preuve par le concessionnaire de l'absence de défaut d'entretien normal d'une autoroute », Lexis 360 Intelligence.

[62] Conseil d'État, 11 mai 1962, *Ymain*, *Lebon*, p. 316, concl. Combarnous ; *D.* 1962, jurispr. p. 556 ; Conseil d'État, 2 déc. 1970, *Sté eaux de Marseille*, *AJDA* 1971, n° 71,

les autoroutes, il y a un renforcement des exigences d'entretien et de surveillance afin de minimiser les risques d'accident. Ainsi, la jurisprudence se montre plus sévère à l'égard des exploitants d'autoroute. Cependant, cette sévérité est à relativiser en ce qui concerne les animaux du fait de règles spécifiques.

1 – Les causes exonératoires de responsabilité

Le concessionnaire, pour écarter sa responsabilité, peut invoquer le défaut d'entretien normal, la force majeure[63], le fait de la victime. Le défaut d'entretien normal se mesure au regard de la prévisibilité, de la défectuosité et de la connaissance que l'usager pouvait en avoir. Le juge tient compte de la fréquence avec laquelle l'usager utilise l'ouvrage. Les usagers réguliers d'une voie publique sont supposés être informés de son mauvais état d'entretien[64], excepté lorsque l'excavation est apparue dans la journée[65]. La force majeure est définie selon les règles du droit commun de la responsabilité comme un événement extérieur au travail ou à l'ouvrage public, insurmontable et qu'il était impossible de prévoir[66]. Elle est cependant très rarement admise, faute d'extériorité[67], d'imprévisibilité[68] ou d'irrésistibilité[69].

p. 245, note Moderne. ; TA Marseille, 21 juill. 1981, *Vigliola c/. EDF*, *CJEG* 1982, p. 15, note Dupiellet ; CAA Nancy, 6 août 1996, n° 94NC00211, *Florent*, JurisData n° 1996-043979, *LPA* 28 mars 1997, p. 17.

[63] Conseil d'État, 24 mai 1922, *Cie générale des eaux*, *Lebon*, p. 463 ; Conseil d'Etat, 17 avril 1942, *Synd. des digues du Reyran*, *Lebon*, p. 129. – Conseil d'État, 5 décembre 1951, *Sté Le Crédit Lyonnais*, *Lebon*, p. 575 ; Conseil d'État, 23 janv. 1981, *Ville Vierzon*, *Lebon*, p. 28.

[64] Conseil d'État, sect., 11 octobre 1963, *Commune Seichamps*, *Lebon*, p. 482 ; Conseil d'État, 27 janv. 1965, *Morard*, *Lebon*, p. 57 ; Conseil d'État, 23 juin 1976, *Duffau*, *Lebon*, p. 335 ; Conseil d'État, 20 mars 1987, *Cts Garzino*, *Lebon*, p. 101.

[65] Conseil d'État, 20 mai 1966, *Bérenger, Lebon,* p. 353.

[66] Article 129 du Code des Obligations Civiles et Commerciales.

[67] Conseil d'État, 28 mai 1971, *Dpt Var c/ EDF*, *Lebon*, p. 413 ; Conseil d'État, 28 mai 1971, *Dpt Var c/ Sté Bec Frères*, *Lebon*, p. 414.

[68] Conseil d'État, 28 février 1973, *Commune Logos*, *Lebon,* p. 180 ; Conseil d'État, 20 avril 1974, *Ville Cannes*, *Lebon*, p. 232 ; CE, 23 janv. 1981, *Ville Vierzon, Lebon*, p. 28 ; Conseil d'État, 14 février 1986, *Synd. intercnal d'assainissement de la région parisienne*, *Dr. adm.* 1986, comm. 184 ; TA Amiens, 22 mars 2005, *Bled-Disma*, *AJDA* 2005, p. 1591.

[69] Conseil d'État, 19 novembre 1975, *Cne Ramonville-Saint-Agne*, *Lebon,* p. 578.

Concernant la faute de la victime, son imprudence ou son inattention joue un rôle totalement ou partiellement exonératoire[70], selon qu'elle a été la cause exclusive du dommage ou qu'elle a seulement contribué à la réalisation de ce dernier[71]. L'appréciation de cette faute comporte non seulement des éléments objectifs tels que le respect des lois et règlements ou encore des conditions normales d'utilisation de l'ouvrage, mais également des éléments subjectifs, notamment la connaissance de l'état défectueux de l'ouvrage ou des risques qu'il présentait[72].

En raison de la particularité de l'usage de l'autoroute, destinée à une circulation à grande vitesse et des risques d'accident accrus, l'exploitant est tenu à une obligation d'entretien renforcée qui connait des dérogations en ce qui concerne les animaux.

2 – Le régime particulier lié à l'entretien des autoroutes

Les personnes qui sont chargées de l'entretien des autoroutes sont tenues à une vigilance particulière[73]. Le juge apprécie la situation en tenant compte des circonstances de l'accident, du temps pris pour la mise en place des mesures d'information et des mesures prises afin de limiter les risques[74]. La jurisprudence fait peser sur le concessionnaire « une exigence de sécurité accrue[75] ».

C'est ainsi que l'absence d'aménagements particuliers empêchant l'accès des animaux sauvages ou domestiques sur l'autoroute est considéré comme un manquement à l'obligation d'entretien dès lors que ces aménagements sont nécessités par la particularité de la zone traversée. Le concessionnaire est tenu de procéder à un aménagement adapté destiné à empêcher l'accès des grands animaux sauvages sur ces voies publiques dès lors qu'elles se

---

[70] Cour Administrative d'Appel de Paris, 24 septembre 1996, n° 94PA01895, GMF : JurisData n° 1996-046838 ; Cour Administrative d'Appel de Bordeaux, 1er décembre 1997, n° 95BX01037, *Malzac,* JurisData n° 1997-055239.

[71] Conseil d'État, 12 janvier 1968, *Constantin*, *JCP* G 1968, II, 15351 ; Conseil d'État, 23 février 1973, *Ville Chamonix*, *D.* 1973, jurispr. p. 714, note Moderne.

[72] Conseil d'État, 20 novembre 1957, *Hopley*, *Lebon*, p. 630 ; Conseil d'État, 14 mars 1962, *Cie Le Phénix accident*, *AJDA* 1963, II, p. 49.

[73] Cour Administrative d'Appel de Bordeaux, 27 février 1992, n° 90BX00724.

[74] Conseil d'État, 25 mars 1988, n° 68.945 : « Ainsi est établie la circonstance que la société n'a pas, en temps utile, remédié à l'état défectueux de la chaussée alors qu'elle a disposé du temps nécessaire pour le faire ».

[75] *J.-Cl. Administratif*, Fasc. 410, Avril 2024, M.-O.

situent soit à proximité des massifs forestiers qui abritent du gros gibier, soit dans les zones où le passage de grands animaux est habituel. L'absence d'aménagement spécifique constitue alors un défaut d'entretien normal [76].

Ainsi, lorsque l'autoroute est construite à proximité de massifs forestiers qui abritent du gros gibier ou traverse des zones où le passage de grands animaux est habituel, le concessionnaire est tenu de procéder à un aménagement particulier destiné à empêcher l'accès de ces animaux à l'autoroute[77].

A contrario, l'absence d'aménagement spécifique n'est pas constitutive d'un défaut d'entretien normal susceptible d'engager la responsabilité du concessionnaire dès lors que la zone traversée par l'autoroute n'abrite pas d'animaux sauvages. Le concessionnaire est donc tenu d'apporter la preuve que la zone ne nécessite pas d'aménagements spécifiques eu égard aux animaux sauvages.

Le juge administratif applique cette règle avec constance aux cas qui lui sont soumis. Dès lors que l'accident, provoqué par une collision entre une automobile et un sanglier, s'est produit sur l'autoroute A8, à proximité d'un massif forestier abritant du gros gibier et sur une section de l'autoroute où le grillage qui le borde s'interrompait ou était remplacé par de simples glissières, le concessionnaire n'établit pas que la voie publique a fait l'objet d'un entretien normal ni que le conducteur ait commis une imprudence[78].

Dans une autre espèce, les juges ont écarté la responsabilité du concessionnaire en relevant que l'accident ne s'était non seulement pas produit à proximité d'un massif forestier, mais que le concessionnaire, qui s'était informé de la zone habituelle de passage de grands animaux, avait, au vu de ce renseignement, établi une barrière de plus de 10 kilomètres de long, excédant de 1,500 kilomètres la zone qui lui avait été signalée ; l'accident s'étant lui produit à 2,500 kilomètres de ladite zone[79].

De même, le juge a aussi écarté la responsabilité du concessionnaire dans un accident impliquant un sanglier en considérant que le concessionnaire n'avait pas manqué à son obligation d'entretien en ne procédant pas à un aménagement pouvant empêcher l'accès à

---

[76] Conseil d'État 20 novembre 1987, n ° 70.761.
[77] *Ibid.*
[78] *Ibid.*
[79] Conseil d'État, 4 novembre 1987, n° 80.150.

l'autoroute à de gros animaux[80], l'accident ne s'étant pas produit à proximité d'un massif forestier.

Précisons que ce principe a été élargi aux animaux domestiques. Le juge a ainsi considéré que l'absence d'une clôture de protection destinée à empêcher l'accès des animaux sauvages ou domestiques aux autoroutes ne constitue un défaut d'entretien normal de l'ouvrage que si la situation des lieux est susceptible de créer un risque particulier pour les usagers. C'est ainsi que, dans un arrêt impliquant des chevaux, le juge a considéré qu'il n'existait aucun risque de cette nature sur les lieux de l'accident sur lesquels l'usager a été victime, dès lors que, d'une part, les animaux qui en sont à l'origine étaient habituellement parqués dans un enclos électrifié à l'intérieur d'une propriété entourée d'un mur d'enceinte et, d'autre part, qu'il ne résulte pas de l'instruction que l'autoroute concernée aurait constitué, à cet endroit, un lieu de passage fréquent d'animaux sauvages ou domestiques. Le juge en a conclu que le concessionnaire de l'autoroute n'avait pas manqué à son obligation d'entretien suite à la collision avec des chevaux[81].

La collision de l'automobiliste avec un bœuf divagant sur l'autoroute a péage a été appréhendée sous l'angle de la responsabilité civile. Les développements ci-dessus mettent en évidence que, d'une part, l'obligation de sécurité est accessoire à un contrat et ne peut exister par elle-même. D'autre part, en raison de la nature particulière du bien constituant un ouvrage public, la victime devait faire valoir le manquement à l'obligation d'entretien. Cette obligation entraine le renversement de la charge de la preuve, tout en permettant au concessionnaire de prouver qu'il n'y a pas eu un manquement à son obligation.

Avec le développement des contrats de partenariat public-privé dans lesquels les sociétés privées concessionnaires se voient confier une mission de service public, il est nécessaire de qualifier la relation entre les parties à partir de laquelle il sera précisé le régime juridique applicable au problème juridique. Dans l'arrêt de 2023, la victime devait invoquer le manquement à l'obligation d'entretien et le défendeur faire la preuve de l'absence du manquement à cette obligation. En raison du nombre important d'animaux domestiques errant, notamment des bovinés, le concessionnaire doit le prendre en considération afin de limiter le risque d'accident.

---

[80] *Ibid.*

[81] Cour Administrative d'Appel de Nancy, 3ème, 27 janvier 2005, 01NC00901.

Chronique des professions juridiques

Les régimes dérogatoires de passation des marchés publics : quelle articulation normative ?

Papa Assane TOURÉ
Inspecteur général d'État
Docteur en droit privé et sciences criminelles
Formateur au Centre de Formation Judiciaire (CFJ) et à l'École Régionale Supérieure de la Magistrature (ERSUMA)

Résumé **:** En droit sénégalais des marchés publics, on assiste, de plus en plus, à l'émergence d'une diversité de régimes spéciaux de passation des marchés publics, les uns législatifs et les autres réglementaires, qui contribuent au dérèglement, voire à la déconstruction du système de gouvernance normative des marchés publics. Mais du point de vue de la technique normative, les systèmes dérogatoires de passation des marchés publics font l'objet d'une neutralisation juridique sous l'effet conjugué du droit national des obligations de l'Administration et du droit communautaire des marchés publics de l'Union Économique et Monétaire Ouest- Africaine (UEMOA).

Mots clés : Régimes dérogatoires-Marchés publics-Articulation.

Le droit sénégalais des marchés publics constitue un véritable droit de la commande publique qui a vocation à s'appliquer à la préparation, à la passation, à l'exécution et au contrôle des marchés publics[1]. Il résulte des dispositions de l'article 1er du décret n° 2022-2295 du 28 décembre 2022 portant code des marchés publics[2] que ce code a pour objet de fixer les règles régissant la préparation, la passation, l'exécution et le contrôle des marchés conclus par les autorités contractantes pour répondre à leurs besoins en matière de travaux, de fournitures ou de services[3].

---

[1] S. Braconnier, *Droit des marchés publics*, Imprimerie nationale, 2007, p 137 ; C. Bréchon, « La passation des marchés publics. Publicité et délais », in *Droit des marchés publics*, éd. du Moniteur, fasc. III.320, juill. 2002, p.24 .
[2] JORS n° 7592 du 26 janvier 2023, p. 79 ; C. Ribot, *La passation des marchés publics*, Imprimerie nationale, 2007.
[3] R. Weiss et R. Martor, « Sénégal : un nouveau Code des marchés publics », *l'Essentiel Droits africains des affaires,* n° 04, avril 2023, p. 1.

Le code des marchés publics procède, notamment, de la transposition de la Directive n° 04/2005/CM/UEMOA du 09 décembre 2005 portant procédures de passation, d'exécution et de règlement des marchés publics et des délégations de service public dans l'Union économique et monétaire ouest-africaine et de la Directive n° 05/2005/CM/UEMOA du 09 décembre 2005 portant contrôle et régulation des marchés publics et des délégations de service public dans l'Union économique et monétaire ouest-africaine[4]. Mais, malgré l'étendue du domaine d'application du code des marchés publics, les pouvoirs publics ont entendu circonscrire son champ.

En premier lieu, certaines opérations sont exclues du champ du droit des marchés publics.

En effet, l'article 3 du code des marchés publics énonce que ce code ne s'applique pas aux prestations de service concernant les services d'arbitrage, de conciliation, d'assistance, de conseil et de représentation juridiques et les services financiers relatifs à l'émission, à l'achat, à la vente et au transfert des titres ou d'autres instruments financiers ou les opérations d'approvisionnement en argent ou en capital des autorités contractantes et les services fournis par des banques centrales.

Il en est de même des contrats de travail, des travaux, fournitures, prestations de service et équipements réalisés pour la défense et la sécurité du Sénégal, engagés par les Forces armées, la Police nationale, les Douanes, la Brigade nationale des Sapeurs-pompiers, l'administration pénitentiaire, les services en charge des Eaux et Forêts, des Chasses et de la conservation des sols ainsi que les parcs nationaux, lorsqu'ils sont incompatibles avec les mesures de publicité.

En second lieu, il a été prévu des dérogations à l'application du code des marchés publics. En vertu de l'article 3 dudit code, les accords de financement et les conventions internationales peuvent prévoir des dispositions dérogatoires au code des marchés publics. En outre, les missions diplomatiques et consulaires à l'étranger ainsi que le service en charge du mobilier national peuvent faire des acquisitions aux enchères publiques sans limitation de prix et sans appliquer les procédures du code des marchés publics.

---

[4] On peut aussi citer la Directive n° 04/2012/CM/UEMOA du 28 septembre 2012 relative à l'éthique et à la déontologie dans les marchés publics et les délégations de service public au sein de l'Union économique et monétaire ouest-africaine et la Directive n° 02/2014/CM/UEMOA du 28 juin 2014 relative à la réglementation de la maitrise d'ouvrage public déléguée au sein de l'Union économique et monétaire ouest-africaine.

Par ailleurs, les autorités contractantes peuvent, pour certaines opérations particulières, écarter l'application du code des marchés publics. Il s'agit de l'acquisition de produits pétroliers destinés uniquement à l'usage des véhicules administratifs et groupes électrogènes, à l'exclusion des produits destinés à l'exploitation et de l'acquisition de titres de transport aérien et maritime pour les besoins des missions de leurs agents, l'hébergement et la restauration des participants dans les réceptifs hôteliers à l'occasion de l'organisation de sommets officiels, de séminaires ou d'ateliers. Il en est de même de la publication, par voie de presse et d'insertions publicitaires, de l'acquisition, en cas de rupture de stock, des médicaments et produits essentiels utilisés dans la médecine d'urgence et de l'acquisition de fournitures, médicaments et produits pharmaceutiques essentiels.

Enfin, les sociétés publiques en charge de l'application de la politique pétrolière, de l'exploration, de l'exploitation des ressources pétrolières et gazières, du raffinage et de la commercialisation des produits pétroliers et gaziers, de la construction, de l'exploitation et de l'entretien d'infrastructures de transport et de distribution du gaz naturel, de la production, du transport, de la distribution d'énergie électrique peuvent acquérir des biens, équipements et services sans appliquer les procédures prévues par le code des marchés publics[5].

Néanmoins, en dehors des dérogations et exclusions susmentionnées inscrites dans le marbre même du code des marchés publics, l'on a assisté à une profusion de dérogations réglementaires « *hors code* », souvent pour prendre en compte des besoins d'intérêt général[6]. À titre d'exemple, sous l'empire du décret n° 2014-1212 du 22 septembre 2014 portant code des marchés publics, le décret n° 2020-781 du 18 mars 2020 portant dérogation au code des marchés publics pour les dépenses relatives à la lutte contre le covid-19 avait prévu que les travaux, fournitures et prestations de service réalisés dans le cadre de la lutte contre le coronavirus ne sont pas soumis aux dispositions du code des marchés publics[7]. Ce texte réglementaire dérogatoire a été abrogé par

---

[5] R. Weiss et R. Martor, « Sénégal : des entreprises publiques du secteur de l'énergie voient certaines de leurs activités soustraites des procédures de passation », *l'Essentiel Droits africains des affaires*, n° 09, octobre 2022, p. 1.

[6] G. Cornu, *Vocabulaire juridique*, Paris, Ed. Puf, 2014, *v* Dérogation*.

[7] Fiche DAJ « La passation et l'exécution des marchés publics en situation de crise sanitaire », C*ontrats-Marchés publ.* 2020, alerte 14 ; Ph. REES, « Le droit de la commande publique en état d'urgence », *Contrats et Marchés publics,* n° 5, mai 2020, repère 5.

le décret n° 2020-1774 du 16 septembre 2020 en vue de remettre les acquisitions concernées dans le cadre des procédures classiques édictées par la réglementation sur la commande publique.

Par ailleurs, dans le cadre de la mise en œuvre du Programme d'urgence pour l'Emploi et l'Insertion socioéconomique des jeunes destiné à promouvoir les investissements prioritaires créateurs d'emplois pour les jeunes, le décret n° 2021-691 du 28 mai 2021 a soustrait les travaux, fournitures et services réalisés dans le cadre dudit programme du champ d'application du code des marchés publics.

Il faut préciser que les rédacteurs du code des marchés publics de 2022 ont, sans doute, entendu tourner la page des dérogations réglementaires précitées. En premier lieu, l'article 3 *in fine* de ce code interdit, en dehors des exclusions qu'il prévoit, des dérogations à ses dispositions. En second lieu, l'article 153 du code des marchés publics a abrogé le décret n° 2020-876 du 25 mars 2020, le décret n° 2021-847 du 24 juin 2021, le décret n° 2021-383 du 29 mars 2021 et le décret n° 2022-1538 du 12 août 2022 ainsi que toutes les dispositions contraires. Mais, à côté des dérogations réglementaires ponctuelles, on assiste de plus en plus à l'aménagement de régimes réglementaires dérogatoires, plus subtils, fondés sur les dispositions mêmes du code des marchés publics. Ainsi, les textes portant création et fonctionnement du COS-PETROGAZ[8], du Programme d'urgence de Modernisation des axes et territoires frontaliers (PUMA)[9], de la Délégation générale à l'Entreprenariat rapide des Femmes et des Jeunes (DER/FJ)[10] de l'École nationale de Cybersécurité (ENC)[11] et de la Direction générale du Chiffre et de la Sécurité des systèmes d'information (DGCSSI)[12] ont

---

[8] V. art. 8 de l'arrêté présidentiel n° 01547 du 26 janvier 2017 fixant les règles d'organisation et de fonctionnement du Secrétariat permanent du Comité d'Orientation stratégique du Pétrole et du Gaz (COS-PETROGAZ).

[9] V. art. 1er du décret n° 2017-982 du 11 mai 2017 complétant le décret n° 2016-1543 du 03 octobre 2016 portant création Programme d'urgence de Modernisation des axes et territoires frontaliers (PUMA).

[10] V. article 22 du décret n° 2017-2123 du 15 novembre 2017 portant création et fixant les règles d'organisation et de fonctionnement de la Délégation générale à l'Entreprenariat rapide des Femmes et des Jeunes (DER/FJ).

[11] V. art. 42 du décret n° 2018-1954 du 6 novembre 2018 portant création et fixant les règles d'organisation et de fonctionnement de l'École nationale de cybersécurité (ENC).

[12] V. art. 14 décret n° 2021-35 du 14 janvier 2021 portant création et fixant les règles d'organisation et de fonctionnement de la Direction générale du Chiffre et de la Sécurité des Systèmes d'Information (DCSSI).

expressément classé secret défense certains de les marchés des structures précitées, ce qui leur ouvre les « *vannes* » de la procédure dérogatoire de l'entente directe.

Comme si cela ne suffisait pas, on a vu se développer des régimes législatifs dérogatoires au code des marchés publics, qui a le défaut originel d'un « code réglementaire ». En effet, certaines lois portant création et fixant les règles d'organisation de la Caisse des Dépôts et Consignations[13] ou autorisant la création de sociétés anonymes à participation publique majoritaire, comme le Fonds Souverain d'Investissements Stratégiques (FONSIS)[14], l'Agence de Promotion des Investissements et des Grands Travaux (APIX-SA)[15] et la Société nationale de Gestion et d'Exploitation du Patrimoine bâti de l'État (SOGEPA SN)[16] ont prévu que les règles de passation de leurs marchés publics sont fixées par des manuels de procédures approuvés par leurs organes délibérants ou par décret.

Le système de passation des marchés publics instauré par les manuels de procédures, qui se démarquent, en pratique, des règles fixées par le code des marchés publics, a tendance à constituer un corpus dérogatoire du droit commun des marchés publics, voire un droit spécial des marchés publics. Or, l'article 25 de la loi n° 65-51 du 19 juillet 1965 portant code des obligations de l'administration modifiée par la loi n°2006-16 du 30 juin 2006 a consacré le principe selon lequel le code des marchés publics est le vecteur normatif exclusif du droit des marchés publics. De plus, il a interdit toute dérogation aux règles fixées par ledit code.

Ainsi, face au brouillard épais qui s'est emparé du paysage normatif de la commande publique, résultant de l'institution d'une diversité de régimes juridiques de passation des marchés publics, il paraît nécessaire de procéder à l'articulation entre les différents systèmes législatifs et

---

[13] V. art. 34 de la loi n° 2017-32 du 15 juillet 2017 fixant les règles d'organisation et de fonctionnement d'un établissement public à statut spécial dénommé « Caisse des Dépôts et Consignations ».

[14] V. art. 20 de la loi n° 2012-34 du 31 décembre 2012 autorisant la création d'un Fonds Souverain d'Investissements Stratégiques (FONSIS).

[15] V. art. 7, al. 4 de la loi n° 2007-13 du 19 juillet 2007 autorisant la création d'une société anonyme à participation publique majoritaire dénommée « APIX SA », modifiée par la loi n° 2007-33 du 31 décembre 2007

[16] V. art. 5 de la loi n° 2021-36 de la loi du 22 novembre 2021 autorisant la création de la Société nationale de Gestion et d'Exploitation du Patrimoine bâti de l'État (SOGEPA SN).

réglementaires de passation des marchés publics pour avoir une plus grande visibilité et une meilleure lisibilité sur le droit applicable.

Ainsi, dans la présente étude, il ne s'agira pas de procéder à une analyse des règles spéciales prévues par les régimes dérogatoires ; une telle étude relèverait du droit substantiel de commande publique. Notre analyse, basée sur une approche de technique normative, adresse une problématique relative à l'articulation des textes dérogeant à la réglementation des marchés publics avec le système juridique de gouvernance des marchés publics issu du droit national et du droit communautaire de l'Union Économique et Monétaire Ouest-Africaine. En d'autres termes, comment concilier les régimes dérogatoires avec les principes fixés par le Code des obligations de l'administration ainsi que les dispositions des Directives n° 04 et 05/2005/CM/UEMOA du 09 décembre 2005 précitées ?

Quoi qu'il en soit, la profusion des régimes dérogatoires au code des marchés publics constitue une tendance en droit sénégalais des marchés publics à l'origine d'une véritable désarticulation du système de gouvernance des marchés publics (I). Mais, du point de vue de la technique normative, les dérogations tant législatives que réglementaires au code des marchés publics font l'objet d'une neutralisation juridique (II).

I – Une tendance à la multiplication des régimes dérogatoires de passation des marchés publics

Les systèmes dérogatoires de passation des marchés publics ont exploré pratiquement tous les véhicules normatifs. Certains textes réglementaires ont aménagé, à partir des dispositions du code des marchés publics, des régimes réglementaires parallèles d'entente directe sont consacrés (A). En outre, le législateur prévoit de véritables entorses aux règles de passation des marchés publics (B).

A – L'aménagement de régimes réglementaires parallèles d'entente directe

Certains textes réglementaires, prenant appui sur un fondement juridique assez fragile (1), ont subtilement aménagé des dispositifs réglementaires spéciaux d'entente directe.

1 – La fragilité du fondement juridique des régimes parallèles d'entente directe

L'instauration des régimes dérogatoires d'entente directe est assez récente dans l'environnement juridique des marchés publics. Il est frappant de constater que le premier régime spécial d'entente directe a été institué en faveur du Comité d'Orientation stratégique du Pétrole et du Gaz (COS-PETROGAZ) par l'article 8 de l'arrêté présidentiel n° 01547 du 26 janvier 2017 fixant les règles d'organisation et de fonctionnement du Secrétariat permanent du Comité d'Orientation stratégique du Pétrole et du Gaz (COS-PETROGAZ). Ce texte a classé secret défense les marchés de cette structure relatifs à ses différentes dépenses « conformément à la décision n° 242/13/ARMP du 28 août 2013 du Comité de Règlement des différends statuant en commission litiges sur la saisine de la Présidence de la République demandant le classement secret défense de certains marchés ».

Par la suite, l'article 1er du décret n° 2017-982 du 11 mai 2017, complétant le décret n° 2016-1543 du 03 octobre 2016 portant création Programme d'urgence de Modernisation des axes et territoires frontaliers (PUMA), a mis en place le même dispositif dérogatoire. Il énonce que «conformément à la décision n° 242/13/ARMP du 28 août 2013 du Comité de Règlement des différends statuant en commission litiges sur la saisine de la Présidence de la République demandant le classement secret défense de certains marchés », sont classés secret défense les marchés du Programme d'urgence de Modernisation des axes et territoires frontaliers relatifs à l'équipement, aux études et travaux de génie civil, électrique et informatique sur les axes et territoires frontaliers du Sénégal. Il en est de même des ouvrages spéciaux confiés par le Président de la République.

On retrouve également la même formulation dans le texte portant création et organisation de la Délégation générale à l'Entreprenariat rapide des Femmes et des Jeunes (DER/FJ). Aux termes des dispositions de l'article 22 du décret n° 2017-2123 du 15 novembre 2017 portant création et fixant les règles d'organisation et de fonctionnement de la Délégation générale à l'Entreprenariat rapide des Femmes et des Jeunes (DER/FJ) : « Conformément à la décision n°242/13/ARMP du 28 août 2013 du Comité de règlement des différends statuant en commission litiges sur la saisine de la Présidence de la République demandant le classement secret défense de certains marchés », sont classés secret-défense les marchés de la DER/FJ relatifs à ses équipements et contrats de prestations intellectuelles.

Plus récemment, l'article 42 du décret n° 2018-1954 du 6 novembre 2018 portant création et fixant les règles d'organisation et de fonctionnement de l'École nationale de cybersécurité (ENC) a également invoqué la décision n° 242/13/ARMP du 28 août 2013 pour classer secret-défense les marchés relatifs à ses équipements et contrats de prestations intellectuelles. L'article 14 du décret n° 2021-35 du 14 janvier 2021 portant création et fixant les règles d'organisation et de fonctionnement de la Direction générale du Chiffre et de la Sécurité des Systèmes d'Information (DCSSI) a repris la même rédaction pour classer secret les marchés de ladite direction générale.

Il faut, dès l'abord, relever une curiosité légistique : comment expliquer que des textes normatifs portant création et/ ou organisant des structures de l'État cherchent à tirer leur fondement d'une *« simple »* décision du Comité de Règlement des Différends de l'Autorité de Régulation de la Commande Publique ? En réalité, la prétendue « justification juridique » des régimes dérogatoires d'entente directe précités n'en est pas une.

En effet, pour rappel, le Secrétaire général de la Présidence de la République, par lettre du 23 août 2013, avait saisi le Comité de Règlement des Différends (CRD) d'une demande pour le classement secret-défense de certains marchés jugés sensibles, relatifs à l'escadrille présidentielle, au parc automobile spécial, aux uniformes de la garde présidentielle, à l'équipement, aux études et travaux de génie civil, électrique et informatique du Palais de la République, des Palais nationaux, des services présidentiels ainsi que de leurs dépendances.

L'article 76.2 a i) de l'ancien décret n°2011-1048 du 27 juillet 2011 portant code des marchés publics, en vigueur en l'époque, considérait comme secrets, notamment, les marchés relatifs à la sécurité nationale passés en vue de prévenir une menace, notamment terroriste, et plus généralement de prestataires, qui du fait de leurs prestations, accèdent à des informations ou domaines sensibles dont la divulgation pourrait porter atteinte à la sécurité et la sûreté de l'État et à son potentiel scientifique et économique. Ce texte précise que « relèvent notamment de ces marchés, les travaux qui doivent être exécutés dans l'espace présidentiel particulièrement au Cabinet du Président de la République, au Palais de la République et ses annexes ».

Le Comité de Règlement des Différends, statuant en commission litiges a, par une décision n°242/13/ARMP du 28 août 2013, autorisé le classement secret-défense des marchés relatifs aux domaines précités. À l'appui de sa décision, le Comité de Règlement des Différends a indiqué que « les domaines listés sont intimement liés à la sécurité du Président de la République qui doit être sauvegardée pour l'intérêt supérieur de la Nation et que la passation et l'exécution des marchés y relatifs doivent être accompagnées de mesures particulières de sécurité publique, notamment, par un mécanisme permettant de garantir la protection des informations ».

En tout état de cause, il convient de ne pas exagérer la portée de cette décision du Comité de Règlement des Différends ; elle a simplement autorisé, sous l'empire du décret n°2011-1048 du 27 juillet 2011 portant code des marchés publics, le classement secret-défense des marchés relatifs à l'escadrille présidentielle, au parc automobile spécial, aux uniformes de la garde présidentielle, à l'équipement, aux études et travaux de génie civil, électrique et informatique du Palais de la République, des Palais nationaux, des services présidentiels ainsi que de leurs dépendances, qui constituent des services relevant de l'organigramme présidentiel. Rien de plus !

Même à supposer que les acquisitions faites dans l'espace présidentiel soient considérées comme des marchés secrets, il est évident que des structures bénéficiant des régimes dérogatoires d'entente directe, comme la Délégation générale à l'Entreprenariat rapide des Femmes et de Jeunes , l'École nationale de Cybersécurité et la Direction générale du Chiffre et de la Sécurité des Systèmes d'Information, qui constituent des entités dotées de la personnalité juridique et de l'autonomie financière, simplement rattachées au Secrétariat général de la Présidence de la République, ne relèvent pas de l'organigramme de la Présidence de la République.

Quant au Programme d'Urgence de Modernisation des axes et territoires frontaliers, en tant qu'administration de mission, il fut d'abord rattaché à la Présidence de la République, avant de migrer au Ministère de la Famille et des Solidarités, au titre des autres administrations, à la faveur du décret n° 2024-940 du 5 avril 2024 portant répartition des services de l'État. Il faut rappeler que le Programme d'Urgence de Modernisation des axes et territoires frontaliers a déjà eu l'occasion de saisir, au mois d'avril 2019, la Direction centrale des Marchés publics en vue de passer, par entente directe, les marchés de travaux de construction d'ouvrage génie civil dans la région de Fatick et d'une école élémentaire. La Direction centrale des Marches publics avait émis un avis défavorable, considérant que le rattachement institutionnel du Programme d'Urgence de Modernisation des axes et territoires frontaliers lui faisait perdre la dérogation contenue dans la décision n°242/13/ARMP/CRD du 28 août 2013.

Le Coordonnateur national du Programme d'Urgence de Modernisation des axes et territoires frontaliers avait saisi le Comité de Règlement des Différends pour recueillir son avis interprétatif sur les dispositions du décret n°2017-982 du 11 mai 2017 classant secret défense ses marchés. Par une décision n°127/2020/ARMP/CRD/DEF du 12 août 2020, le Comité de Règlement des Différends a estimé que la dérogation prévue par la décision n° 242/13/ARMP du 28 août 2013 susvisée ne concerne qu'une catégorie limitativement énumérée de marchés liés à la sécurité de la Présidence de la République et de ses dépendances et ne saurait régir les activités du Programme d'Urgence de Modernisation des axes et territoires frontaliers.

Quoi qu'il en soit, c'est à l'appui de cette dernière décision du Comité de Règlement des Différends que plusieurs textes ont aménagé des dérogations au droit commun de l'entente directe.

2 – La portée dérogatoire des régimes parallèles d'entente directe

En droit sénégalais des marchés publics, l'entente directe constitue une procédure spéciale de passation des marchés. En effet, en vertu de l'article 77 du code des marchés publics, les marchés sont passés par entente directe lorsque l'autorité contractante engage directement les discussions avec un ou plusieurs opérateurs économiques et attribue le marché au candidat qu'elle a retenu.

À la faveur de l'adoption du code des marchés publics de 2014, l'article 76 2 a) dudit code considérait, notamment comme secrets les marchés « relatifs à la sécurité nationale et passés en vue de prévenir une menace, notamment terroriste, et plus généralement de prestataires, qui du fait de leurs prestations, accèdent à des informations ou domaines sensibles dont la divulgation pourrait porter atteinte à la sécurité et la sûreté de l'État et à son potentiel scientifique et économique ».

Ainsi, considérer, sous l'empire du code des marchés publics de 2014, que les marchés exécutés par le Comité d'Orientation stratégique du Pétrole et du Gaz , le Programme d'Urgence de Modernisation des axes et territoires frontaliers , la Délégation générale de l'Entreprenariat rapide des Femmes et des Jeunes , l'École nationale de Cybersécurité et la Direction générale du Chiffre et de la Sécurité des systèmes d'information constituent des acquisitions relevant de l'espace présidentiel ne trouve aucune base dans le code des marchés publics, dès lors que ce code ne qualifiait plus ce type de marchés comme secrets.

En effet, l'article 76 2 a) du code des marchés publics de 2014 se contentait de considérer comme secrets les marchés relatifs à la sécurité nationale et passés en vue de prévenir une menace, notamment terroriste, et plus généralement de prestataires, qui du fait de leurs prestations, accèdent à des informations ou domaines sensibles dont la divulgation pourrait porter atteinte à la sécurité et la sûreté de l'État et à son potentiel scientifique et économique.

D'ailleurs, selon l'article 77 a) du code des marchés publics de 2022, il ne peut être passé de marchés par entente directe qu'après avis de l'organe en charge du contrôle, notamment, pour les marchés de travaux, fournitures ou services considérés comme secrets ou dont l'exécution doit s'accompagner de mesures particulières de sécurité ou pour lesquels la protection des intérêts essentiels de l'État l'exige, passés par les autorités contractantes autres que les Forces armées, la Police nationale, les Douanes, la Brigade nationale des Sapeurs-pompiers, l'administration pénitentiaire, les services en charge des Eaux et Forêts, des Chasses et de la conservation des sols ainsi que des Parcs nationaux.

En tout état de cause, les acquisitions des structures bénéficiant des régimes dérogatoires d'entente directe sont difficilement assimilables à des marchés conclus pour assurer les besoins de la défense nationale ou à des marchés destinés à la défense civile ou relatifs à la sécurité nationale pour prévenir une menace. Il faut préciser que l'instruction interprétative du code des marchés publics de 2014 isole comme critères permettant de qualifier un marché de secret, les besoins en armement pour l'armée nationale, la défense du territoire national ains que la sécurité et la sûreté de l'État.

Le lien qu'il convient d'établir entre les marchés secrets et la défense nationale et la sûreté de l'État est conforté par l'article 78 du code des marchés publics de 2022. Selon ce texte, pour les marchés classés secrets, un arrêté du Ministre chargé des Forces armées fixe les conditions dans lesquelles est assurée la protection du secret et des informations concernant la défense nationale et la sûreté de l'État durant toute la procédure de passation et d'exécution du marché. L'autorité contractante doit aussi préciser, dans les documents du marché, les mesures et les exigences nécessaires afin d'assurer la sécurité des informations.

En réalité, les textes réglementaires précités, ayant classé secret défense les marchés du COS-PETROGAZ, de la DER/FJ, du PUMA, de l'École nationale de Cybersécurité et de la Direction générale du Chiffre et de la Sécurité des systèmes d'information, sont ajoutées aux dispositions du code des marchés publics relatives aux marchés éligibles à la procédure d'entente directe, par une sorte d'extension démesurée et injustifiée de la notion de marchés secrets ; ce qui constitue précisément une dérogation au droit commun des marchés publics, à l'image des régimes législatifs exceptionnels de passation des marchés publics.

B – L'instauration de régimes législatifs dérogatoires de passation des marchés publics

Les régimes législatifs dérogatoires au code des marchés publics ont, d'une part, utilisé le manuel de procédures pour fixer les règles de passation des marchés publics (1). D'autre part, dans la pratique, les rédacteurs des manuels de procédures ont mis à profit cette dérogation pour « *glisser* » dans ces documents des infléchissements à certaines dispositions du code des marchés publics (2).

1 – Le recours au manuel de procédures comme support de fixation des règles de passation des marchés publics

Le législateur a consacré le principe selon lequel le code des marchés publics constitue le vecteur normatif devant « *héberger* » le droit des marchés publics. Il résulte des dispositions de l'article 25, alinéa 1er du Code des obligations de l'administration que les règles régissant la préparation, la passation, l'approbation, l'exécution et le contrôle des commandes, c'est-à-dire des contrats d'achats passés à titre onéreux par les acheteurs publics « sont fixées par un décret portant code des marchés publics ».

Du point de vue légistique, le style rédactionnel utilisé par ce texte révèle que la fixation des règles de passation des marchés publics dans le code des marchés publics constitue une obligation. Selon la circulaire n° 00074 SGG/SGA/JUR/SP du 22 janvier 2021 relative à l'emploi du mode et du temps dans la rédaction des textes législatifs et réglementaires, le présent de l'indicatif sert à exprimer la certitude d'une action ; son usage dans les textes normatifs vaut impératif[17]. L'emploi du présent de l'indicatif dans l'écriture normative traduit l'affirmation d'une obligation. Il s'agit de l'une des particularités du langage normatif par rapport au langage littéraire.

Le législateur a érigé le code des marchés en support normatif exclusif des règles de préparation, de passation, d'approbation, d'exécution et de contrôle des marchés publics. On peut lire dans l'exposé des motifs de la loi n°2006-16 du 30 juin 2006 modifiant l'article 25 du Code des obligations de l'administration que ce texte « *a pour objet de faire du code des marchés publics le cadre exclusif de la réglementation de la passation des marchés* ».

Toutefois, les régimes spéciaux de passation des marchés publics instaurés ont prévu des dérogations relatives au support de fixation des règles de passation des marchés. En effet, ils ont consacré l'aménagement des règles de passation des marchés publics dans des manuels de procédures approuvés par les organes délibérants ou par voie décrétale.

Il faut, dès l'abord, relever qu'à part la dérogation prévue pour les marchés passés par l' Aéroport International Blaise Diagne, fixée par l'article 1er du décret n° 2011-1013 du 15 juillet 2011 portant approbation des statuts de la société anonyme dénommée « Aéroport International Blaise Diagne Société Anonyme AIBD SA » et approbation de son manuel des procédures de passation des marchés, modifié par le décret n° 2011-2023 du 22 décembre 2011[18], tous les autres régimes spéciaux de passation des marchés ont été prévus par des lois.

À titre d'exemple, l'Agence Nationale chargée de la Promotion de l'investissement et des Grands Tavaux a été l'une des premières entités à mettre en place un dispositif législatif dérogatoire de passation des marchés publics. En effet, l'article 7, alinéa 4 de la loi n° 2007-13 du 19 juillet 2007 autorisant la création d'une société anonyme à

---

17 P-A. Touré, *Légistique. Techniques de conception et de rédaction des textes législatifs et réglementaires. Une tradition de gouvernance normative*, Dakar, Ed. L'Harmattan, 2018, n° 333.

18 Selon ce texte « les marchés et contrats passés par ladite société ne sont pas régis par les dispositions du décret n° 2011-1048 du 27 juillet 2011 portant Code des marchés publics. En conséquence, les marchés passés par la société AIBD SA sont régis par son manuel de procédures approuvé par décret ». D'ailleurs, en vertu du principe de la hiérarchie des normes, cette dérogation réglementaire est écartée par le principe législatif de l'interdiction des dérogations aux règles de passation des marchés publics posé par l'article 25 du COA.

participation publique majoritaire dénommée « APIX SA », modifiée par la loi n° 2007-33 du 31 décembre 2007 énonce que la société APIX-SA élabore un manuel de procédures qui détermine les règles applicables aux marchés conclus dans le cadre de ses activités de promotion de l'investissement, de marketing, de communication et de services aux investisseurs.

Ainsi, les dérogations prévues par la loi n°2007-13 du 19 juillet 2007 précitée sont essentiellement circonscrites aux activités de la société APIX-SA liées à la communication, au marketing, à la promotion de l'investissement et aux services aux investisseurs. Dès lors, pour toutes ses autres missions, notamment celles relatives à la réalisation pour le compte de l'État des grands travaux, l'APIX-SA reste soumise aux règles ordinaires applicables aux autres sociétés anonymes à participation publique majoritaire. La Cour des Comptes, dans son *Rapport public* 2009[19], a estimé, s'agissant du cas de l'APIX, que si la dérogation aux règles de passation des marchés publics est posée par la loi n° 2007-33 du 31 décembre 2007 précitée « sa modalité pratique, en l'occurrence la fixation de règles par un manuel de procédures approuvé par décret, ne respecte pas la hiérarchie des normes. En effet, un manuel des procédures, même approuvé par décret, ne peut déroger au code des marchés publics ».

Mais cette analyse de la haute juridiction financière nous semble discutable, puisqu'en légistique, l'approbation est une opération ayant pour objet de conférer une valeur normative à un acte privé (statuts, manuel de procédures, etc.)[20]. Ainsi, par l'effet de l'approbation du manuel de procédures par décret, ce document se voit conférer une valeur décrétale confortée par le fait que toute révision apportée à son contenu suppose l'intervention d'un décret modificatif. De plus, l'article 20 de la loi n° 2012-34 du 31 décembre 2012 autorisant la création d'un Fonds Souverain d'Investissements Stratégiques (FONSIS) énonce que les règles de passation des marchés conclus par le FONSIS sont fixées dans un manuel de procédures qui détermine les règles applicables aux marchés conclus. Le manuel de procédures et tout amendement y afférent ne sont applicables qu'après approbation du conseil d'administration.

---

[19] Cour des Comptes, *Rapport public 2009*, p. 102.

[20] V. G. Cornu, *op. cit*, v° approbation ; P.-A. Touré, *Légistique. Techniques de conception et de rédaction des textes législatifs et réglementaires. Une tradition de gouvernance normative*, *op. cit.*, p. 215 et s.

En outre, selon l'article 34, alinéa 1er de la loi n° 2017-32 du 15 juillet 2017 fixant les règles d'organisation et de fonctionnement d'un établissement public à statut spécial dénommé « Caisse des Dépôts et Consignations », les règles de passation des marchés de la Caisse des Dépôts et Consignations sont fixées dans un manuel de procédures qui détermine les règles applicables aux marchés conclus. Le manuel de procédures et tout amendement y afférent ne sont applicables qu'après approbation de la Commission de surveillance.

D'ailleurs, un dispositif similaire de gestion des marchés publics a été instauré dans les filiales de la Caisse des Dépôts et Consignations (CGIS, CACO, CDMP, Béton du Sahel, SYNAPSIS et SECAM). En vertu de l'article 34, alinéa 2 de la loi n° 2017-32 du 15 juillet 2017 précitée, les règles de passation des marchés conclus par les filiales dans lesquelles la Caisse des Dépôts et Consignations détient au moins 51% du capital social sont également fixées dans des manuels de procédures qui ne sont applicables qu'après leur approbation par leurs conseils d'administration.

Enfin, l'article 5 de la loi n° 2021-36 du 22 novembre 2021 autorisant la création de la Société nationale de Gestion et d'Exploitation du Patrimoine bâti de l'État (SOGEPA SN) prévoit que la SOGEPA SN est soumise aux dispositions du code des marchés publics. Toutefois, elle peut contracter avec des partenaires techniques et financiers sur la base d'un manuel de procédures spécifiques approuvé par décret. Le manuel de procédures est, en réalité, un outil de gestion encadrant les procédures administratives et financières applicables au sein d'une entité qui fait l'objet d'une approbation par l'organe délibérant dans le secteur parapublic[21]. Il n'a d'autre objet que de procéder à une cartographie des processus au sein d'une structure, notamment les procédures d'achats.

Ainsi, les systèmes législatifs dérogatoires de passation des marchés publics ont évincé la règle posée par le Code des obligations de l'administration selon laquelle le code des marchés publics est le support exclusif de la réglementation des marchés publics.

Quoi qu'il en soit, au-delà des dérogations liées au vecteur normatif d'encadrement des marchés publics, les manuels de procédures ont, de

[21] V. art. 21 de la d'orientation n° 2022-08 du 19 avril 2022 relative au secteur parapublic, au suivi du portefeuille de l'État et au contrôle des personnes morales de droit privé bénéficiant du concours financier de la puissance publique.

plus en plus, procédé à un infléchissement des règles de droit commun des marchés publics.

2 – La tendance à l'infléchissement des règles ordinaires de passation des marchés publics

Les dispositifs exceptionnels de passation des marchés publics fixés dans les manuels de procédures ont eu tendance à écarter l'application de certaines dispositions du code des marchés publics[22]. En réalité, le besoin d'héberger le droit de la passation des marchés publics dans un support autre que le code des marchés publics (manuel de procédures) traduit, sans nul doute, une volonté d'évincer certaines règles fixées par ledit code.

À titre d'exemple, le manuel de procédures du FONSIS publié en 2024, qui a pour objet de gérer les achats et d'optimiser les coûts, écarte plusieurs dispositions du code des marchés publics. D'abord, ce document ne prévoit nullement l'obligation pour le Directeur général du FONSIS de procéder à la planification des marchés, par l'établissement d'un plan de passation des marchés publics comprenant l'ensemble de marchés de l'entité en cohérence avec les autres instruments de planification infra-annuelle de l'exécution du budget, comme prévu par l'article 6 du code des marchés publics. De plus, en méconnaissance des dispositions de l'article 37 du code des marchés publics, ni un représentant de la tutelle technique et ni un représentant du Contrôleur financier ne participe à la commission des marchés, chargée de l'ouverture des plis, de l'évaluation des offres ou propositions et de l'attribution provisoire des marchés.

Le code des marchés publics a organisé diverses procédures de passation des marchés publics. Il s'agit, pour l'essentiel, avec certaines variantes, de l'appel d'offres ouvert, de l'appel d'offres restreint, de l'entente directe et de la demande de renseignement de prix. Mais, les manuels de procédures auxquels renvoient les régimes législatifs dérogatoires aux règles de passation des marchés ont prévu des procédures qui se démarquent de celles fixées dans le code des marchés publics. À titre d'exemple, le manuel de procédures du FONSIS a prévu trois procédures de passation des marchés publics, à savoir, la cotation,

[22] Il faut préciser que, dans la pratique, malgré l'existence des textes législatifs autorisant des dérogations au Code des marchés publics, certaines structures, comme APIX-SA et AIBD-SA, ont commencé, pour certains marchés importants, à se conformer aux dispositions du Code des marchés publics.

la consultation restreinte et la consultation ouverte. Quant au manuel de procédures de la CDC, il a prévu les procédures d'appel d'offres ouvert, d'appel d'offres restreint, de marchés de prestations intellectuelles, de marchés à commande, d'entente directe et ainsi que de la demande de renseignements et de prix.

Certains dispositifs législatifs dérogatoires se sont particulièrement employés à neutraliser toute intervention des organes de contrôle *a priori* et de régulation des marchés publics dans la procédure de passation des marchés. Selon le manuel de procédures de la CDC, la Cellule de passation des marchés assure le contrôle *a priori* des marchés en son sein. À ce titre, il accorde des avis sur les décisions concernant l'attribution des marchés, accorde les autorisations et dérogations nécessaires et assure la formation, l'information et le conseil de l'ensemble des acteurs des marchés. En outre, la procédure d'entente directe est utilisée après avis du Président de la Commission de surveillance pour des marchés visés par l'ancien article 76 du code des marchés publics. Or, l'article 142 du code des marchés publics prévoit que l'organe en charge du contrôle des marchés publics, c'est-à-dire la Direction centrale des Marchés publics (DCMP), assure le contrôle *a priori* des procédures de passation de marchés et émet des avis et autorise certains marchés. À titre d'exemple, en vertu de l'article 77 du code des marchés publics, il ne peut être passé de marchés par entente directe, suivant les types de marchés, qu'après une autorisation donnée ou un avis émis par la DCMP.

Par ailleurs, le manuel de procédures de la CDC a institué un Comité de gestion des réclamations qui est l'organe de régulation interne des marchés publics chargé d'effectuer le contrôle *a posteriori* des marchés publics. À ce titre, il est chargé de commander en fin d'année budgétaire un audit des marchés publics et de rendre compte des contrôles effectués dans un rapport annuel transmis au Directeur général. En réalité, ce sont les attributions de l'organe en charge de la régulation des marchés publics, à savoir l'Autorité de Régulation de la Commande Publique (ARCOP), qui sont tout simplement transférées au Comité de gestion des réclamations.

Il faut relever que ces régimes exceptionnels prévus par les manuels de procédures sont difficilement conciliables avec les textes législatifs qui instituent des dérogations au code des marchés publics. A part l'article 1er du décret n° 2011-1013 du 15 juillet 2011 portant approbation des statuts de l'AIBD SA, modifié par le décret n° 2011-2023 du 22 décembre 2011 qui prévoit que les marchés passés par ladite société ne sont pas régis par les dispositions du décret n° 2011-1048 du 27 juillet 2011 portant code des marchés publics, la plupart des lois prévoyant des régimes dérogatoires se contentent d'envisager la fixation des règles de passation des marchés publics dans des manuels de procédures sans aucunement légitimer des entorses au code des marchés publics.

Quoi qu'il en soit, il est certain que par le recours au vecteur législatif pour instaurer des régimes spéciaux de passation des marchés publics, le législateur a eu pour objectif de mettre en place de solides dérogations au code des marchés publics. Mais, les dispositifs dérogatoires, quel qu'en soit le vecteur normatif, n'en sont pas moins privés d'efficacité juridique.

II – La neutralisation juridique des régimes dérogatoires de passation des marchés publics

La prééminence du principe législatif de l'interdiction des dérogations au code des marchés publics a pour effet d'évincer les dispositifs réglementaires parallèles d'entente directe (A). De plus, les régimes législatifs de passation des marchés publics prévus en faveur de certaines entités devront s'incliner devant la primauté du droit communautaire (B).

A – La prééminence du principe de l'interdiction des entorses au code des marchés publics sur les régimes dérogatoires d'entente directe

Pour mieux comprendre l'éviction des régimes réglementaires parallèles d'entente directe (2), il importe, au préalable, d'affiner les contours du principe législatif de l'interdiction des dérogations au code des marchés publics posé par le Code des obligations de l'administration (1).

1 – Le principe législatif de la prohibition des dérogations au code des marchés publics

Aux termes des dispositions de l'article 23 de la loi n° 65-51 du 19 juillet 1965 portant code des obligations de l'administration (COA) : « Les personnes administratives choisissent librement les modes de conclusion de leurs contrats sauf dans les cas où des dispositions législatives ou réglementaires imposent des procédures particulières ».

Le code des marchés publics a pour objet d'instituer des procédures spécifiques relatives à la préparation, la passation, l'exécution et le contrôle des marchés publics. À cet égard, le législateur a consacré un principe fondamental de prohibition des dérogations au droit commun des marchés publics fixé par le code des marchés publics. Aux termes des dispositions de l'article 25 du code des obligations de l'administration, modifiée par la loi n°2006-16 du 30 juin 2006 : « Aucune réglementation ou procédure particulière à un acheteur public, à une catégorie d'acheteurs ou à une catégorie de fournitures, services ou travaux ne peut déroger aux règles fixées par le code des marchés publics ou prises en application de ce code ». D'ailleurs, l'exposé des motifs de la loi n° 2006-16 du 30 juin 2006 modifiant l'article 25 du Code des obligations de l'administration énonce que ce texte a eu pour objectif d'éviter « *la pratique de multiples décrets dérogatoires* ».

Ce texte a été repris *expressis verbis* par l'article 3 *in fine* du code des marchés publics de 2022. Selon ce texte, en dehors des exclusions prévues par ce code, conformément aux dispositions de l'article 25 nouveau du code des obligations de l'administration, aucune réglementation ou procédure particulière à un acheteur public, à une catégorie d'acheteurs ou à une catégorie de fournitures, services ou travaux, ne peut déroger aux règles fixées par le code des marchés publics.

Dans la décision n° 242/13/ARMP du 28 août 2013 précitée, le CRD de l'ARCOP a eu l'occasion de rappeler la règle de la « non dérogeabilité » aux règles du code des marchés publics. Il a énoncé que selon l'article 25 du Code des Obligations de l'administration, aucune réglementation ou procédure particulière à un acheteur public, à une catégorie d'acheteurs ou à une catégorie de fournitures, services ou travaux ne peut déroger aux règles fixées par le code des marchés publics. Il a ajouté que la passation et l'exécution des marchés relatifs à l'escadrille présidentielle, au parc automobile spécial, aux uniformes de la garde présidentielle et à l'équipement, aux études et travaux de génie civil, électrique et informatique du Palais de la République, des Palais nationaux, des services présidentiels ainsi que de leurs dépendances ne peuvent être appréhendées qu'à travers le code des marchés publics. Mais, la réforme du Code des obligations de l'administration intervenue en 2022 a rajouté à la complexité juridique. La loi n° 65-51 du 19 juillet 1965 portant code des obligations de l'administration, modifiée par la loi n° 2022-07 du 19 avril 2022, en son article 39, in fine énonce que les autorités contractantes utilisant des deniers publics sont soumises à l'application des dispositions du COA, « sauf exceptions consacrées par les lois et règlements ». Cette disposition plus récente semble écarter le principe posé par l'article 25 du COA qui interdit des dérogations au code des marchés publics. Mais, à l'analyse, l'article 39 du COA est une disposition de portée générale, contenue dans la section III intitulée « De la situation des parties avant la conclusion des contrats », qui a vocation à s'appliquer en général aux contrats administratifs conclus par les autorités contractantes utilisant des deniers publics (conventions de délégation de service public, contrats de partenariat public privé, marchés publics, etc.). Or, l'article 25 du COA intitulé « code des marchés publics » s'applique exclusivement à une catégorie particulière de contrats, à savoir les marchés publics. Étant ainsi plus spécial, l'article 25 du COA a pour effet d'écarter la norme générale (art. 39 du COA) en vertu de la règle selon laquelle par une loi générale, il n'est dérogé à une loi spéciale (« *legi speciali per generalem non derogatur* »). Lorsque la loi générale intervient après l'entrée en vigueur de la loi spéciale, elle ne saurait déroger à celle-ci.

Il faut préciser que le COA conforte le principe de l'interdiction des dérogations aux dispositions du code des marchés publics en précisant que les modes de passation des marchés publics ne peuvent être mis en œuvre que dans les conditions qu'il prévoit limitativement. C'est ce qui résulte des dispositions de l'article 26 in fine du COA selon lequel le code des marchés publics définit les modes d'appel à la concurrence autres que l'appel d'offres ouvert ainsi que les autres méthodes de passation, telles que l'entente directe avec un fournisseur ou la demande de renseignement et de prix, qui ne peuvent être utilisés que dans les conditions qu'il prévoit limitativement et sous le contrôle de l'autorité administrative chargée du contrôle de la passation des marchés. Ce texte semble répudier la pratique des détournements de procédures de passation des marchés publics, consistant à utiliser un mode de passation de marché alors que ses conditions de mise en œuvre ne sont pas réunies.

En tout état de cause, la valeur législative du principe de la prohibition des entorses au code des marchés publics a pour effet d'écarter les régimes réglementaires dérogatoires d'entente directe.

2 – L'éviction des dispositifs réglementaires dérogatoires d'entente directe

Les régimes réglementaires parallèles dérogeant au droit commun de l'entente directe, qui ne trouvent aucun fondement juridique confortable dans le code des marchés publics, contrarient manifestement le principe législatif de l'interdiction des dérogations aux règles de passation des marchés publics posé par l'article 25 de la loi n° 65-51 du 19 juillet 1965 portant code des obligations de l'administration.

Il faut rappeler qu'en légistique, lorsque les textes en conflit ne sont pas de même niveau dans la hiérarchie des normes (par exemple, des lois et des décrets), se pose ainsi un problème d'articulation normative verticale. La hiérarchie des normes signifie que les normes juridiques sont hiérarchisées les unes des autres et chaque norme tire sa juridicité de la norme qui lui est directement supérieure[23]. Ainsi, le principe de la hiérarchie des normes permet de faire prévaloir la norme de niveau supérieure sur la norme de valeur inférieure[24].

Dès lors, une simple application du principe de la hiérarchie des normes suffit à écarter les dispositifs parallèles d'entente directe, institués par des textes réglementaires, au profit de la règle législative de l'interdiction des dérogations aux règles de passation des marchés publics consacrée par l'article 25 du COA.

Ainsi, l'article 8 de l'arrêté présidentiel n° 01547 du 26 janvier 2017 fixant les règles d'organisation et de fonctionnement du Secrétariat permanent du COS-PETROGAZ, ayant classé secret défense les marchés de cette structure, qui déroge aux dispositions du code des marchés publics de 2014, méconnait ainsi l'autorité d'une norme supérieure, à savoir le décret portant code des marchés publics. Par la même occasion, il contrevient au principe posé par l'article 25 du COA. Le régime spécial d'entente directe prévu en faveur du COS-PETROGAZ s'en trouve ainsi évincé par le code des marchés publics et par le COA.

De plus, il faut rappeler que le CRD avait déjà été saisi par le Coordonnateur national du PUMA, pour recueillir son avis interprétatif

---

[23] J. Morange, « La hiérarchie des textes dans la Constitution du 4 octobre 1958 », *D.* 1959, chron., p. 21.

[24] Sur cette théorie, P. Amselek, « Réflexions critiques autour de la conception kelsénienne de l'ordre juridique », *RDP,* 1978, p. 5 ; du même auteur, « Une fausse idée claire la hiérarchie des normes juridiques », *RRJ,* 2007. 557 s.

sur les dispositions de l'article 1er du décret n°2017-982 du 11 mai 2017 classant secret défense les marchés du PUMA relatifs à l'équipement, aux études et travaux de génie civil, électrique et informatique sur les axes et territoires frontaliers du Sénégal ainsi que des ouvrages spéciaux confiés par le Président de la République. Dans sa décision n°127/2020/ARMP/CRD/DEF du 12 août 2020, le CRD a constaté que ces dispositions ont classé secret défense les marchés précités. Il a estimé que l'ancien article 76 du code des marchés publics permet de passer par entente directe, les marchés classés secrets défense.

Il est manifeste que, dans sa décision, le CRD s'est réfugié confortablement derrière le décret n°2017-982 du 11 mai 2017 classant secret défense des marchés du PUMA pour en inférer qu'ils sont éligibles à la procédure d'entente directe. En réalité, le CRD a raté une belle occasion de fixer sa doctrine sur les systèmes réglementaires dérogatoires d'entente directe. Il aurait simplement fallu démontrer que le régime réglementaire parallèle d'entente directe aménagé en faveur du PUMA déroge manifestement au droit commun de l'entente directe fixé par le code des marchés publics, ce en méconnaissance de l'article 25 du COA. La même observation vaut également pour les régimes dérogatoires instaurés pour la DER/FJ, l'École nationale de Cybersécurité et la Direction générale du Chiffre et de la Sécurité des Systèmes d'Information.

L'éviction des systèmes dérogatoires d'entente directe est d'autant plus établie que l'article 26 in fine du COA précise que les autres méthodes de passation, telles que l'entente directe avec un fournisseur, « ne peuvent être utilisées que dans les conditions qu'il prévoit limitativement et sous le contrôle de l'autorité administrative chargée du contrôle de la passation des marchés ».

La neutralisation des régimes dérogatoires de passation des marchés publics est surtout consolidée par la supériorité du droit communautaire UEMOA des marchés publics.

B – La supériorité du droit communautaire UEMOA des marchés publics sur les règles législatives dérogatoires de passation des marchés publics

Force est de constater malgré la spécialité des textes législatifs instituant des dérogations au code des marchés publics (1), ils devraient s'incliner devant la primauté du droit communautaire UEMOA des marchés publics (2).

1 – La spécialité des régimes législatifs dérogatoires de passation des marchés publics

La plupart des systèmes dérogatoires au code des marchés publics ont été aménagés dans des vecteurs normatifs assez confortables pour avoir été gravés dans le marbre de textes législatifs. Il s'agit de la loi n° 2007-13 du 19 juillet 2007 autorisant la création d'une société anonyme à participation publique majoritaire dénommée « APIX SA », modifiée par la loi n° 2007-33 du 31 décembre 2007 portant code des marchés publics, de la loi n° 2012-34 du 31 décembre 2012 autorisant la création d'un Fonds Souverain d'Investissements Stratégiques (FONSIS), de la loi n° 2017-32 du 15 juillet 2017 fixant les règles d'organisation et de fonctionnement d'un établissement public à statut spécial dénommé « Caisse des Dépôts et Consignations » et de la loi n° 2021-36 du 22 novembre 2021 autorisant la création de la Société nationale de Gestion et d'Exploitation du Patrimoine bâti de l'État (SOGEPA SN).

Les régimes dérogatoires de passation des marchés publics ont semblé avoir été « bénis » par la loi modifiant le code des obligations de l'administration et la réforme du secteur parapublic de 2022. En effet, il résulte des dispositions de l'article 42 de la loi d'orientation n° 2022-08 du 19 avril 2022 relative au secteur parapublic, au suivi du portefeuille de l'État et au contrôle des personnes morales de droit privé bénéficiant du concours financier de la puissance publique intitulé « Règles de passation des marchés » que les entités du secteur parapublic[25] sont, « sauf dérogation expresse », soumises au code des marchés publics.

Pour rappel, la loi d'orientation n° 2022-08 du 19 avril 2022 précitée a procédé à l'extension du périmètre du secteur parapublic à tous les établissements publics, les agences d'exécution et structures administratives similaires ou assimilées ainsi qu'aux sociétés publiques[26]. Il est certain que la loi d'orientation n° 2022-08 du 19 avril 2022 ne saurait, sans méconnaître le principe de la non-rétroactivité de la loi, avoir vocation à s'appliquer aux régimes dérogatoires de passation des marchés publics institués bien avant son entrée en vigueur.

En tout état de cause, il se pose un délicat problème de technique normative lié à l'articulation entre, d'une part, la loi n° 65-51 du 19

---

[25] *JORS* n° 7516 du 21 avril 2022, p. 353.

[26] Sur cette question, v. P.-A. Touré, « La réforme du secteur parapublic : évolution ou révolution administrative ? » : (1ere partie) », *Le Soleil* n° 15585 du 10 mai 2022, p. 16.

juillet 1965 portant code des obligations de l'administration, et d'autre part, les textes législatifs spécifiques portant création ou autorisant la création d'entités du secteur parapublic (CDC, FONSIS, APIX et SOGEPA) et la loi d'orientation n° 2022-08 du 19 avril 2022 précitée. Il s'agit, de façon plus spécifique, d'un problème d'articulation horizontale, puisqu'impliquant des textes d'égale dignité normative, à savoir des lois ordinaires.

Pour rappel, lorsque les textes qui se succèdent dans le temps sont de même niveau dans la pyramide normative et de même portée (des lois générales ou des lois spéciales), le problème d'articulation est réglé par le recours à un critère chronologique : la norme nouvelle, traduisant la dernière volonté du législateur, déroge à la norme ancienne, même en l'absence de dispositions abrogatoires insérées dans le texte nouveau[27]. C'est tout le sens de l'adage « *lex posterior derogat priori* » [28].

On pourrait alors penser que les textes législatifs instituant des dérogations au code des marchés publics l'emportent pour être intervenus bien après l'entrée en vigueur de la loi n°2006-16 du 30 juin 2006 modifiant l'article 25 de la loi n° 65-51 du 19 juillet 1965 portant code des obligations de l'administration. Mais l'application de la maxime « *lex posterior derogat priori* » supposerait que les lois spéciales instituant les dérogations et le COA soient de même portée juridique, c'est-à-dire qu'elles sont toutes considérées comme des lois générales ou des lois spéciales, ce qui ne semble pas être le cas. Dès lors que ces deux catégories de textes législatifs n'ont pas la même portée juridique, une question délicate vient à l'esprit : laquelle ou lesquelles des lois instituant des dérogations au code des marchés publics, de la loi d'orientation du 19 avril 2022 et du COA constitue la loi spéciale et la loi générale ?

Déjà, l'instruction interprétative du décret n° 2014-1212 du 22 septembre 2014 portant code des marchés publics, évoquant le cas du FONSIS, énonce qu'« eu égard à l'article 25 du code des obligations de l'administration, les organismes, comme le FONSIS, ne peuvent pas invoquer la particularité de leur statut pour se soustraire au champ d'application du code ». Cette instruction semble considérer le COA

[27] P.-A. Touré, *Légistique. Techniques de conception et de rédaction des textes législatifs et réglementaires. Une tradition de gouvernance normative*, , n° 256. p. ?

[28] H. Lécuyer, « La maxime *specialia generalibus derogant* », *Mélanges Philippe Théry*, Paris, Ed. Lgdj-Dalloz, 2022 ; L. Lucienne, *Specialia generalibus derogant*, Paris, Ed. Mare et Martin, , 2023.

comme une loi spéciale pouvant déroger aux lois prévoyant des régimes spéciaux de marchés publics. Mais, rien n'est moins sûr. Il ne fait pas l'ombre d'un doute que le COA (article 25), qui hisse le code des marchés publics au rang de support exclusif de la réglementation des marchés publics et interdit toute dérogation, fixe un cadre général ayant vocation à s'appliquer à tous les marchés publics (opérations) et à toutes les autorités contractantes (entités). Il constitue, sous ce rapport, une loi générale.

En revanche, les lois aménageant des dérogations au code des marchés publics, qui n'ont vocation à s'appliquer qu'à certaines autorités contractantes, à savoir la CDC, le FONSIS, l'APIX et la SOGEPA, constituent des lois spéciales par rapport au COA.

La même observation pourrait être faite en ce qui concerne la loi d'orientation du 19 avril 2022 (article 42) qui admet des dérogations expresses au principe de la soumission des entités du secteur parapublic au code des marchés publics. L'application de ce texte est confinée aux entités du secteur parapublic (les établissements publics, les agences d'exécution, les structures administratives similaires ou assimilées et les sociétés publiques), à l'exclusion d'autres autorités contractantes, comme notamment l'État, les collectivités territoriales et les institutions de prévoyance sociale. Elle a donc un champ d'application plus spécifique que le COA, même si elle ne prévoit pas elle des dérogations au code des marchés publics, mais l'envisage tout de même.

Or, lorsque les textes qui se succèdent dans le temps sont de même niveau et de portée différente (par exemple, une loi générale et une loi spéciale), l'articulation est toujours opérée au profit de la loi spéciale[29]. Dans l'hypothèse où la loi spéciale intervient après la loi générale (comme c'est le cas en l'espèce), elle sera regardée comme ayant partiellement abrogé la loi générale. C'est tout le sens de l'adage « *specialia generalibus derogant* ». En réalité, contrairement à ce que l'on pourrait penser, la norme spéciale (« *lex specialis* »), qui a pour objet de régir une situation spécifique, fut-elle antérieure, a plus de « force juridique » pour être mieux définie. Elle va donc déroger aux règles prévues par la norme générale.

Il faut se convaincre que les lois spéciales prévoyant la fixation des règles de passation des marchés dans des manuels de procédures ont pour effet de neutraliser le principe général posé par l'article 25 de la

---

[29] V. P.-A. Touré, *Légistique. Techniques de conception et de rédaction des textes législatifs et réglementaires. Une tradition de gouvernance normative*, *op. cit.*, n° 355.

loi n° 65-51 du 19 juillet 1965 portant code des obligations de l'administration modifiée par la loi n°2006-16 du 30 juin 2006 selon lequel le code des marchés publics est le vecteur normatif exclusif du droit des marchés publics. Mais, à part, l'article 1er du décret n° 2011-1013 du 15 juillet 2011 portant approbation des statuts de l'AIBD SA, modifié par le décret n° 2011-2023 du 22 décembre 2011 qui prévoit que les marchés passés par ladite société ne sont pas régis par les dispositions du décret n° 2011-1048 du 27 juillet 2011 portant code des marchés publics[30], les lois prévoyant des régimes dérogatoires se contentent d'envisager la fixation des règles de passation des marchés publics dans des manuels de procédures sans aucunement légitimer des entorses au code des marchés publics. Ainsi, autant les lois spéciales s'accommodent de dérogations au support des règles de passation des marchés publics, autant elles n'admettent aucun infléchissement par rapport au contenu de ces règles. C'est pourquoi, juridiquement, ces régimes exceptionnels laissent hors de portée le principe de l'interdiction des dérogations aux règles de passation des marchés publics consacré par le COA.

En tout état de cause, la neutralisation juridique des dispositifs législatifs dérogatoires tient surtout à la primauté du droit communautaire des marchés publics de l'UEMOA.

2 – La primauté du droit communautaire des marchés publics de l'UEMOA

Le Conseil des Ministres de l'UEMOA a adopté la Directive n° 04/2005/CM/UEMOA du 09 décembre 2005 portant procédures de passation, d'exécution et de règlement des marchés publics et des délégations de service public dans l'Union économique et monétaire ouest-africaine et la Directive n° 05/2005/CM/UEMOA du 09 décembre 2005 portant contrôle et régulation des marchés publics et des délégations de service public dans l'Union économique et monétaire ouest-africaine. Ces textes communautaires ont pour objet de fixer des règles communes en matière de passation, d'exécution, de règlement,

[30] Mais, nous l'avons déjà démontré, en vertu du principe de la hiérarchie des normes, cette dérogation est écartée par la règle de l'interdiction des dérogations aux normes de passation des marchés publics posée par l'article 25 du COA.

de contrôle et de régulation des marchés publics dans l'espace de l'UEMOA[31].

Les régimes exceptionnels de passation des marchés publics s'accommodent mal de l'architecture communautaire mise en place par la Directive n° 04/2005/CM/UEMOA du 09 décembre 2005. L'article 5 de cette directive prévoit que ce texte s'applique « aux marchés et délégations de service public conclus par l'État, les collectivités territoriales, les établissements publics, les agences et organismes, personnes morales de droit public bénéficiant du concours financier ou de la garantie de l'État, les sociétés d'État, les sociétés à participation financière publique majoritaire et les associations formées par une ou plusieurs de ces personnes morales de droit public ». Ainsi, le périmètre de la Directive communautaire couvre bien les établissements publics, comme la CDC ainsi que les sociétés anonymes à participation publique majoritaire, à l'image du FONSIS, de l'APIX et de la SOGEPA. Les seules exclusions prévues l'article 9 de la Directive n° 04/2005/CM/UEMOA du 09 décembre 2005 concernent les « marchés de travaux, de fournitures et de services, lorsqu'ils concernent des besoins de défense et de sécurité nationales exigeant le secret ou pour lesquels la protection des intérêts essentiels de l'État est incompatible avec des mesures de publicité ».

L'instruction interprétative du décret n° 2014-1212 du 22 septembre 2014 portant code des marchés publics, évoquant le cas du FONSIS, a énoncé que l'article 4 de la Directive n° 04/2005/CM/UEMOA du 09 décembre 2005 « qui est une norme communautaire ayant une valeur supra législative, inclut bien les sociétés anonymes à participation publique majoritaire (ce qu'est le FONSIS) dans son champ d'application. Or, exclure le FONSIS du champ d'application du code des marchés publics revendrait à dire que les procédures d'acquisition lancée par celles-ci ne sont pas soumises non plus à la directive précitée ».

Ainsi, le régime dérogatoire de passation des marchés publics aménagé au profit des entités comme la CDC, le FONSIS, l'APIX et la SOGEPA, qui postule l'exclusion de ces entités de certaines règles fixées par le code des marchés publics, est contraire à la Directive n° 04/2005/CM/UEMOA du 09 décembre 2005. De plus, la plupart des manuels de procédures de passation des marchés publics comporte des

[31] Sur la question, T. Millett, « Les marchés publics en droit communautaire », *Revue du Marché Commun* et *de l'Union Européenne*, n° 452, 2001, p. 622.

prévisions qui contrarient également les dispositions de la Directive n° 05/2005/CM/UEMOA du 09 décembre 2005 portant contrôle et régulation des marchés publics et des délégations de service public dans l'Union économique et monétaire ouest-africaine. En effet, l'article 4 de cette directive prévoit que les États membres s'engagent à mettre en place des entités administratives centrales de contrôle des marchés publics et des délégations de service public ayant pour fonction, notamment, de contrôler l'application de la législation et de la réglementation sur les marchés publics, d'émettre les avis, d'accorder des autorisations et dérogations nécessaires à la demande des autorités contractantes lorsqu'elles sont prévues par la réglementation en vigueur. Or, force est de constater que la plupart des dispositifs dérogatoires prévus par les manuels de procédures n'intègrent souvent ni le pouvoir de contrôle *a priori* de la DCMP, ni le pouvoir de régulation de l'ARCOP dans la procédure de passation des marchés publics.

Certes, le législateur communautaire de l'UEMOA autorise les États membres à adopter des dispositions complémentaires à celles visées des Directives. Mais, il précise que ces dispositions ne peuvent contredire celles des directives communautaires et doivent se conformer aux principes de l'économie et l'efficacité du processus d'acquisition, de libre accès à la commande publique, d'égalité de traitement des candidats, de reconnaissance mutuelle et de transparence des procédures[32].

Les régimes législatifs dérogatoires contrarient manifestement le principe de la fidélité de la transposition consacré par le Guide relatif aux méthodes et techniques de transposition des Directives de l'UEMOA et au modèle d'acte de notification adopté par une décision n° 05/2019/COM/UEMOA du 06 août 2019 de la Commission de l'UEMOA[33]. Ce principe signifie que les États membres ne sont pas autorisés à dénaturer la directive. L'incorporation de la directive dans l'ordre normatif national doit être fidèle par rapport au texte de la directive éclairé, au besoin, par ses considérants[34].

---

[32] V. art. 93 de la Directive n° 04/2005/CM/UEMOA du 09 décembre 2005 et art. 14 de la Directive n° 05/2005/CM/UEMOA du 09 décembre 2005.

[33] Sur cette question, v. P.-A. Touré, *La transposition des directives communautaires de l'espace UEMOA*, Dakar, Ed. L'Harmattan, 2024, n° 124.

[34] Sur ce principe, v. la circulaire primatorale n° 008/PM/SGG/PAT du 1er juin 2016 sur la transposition des directives communautaires.

Or, les rapports entre l'ordre normatif national et l'ordre juridique communautaire sont marqués par le principe de la primauté du droit communautaire[35] très tôt dégagé, dans l'arrêt Costa, rendu par la Cour de Justice des Communautés européennes[36].

Le droit communautaire de l'UEMOA a affirmé le principe de la supranationalité des normes qu'ils édictent. Selon l'article 6 du Traité de l'UEMOA, les actes arrêtés par les organes de l'Union pour la réalisation des objectifs dudit traité et conformément aux règles et procédures instituées par celui-ci sont appliqués dans chaque État membre « *nonobstant toute législation nationale contraire, antérieure ou postérieure* ».

La Cour de Justice de l'UEMOA a rappelé la primauté des règles communautaires primaires et dérivées de l'UEMOA, même sur les normes constitutionnelles. Dans l'avis n° 001/2003 du 18 mars 2003[37] émis sur la demande de la Commission de l'UEMOA relative à la création de la Cour des Comptes du Mali, la haute juridiction de l'UEMOA a considéré que : « Le juge national, en présence d'une contrariété entre le droit communautaire et une règle de droit interne, devra faire prévaloir le premier sur la seconde en appliquant l'un et en écartant l'autre». La cour a ajouté que « la primauté bénéficie à toutes les normes communautaires, primaires comme dérivées, immédiatement applicables ou non et s'exerce à l'encontre de toutes les normes nationales, administratives, législatives, juridictionnelles ou même constitutionnelles »[38].

La chambre administrative de la Cour suprême a eu l'occasion, à plusieurs reprises, en matière de marchés publics, de réaffirmer la

---

[35] C. Denizeau, « La primauté », *Annuaire de Droit Européen*, 2006, p. 53 ; J.-V. Louis, « La primauté du droit de l'Union, un concept dépassé ? », *Mélanges Jean Paul Jacqué*, Paris, Ed. Dalloz, 2010, p. 443 ; D. Ritleng, « Le principe de primauté du droit de l'Union », *Revue Trimestrielle du Droit Européen.* 2005, p. 285 ; E. Dubout, « La primauté du droit de l'Union et le passage au pluralisme constitutionnel- Réflexions autour de l'arrêt M.A.S et M. B. », *Revue Trimestrielle du Droit Européen.* 2018, p. 563.

[36] CJCE 15 juillet 1964, *Flaminio Costa c/ ENEL, aff. 6/64, Rec.* 1141 ; Lebon 1141 ; aussi, CJCE 9 mars 1978, *Simmenthal, aff. 106/77, Rec.*, 629.

[37] CJUEMOA, avis, n° 1/2003 du 18 mars 2003, *demande d'avis de la Commission de l'UEMOA relative à la création de la Cour des Comptes du Mali*, *Rec.* 2008, p. 470.

[38] Pour un commentaire de cette décision, v. A. Sall, *La justice de l'intégration. Réflexions sur les institutions judiciaires de la CEDEAO et de l'UEMOA*, Dakar, Ed. L'Harmattan, 2008, 2e édition revue, corrigée et augmentée, p. 184 et s.

primauté des Directives n° 04/2005/CM/UEMOA et 05/2005/CM/UEMOA du 09 décembre 2005 sur les dispositions nationales contraires. La haute juridiction administrative a ainsi reconnu au Comité du Règlement des Différends (CRD) de la défunte Autorité de Régulation des Marchés publics (ARMP), le pouvoir d'écarter des dispositions du code des marchés publics contraires aux Directives n° 04/2005/CM/UEMOA et 05/2005/CM/UEMOA du 09 décembre 2005, au cours du règlement d'un litige sur le fondement de la primauté de l'ordre communautaire. En effet, dans un arrêt rendu le 5 mai 2009[39], la haute juridiction administrative a jugé « que s'il est vrai que le comité ne peut annuler le décret portant code des marchés publics, il reste qu'il peut écarter des dispositions contraires aux Directives n° 4 et 5 en vertu du principe de la primauté du droit communautaire sur la législation nationale ».

Dans un autre arrêt rendu le 16 novembre 2010[40], la chambre administrative de la Cour suprême a fait prévaloir les dispositions de la Directive n°04/2005/CM/UEMOA du 09 décembre 2005, définissant l'autorité contractante comme une personne morale signataire d'un marché public, sur les dispositions contraires du code des marchés publics qui considérait une entité non personnalisée comme une autorité contractante.

Les dispositions internes des États membres contraires aux normes communautaires sont dépourvues d'efficacité juridique. Il s'agit bien d'une neutralisation, puisque les textes législatifs dérogatoires aux règles de passation des marchés publics ne sont pas pour autant abrogés par la norme communautaire. Ils resteront dans l'ordonnancement juridique tant qu'ils ne seront pas abrogés par des textes spécifiques.

On pourrait penser que le principe de primauté ne concerne que les normes communautaires, comme les règlements directement applicables dans les ordres juridiques des États, à l'exclusion des directives qui exigent des mesures de transposition. En réalité, il n'en est rien. La primauté profite à toutes les normes communautaires, originaires comme dérivées, y compris les directives, qui lient tout État membre quant aux résultats à atteindre tout en laissant aux instances

[39] CS ch. adm. n°12 du 05 mai 2009, *État du Sénégal c/. ARMP-Comité de Règlement des Différends*, inédit.

[40] CS, ch. adm. n° 29 du 16 novembre 2010, *la CENTIF et État du Sénégal c/. le Comité de Règlement des Différends de l'Autorité de Régulation des Marchés publics (ARMP),* inédit.

nationales la compétence quant à la forme et aux moyens[41]. D'ailleurs, la Cour de Justice de l'UEMOA, dans son avis n° 001/2003 du 18 mars 2003 précité, a précisé que « l'ordre juridique communautaire l'emporte dans son intégralité sur les ordres juridiques nationaux ».

La primauté des directives sur les lois nationales est d'autant plus établie qu'en vertu du principe de l'effet direct vertical des directives[42], lorsqu'une directive est mal transposée ou non transposée, les particuliers peuvent, d'une part, directement invoquer, à l'encontre de l'État défaillant les dispositions de cette directive[43]. Cette forme d'invocabilité est appelée « invocabilité de substitution » [44]. D'autre part, ils peuvent demander au juge de faire écarter l'application du droit national contraire au profit de la directive. Il s'agit d'une invocabilité dite d'exclusion[45] ; ce qui constitue une conséquence du principe de la primauté du droit communautaire. Les seules conditions exigées par la jurisprudence pour la reconnaissance de l'effet direct sont tirées de la clarté, de la précision et de l'inconditionnalité de la directive[46].

---

[41] V. art. 43 du Traité de l'UEMOA.

[42] Mais l'effet direct vertical des directives ne peut jouer que dans un sens « *ascendant* », sous forme d'opposabilité de la directive par un justiciable à l'État membre et jamais dans un sens « *descendant* », sous la forme de l'opposabilité de la directive à l'individu par l'État qui n'a pas respecté son obligation de transposition correcte de la directive. La Cour d'Appel de Dakar a eu l'occasion de refuser de faire produire des effets juridiques à l'imposition dénommée « Contribution Spéciale sur les produits des Mines et carrières », instituée sur le fondement d'une loi organique n° 2011-15 du 15 octobre 2001 relative aux lois de finances autorisant la création des impôts par une loi de finances, au motif que ladite loi organique n'a pas procédé à une correcte transposition de la Directive n° 6/2009/CM/UEMOA qui consacre l'appartenance des dispositions relatives à l'assiette, au taux et aux modalités de recouvrement des impositions de toute nature au domaine exclusif de la loi (CA Dakar n° 201 du 15 juillet 2019, *l'Entreprise Mapathé Ndiouck SA c/. Directeur général des Impôts et Domaines*, inédit).

[43] M. Blanquet, « Effet direct du droit communautaire », *Répertoire de. droit communautaire*, Dalloz, 2015, § 5, p. 3 ; D. Ritleng, « La reconnaissance de l'effet direct de la directive Retour », *Revue Trimestrielle du Droit Européen*, 2011, p. 885 ; J. Wildemeersch, « Primauté, vous avez dit primauté ? Sur l'invocabilité des directives dans les litiges entre particuliers », *Revue des Affaires Européennes*, 2018, n° 3, p. 541.

[44] P.-A. Touré, *La transposition des directives communautaires de l'espace UEMOA*, *op. cit.*, p. 338 et s.

[45] O. Bubos, « L'invocabilité d'exclusion des directives : une autonomie enfin conquise », *Revue Française de Droit Administratif,* 2003, p. 568.

[46] Par ex. CJUE 8 mars 2022, NE, aff. C-205/20 ; on trouve cependant parfois le triptyque de la disposition « suffisamment précise, claire et inconditionnelle » (par ex. CJUE 18 janv. 2022, *Thelen Technopark Berlin*, aff. C-377/17.

Il en résulte que, par application du principe de la primauté du droit communautaire, les règles fixées par la Directive n° 04/2005/CM/UEMOA du 09 décembre 2005 et la Directive n° 05/2005/CM/UEMOA du 09 décembre 2005, qui priment sur toutes les normes de droit national, ont pour effet de paralyser juridiquement l'application des régimes législatifs dérogatoires de passation des marchés publics. De plus, l'effet direct vertical des directives autorise les particuliers à solliciter en justice l'application directe des dispositions claires, précises et inconditionnelles des directives précitées pour faire écarter les textes législatifs instituant des dérogations au code des marchés publics qui procèdent, en réalité, d'une mauvaise transposition du droit communautaire l'UEMOA des marchés publics.

………..

En définitive, face à la tendance au dérèglement du système de gouvernance normative des marchés publics, le recours à la technique législative favorise une meilleure visibilité du paysage normatif des marchés publics. L'analyse de cette architecture juridique a permis de constater qu'à côté du code des marchés publics, qui fait désormais office de droit commun, on a assisté à l'émergence d'une diversité de régimes spéciaux de passation des marchés publics, les uns législatifs et les autres réglementaires, lesquels s'entrechoquent et s'auto-neutralisent. Mais, sous l'effet conjugué du droit national des obligations de l'Administration et du droit communautaire des marchés publics de l'UEMOA, s'est progressivement construit un modèle de gouvernance des normes de la commande publique qui élève le Code des marchés publics à la dignité de support normatif unique et exclusif. C'est pourquoi, les régimes réglementaires dérogatoires d'entente directe prévus par les textes portant création et organisation des structures, comme le COS-PETROGAZ, la DER/FJ et le PUMA, l'École nationale de Cybersécurité et la Direction générale du Chiffre et de la Sécurité des Systèmes d'Information, ainsi que la réglementation spéciale relative à la passation des marchés publics aménagée en faveur de l'AIBD sont, sans nul doute, écartés par les dispositions de l'article 25 du COA qui font du code des marchés publics l'unique vecteur normatif de fixation des règles de passation des marchés publics et interdit toute dérogation à ces normes. En revanche, les dispositifs législatifs de passation des marchés publics instaurés en faveur de la CDC, du FONSIS, de l'APIX SA et de la SOGEPA SA, en raison de leur spécialité, ont pour effet d'évincer le principe général posé par l'article 25 du code précité. Néanmoins, la loi n'admet que des dérogations par rapport au véhicule normatif du droit des marchés publics. Mais, du point de vue de son contenu, l'encadrement des marchés publics prévu dans les manuels de procédures auxquels renvoient les lois instituant des régimes législatifs dérogatoires ne saurait prévoir des entorses aux dispositions du code des marchés publics. Les règles aménagées dans ces manuels, sauf à méconnaître le principe législatif de l'interdiction des dérogations au code des marchés publics, doivent fatalement se conformer aux règles fixées par le code des marchés publics et surtout s'incliner devant la primauté du droit communautaire de l'UEMOA. De nos jours, dans un contexte marqué par une promotion de la culture de la transparence ainsi qu'un regain d'intérêt pour la rationalisation et l'efficacité de la dépense publique, la résilience du système de gouvernance des normes applicables aux marchés publics apparait comme une sorte de digue de protection permettant de préserver les règles et principes qui irriguent le droit de la commande publique, à savoir la liberté d'accès, l'égalité de traitement des candidats, la transparence, l'intégrité des procédures et la préservation des deniers publics[47].

[47] V. art. 1er du Code des marchés publics.

Sommaire des numéros antérieurs

RSD n* 39

RSD n* 38

RSD n* 37

Chroniques législatives ....

Chroniques des professions juridiques

Structures éditoriales du groupe L'Harmattan

L'Harmattan Italie
Via degli Artisti, 15
10124 Torino
harmattan.italia@gmail.com

L'Harmattan Hongrie
Kossuth l. u. 14-16.
1053 Budapest
harmattan@harmattan.hu

L'Harmattan Sénégal
10 VDN SICAP AMITIE 3
BP 45034 Dakar-Fann
direction@senharmattan.com

L'Harmattan Cameroun
Tsinga/Derrière polyclinique FECAFOOT
BP 11486 Yaoundé
Jacques.koukam@harmattan.fr

L'Harmattan Burkina Faso
Villa 281, secteur 23 623, rue 14.32
Ouagadougou
zagbie@outlook.fr

L'Harmattan Guinée
Almamya, rue KA 028 OKB Agency
BP 3470 Conakry
harmattanguinee@yahoo.fr

L'Harmattan RDC
185, avenue Nyangwe
Commune de Lingwala – Kinshasa
matangilamusadila@yahoo.fr

L'Harmattan Congo
219, avenue Nelson Mandela
BP 2874 Brazzaville
deunovmikhael@gmail.com

L'Harmattan Mali
Immeuble Mgr Jean Marie Cissé
Aci Hamadallaye
BP 145 Bamako
syllaka@yahoo.fr

L'Harmattan Togo
Djidjole – Maison Amela
face EPP BATOME
02 BP 20680 Lomé
didieramela11@gmail.com

L'Harmattan Côte d'Ivoire
Résidence Karl – Cité des Arts
Abidjan-Cocody
03 BP 1588 Abidjan
harmattan.ivoire@gmail.com

L'Harmattan Bénin
Rue 604, (Immeuble à l'entrée
de la rue UCAO- Cite de Saint-Jean)
Cotonou
stepcorpus@gmail.com

Nos librairies en France

Librairie internationale
16, rue des Écoles
75005 Paris
librairie.internationale@harmattan.fr
01 40 46 79 11
www.librairieharmattan.com

Librairie des savoirs
21, rue des Écoles
75005 Paris
librairie.sh@harmattan.fr
01 46 34 13 71
www.librairieharmattansh.com

www.ingramcontent.com/pod-product-compliance
Lightning Source LLC
LaVergne TN
LVHW011136061026
849535LV00003B/502

* 9 7 8 2 3 3 6 5 2 5 5 7 0 *